全国高等教育自学考试指定教材

行 政 法 学

(2023年版)

(含:行政法学自学考试大纲)

全国高等教育自学考试指导委员会　组编

主　编　湛中乐
副主编　徐　靖
撰稿人　(按撰写章节先后排序)
　　　　李洪雷　徐　靖　刘泽军
　　　　陈天昊　罗智敏　王贵松
　　　　湛中乐　张效羽

图书在版编目(CIP)数据

行政法学:2023年版/湛中乐主编. —北京:北京大学出版社,2023.10
全国高等教育自学考试指定教材
ISBN 978-7-301-34562-7

Ⅰ.①行… Ⅱ.①湛… Ⅲ.①行政法学—中国—高等教育—自学考试—教材 Ⅳ.①D922.101

中国国家版本馆CIP数据核字(2023)第196895号

书　　　名	行政法学(2023年版)
	XINGZHENG FAXUE（2023 NIAN BAN）
著作责任者	湛中乐　主编
责 任 编 辑	孙嘉阳　张　宁
标 准 书 号	ISBN 978-7-301-34562-7
出 版 发 行	北京大学出版社
地　　　址	北京市海淀区成府路205号　100871
网　　　址	http://www.pup.cn
新 浪 微 博	@北京大学出版社　@北大出版社法律图书
电 子 邮 箱	编辑部 law@pup.cn　总编室 zpup@pup.cn
电　　　话	邮购部 010-62752015　发行部 010-62750672　编辑部 010-62752027
印 刷 者	河北滦县鑫华书刊印刷厂
经 销 者	新华书店
	787毫米×1092毫米　16开本　17.75印张　432千字
	2023年10月第1版　2024年7月第2次印刷
定　　　价	53.00元

未经许可，不得以任何方式复制或抄袭本书之部分或全部内容。
版权所有，侵权必究
举报电话：010-62752024　电子邮箱：fd@pup.cn
图书如有印装质量问题，请与出版部联系，电话：010-62756370

组编前言

21世纪是一个变幻难测的世纪,是一个催人奋进的时代。科学技术飞速发展,知识更替日新月异。希望、困惑、机遇、挑战,随时随地都有可能出现在每一个社会成员的生活之中。抓住机遇,寻求发展,迎接挑战,适应变化的制胜法宝就是学习——依靠自己学习、终身学习。

作为我国高等教育组成部分的自学考试,其职责就是在高等教育这个水平上倡导自学、鼓励自学、帮助自学、推动自学,为每一个自学者铺就成才之路。组织编写供读者学习的教材就是履行这个职责的重要环节。毫无疑问,这种教材应当适合自学,应当有利于学习者掌握和了解新知识、新信息,有利于学习者增强创新意识,培养实践能力,形成自学能力,也有利于学习者学以致用,解决实际工作中所遇到的问题。具有如此特点的书,我们虽然沿用了"教材"这个概念,但它与那种仅供教师讲、学生听,教师不讲、学生不懂,以"教"为中心的教科书相比,已经在内容安排、编写体例、行文风格等方面都大不相同了。希望读者对此有所了解,以便从一开始就树立起依靠自己学习的坚定信念,不断探索适合自己的学习方法,充分利用自己已有的知识基础和实际工作经验,最大限度地发挥自己的潜能,达到学习的目标。

欢迎读者提出意见和建议。

祝每一位读者自学成功。

全国高等教育自学考试指导委员会
2022年8月

目 录

组编前言

行政法学自学考试大纲

大纲前言 ·· 2
Ⅰ 课程性质与课程目标 ··· 3
Ⅱ 考核目标 ··· 5
Ⅲ 课程内容与考核要求 ··· 6
Ⅳ 关于大纲的说明与考核实施要求 ··· 41
附录 参考样卷 ·· 44
大纲后记 ·· 48

行 政 法 学

编者的话 ·· 50
第一章 行政法学的基本范畴 ·· 51
  第一节 行政 ·· 51
  第二节 行政法 ··· 54
  第三节 行政法学 ·· 59
第二章 行政法的渊源 ··· 65
  第一节 行政法渊源概述 ·· 65
  第二节 我国行政法的渊源 ··· 65
  第三节 行政法规范的适用 ··· 69
第三章 行政法的基本原则 ·· 72
  第一节 行政法基本原则概述 ··· 72
  第二节 依法行政原则 ··· 74
  第三节 平等原则 ·· 76
  第四节 比例原则 ·· 78
  第五节 信赖保护原则 ··· 80
  第六节 行政效能效率原则 ··· 82
  第七节 正当程序原则 ··· 83

第八节　行政应急原则 …………………………………………………… 85
第四章　行政组织法 ……………………………………………………………… 88
　　第一节　行政组织与行政组织法 ………………………………………… 88
　　第二节　行政组织法律制度 ……………………………………………… 90
　　第三节　行政机关和法律法规授权的组织 ……………………………… 92
　　第四节　其他行政主体 …………………………………………………… 95
第五章　公务员法 ………………………………………………………………… 98
　　第一节　公务员法概述 …………………………………………………… 98
　　第二节　公务员的权利与义务 ………………………………………… 102
　　第三节　公务员的进入与退出机制 …………………………………… 106
　　第四节　公务员的激励机制 …………………………………………… 110
　　第五节　公务员的管理 ………………………………………………… 116
第六章　行政相对人 …………………………………………………………… 121
　　第一节　行政相对人概述 ……………………………………………… 121
　　第二节　行政相对人的法律地位与权利、义务 ……………………… 125
第七章　行政行为概述 ………………………………………………………… 129
　　第一节　行政行为的概念与分类 ……………………………………… 129
　　第二节　行政行为的成立与合法要件 ………………………………… 133
　　第三节　行政行为的效力 ……………………………………………… 134
第八章　行政立法 ……………………………………………………………… 141
　　第一节　行政立法的概念与分类 ……………………………………… 141
　　第二节　行政立法的程序 ……………………………………………… 143
　　第三节　行政立法的权限 ……………………………………………… 146
第九章　授益行政行为 ………………………………………………………… 150
　　第一节　行政许可 ……………………………………………………… 150
　　第二节　行政给付 ……………………………………………………… 153
　　第三节　行政奖励 ……………………………………………………… 156
第十章　负担行政行为 ………………………………………………………… 158
　　第一节　行政处罚 ……………………………………………………… 158
　　第二节　行政强制 ……………………………………………………… 163
　　第三节　行政征收和行政征用 ………………………………………… 167
第十一章　行政机关的其他行为 ……………………………………………… 170
　　第一节　行政规划 ……………………………………………………… 170
　　第二节　行政指导 ……………………………………………………… 171

第三节　行政协议 …………………………………………………………… 173
　　第四节　行政确认 …………………………………………………………… 176
　　第五节　行政检查 …………………………………………………………… 178
　　第六节　行政调查 …………………………………………………………… 181

第十二章　行政司法 ……………………………………………………………… 184
　　第一节　行政调解 …………………………………………………………… 184
　　第二节　行政仲裁 …………………………………………………………… 186
　　第三节　行政裁决 …………………………………………………………… 190

第十三章　行政程序 ……………………………………………………………… 192
　　第一节　行政程序的界定与功能 …………………………………………… 192
　　第二节　行政程序的基本原则 ……………………………………………… 194
　　第三节　行政回避制度 ……………………………………………………… 197
　　第四节　行政听证制度 ……………………………………………………… 199
　　第五节　行政信息公开制度 ………………………………………………… 202
　　第六节　说明理由制度 ……………………………………………………… 205
　　第七节　其他行政程序制度 ………………………………………………… 207

第十四章　行政法治监督 ………………………………………………………… 209
　　第一节　行政法治监督概述 ………………………………………………… 209
　　第二节　行政法治监督的种类及监督内容 ………………………………… 211

第十五章　行政复议 ……………………………………………………………… 223
　　第一节　行政复议概述 ……………………………………………………… 223
　　第二节　行政复议的范围和管辖 …………………………………………… 224
　　第三节　行政复议参加人 …………………………………………………… 227
　　第四节　行政复议的申请与受理 …………………………………………… 228
　　第五节　行政复议的审理与决定 …………………………………………… 230

第十六章　行政赔偿 ……………………………………………………………… 235
　　第一节　行政赔偿概述 ……………………………………………………… 235
　　第二节　行政赔偿责任的构成要件 ………………………………………… 236
　　第三节　行政赔偿请求人与行政赔偿主体 ………………………………… 238
　　第四节　行政赔偿程序 ……………………………………………………… 239
　　第五节　行政赔偿的范围、方式和计算标准 ……………………………… 241

第十七章　行政补偿 ……………………………………………………………… 246
　　第一节　行政补偿的概念和特征 …………………………………………… 246
　　第二节　行政补偿的理论依据 ……………………………………………… 247

第三节　行政补偿的范围与方式 ………………………………………… 248

　　第四节　行政补偿的程序和标准 ………………………………………… 251

第十八章　行政诉讼 …………………………………………………………… 255

　　第一节　行政诉讼概述 …………………………………………………… 255

　　第二节　行政诉讼的受案范围 …………………………………………… 256

　　第三节　行政诉讼的管辖 ………………………………………………… 260

　　第四节　行政诉讼参加人 ………………………………………………… 262

　　第五节　行政诉讼证据 …………………………………………………… 266

　　第六节　行政诉讼程序 …………………………………………………… 269

　　第七节　行政诉讼的法律适用 …………………………………………… 273

　　第八节　行政诉讼的判决、裁定与决定 ………………………………… 274

后记 ……………………………………………………………………………… 278

全国高等教育自学考试

行政法学
自学考试大纲

全国高等教育自学考试指导委员会　制定

大 纲 前 言

  为了适应社会主义现代化建设事业的需要,鼓励自学成才,我国在20世纪80年代初建立了高等教育自学考试制度。高等教育自学考试是个人自学、社会助学和国家考试相结合的一种高等教育形式。应考者通过规定的专业课程考试并经思想品德鉴定达到毕业要求的,可获得毕业证书;国家承认学历并按照规定享有与普通高等学校毕业生同等的有关待遇。经过40多年的发展,高等教育自学考试为国家培养造就了大批专门人才。

  课程自学考试大纲是规范自学者学习范围、要求和考试标准的文件。它是按照专业考试计划的要求,具体指导个人自学、社会助学、国家考试及编写教材的依据。

  为更新教育观念,深化教学内容方式、考试制度、质量评价制度改革,更好地提高自学考试人才培养的质量,全国考委各专业委员会按照专业考试计划的要求,组织编写了课程自学考试大纲。

  新编写的大纲,在层次上,本科参照一般普通高校本科水平,专科参照一般普通高校专科或高职院校的水平;在内容上,及时反映学科的发展变化以及自然科学和社会科学近年来研究的成果,以更好地指导应考者学习使用。

全国高等教育自学考试指导委员会
2023年5月

Ⅰ 课程性质与课程目标

一、课程性质和特点

行政法学是全国高等教育自学考试行政管理(专升本)和政治学与行政学(专升本)专业的课程。

行政法学是研究行政法的科学,其任务是研究行政法的基本原则和规范,研究行政法的历史发展规律,研究行政法的本质、内容和形式,研究行政法的制定、执行和遵守,研究人们关于行政法的观念和学说的理论。它是法学体系中一门独立的学科。行政法学对于建设新时代法治政府、在法治轨道上推进国家治理体系和治理能力现代化具有重要的理论价值和实践指导意义。

二、课程目标

设置本课程的具体目标是使考生能够:
(1)了解和掌握行政法的基本概念、基本知识、基本理论,熟悉有关的行政法律、法规。
(2)增强行政法治观念,学习运用法治思维和法治方式解决问题。
(3)提高运用行政法学知识解决行政立法、行政执法、行政司法和行政诉讼等领域中的法律问题的能力。
(4)为维护自身合法权益或者为帮助他人维护权益打下一定的法律基础。

三、与相关课程的联系与区别

行政法学研究的是法现象中的一种特定现象——行政法现象。行政法学是法学的一门分支学科,因而法学的基本原理、原则也适用于行政法学。行政法学虽然与法学其他分支学科有着不完全相同的理论基础和历史发展背景,但既然同为法学的分支学科,也就有着共同的理论基础。法理学、法史学是行政法学和法学其他分支学科的共同的基础课程。

行政法学与法学其他分支学科的关系是平行的部门法关系。但是行政法学与宪法学的关系比较特殊:二者的研究对象有着密切的联系。有学者认为,行政法是动态的宪法,甚至是宪法的一个部分。有学者认为,行政法是宪法原则的具体化,是执行宪法的部门法。可见两者关系的密切程度。虽然民法、刑法、诉讼法等部门法都可以认为是执行宪法的部门法,都与宪法有密切的联系,但是行政法与宪法有着更为紧密的联系。因为宪法、行政法都属于狭义上的公法范畴。民法属于私法范畴,刑法、诉讼法属于广义的公法范畴。此外,行政法的许多规范直接源于宪法,如有关国家行政机关的基本组织、主要职权职责、主要活动原则、主要管理制度都是由宪法直接规定的。行政法的许多其他法源,如行政复议法、行政诉讼法、国家赔偿法等也直接以宪法为根据。行政法与宪法的这种密切关系,决定了以之为研究对象的两个法律学科的特殊、密切的关系。宪法学在广泛的领域为行政法学提供理论根据,行政法学也在广泛的领域为宪法学提供实证研究的素材。

四、课程的重点和难点

本课程的重点是有关行政法的具体法律制度,如公务员法律制度、行政许可法律制度、行政处罚法律制度、行政强制法律制度、行政程序法律制度、行政复议法律制度、国家赔偿法律制度、行政诉讼法律制度。要熟悉和了解这些法律制度的主要内容及其特点,提高运用这些法律制度分析问题、解决问题的能力。本课程的难点是有关行政法的一些基本原理和学说,以及将原理与现行的制度、规范结合起来进行相关分析。所以重点、难点章应当是与之相对应的第一章、第二章、第三章、第五章、第七章、第八章、第九章、第十章、第十三章、第十五章、第十六章、第十七章、第十八章。

Ⅱ 考核目标

本大纲在考核目标中,按照识记、领会、应用三个层次规定其应达到的能力层次要求。三个能力层次是递进关系,各能力层次的含义是:

识记(Ⅰ):要求考生能够认识、记忆、理解大纲各章中知识点,如认识、记忆行政、行政法、行政权、行政职权、行政职责、行政主体、行政行为、行政处罚、行政强制等名词,记忆和理解行政立法、行政复议等概念或定义等。

领会(Ⅱ):能对行政权与公民权、行政法律关系与监督行政法律关系、行政职权与行政职责之间的关系等作出正确理解,并清楚这些知识点之间的联系和区别,并能作出正确的表述与解释,它是较高层次要求。

应用(Ⅲ):能运用行政主体的基本理论分析某机构是否具备相应的主体资格,运用行政行为的合法性效力要件分析某个行政主体作出的具体行政行为的合法性,运用《行政许可法》《行政处罚法》《行政强制法》等相关法律去分析某一个具体行政行为的合法性与合理性等。

在对一些重要概念、基本原理和方法熟悉和深入理解的基础上,综合相关的知识点,分析和解决比较复杂的问题。如结合《行政复议法》《国家赔偿法》《行政诉讼法》等行政救济法和其他单行法律,如《行政许可法》《行政处罚法》《行政强制法》等行政管理法去综合分析行政行为过程中行政相对人的权利保护问题,或者分析被诉行政行为的合法性问题。有的时候还可能结合某个具体领域的单行法律法规来作分析,强调的是综合分析与判断能力,是综合解决问题的能力,有一定的复杂性和综合性。

Ⅲ 课程内容与考核要求

第一章 行政法学的基本范畴

学习目的与要求

本章包括三节内容,要求考生了解与掌握行政法学的基本理论;掌握行政、行政法的概念与特点及行政法学的概念;明确行政、行政法的分类;了解行政法学的历史以及行政法学在我国法治政府建设中的未来发展。

课程内容

第一节 行 政

（一）对行政概念的界定
（二）行政的特点
（三）行政的分类

第二节 行 政 法

（一）行政法的概念
（二）行政法的特点
（三）行政法的分类

第三节 行 政 法 学

（一）行政法学的概念
（二）行政法学的历史
（三）我国行政法学的未来发展

考核知识点与考核要求

（一）行政

识记：(1) 行政的概念；(2) 行政的分类。

领会：行政的特点。

（二）行政法

识记：(1) 行政法的概念；(2) 行政法的分类。

领会：行政法的特点。

（三）行政法学

识记：行政法学的概念。

本章重点和难点

本章重点和难点是认识行政法学所研究的行政的范围和种类；掌握行政法在法律体系中的地位和作用；了解我国和外国行政法学的历史发展，以建立、健全、完善我国的行政法学体系。

第二章　行政法的渊源

学习目的与要求

本章包括三节内容，要求考生了解行政法渊源的概念与分类；熟知我国行政法的渊源；掌握行政法规范的适用规则，并能够判断与分析行政法相关问题。

课程内容

第一节　行政法渊源概述

（一）行政法渊源的概念

(二）成文法源和不成文法源
(三）正式渊源和非正式渊源

第二节 我国行政法的渊源

(一）宪法
(二）法律
(三）行政法规
(四）地方性法规、自治条例与单行条例
(五）行政规章
(六）法律解释
(七）国际条约与协定

第三节 行政法规范的适用

(一）行政法规范的位阶
(二）行政法规范冲突的裁决机制

考核知识点与考核要求

(一）行政法渊源概述
识记：行政法渊源的概念。
(二）我国行政法的渊源
领会：我国行政法的渊源的具体内容。
(三）行政法规范的适用
领会：(1)行政法规范的位阶；(2)行政法规范冲突的裁决机制。
应用：确定个案中适用的行政法规范。

本章重点和难点

本章重点和难点是了解熟识行政法渊源的含义，掌握我国行政法的渊源，能运用行政法理论分析行政法规范的效力等级，解决行政法律规范之间的冲突问题。

第三章　行政法的基本原则

学习目的与要求

本章共八节内容，要求考生掌握行政法的基本原则及其具体内容；重点把握依法行政原则、比例原则、信赖保护原则和行政应急原则。

课程内容

第一节　行政法基本原则概述

（一）行政法基本原则的概念与特性
（二）行政法基本原则的来源
（三）行政法基本原则的功能
（四）行政法基本原则的内容

第二节　依法行政原则

（一）法律优位原则
（二）法律保留原则

第三节　平等原则

（一）平等原则的概念
（二）平等原则的衍生原则

第四节　比例原则

（一）比例原则概述
（二）比例原则的内容
（三）比例原则与我国行政法治

第五节 信赖保护原则

（一）信赖保护原则的概念
（二）信赖保护适用的条件
（三）信赖保护的方法
（四）信赖保护原则与我国行政法治

第六节 行政效能效率原则

（一）行政效能效率原则的概念
（二）行政效能效率原则的重要性
（三）行政效能效率原则的具体要求

第七节 正当程序原则

（一）正当程序原则的概念与要求
（二）正当程序原则与我国行政法治

第八节 行政应急原则

（一）行政应急原则的背景
（二）行政应急原则的概念
（三）行政应急原则的适用

考核知识点与考核要求

（一）行政法基本原则概述
识记：(1)行政法基本原则；(2)行政法基本原则的特性；(3)行政法基本原则的来源。
领会：(1)法律原则与法律规则的关系；(2)行政法基本原则的功能；(3)行政法基本原则的内容与要求。

（二）依法行政原则
识记：(1)法律优位原则；(2)法律保留原则。
领会：依法行政原则的含义及其具体内容。

（三）平等原则
识记：(1)禁止恣意原则；(2)行政自我拘束原则。
领会：平等原则的含义及其具体内容。

（四）比例原则

识记：(1) 适合性原则；(2) 必要性原则；(3) 均衡性原则。

领会：(1) 比例原则的含义及其具体内容；(2) 比例原则在我国行政法治中的体现。

（五）信赖保护原则

识记：(1) 信赖保护原则的概念；(2) 信赖保护适用的条件；(3) 信赖保护的方法。

领会：(1) 信赖保护原则与诚实信用原则的关系；(2) 信赖保护原则在我国行政法治中的体现。

（六）行政效能效率原则

识记：(1) 行政效能效率原则的概念；(2) 行政效能关注的内容；(3) 行政效率关注的内容。

领会：(1) 行政效能效率原则的重要性；(2) 行政效能效率原则的具体要求。

（七）正当程序原则

识记：(1) 正当程序原则的概念；(2) 正当程序原则的要求。

领会：正当程序原则在我国行政法治中的体现。

（八）行政应急原则

识记：(1) 行政应急原则的概念；(2) 行政应急原则的适用。

本章重点和难点

本章重点和难点是掌握行政法基本原则的含义与要求，了解行政法基本原则在行政法的制定与实施过程中的作用，领会行政法基本原则对于推进我国行政法治建设的作用。

第四章　行政组织法

学习目的与要求

本章包括四节内容，要求考生了解行政组织法在行政法体系中的重要地位，明确行政组织与行政组织法的概念，掌握有关行政组织法律制度的基本知识。

课程内容

第一节　行政组织与行政组织法

（一）行政组织

（二）行政组织法概述

第二节　行政组织法律制度

（一）行政主体
（二）行政职能设置
（三）行政编制

第三节　行政机关和法律法规授权的组织

（一）行政机关
（二）法律法规授权的组织

第四节　其他行政主体

（一）受行政委托组织
（二）其他社会公权力组织

考核知识点与考核要求

（一）行政组织与行政组织法
识记：(1)行政组织；(2)行政组织法；(3)行政组织法的渊源；(4)行政组织法的功能。
（二）行政组织法律制度
识记：(1)行政主体；(2)行政编制；(3)行政编制法。
领会：(1)行政主体与行政组织、行政机关的关系；(2)政府的行政职能；(3)行政编制立法。
应用：确立行政主体概念的意义。
（三）行政机关和法律法规授权的组织
识记：(1)行政机关；(2)行政机关的体系；(3)行政机关的职权；(4)法律法规授权的组织的界定；(5)法律法规授权的组织的法律地位。
（四）其他行政主体
识记：(1)行政委托；(2)受行政委托组织；(3)其他社会公权力组织。
领会：(1)行政授权与行政委托的特征与区别；(2)受行政委托组织的权利义务；(3)其他社会公权力组织的行政主体资格。

本章重点和难点

本章重点和难点是要熟悉行政主体、行政职能设置以及行政编制等制度的基本理论；了解行政主体的类型及表现形式；从总体上把握行政授权与行政委托之间的关系。

第五章 公务员法

学习目的与要求

本章共五节内容，要求考生了解公务员制度的基本理论，并以《公务员法》为基准，全面了解国家公务员制度的主要内容。

课程内容

第一节 公务员法概述

（一）公务员法的概念
（二）公务员法的基本原则
（三）公务员制度在我国的建立与发展

第二节 公务员的权利与义务

（一）公务员的权利
（二）公务员的义务
（三）公务员权利与义务的关系

第三节 公务员的进入与退出机制

（一）公务员的进入机制
（二）公务员的退出机制

第四节 公务员的激励机制

（一）公务员的物质保障
（二）公务员的考核
（三）公务员的奖励
（四）公务员的职务升降

第五节 公务员的管理

（一）公务员的管理机构
（二）公务员的职务、职级任免
（三）公务员培训
（四）公务员的交流与回避

考核知识点与考核要求

（一）公务员法概述
识记：(1) 公务；(2) 公务员；(3) 公务员法。
领会：(1) 我国公务员的概念和范围；(2) 公务员法的基本原则。
（二）公务员的权利与义务
识记：(1) 公务员权利的含义与特征；(2) 公务员义务的含义与特征。
领会：(1) 公务员权利的基本内容；(2) 公务员义务的基本内容；(3) 公务员权利与义务的关系。
（三）公务员的进入与退出机制
识记：(1) 公务员的录用；(2) 公务员的任职；(3) 公务员的辞职；(4) 公务员的辞退；(5) 公务员的退休；(6) 公务员的开除；(7) 公务员的免职。
领会：公务员进入与退出机制的法律意义。
（四）公务员的激励机制
识记：(1) 公务员的物质保障；(2) 公务员考核的含义与内容；(3) 公务员考核的方法；(4) 公务员奖励的含义与意义；(5) 公务员奖励的原则与种类；(6) 公务员职务升降的含义与意义；(7) 公务员职务晋升的原则与条件；(8) 公务员降职的含义与条件。
领会：(1) 公务员考核的法律价值；(2) 公务员职务升降的基本规则。
（五）公务员的管理
识记：(1) 公务员管理机构的类型；(2) 公务员职务、职级任免的具体内容；(3) 公务员培训的内容；(4) 公务员调任、转任、挂职锻炼的概念及相互之间的区别；(5) 公务员回避的基本类型。

领会:(1)公务员培训的基本形式;(2)公务员回避的法律价值。

本章重点和难点

本章重点和难点是了解公务员的基本权利与义务,掌握国家对公务员的基本管理制度。

第六章 行政相对人

学习目的与要求

本章共两节内容,要求考生掌握行政相对人的概念、分类及形态等基本理论;了解行政相对人的法律地位、权利与义务。

课程内容

第一节 行政相对人概述

(一)行政相对人的概念
(二)行政相对人的分类
(三)行政相对人的形态

第二节 行政相对人的法律地位与权利、义务

(一)行政相对人的法律地位
(二)行政相对人的权利
(三)行政相对人的义务

考核知识点与考核要求

(一)行政相对人概述
识记:(1)行政相对人的概念;(2)行政相对人的分类。

领会:行政相对人的形态。
(二) 行政相对人的法律地位与权利、义务
领会:(1) 行政相对人的法律地位;(2) 行政相对人的权利;(3) 行政相对人的义务。

本章重点和难点

本章重点和难点在于了解行政相对人的权利、义务,把握行政相对人与行政主体的法律关系。

第七章 行政行为概述

学习目的与要求

本章共三节内容,要求学生把握行政行为理论的基本内容;了解行政行为的概念与分类;认识各类行政行为的具体特点,能运用行政行为的基本理论分析行政行为的合法性和效力;掌握行政行为成立、生效、撤销、变更、废止、无效的条件。

课程内容

第一节 行政行为的概念与分类

(一) 行政行为的概念
(二) 行政行为的分类

第二节 行政行为的成立与合法要件

(一) 行政行为的成立与生效
(二) 行政行为的合法要件

第三节 行政行为的效力

（一）行政行为的公定力
（二）行政行为的确定力
（三）行政行为的拘束力
（四）行政行为的执行力
（五）行政行为的撤销、变更、废止与无效

考核知识点与考核要求

（一）行政行为的概念与分类
识记：(1) 行政行为；(2) 行政行为的要素；(3) 行政行为的分类；(4) 抽象行政行为；(5) 具体行政行为。
领会：(1) 抽象行政行为与具体行政行为的区别；(2) 羁束行政行为与裁量行政行为的区别；(3) 依申请行政行为与依职权行政行为的区别；(4) 外部行政行为与内部行政行为的区别；(5) 作为行政行为与不作为行政行为的区别；(6) 终局行政行为与非终局行政行为的区别；(7) 行政法律行为与准行政法律行为的区别。
应用：行政主体实施的哪些行为属于行政行为，根据分类标准，判断相应行为属于何种行政行为。

（二）行政行为的成立与合法要件
识记：(1) 行政行为的生效；(2) 行政行为的合法有效。
领会：(1) 行政行为生效的类型；(2) 行政行为合法有效的要件；(3) 行政行为视为有效的情形。
应用：(1) 行政行为的成立；(2) 行政行为成立与生效的区别与联系。

（三）行政行为的效力
识记：(1) 行政行为的公定力；(2) 行政行为的确定力；(3) 行政行为的拘束力；(4) 行政行为的执行力；(5) 行政行为的变更；(6) 行政行为的废止；(7) 行政行为的无效。
领会：(1) 公定力的发生前提与本质；(2) 公定力的适用对象与基本要求；(3) 确定力的发生时间与适用对象；(4) 确定力的行为范围与基本要求；(5) 执行力的发生时间与特征；(6) 行政行为无效、撤销与废止的联系与区别；(7) 行政行为无效的情形；(8) 行政行为无效的法律后果。
应用：行政行为的撤销。

本章重点和难点

本章重点和难点在于掌握行政行为理论基础之上，结合实际，判断行政主体在实施行政管理活动中作出的行为是否都是行政行为；理解行政行为各种效力之间的关系；在具体个案中学会判断行政行为的成立与生效，能够区分行政行为的撤销、变更、废止、无效。

第八章 行政立法

学习目的与要求

本章共三节内容，要求考生对行政立法理论以及我国行政立法体制的内容有最基本的把握，了解行政立法的含义、特征；了解我国行政立法的分类；熟知我国行政立法的一般程序与立法权限；明确行政立法的效力等级；了解行政立法的审查监督制度。

课程内容

第一节 行政立法的概念与分类

（一）行政立法的含义与特征
（二）行政立法的分类

第二节 行政立法的程序

（一）编制立法工作计划
（二）起草
（三）征求意见
（四）审查
（五）决定与公布
（六）备案

第三节 行政立法的权限

（一）行政法规的立法权限
（二）部门规章的立法权限
（三）地方政府规章的立法权限
（四）行政立法的效力等级
（五）对行政立法的审查监督

考核知识点与考核要求

（一）行政立法的概念与分类
识记：(1) 行政立法；(2) 职权立法；(3) 授权立法；(4) 执行性行政立法；(5) 创制性行政立法。
领会：(1) 行政立法与具体行政行为的区别；(2) 行政立法与权力机关立法的区别。
应用：行政立法具有的行政性和立法性。
（二）行政立法的程序
识记：(1) 行政立法程序的目的；(2) 行政立法的程序规则。
领会：(1) 行政法规的立法计划编制程序；(2) 规章制定工作计划的编制程序；(3) 行政法规的起草；(4) 规章的起草；(5) 听证会的组织程序；(6) 行政立法的审查组织与审查内容；(7) 行政立法的决定与公布；(8) 行政立法的备案。
（三）行政立法的权限
识记：改变或撤销行政立法的原因。
领会：(1) 行政法规的立法权限；(2) 部门规章的立法权限；(3) 地方政府规章的立法权限；(4) 部门规章与地方政府规章的区别；(5) 改变或撤销行政立法的权限；(6) 行政立法的审查程序。
应用：行政立法发生冲突时的解决。

本章重点和难点

本章重点和难点在于准确把握行政法规和行政规章的制定主体与制定权限，了解行政立法的程序性要求。

第九章 授益行政行为

学习目的与要求

本章共三节内容,要求考生了解一些常见的授益行政行为形式;掌握行政许可、行政给付与行政奖励的概念与种类;明确这些行政行为的形式;掌握这些行政行为的原则;弄清制度设置背后蕴含的基本理念。

课程内容

第一节 行政许可

（一）行政许可的概念和种类
（二）行政许可法所确立的基本制度
（三）行政许可法所确立的基本理念

第二节 行政给付

（一）行政给付的来源
（二）行政给付的概念
（三）行政给付的形式
（四）行政给付的原则

第三节 行政奖励

（一）行政奖励的定义
（二）行政奖励的种类与形式
（三）行政奖励的原则

考核知识点与考核要求

（一）行政许可

识记:(1)行政许可的概念;(2)行政许可的种类。
领会:行政许可法确立的基本制度。
应用:行政许可法确立的基本理念与政府职能转变。
(二)行政给付
识记:(1)行政给付的概念;(2)行政给付的形式。
领会:行政给付的原则。
(三)行政奖励
识记:(1)行政奖励的概念;(2)行政奖励的种类与形式。
领会:行政奖励的原则。

本章重点和难点

本章重点和难点在于了解一些授益性的行政行为,如行政许可、行政给付、行政奖励;弄清它们的概念与形式,深入探讨制度价值;要求结合《行政许可法》的具体规定,结合个案进行深入分析,提高运用法学原理和法律规范分析问题和解决问题的能力。

第十章 负担行政行为

学习目的与要求

本章共三节内容,要求考生了解一些常见的负担行政行为形式;掌握行政处罚、行政强制与行政征收和行政征用的概念与特征;明确这些行政行为形式的作用;掌握这些行政行为的原则与实施程序;探究并分析与该行政行为相关的前沿问题。

课程内容

第一节 行政处罚

(一)行政处罚基本理论
(二)行政处罚基本制度
(三)行政处罚前沿问题

第二节 行政强制

（一）行政强制基本理论
（二）行政强制基本制度
（三）行政强制前沿问题

第三节 行政征收和行政征用

（一）行政征收
（二）行政征用
（三）行政征收和行政征用的前沿问题

考核知识点与考核要求

（一）行政处罚

识记：(1) 行政处罚的概念；(2) 行政处罚的特征；(3) 行政处罚的基本原则；(4) 行政处罚的设定权；(5) 行政处罚的实施主体；(6) 行政处罚的法定程序。

领会：行政处罚设定权的界限。

应用：(1) 行政处罚的简易程序；(2) 行政处罚的一般程序；(3) 行政处罚的听证程序；(4) 非现场执法制度的健全与完善。

（二）行政强制

识记：(1) 行政强制的基本理论；(2) 行政强制措施的法律特征；(3) 行政强制执行的法律特征。

领会：(1) 行政强制措施和行政强制执行的设定权；(2) 行政强制措施和行政强制执行的实施主体；(3) 行政强制措施和行政强制执行的实施程序。

应用：(1) 行政强制措施的定位；(2) 行政强制措施与行政强制执行的分界标准。

（三）行政征收和行政征用

识记：(1) 行政征收的概念与特征；(2) 行政征收的种类；(3) 行政征用的概念与特征；(4) 行政征用的种类。

应用：(1) 行政征收的条件与程序；(2) 行政征收和行政征用的救济机制。

本章重点和难点

本章重点和难点在于了解一些负担性的行政行为，如行政处罚、行政强制、行政征收和征用;弄清它们的概念与特征,深入探索前沿问题;要求结合《行政处罚法》《行政强制法》的具体规定,结合个案进行深入分析,提高运用法学原理和法律规范分析问题和解决问题的能力。

第十一章　行政机关的其他行为

学习目的与要求

本章共六节内容,要求考生了解行政机关其他行为的概念与特征;明确行政机关其他行为的种类、目标与作用;了解行政机关其他行为的实施程序与救济方式;掌握建立、健全我国行政指导制度的有关知识。

课程内容

第一节　行政规划

（一）行政规划的概念
（二）行政规划的基本制度

第二节　行政指导

（一）行政指导的定位
（二）行政指导的基本制度

第三节　行政协议

（一）行政协议的概念
（二）行政协议的基本制度

第四节　行政确认

（一）行政确认的概念
（二）行政确认的基本制度

(三) 行政确认的可诉性

第五节 行政检查

(一) 行政检查的概念
(二) 行政检查的基本制度
(三) 行政检查的可诉性

第六节 行政调查

(一) 行政调查的概念
(二) 行政调查的基本制度
(三) 行政调查的可诉性

考核知识点与考核要求

(一) 行政规划
识记:行政规划的概念。
领会:(1) 行政规划的种类;(2) 修改行政规划的程序。
应用:行政规划的审批条件。
(二) 行政指导
识记:行政指导的概念。
领会:(1) 行政指导的实施方式;(2) 行政指导的形式;(3) 行政指导的程序;(4) 行政行为与行政指导的区别。
(三) 行政协议
识记:行政协议的概念。
领会:(1) 行政协议案件的受案范围;(2) 行政协议的生效要件;(3) 行政协议案件的法律适用。
应用:(1) 行政协议诉讼的举证责任;(2) 行政协议案件的执行方式。
(四) 行政确认
识记:(1) 行政确认的概念;(2) 行政确认的法律特征。
应用:(1) 行政确认的程序要求;(2) 行政确认行为的可诉性。
(五) 行政检查
识记:(1) 行政检查的概念;(2) 行政检查的法律特征。
领会:(1) 行政检查的分类;(2) 行政检查的基本原则;(3) 行政检查的具体方式。
应用:(1) 行政检查清单管理制度;(2) 行政检查的程序要求;(3) 行政检查行为的可诉性。

(六)行政调查

识记:(1)行政调查的概念;(2)行政调查的法律特征。

领会:行政调查与行政检查的关系。

应用:(1)行政调查应当遵循的程序要求;(2)行政调查行为的救济机制。

本章重点和难点

本章重点和难点在于整体上了解行政规划、行政指导、行政协议、行政确认、行政检查、行政调查这几类特殊类型的行政行为的特征;明确其在现代行政行为理论中的地位与作用。更为重要的是结合中国实际,了解我国行政规划、行政指导、行政协议、行政确认、行政检查、行政调查领域的法律实践情况。

第十二章 行政司法

学习目的与要求

本章共三节内容,要求考生了解行政司法的含义与种类;弄清行政调解、行政仲裁、行政裁决的概念、特征与类型;明确行政调解、行政裁决的程序;清楚我国行政调解、行政仲裁、行政裁决程序中存在的主要问题与完善方向。

课程内容

第一节 行政调解

(一)行政调解的概念
(二)行政调解的特征
(三)行政调解的程序
(四)行政调解协议

第二节 行政仲裁

(一)行政仲裁的概念与演变
(二)行政仲裁的类型

（三）行政仲裁的特征
（四）目前我国行政仲裁存在的问题

第三节 行政裁决

（一）行政裁决的概念
（二）行政裁决的特征
（三）行政裁决的程序
（四）行政裁决与司法救济的关系

考核知识点与考核要求

（一）行政调解
识记：(1) 行政调解的概念；(2) 行政调解的特征；(3) 行政调解协议。
应用：(1) 行政调解程序的完善；(2) 行政调解协议效力确认的模式。
（二）行政仲裁
识记：(1) 行政仲裁的概念；(2) 行政仲裁的类型；(3) 行政仲裁的特征。
应用：我国行政仲裁制度存在的主要问题。
（三）行政裁决
识记：(1) 行政裁决的概念；(2) 行政裁决的特征。
领会：(1) 行政裁决的程序；(2) 行政裁决与司法救济的关系。

本章重点和难点

本章重点和难点是全面了解我国的行政司法的内容及其特点，了解行政调解、行政仲裁与行政裁决作为纠纷解决机制的优势与作用；注意区分行政调解、行政仲裁、行政裁决与行政复议；明确行政调解、行政仲裁与行政裁决的程序，结合具体的案例分析行政仲裁、行政裁决与行政诉讼的衔接问题。

第十三章 行政程序

学习目的与要求

本章共七节内容，要求考生了解行政程序的概念、分类、价值等基本理论；把握行政程序的特征;明确行政程序基本原则的内涵与要求;了解我国行政程序立法状况,我国行政程序制度的具体内容;领会具体行政程序的制度功能与价值;明确行政程序制度适用的条件与要求。

课程内容

第一节　行政程序的界定与功能

（一）行政程序的概念
（二）行政程序的分类
（三）行政程序的价值
（四）行政程序法

第二节　行政程序的基本原则

（一）公平公正公开原则
（二）参与原则
（三）效率原则

第三节　行政回避制度

（一）行政回避制度概述
（二）行政回避的事由与范围
（三）行政回避的程序
（四）行政回避的限制

第四节　行政听证制度

（一）行政听证制度概述
（二）行政听证的类型与适用
（三）行政听证的程序

第五节　行政信息公开制度

（一）行政信息公开制度概述
（二）行政信息公开的范围与限制
（三）行政信息公开的方式

第六节 说明理由制度

（一）说明理由制度概述
（二）说明理由的要求

第七节 其他行政程序制度

（一）告知制度
（二）听取意见制度
（三）案卷制度

考核知识点与考核要求

（一）行政程序的界定与功能

识记：(1) 行政程序的概念；(2) 内部行政程序；(3) 外部行政程序；(4) 主要行政程序；(5) 次要行政程序；(6) 强制性行政程序；(7) 任意性行政程序；(8) 行政程序法。

领会：(1) 行政程序的分类；(2) 行政程序的价值。

应用：行政程序的价值与作用。

（二）行政程序的基本原则

识记：(1) 公平公正公开原则；(2) 参与原则；(3) 效率原则。

领会：(1) 公开原则的要求；(2) 公平公正原则的要求；(3) 参与原则的要求；(4) 效率原则的要求。

应用：行政程序的基本原则的运用。

（三）行政回避制度

识记：(1) 行政回避制度的概念；(2) 行政回避的事由；(3) 行政回避的范围。

领会：(1) 行政回避的程序；(2) 行政回避的限制；(3) 行政回避制度与司法回避制度的区别。

应用：行政回避制度的作用。

（四）行政听证制度

识记：(1) 行政听证制度的概念；(2) 行政听证的分类；(3) 行政听证的适用。

领会：行政听证的程序。

应用：行政听证制度的意义。

（五）行政信息公开制度

识记：(1) 行政信息的概念；(2) 行政信息公开制度；(3) 行政信息公开的限制；(4) 行政信息公开的方式。

领会：行政信息依申请公开的程序。

（六）说明理由制度

识记：(1)说明理由制度的概念；(2)说明理由的适用情形。

领会：说明理由与行政决定的形式关系。

应用：说明理由制度的功能。

（七）其他行政程序制度

识记：(1)告知制度；(2)听取意见制度；(3)案卷制度。

领会：(1)告知制度与说明理由制度的区别；(2)听取意见制度的程序；(3)案卷制度的必备条件。

应用：(1)具体的行政程序制度；(2)结合行政程序制度的相关内容，在案例中分析行政机关有哪些程序违法之处。

本章重点和难点

本章重点和难点是从整体上了解行政程序的价值，在此基础上领会行政程序在行政法学中的地位；深刻领会行政程序基本原则的内涵与要求，结合法学原理分析行政机关实施行政行为的程序合法性问题；掌握《行政许可法》《行政处罚法》《行政强制法》等法律、行政法规关于程序问题的基本规定，全面了解我国的行政程序制度；了解行政程序的制度功能。

第十四章 行政法治监督

学习目的与要求

本章共两节内容，要求考生了解行政法治监督的概念、特征；明确我国行政法治监督体系的构成；掌握我国行政法治监督的种类、内容与方式。

课程内容

第一节 行政法治监督概述

（一）行政法治监督的概念

（二）行政法治监督的特征

第二节　行政法治监督的种类及监督内容

（一）国家权力机关的监督

（二）国家监察机关的监督

（三）国家司法机关的监督

（四）国家行政机关的监督

（五）国家机关系统外部的其他监督

考核知识点与考核要求

（一）行政法治监督概述

识记：(1) 行政法治监督的概念；(2) 行政法治监督的主体；(3) 行政法治监督的对象；(4) 行政法治监督的内容。

领会：行政法治监督的特征。

应用：行政法治监督的任务及作用。

（二）行政法治监督的种类及监督内容

识记：(1) 国家权力机关的监督；(2) 国家监察机关的监督；(3) 国家司法机关的监督；(4) 国家行政机关的一般监督；(5) 国家行政机关的专门监督；(6) 政治监督；(7) 社会监督。

领会：(1) 国家权力机关对行政的监督方式；(2) 国家监察对象；(3) 国家监察机关的职责；(4) 国家监察机关的权限；(5) 人民法院的监督；(6) 人民检察院的监督；(7) 一般行政监督的形式；(8) 一般行政监督的主体与实施机构；(9)《审计法》的发展历史与意义；(10) 审计监督的原则；(11) 审计监督的内容；(12) 审计机关的权限；(13) 政党监督的必要性；(14) 人民政协对行政的监督方式；(15) 公民、社会组织和社会公众对行政的监督方式。

应用：(1) 行政执法三项制度的作用与意义；(2) 审计监督程序；(3) 在我国行政执法领域建立、健全行政执法社会监督员制度的必要性；(4) 对行政的社会监督的优化。

本章重点和难点

本章重点和难点是结合我国《宪法》《立法法》和相关组织法等法律、行政法规以及各地出台的规范性文件的规定，全面了解我国行政法治监督体系的内容及其特点。加强对行政法治监督的原理与制度、体制与机制、方式与方法等理论研究，在此基础上结合具体案例，判断监督主体实施监督的程序合法性问题，以推进行政法治监督的规范化、程序化和法治化。

第十五章 行政复议

学习目的与要求

本章共五节内容,要求考生了解行政复议的概念、特征;弄清行政复议的范围和管辖;明确行政复议的申请人与被申请人、行政复议第三人;明确行政复议的申请条件、行政复议的受理等程序;掌握行政复议审理的原则、具体程序及行政复议的决定等内容。

课程内容

第一节 行政复议概述

(一)行政复议的概念
(二)行政复议的特征

第二节 行政复议的范围和管辖

(一)行政复议的范围
(二)行政复议的管辖

第三节 行政复议参加人

(一)行政复议的申请人
(二)行政复议的被申请人
(三)行政复议的第三人

第四节 行政复议的申请与受理

(一)申请行政复议的条件
(二)行政复议的受理

第五节 行政复议的审理与决定

（一）行政复议审理的原则
（二）行政复议审理的具体程序
（三）行政复议的决定

考核知识点与考核要求

（一）行政复议概述
识记：行政复议。
领会：行政复议的特征。
应用：行政复议的作用与意义。
（二）行政复议的范围和管辖
识记：(1) 行政复议的范围；(2) 行政复议的管辖。
领会：(1) 行政复议受案范围的种类；(2) 行政复议的肯定范围；(3) 行政复议的排除范围；(4) 行政复议的附带范围；(5) 行政复议的管辖规则。
（三）行政复议参加人
识记：(1) 行政复议的参加人；(2) 行政复议的申请人；(3) 行政复议的被申请人；(4) 行政复议的第三人。
领会：(1) 行政复议申请人的范围；(2) 确定行政复议被申请人的一般规则。
（四）行政复议的申请与受理
领会：(1) 申请行政复议的条件；(2) 对行政复议的审查和处理。
（五）行政复议的审理与决定
识记：(1) 书面审理原则；(2) 一次审理原则；(3) 审理期间不中止行政行为执行原则；(4) 行政复议审理的中止；(5) 行政复议审理的终止；(6) 维持决定；(7) 履行决定；(8) 重作决定；(9) 确认违法决定；(10) 赔偿决定；(11) 补救决定。
领会：(1) 行政复议审理的原则；(2) 行政复议审理的具体程序；(3) 行政复议审理的中止情形；(4) 行政复议决定的种类。

本章重点和难点

本章重点和难点是结合我国《行政复议法》《行政复议法实施条例》等法律、行政法规的规定，全面了解我国的行政复议法律制度的内容及其特点。应能够熟练运用有关行政复议的相关法学原理和制度规范，判断行政机关在受理和作出复议决定中的程序合法性问题，结合具体事例或案例,对涉及行政复议的受案范围和管辖,行政复议的申请、受理、审查和决定等程序进行深入、细致的分析,以提高分析问题和解决问题的能力。

第十六章 行政赔偿

学习目的与要求

本章共五节内容,要求考生了解行政赔偿的概念、特征、归责原则,并在此基础上理解行政赔偿责任的构成要件;弄清行政赔偿请求人与行政赔偿主体;明确行政赔偿的程序,尤其是理解行政赔偿的先行处理程序和行政赔偿诉讼程序;了解行政赔偿的范围、掌握行政赔偿的方式和计算标准。

课程内容

第一节 行政赔偿概述

(一)行政赔偿的概念与特征
(二)行政赔偿的归责原则

第二节 行政赔偿责任的构成要件

(一)侵权主体要件
(二)侵权行为要件
(三)损害结果要件
(四)因果关系要件

第三节 行政赔偿请求人与行政赔偿主体

(一)行政赔偿请求人
(二)行政赔偿主体

第四节 行政赔偿程序

(一) 先行处理程序
(二) 行政赔偿诉讼程序

第五节 行政赔偿的范围、方式和计算标准

(一) 行政赔偿的范围
(二) 行政赔偿的方式
(三) 行政赔偿的计算标准

考核知识点与考核要求

(一) 行政赔偿概述

识记：(1) 行政赔偿的概念；(2) 行政赔偿的归责原则的概念。

领会：(1) 行政赔偿的特征；(2) 国家赔偿的归责原则。

(二) 行政赔偿责任的构成要件

识记：行政赔偿责任的构成要件的概念。

领会：国家承担行政赔偿责任的具体判断标准。

应用：行政赔偿责任构成要件的目的与意义。

(三) 行政赔偿请求人与行政赔偿主体

识记：(1) 行政赔偿请求人的概念；(2) 行政赔偿主体；(3) 行政追偿的概念。

领会：(1) 行政赔偿请求人的范围；(2)《国家赔偿法》对赔偿义务机关规定的六种情形；(3) 行使行政追偿权需具备的条件。

(四) 行政赔偿程序

识记：(1) 行政赔偿程序的概念；(2) 行政赔偿的先行处理程序；(3) 行政赔偿诉讼程序。

领会：(1) 行政赔偿的先行处理程序的三个阶段；(2) 提起行政赔偿诉讼的前提条件；(3) 行政赔偿诉讼具备的特征；(4) 行政赔偿义务机关处理赔偿申请的期限。

应用：行政赔偿的程序运用。

(五) 行政赔偿的范围、方式和计算标准

识记：(1) 行政赔偿的范围；(2) 行政赔偿的方式；(3) 行政赔偿的计算标准。

领会：(1) 侵犯人身权的赔偿范围；(2) 侵犯财产权的赔偿范围；(3) 国家不予赔偿的情形；(4) 行政赔偿的方式；(5) 侵犯人身权的赔偿标准；(6) 侵犯财产权的赔偿标准；(7) 精神损害赔偿标准。

应用：行政赔偿的赔偿范围及赔偿标准。

本章重点和难点

本章重点和难点是结合我国《国家赔偿法》和其他相关法律制度,熟悉我国的行政赔偿法律制度,掌握行政赔偿的基本法律规则。特别是要掌握行政赔偿责任的构成要件、行政赔偿请求人及行政赔偿主体的有关规定。全面了解我国行政赔偿的范围、行政赔偿的程序、行政赔偿的方式和计算标准等。

第十七章 行政补偿

学习目的与要求

本章共四节内容,要求考生理解行政补偿的概念、特征、理论依据;了解我国行政补偿制度的历史;弄清行政补偿的范围及方式;明确行政补偿的一般程序、行政补偿的标准等内容。

课程内容

第一节 行政补偿的概念和特征

(一)行政补偿的概念
(二)行政补偿的特征
(三)我国行政补偿制度的历史

第二节 行政补偿的理论依据

(一)特别牺牲理论
(二)平等理论
(三)公平正义理论

第三节　行政补偿的范围与方式

（一）行政补偿的范围
（二）行政补偿的方式

第四节　行政补偿的程序和标准

（一）行政补偿的一般程序
（二）行政补偿的标准

考核知识点与考核要求

（一）行政补偿的概念和特征
识记：行政补偿的概念。
领会：行政补偿的特征。
（二）行政补偿的理论依据
识记：(1) 特别牺牲理论；(2) 平等理论；(3) 公平正义理论。
领会：行政补偿的理论依据。
（三）行政补偿的范围与方式
识记：(1) 行政补偿的范围；(2) 行政补偿的方式；(3) 行政征收；(4) 行政征用；(5) 规制征收；(6) 生态补偿；(7) 信赖利益补偿。
领会：(1) 行政补偿的范围；(2) 行政补偿的方式。
（四）行政补偿的程序和标准
识记：(1) 损失补偿原则；(2) 公平补偿原则；(3) 直接损失补偿原则。
领会：(1) 行政补偿的程序；(2) 行政补偿的原则。
应用：行政补偿的程序运用。

本章重点和难点

本章重点和难点是了解行政补偿的基本含义与特征，熟悉我国行政补偿法律制度，从理论上掌握我国行政补偿制度的宪法依据与理论基础。全面了解我国行政补偿的范围、行政补偿的方式、行政补偿的程序和标准等内容。注意区分行政赔偿与行政补偿的差异，结合具体案例，分析当事人获得行政补偿的途径与程序。

第十八章 行政诉讼

学习目的与要求

本章共八节内容,要求考生了解行政诉讼的概念、特征、立法目的;掌握行政诉讼法的基本原则与基本制度;弄清行政诉讼的受案范围,包括受理案件的范围和不受理案件的范围;掌握我国行政诉讼的管辖规则,特别是级别管辖、地域管辖、跨区域管辖、裁定管辖、管辖权异议的基本规则;明确行政诉讼参加人与行政诉讼当事人,弄清行政诉讼证据的举证、调取、质证、认证等内容;明确我国行政诉讼的一般程序与法律适用,掌握行政诉讼的判决、裁定与决定等内容。

课程内容

第一节 行政诉讼概述

(一)行政诉讼的概念与特征
(二)行政诉讼法的立法目的
(三)行政诉讼法的基本原则与基本制度

第二节 行政诉讼的受案范围

(一)行政诉讼受案范围的概念
(二)受案范围的确立方式
(三)受理案件的范围
(四)不予受理的案件范围

第三节 行政诉讼的管辖

(一)行政诉讼管辖的含义与功能
(二)级别管辖
(三)地域管辖
(四)跨区域管辖

（五）裁定管辖
（六）管辖权异议

第四节　行政诉讼参加人

（一）行政诉讼参加人与行政诉讼当事人
（二）行政诉讼的原告
（三）行政诉讼的被告
（四）行政诉讼的第三人

第五节　行政诉讼证据

（一）行政诉讼证据的概念与种类
（二）行政诉讼的举证
（三）行政诉讼证据的调取
（四）行政诉讼证据的质证
（五）行政诉讼证据的认证

第六节　行政诉讼程序

（一）一审程序
（二）简易程序
（三）二审程序
（四）审判监督程序

第七节　行政诉讼的法律适用

（一）行政诉讼法律适用的含义
（二）行政诉讼法律适用的依据
（三）行政诉讼法律适用中的参照规章
（四）行政审判中的规章以下规范性文件

第八节　行政诉讼的判决、裁定与决定

（一）行政诉讼的判决
（二）行政诉讼的裁定
（三）行政诉讼的决定

考核知识点与考核要求

(一)行政诉讼概述

识记:行政诉讼的概念。

领会:(1)行政诉讼的特征;(2)行政诉讼法的立法目的;(3)行政诉讼的基本原则;(4)行政诉讼的基本制度。

(二)行政诉讼的受案范围

识记:行政诉讼受案范围的概念。

领会:(1)行政诉讼受案范围的确立方式;(2)行政诉讼受理案件的范围;(3)行政诉讼不予受理的案件范围。

(三)行政诉讼的管辖

识记:(1)行政诉讼的管辖的概念;(2)级别管辖的概念;(3)地域管辖的概念;(4)跨区域管辖的概念;(5)裁定管辖的概念;(6)管辖权异议的概念。

领会:(1)行政诉讼的级别管辖;(2)行政诉讼的地域管辖;(3)行政诉讼特殊地域管辖的种类;(4)行政诉讼的跨区域管辖;(5)行政诉讼的裁定管辖。

(四)行政诉讼参加人

识记:(1)行政诉讼参加人的概念;(2)行政诉讼当事人的概念;(3)行政诉讼的原告的概念;(4)行政诉讼的被告的概念;(5)行政诉讼第三人的概念。

领会:(1)行政诉讼中原告资格认定的具体情形;(2)行政诉讼被告的具体认定情形;(3)行政诉讼第三人的特征和诉讼地位。

(五)行政诉讼证据

识记:(1)行政诉讼的证据的概念;(2)行政诉讼的举证责任的概念;(3)行政诉讼的取证的概念;(4)行政诉讼证据的质证的概念;(5)行政诉讼证据的认证的概念。

领会:(1)行政诉讼举证责任的分配;(2)行政诉讼的举证时限;(3)行政诉讼证据的调取;(4)行政诉讼证据的质证;(5)行政诉讼证据的认证。

(六)行政诉讼程序

识记:(1)行政诉讼的起诉;(2)行政诉讼的简易程序。

领会:(1)行政诉讼起诉的条件;(2)行政诉讼的一审程序;(3)行政诉讼简易程序的适用条件及特点;(4)行政诉讼的二审程序;(5)行政诉讼上诉的提起与受理;(6)行政诉讼二审的审理与裁判;(7)行政诉讼的审判监督程序;(8)行政诉讼审判监督程序的启动;(9)行政诉讼再审案件的审查与审理。

(七)行政诉讼的法律适用

识记:(1)行政诉讼法律适用的概念;(2)行政诉讼法律适用的依据。

领会:(1)行政诉讼法律适用中的参照规章;(2)行政审判中的规章以下规范性文件。

(八)行政诉讼的判决、裁定与决定

识记:(1)行政诉讼的判决;(2)行政诉讼一审判决;(3)驳回诉讼请求判决;(4)撤销判决;(5)履行判决;(6)给付判决;(7)确认判决;(8)变更判决;(9)赔偿判决;(10)行政诉讼

的裁定;(11)行政诉讼的决定。

领会:(1)行政诉讼判决的种类及适用条件;(2)行政诉讼裁定的种类;(3)行政诉讼决定的种类。

本章重点和难点

本章重点和难点是结合我国《行政诉讼法》和相关司法解释的规定,熟悉并掌握我国行政诉讼的基本法律制度。深刻领会并掌握我国行政诉讼的立法目的与基本原则、行政诉讼的范围、管辖和行政诉讼参加人、行政诉讼的证据、行政诉讼的审理程序及行政诉讼的判决、裁定和决定等内容。应当能够结合个案熟练分析所涉诸多问题,如当事人资格、是否属于行政诉讼的范围、如何管辖等具体法律问题,以提高运用法学原理和法律规范分析问题、解决问题的能力。

Ⅳ 关于大纲的说明与考核实施要求

一、课程自学考试大纲的目的和作用

本课程自学考试大纲是根据全国高等教育自学考试专业计划的要求,结合自学考试的特点而确定的。其目的是对个人自学、社会助学和课程考试命题进行指导和规定。

本课程自学考试大纲明确了课程学习的内容以及深广度,规定了课程自学考试的范围和标准。因此,它是编写自学考试教材的依据,是社会助学组织进行自学辅导的依据,是自学者学习教材、掌握课程内容知识范围和程度的依据,也是进行自学考试命题的依据。

二、课程自学考试大纲与教材的关系

课程自学考试大纲是进行学习和考核的依据,教材是课程知识内容与范围的详细讲解,是对大纲所规定的课程知识和内容的扩展与发挥。课程内容在教材中可以体现一定的深度或广度,但在大纲中对考核的要求一定要适当。

大纲与教材所体现的课程内容应基本一致;大纲里面的课程内容和考核知识点,教材里一般也要有。反过来教材里有的内容,大纲里就不一定体现。

三、关于自学教材

《行政法学》,全国高等教育自学考试指导委员会组编,湛中乐主编,北京大学出版社,2023年版。

四、关于自学要求和自学方法的指导

本大纲的课程基本要求是依据专业考试计划和专业培养目标而确定的。课程基本要求还明确了课程的基本内容,以及对基本内容掌握的程度。基本要求中的知识点构成了课程内容的主体部分。因此,课程基本内容掌握程度、课程考核知识点是高等教育自学考试考核的主要内容。

为有效地指导个人自学和社会助学,本大纲已指明了课程的重点和难点,在章节的基本要求中一般也指明了章节内容的重点和难点。

本课程共 5 学分。

我们结合自己多年来的教学经验和体会,提出几点有关学习方法的建议,供大家参考。

(一)系统学习、深入重点

自学者首先应系统地学习各章内容,掌握要求识记的概念,深入理解和掌握基本理论和基本方法,在此基础上深入理解知识点,掌握重点。

(二)掌握科学的学习方法,明确相关概念、方法之间的关系

考试前梳理已经学习过的内容,搞清楚一些基本概念、理论及方法之间的关系,便于记忆、加深理解,从而掌握分析方法。例如第七章,重点要了解行政行为的合法性要件。应该结合几个构成要件,对某个具体行政行为的合法性进行逐一分析。如果某个要件缺失,或者不符合,就可以对该行政行为作出是否具有合法性进行判断。那么这里就要牢牢掌握行政行为的合法性构成要件。

(三)深入理解教材例题,注意理论与实践相结合

行政法学的案例分析,是特别值得注意的一个问题。自学者对教材中的有关法律制度应作深入理解,而且要注意理论联系实际去做好案例分析。例如第十五章、第十六章、第十七章、第十八章这些部分,都跟《行政复议法》《国家赔偿法》《行政诉讼法》等有着密切的联系,自学者要在吃透案情的基础上,掌握分析方法。对案例中所涉及的主要法律问题作深入分析,以提高自己分析问题和解决问题的能力,这样就可以使得自学者做到学以致用。

五、对社会助学的要求

指导自学应考者全面系统地学习指定教材,掌握全部考试内容和考核知识点。根据本大纲列出的考试内容和考核目标,对自学应考者进行切实有效的辅导,将识记、领会、应用三者结合起来,培养和提高他们分析问题、解决问题的能力,切忌猜题押题。

要针对重点章节和一般章节分别提出自学或助学的基本学时建议和要求,在助学活动中应注意的问题。要强调注意正确引导、把握好助学方向,正确处理学习知识和提高能力的关系。

举例如下:

(一)帮助自学者梳理重点和一般内容之间的关系

助学者在辅导时应帮助自学者梳理重点内容和一般内容之间的关系,在他们全面掌握全部考试内容的基础上,深入分析行政行为的各种样态形式与行政行为特点之间的关系,注意行政行为形式中几种具有典型意义的行政许可、行政处罚和行政强制行为的特征,结合相关法律,对行政许可制度、行政处罚制度和行政强制制度有较为深入的了解,从而掌握这些行为的种类与法律设定、行政行为的实体要求与程序要求等具体规范所构成的制度体系。

(二)注意培养自学者应用知识的能力

行政法学的理论方法的应用性比较强,助学者应帮助自学者了解行政法的基本原则、行政主体理论、行政行为理论等基础知识和行政救济途径的选择和应用,适当增加一些现实生活中的案例或实例分析,以培养自学者对方法应用的兴趣,深入理解基础理论,提高他们的分析应用能力。

(三)建议每学分2—3个助学学时。

六、对考核内容的说明

1. 本课程要求考生学习和掌握的知识点内容都作为考核的内容。课程中各章的内容均由若干知识点组成,在自学考试中成为考核知识点。因此,课程自学考试大纲中所规定的考试内容是以分解为考核知识点的方式给出的。由于各知识点在课程中的地位、作用以及

知识自身的特点不同,自学考试将对各知识点分别按三个认知(或叫能力)层次确定其考核要求。

2. 在考试之日起 6 个月前,由全国人民代表大会和国务院颁布或修订的法律、法规都将列入本课程的考试范围。凡大纲、教材内容与现行法律、法规不符的,应以现行法律法规为准。命题时也会对我国经济建设和科技文化发展的重大方针政策的变化予以体现。

3. 按照重要性程度不同,考核内容分为重点内容、次重点内容、一般内容,在本课程试卷中对不同考核内容要求的分数比例大致为:重点次重点内容占 60% 左右,其他占 40% 左右。

七、关于考试命题的若干规定

1. 本课程的考试方法为闭卷笔试,满分为 100 分,60 分为及格。考试时间为 150 分钟。

2. 本大纲各章所规定的基本要求、知识点及知识点下的知识细目,都属于考核的内容。考试命题既要覆盖到章,又要避免面面俱到。要注意突出课程的重点、章节重点,加大重点内容的覆盖度。

3. 不应有超出大纲中考核知识点范围的试题,考核目标不得高于大纲中所规定的相应的最高能力层次要求。应着重考核自学者对基本概念、基本知识和基本理论是否了解或掌握,对基本方法是否会用或熟练。避免出现与基本要求不符的偏题或怪题。

4. 本课程在试卷中对不同能力层次要求的分数比例大致为:识记占 20%,领会占 40%,应用占 40%。

5. 要合理安排试题的难易程度,试题的难度可分为易、较易、较难和难四个等级。每份试卷中不同难度试题的分数比例一般为 2:3:3:2。

必须注意试题的难易程度与能力层次有一定的联系,但二者不是等同的概念。在各个能力层次中对于不同的考生都存在着不同的难度。

6. 课程考试命题的主要题型一般有单项选择题、名词解释题、简答题、论述题、案例分析题等题型。

附录 参考样卷

一、单项选择题:本大题共25小题,每小题1分,共25分。在每小题列出的备选项中只有一项是最符合题目要求的,请将其选出。

1. 调整行政关系和监督行政关系的部门法是
   A. 行政法   B. 刑法
   C. 宪法   D. 民法

2. 国际条约属于行政法的
   A. 特殊渊源   B. 一般渊源
   C. 软法规范   D. 无效渊源

3. 下列属于判断我国公务员身份要素之一的是
   A. 学历   B. 年龄
   C. 国家财政负担工资福利 D. 工作单位

4. 下列具有行政立法权的是
   A. 某企业   B. 某大学
   C. 某社会团体   D. 某省人民政府

5. 行政处罚属于
   A. 依申请的行政行为   B. 依职权的行政行为
   C. 授益的行政行为   D. 民事行为

6. 无效行政行为的法律后果是
   A. 对行政相对人没有约束力   B. 对行政相对人有约束力
   C. 对行政相对人有部分约束力 D. 对第三人有约束力

7. 为了补充已经发布的法律法规而制定规范性文件的立法活动属于
   A. 试验性立法   B. 补充性立法
   C. 特别授权立法   D. 执行性立法

8. 地方政府规章的立法主体是
   A. 国务院   B. 国务院各部、委员会
   C. 设区的市的人民政府   D. 全国人大常委会

9. 行政给付通常属于
   A. 羁束行政行为   B. 自由裁量行政行为
   C. 行政相对人同意行为   D. 科以行政相对人义务的行为

10. 下列关于行政许可的表述,正确的是
    A. 行政许可的主体只能是国家行政机关
    B. 行政许可是依职权的行政行为
    C. 行政许可一般为非要式行政行为

D. 行政许可原则上是一种授益行政行为

11. 行政确认属于
A. 非要式行政行为　　　　　　　B. 自由裁量行政行为
C. 抽象行政行为　　　　　　　　D. 具体行政行为

12. 依据《行政处罚法》的规定,有违法行为但不予行政处罚的是
A. 不满8周岁的未成年人　　　　B. 不满10周岁的未成年人
C. 不满12周岁的未成年人　　　　D. 不满14周岁的未成年人

13. 对行政裁决不服,行政相对人
A. 必须执行行政裁决　　　　　　B. 可以向人民法院起诉
C. 只能申请复议　　　　　　　　D. 只能向行政机关申诉

14. 行政拘留属于
A. 财产罚　　　　　　　　　　　B. 声誉罚
C. 人身罚　　　　　　　　　　　D. 行为罚

15. 下列案件可以适用行政处罚简易程序的是
A. 对某公民罚款1000元　　　　 B. 对某企业罚款900元
C. 对某餐馆罚款10000元以上　　D. 对某公司罚款15000元

16. 行政合同中对合同的监督权和指挥权属于
A. 行政机关　　　　　　　　　　B. 行政相对人
C. 行政机关和行政相对人　　　　D. 第三人

17. 下列关于行政指导的表述,错误的是
A. 行政指导的主体是行政主体
B. 行政指导的宗旨是限制公民权利
C. 行政指导的依据是国家的法律、法规和政策
D. 行政指导行为不具有强制力

18. 回避制度保障的是
A. 程序公开原则　　　　　　　　B. 效率原则
C. 相对人参与原则　　　　　　　D. 程序公正原则

19. 受委托的组织行政违法,承担行政责任的是
A. 委托的组织　　　　　　　　　B. 受委托的组织
C. 同级人民政府　　　　　　　　D. 委托组织的法定代表人

20. 行政复议属于
A. 司法监督　　　　　　　　　　B. 层级监督
C. 新闻媒体监督　　　　　　　　D. 同级监督

21. 下列不属于行政诉讼受案范围的是
A. 张某不服单位对其给予的降职处分
B. 王某不服交警对其罚款处罚
C. 某工厂不服环境保护主管部门对其停业整顿的处罚
D. 某单位不服劳动行政部门对其罚款处罚

22. 对限制公民人身自由的行政强制措施不服提起行政诉讼的,具有管辖权的法院是
A. 原告所在地人民法院
B. 被告所在地人民法院
C. 原告或者被告所在地人民法院
D. 原告和被告所在地以外的其他人民法院

23. 在行政赔偿诉讼中,对被诉行政行为侵害造成损失事实负有举证责任的是
A. 被告　　　　　　　　B. 原告
C. 人民检察院　　　　　D. 人民法院

24. 依据《行政诉讼法》规定,下列属于人民法院审理行政案件法律依据的是
A. 行政规范性文件　　　B. 行政法规
C. 部门规章　　　　　　D. 地方政府规章

25. 行政赔偿的责任主体是
A. 公务员　　　　　　　B. 国家
C. 行政机关和公务员　　D. 行政相对人

二、名词解释题:本大题共 4 小题,每小题 5 分,共 20 分。

26. 行政协议
27. 行政强制措施
28. 行政拘留
29. 行政补偿

三、简答题:本大题共 3 小题,每小题 8 分,共 24 分。

30. 简述行政征收的主要种类。
31. 简述行政调解的特征。
32. 简述行政法治监督的特征。

四、论述题:本题 15 分。

33. 试论比例原则的含义及其具体内容。

五、案例分析题:本题 16 分。

34. 2019 年 11 月 21 日,甲市 A 县市场监管局对某超市销售的预包装食品进行食品安全监督抽样检验,发现该超市销售的由甲市 B 县某食品有限公司生产的鸡汁素板筋(挤压糕点)的菌落总数(N=5)超过食品安全标准限量,检验结论为不合格食品。A 县市场监管局扣押了该超市库存鸡汁素板筋(挤压糕点)24 包(55 克/包)。随后该超市向 A 县市场监管局提供了以下资料:(1) 涉案鸡汁素板筋(挤压糕点)的上一级供货商的营业执照、食品经营许可证、销售单;(2) 涉案鸡汁素板筋(挤压糕点)的生产者 B 县某食品有限公司的营业执照、食品生产许可证、关于不合格产品的整改报告、召回通知;(3) B 县检验检测中心的《检验报告》(该检验报告结论为:B 县某食品有限公司于 2019 年 12 月 22 日生产的鸡汁素板筋为合格食品)。

2020 年 3 月 25 日,A 县市场监管局作出行政处罚决定,认定该超市经营致病性微生物超过食品安全标准限量食品的行为,违反了《食品安全法》的规定,构成经营致病性微生物超过食品安全标准限量食品的违法行为,应当依据《食品安全法》的规定予以处罚:(1) 没收鸡

汁素板筋(挤压糕点)24包(55克/包);(2)没收违法所得16元;(3)罚款20000元。

请问:(1)若该超市不服处罚,应向哪个机关申请行政复议?为什么?

(2)若该超市认为A县市场监管局的处罚过重,不符合《行政处罚法》规定的"过罚相当原则"和"处罚与教育相结合原则",向人民法院提起行政诉讼,请根据《行政处罚法》的相关规定,说明该超市的请求是否合法合理?为什么?

大 纲 后 记

《行政法学自学考试大纲》是根据《高等教育自学考试专业基本规范(2021年)》的要求，由全国高等教育自学考试指导委员会法学类专业委员会组织制定的。

全国考委法学类专业委员会对本大纲组织审稿，根据审稿会意见由编者做了修改，最后由法学类专业委员会定稿。

本大纲由北京大学湛中乐教授担任主编；参加审稿并提出修改意见的有北京大学姜明安教授、中共中央党校(国家行政学院)胡建淼教授、清华大学于安教授。对参与本大纲编写和审稿的各位专家表示感谢。

全国高等教育自学考试指导委员会
法学类专业委员会
2023 年 5 月

全国高等教育自学考试指定教材

行 政 法 学

全国高等教育自学考试指导委员会 组编

编 者 的 话

我国自学考试已经走过了42个年头。随着国家法治建设的需要,依法行政变得越来越重要。法治国家、法治政府、法治社会一体建设,共同发展。行政法学课程在自学考试课程体系中的地位也越来越重要。行政法学不仅是行政管理(专升本)专业的必修课程,还是其他相关专业的必修课程或选修课程。2023年,全国高等教育自学考试指导委员会对有关专业课程与相应的专业考试科目进行了必要的调整。行政法学课程成为行政管理(专升本)和政治学与行政学(专升本)专业的课程。

全国高等教育自学考试指导委员会法学类专业委员会推荐湛中乐教授担任新行政法学课程的主编。主编邀请了相关院校的行政法学的教授组成教材编写团队,经过大家的商议和研讨,形成了《行政法学自学考试大纲》,其后又初步确定了教材的体系与框架。然后确定了分工和写作任务,也提出了写作必须符合全国考委的有关要求。对于这次新编写的《行政法学自学考试大纲》和教材,全国考委法学类专业委员会专门邀请了行政法学界的三位知名教授进行审阅。北京大学法学院的姜明安教授担任主审,其他两位分别是清华大学公共管理学院的于安教授和中共中央党校(国家行政学院)的胡建淼教授。本书的各位作者又在听取审稿会修改意见的基础上对大纲及教材内容进行了相应的修改与完善。为此,我们对以上三位审稿专家表示特别的感谢。

现在这本《行政法学》的具体分工是:李洪雷研究员(中国社会科学院法学研究所)负责撰写第一、二、三章;徐靖教授(中南大学法学院)负责撰写第四、五、六章;刘泽军教授(北方工业大学文法学院)负责撰写第七、八章;陈天昊副教授(清华大学公共管理学院)负责撰写第九、十、十一章;罗智敏教授(中国政法大学法学院)负责撰写第十二、十七章;王贵松教授(中国人民大学法学院)负责撰写第十三、十四章;湛中乐教授(北京大学法学院)负责撰写第十五章;张效羽教授[中共中央党校(国家行政学院)政治和法律教研部]负责撰写第十六、十八章。全书由湛中乐教授最后统稿、定稿,徐靖教授协助统稿。

《行政法学》教材编写组

2023年5月

第一章 行政法学的基本范畴

第一节 行 政

行政法为规范行政(行政权、行政活动或行政关系)之法,行政是行政法最为基本的一个概念,也是理解行政法的起点。

一、对行政概念的界定

"行政"一词在我国古籍中早已出现,常与"用人"并称为"用人行政",可视为"行其政事"或"行其政令"的简称。我国近代法政文献中的行政概念,则是"西学东渐"的产物:汉字"行政"在被日本人用作德文"Verwaltung"(对应英文的 administration)的译名以后,又回流到中国。[①] 这一意义上的行政概念有管理、执行等义,包含组织、计划、协调和控制等内容。不仅公共组织中有行政,企业等私人组织中同样也有行政,公共行政与私人行政尽管需要遵循一些共同的规律,在技术上有一定的相通之处,但在法律约束、价值取向、组织构造和责任承担等方面,都存在很大的差异。行政法(学)上的行政一般是指公共行政。对行政的界定,向来有消极与积极两种方法。

(一)消极说

消极说又称控除说、蒸馏说,其采取消极排除的方式,从行政不是什么的角度对行政加以界定。该说认为,国家职能可分为立法、司法与行政,立法是指制定一般、抽象的法律规范,司法是指通过一定的程序解决法律纠纷,而行政则是指在国家职能中去除立法与司法后的剩余职能。消极的定义从分权原理出发,认为所谓行政就是国家职能中扣除立法与司法的部分。消极说揭示了行政是国家职能的一种,把行政的概念纳入权力分立或分工原则的范畴,有利于揭示其与立法、司法之差异,但是运用消极的方法定义行政,只有在立法和司法概念能够被清晰界定的前提下才有意义,而由于立法和司法的概念本身也存在争议,这个前提并不成立。消极定义也无助于对概念内容的实质性理解,显得空洞。另外,还存在一些无法归入立法、司法和行政的行为,如立法机关对于政府的监督行为、国家元首行为等。在我国利用消极说还涉及监察职能的排除。

(二)积极说

学界长期以来一直在努力尝试建立一个积极的行政定义,企图从正面说明行政到底是什么,以便明确行政的确切内涵。但这些定义在不同程度上都存在缺陷:有的忽视行政对个人权益的保障功能,有的过于狭窄,有的过于抽象[②]。

虽然学界努力多年,对行政的积极定义仍未获得令人完全满意的成果。这主要是因为

[①] 张帆:《"行政"史话》,商务印书馆 2007 年版,第 252—255 页。
[②] 参见翁岳生编:《行政法》(上册),中国法制出版社 2002 年版,第 5 页以下;吴庚、盛子龙:《行政法之理论与实用》(增订 15 版),三民书局 2017 年版,第 3 页以下。

行政的目的及功能、事项范围、组织形式与作用方式等均极为广泛、多样和繁杂,同时行政也处在持续的变动过程中,很难用一个准确、简明的概念对行政加以界定。

（三）小结

对行政概念的各种界定,既有其局限,亦有其功能,应当根据具体情形和具体问题从功能视角加以选择。① 从为行政法学研究确立一个大致边界的角度出发,可先从组织和形式上看,凡是行政组织及其活动,均属于行政法学上研究的行政。继而从实质意义上考虑,将行政组织之外的国家机关或者其他组织所从事的活动中符合行政特征的部分也纳入行政的范围。

二、行政的特点

德国著名行政法学家福斯特霍夫有一个著名论断:"行政只能描述,而不可定义。"② 这一名言也可从反面理解:虽然难以对行政的内涵进行简要、精确的界定,但可以对行政的特性加以描述,从而获得对行政的总体性认识。尽管这些特性可能并非为所有的行政所具有,但反映了多数行政的特性和倾向,也在一定程度上体现了行政的本质。

（一）行政的公益性

行政所要处理的是社会公共事务,追求公共利益是行政的目的所在。公共利益（简称"公益"）是"行政法的核心的概念,是行政法的适用、解释和权衡的普遍原则"③。但公共利益是一个不确定的法律概念,并无一个非常明确的内涵,而且随着时代的变迁不断变化。在多元复杂的现代社会,对于公共利益的确切内涵常会产生争议,判断的依据首先是宪法和法律的规定。一般而言,社会秩序的维持,经济、文化的发展,环境的保护等,均为公共利益。

公共利益的"公共性"是多方面和多层次的。有的公共利益由全体公民所共享,如保卫国防;有的则仅由一定范围的公民所享有,如国家为促进贫困地区发展提供财政扶持。不仅如此,因为内容、范围或者其他方面的原因,私人利益（简称"私益"）也可能具有公共利益的属性,这通常是指"不确定人群"的利益,如道路上的行人安全。因为国家负有尊重、保障和实现人权的义务,所以在追求公共利益时必须尊重私人利益,而且在某些情况下维护私人利益也构成公共利益的一部分,如对人性尊严的维护、对公民人身权和财产权的保障等,都属于公共利益。

公共利益的内部有时存在冲突,如增加就业的利益与环境保护的利益就可能发生冲突;同样,公共利益与私人利益也会发生冲突。因此,行政法的一个重要任务是对各种公共利益以及公共利益和私人利益的冲突加以适当的平衡。

（二）行政的社会塑造性、整体性与积极主动性

司法职能的核心在于对个案加以裁判,因此是一种点状的思考,着眼于个案的公正;司法（诉讼程序）奉行"不告不理"的原则,具有消极被动性。而行政的对象是社会公共事务,很

---

① 李建良:《行政法基本十讲》,元照出版有限公司2011年版,第10—12页。
② E. Forsthoff, Lehrbuch des Verwaltungsrechts C. H. Beck, 1958, S. 1.
③ 〔德〕汉斯·J. 沃尔夫、奥托·巴霍夫、罗尔夫·施托贝尔:《行政法》（第1卷）,高家伟译,商务印书馆2002年版,第324页。

多行政决策对社会具有塑造或形成作用,如城市规划、宏观调控、生态保护等。相应地,行政就不应和司法一样仅关注个案公正,而应有一种整体性、全局性的关怀。为了应对工业化和城市化所带来的交通、环境、住宅、社会保障等问题,行政必须积极介入社会生活领域。在发展中国家,行政还要特别致力于经济发展。行政机关也不能坐待问题或危机出现后进行被动式反应,而应未雨绸缪、预判形势、预防风险,保证决策的前瞻性和预见性。

(三)行政形式和手段的多样性

行政活动具有不同的形式。如行政机关既可能与立法机关一样,以(行政)立法的形式进行抽象的规制;也可能与司法机关一样,通过具体的行政处理(决定)对个案进行规制;还可以与私人一样,以(行政)合同(契约、协议)的形式明确法律关系的内容。行政机关也可以采取多样的手段,其中既有命令性或强制性手段,如行政强制、行政处罚、行政许可等,也有柔性手段,如行政指导、行政信息公开、行政协议、行政奖励等。

(四)拘束性与裁量性的统一

在法治国家中,行政居于法律之下,行政机关必须受法律的拘束,所有的行政活动都不能违反法律。在这方面行政与司法具有相似性。但行政与司法在受法的拘束方面仍有差异:司法自身的目的即依法裁判、解释和适用法律,依法行政并非行政的目的所在,法律只是构成了行政的框架,行政机关要在此框架内积极地、创造性地塑造社会秩序、促进社会正义、增进公共利益。因此,行政必须具有一定的裁量性、灵活性和机动性;且由于行政活动本身的复杂性和动态性,法律也不可能对行政的所有方面作出细密的规定。

三、行政的分类

根据不同的标准和目的,可以对行政进行如下分类:

(一)根据行政对私人法律效果的分类

1. 干预行政

干预行政又称侵害行政,是指限制私人权利或自由,课予其义务或负担的行政活动。干预行政通常以命令或禁止的形式出现,在义务人不履行义务时需要采取相应的强制性措施。

2. 给付行政

给付行政又称服务行政,是指为私人提供公共服务的行政活动,一般具有授益性,如提供社会救助,给予补贴补助,或者建设公共设施(养老院、幼儿园、学校、医院等)等。在第二次世界大战以后,随着福利国家的发展,国家职能发生了重大转变,积极主动地为公民提供服务与照顾成为重要的行政任务,给付行政的地位也相应地得到提高。因为干预行政与给付行政对私人具有不同的法律效果,所以在法律保留原则的适用、行政机关依职权撤销的条件等方面,需要遵循不同的规则。总体而言,给付行政受到法律拘束的程度要小于干预行政,行政机关具有更大的灵活处置空间。

(二)根据行政受法律规范拘束的程度

1. 羁束行政

这是指法律规范对行政活动的范围、条件、标准、形式、程序等作了详细、具体、明确的规定。行政机关实施羁束行政,必须严格依法定范围、条件、标准、形式、程序等办事,没有或很少有自行斟酌、选择的余地。

2. 裁量行政

这是指法律规范仅对行政活动的目的、范围等作一原则性规定,而将具体条件、标准、幅度、方式等留给行政机关自行选择、决定。实践中经常将裁量称为自由裁量,但由于裁量一词本身就包含了因时制宜、灵活处置的含义,前面再加上"自由"如同叠床架屋。更重要的是,行政裁量并非任意裁量,行政机关及其工作人员不得据一己之私益私利随便处分,而是要尽力寻求最适合公益的处置方式。目前在德国行政法学界基本已经不再使用"自由裁量"这一概念,而是直接称为裁量,强调裁量并没有给予行政机关以自由或任意,裁量是"合义务的裁量"或者"受法律约束的裁量"。[①]

(三) 根据行政职能所作的分类

我国实践中将行政(政府)的职能分为五类,即经济调节、市场监管、社会管理、公共服务和生态环境保护,可以以此为标准对行政加以分类。

1. 经济调节型行政

这是指宏观调控,即对社会总需求和总供给进行总量调控,促进经济结构调整和优化,从而为经济发展提供良好的宏观经济环境,保持经济持续、快速、协调、健康发展。

2. 市场监管型行政

这是指对市场主体及其行为进行监管或规制,以纠正市场失灵,维护公平竞争的市场秩序。

3. 社会管理型行政

这是指管理和规范社会组织、社会事务,化解社会矛盾,调节收入分配,以维护社会公正、社会秩序和社会稳定。

4. 公共服务型行政

这是指为社会提供公共产品和服务,包括加强城乡公共设施建设,发展社会就业、社会保障服务、发布公共信息等,从而为社会公众生活和参与社会经济活动提供保障和创造条件。

5. 生态环境保护型行政

这是指保护和改善生活环境与生态环境,防治污染和其他公害,以保障人体健康,保证经济长期稳定增长和实现可持续发展。

由于我国仍然属于发展中国家,政府在促进经济发展中发挥着重要的作用,可以考虑从经济调节型行政中再区分出发展促进型行政。

第二节 行 政 法

一、行政法的概念

行政法概念与行政概念一样,也是众说纷纭。有的学者着眼于行政法所调整的社会关系,如"行政法是国家重要部门法之一,它是调整行政关系的法律规范的总称,或者说是调整

---

① 〔德〕哈特穆特·毛雷尔:《行政法学总论》,高家伟译,法律出版社 2000 年版,第 129 页。

国家行政机关在行使其职权过程中发生的各种社会关系的法律规范的总称"①。行政法是"调整行政关系,规范和控制行政权的法律规范系统"。所谓"行政关系",是指"行政主体在行使行政职能和接受行政法治监督过程中与行政私人、行政法治监督主体而发生的各种关系以及行政主体内部发生的各种关系"②。

有的学者着眼于行政法所包含的主要内容,如"行政法是管理政府行政活动的部门法。它规定行政机关可以行使的权力,确定行使这些权力的原则,对受到行政行为损害者给予法律补偿"③。又如"行政法是关于行政权的授予、行使以及对行政权进行监控和对其后果予以补救的法律规范和原则"④。

有的学者则将行政法所调整的社会关系与其所包含的主要内容相结合,如"行政法是关于行政权力的授予、行使以及对行政权力进行监督和对其后果予以补救的法律规范的总称,用以调整在行政权力的授予、行使以及对其监督过程中发生的各种社会关系,尤其是行政权力与其他国家权力和个人权利之间发生的社会关系"⑤。

有些学者除着眼于行政法所调整的社会关系以外,还注意到调整方式的特殊性或者其公法属性,如"行政法是指以特有的方式调整行政——行政行为、行政程序和行政组织——的(成文或者不成文)法律规范的总称,是为行政所特有的法"⑥。又如"行政法,是指关于行政的组织、作用及其统治的国内公法"⑦。

在本书中,我们将行政法界定为规范和调整行政组织及其活动的公法规范的总称,具体包括行政组织法、行政行为法、行政法制监督法和行政救济法。应强调的是,并非可以规范和调整行政权运行的法律规范都是行政法,因为民法(私法)规范在一定情形下也可能对行政权运行发挥规范功能,但并不因此而成为行政法规范,行政法仅限于公法规范。

公法与私法在功能和出发点方面存在基本差异。私法的主要任务为规范私人的法律行为并协调私人之间实际或潜在的利益冲突;私法以私人自治为根本原则,私人享有法律框架内的自由,无须对自己的决定承担说理义务。而公法以国家为规范对象,以确定公权力的基础和界限为主要任务⑧;公权力主体不享有私人自治,而是必须遵循法律保留、平等原则、比例原则和正当程序原则等要求,并且要对自己的行为加以论证或正当化。⑨ 公私法二元区分的社会基础在于国家与社会的分离。当然,伴随着政治、经济与社会的变迁,现代国家中的公私法二元区分已经丧失了绝对性,公私法的严格分离已无法再继续维持,公法与私法已经成为两个互为支持和补充的系统。如宪法的基本权利规定不仅可以直接约束公权力机关,还可以通过"间接的第三人效力"对私法的解释和适用产生"辐射影响";行政机关不仅可以公法组织形式和行为方式活动,也可以私法组织形式和方法活动;行政法可能对私法产生限

---

① 罗豪才主编:《行政法学》(新编本),北京大学出版社2000年版,第6页。
② 姜明安、余凌云主编:《行政法》,科学出版社2010年版,第5页。
③ 〔美〕伯纳德·施瓦茨:《行政法》,徐炳译,群众出版社1986年版,第1页。
④ 杨海坤、章志远:《中国行政法基本理论研究》,北京大学出版社2004年版,第25页。
⑤ 应松年主编:《当代中国行政法》(上卷),中国方正出版社2005年版,第9—10页。
⑥ 〔德〕哈特穆特·毛雷尔:《行政法学总论》,高家伟译,法律出版社2000年版,第33页。
⑦ 田中二郎:《新版行政法》(上卷)(全订第2版),日本弘文堂1974年版,第24页。转引自杨建顺:《日本行政法通论》,中国法制出版社1998年版,第113页。
⑧ Hartmut Maurer, Allgemeines Verwaltungsrecht, Verlag C. H. Beck, 2009, S. 39 f..
⑨ Eberhard Schmidt-Aßmann, Das allgemeine Verwaltungsrecht als Ordnungsidee, Springer, 2006, S. 28.

制与引导作用;有时可以类推适用私法规定来填补行政法的漏洞。不过,这些关系仍然发生在两个领域相对独立存在的基础之上,不应因此而混淆公法与私法的基本差异。

在大陆法系国家,公法与私法的二元区分奠定了实证法律秩序的基础结构,也构成了行政法学的预设前提。从行政组织法上的公法人,到行政行为法上的行政处理、行政协议和行政强制执行,再到行政救济法上独立的行政法院和行政诉讼程序等,所有这些法律概念和制度都建立在公私法二元区分的基础之上。尽管通说认为,公私法二元区分并非法律逻辑上的强制要求,自清末变法以来,我国的法律体系主要受大陆法系国家影响,中华人民共和国成立后学习苏联法制,苏联法制的底子也是大陆法系,改革开放以来,通过学习、借鉴德国法、日本法和我国台湾地区的法律体系,大陆法系对我国法律概念和法律体系的影响甚为深刻。但我国现行法在公私法划分问题上的立场尚未完全明确。一方面,由于我国现行法律体系承认宪法、行政法与民法等都是有着各自调整对象或方法的独立部门法,对相关争议的处理应通过不同的主体与程序进行,这至少可以说是在间接意义或者初步程度上承认了公私法的区分。尤其是自《中华人民共和国行政诉讼法》(以下简称《行政诉讼法》)实施以来,因为有专门的行政审判机构和行政诉讼程序,在此基础上明确区分公法案件与私法案件渐已成为法学界的共识。另一方面,我国公私法的区分又很不彻底,如现行《中华人民共和国宪法》(以下简称《宪法》)中大量地将私人作为宪法规范的义务主体,行政诉讼和民事诉讼都统一由人民法院(尽管是由不同的审判庭)来审理,公法人、公产(公物)、行政合同、行政赔偿补偿等方面独立的行政法制度还没有建构起来。我国的行政法学需要进一步研究公私法区分的标准,对个案进行公私法归类需要考虑的因素,公私法领域的交织、支持和补充,以及公法人、公物法和行政契约(公法契约)的具体制度等。

二、行政法的特点

(一) 行政法在形式上的特点

1. 包含行政法律规范的法律文件数量居各部门法之首

现代国家被称为行政国家,行政职能大幅扩张,而在法治国家中,行政权的取得与运行都需要法律的规范,这就导致行政法规范数量剧增。

2. 难以制定一部统一的行政法典

由于行政法调整范围的广泛性、规范性质的繁杂性和规范变动的频繁性,制定一部统一的法典存在很大的困难。但是这并不意味着在一般行政法领域就完全不可能制定法典。如德国《联邦行政程序法》名为行政程序法,其实也包含了很多实体法的内容,在一定程度上可以认为相当于一般行政法典。荷兰的《行政法通则》,是到目前为止最为重要的一个行政法典的立法尝试,并在一定程度上已经取得了成功。借鉴我国成功制定《民法典》的经验,在改革开放以来我国行政法治建设成果的基础上,推进行政法法典化,对于实现行政法规范体系化、彰显行政法治基本价值、加快法治政府建设、推进国家治理现代化等,具有重要意义。对于在现阶段推进行政法法典化的路径,我国行政法学界有制定行政程序法、制定行政法通则(行政基本法)、制定行政法总则以及制定完整的行政法典等不同主张,需要在全面审慎地权衡利弊后作出抉择。应当特别说明的是,无论制定何种形式的行政法典,其仍然属于一般行政法,而不是要囊括一般行政法和特别(部门)行政法的所有规范,后者可以说是不可能完成的任务。与行政法总则相对的行政法分则,或者与行政法典总则编相对的各分编,主要是针对不同类型的行政行为加以调整,而非部门行政法。

3. 实体性规范和程序性规范相互交织

行政诉讼法与行政法的关系,不同于民事诉讼法与民法、刑事诉讼法与刑法的关系,行政诉讼法是对行政权力进行监督和对私人权利进行救济的重要制度,因此一般认为是行政法的一个部分。行政法上的程序性规范不仅包括行政诉讼法,而且还包括行政程序法,也即关于行政权行使的方式、过程、步骤和顺序等规范,这些规范往往与授予行政机关实体权力的规范交织在一起,共存于一个法律文本之中。

(二) 行政法在内容上的特点

1. 行政法规范一般具有强制性

当事人原则上不能约定排除行政法规范,如果违反大多还要承担相应的法律责任。这与民法规范有很大的不同。在民法规范中存在大量的任意性规范,当事人可以约定排除。即使是民法中的强制性规范,除了极少数的强行性规范外,一般并非强制或禁止私人从事一定的行为,其违反的后果只是意图的落空,并不需要承担法律责任。[①]

2. 行政法强调公共利益的优先性

尽管行政法非常注重与私人利益的协调,但仍然承认公共利益在一定条件下的优先性,在符合法律保留和比例原则的前提下,行政机关可以为了公共利益而限制私人的权利和自由。

3. 行政法具有较强的手段性

行政法通常规定实现行政目的的手段,行政法的制度设计应有利于行政目的的实现,合理地协调不同的价值和利益,并适应不断发展的社会、经济与科技形势。无论是行政组织法规范还是行政行为法(包括行政程序法)规范,都应当符合法治的要求和行政管理的规律,保障行政的效能效率,促进行政目的的实现。

4. 行政法具有一定的方针政策性

一方面,行政法与国家承担的行政任务具有密切的关联,行政法的许多规定是国家方针政策的具体体现;另一方面,行政法的方针政策性也体现在很多行政法规范只是对国家政策的一种宣示,其具体贯彻依赖于国家财政实力与社会经济文化的发展,并不意味着私人因此取得对国家的请求权。

5. 行政法规范的内容具有广泛性和易变性

这是由现代行政任务的广泛性以及社会、经济与科技等发展变化的频繁性所决定的。在我国全面深化改革的时代背景下,行政法规范内容的易变性尤其明显。

三、行政法的分类

(一) 一般行政法与特别行政法

一般行政法,又称普通行政法,是指适用于全部行政法领域的原则、规则与制度。一般行政法包含着行政法中共通的、典型的、普遍的规范,在功能上相当于民法、刑法的总则,但

---

① 苏永钦:《走入新世纪的私法自治》,中国政法大学出版社 2002 年版,第 18—20 页。

其特殊性在于并非一个法典的组成部分,除了少数事项由成文法规定以外,大多是由学说与判例所发展出来的不成文的原理、原则。研究一般行政法的法学领域为"行政法总论"。一般行政法所规范的内容,主要包括行政组织(含公务员、公物)、行政行为(含行政程序)、行政赔偿和补偿、行政复议和行政诉讼等。特别行政法规范的是个别的行政领域,如警察与秩序法、地方法、建设法、经济行政法、社会法、环保法等。调整个别行政领域的法律可能有一部,也可能有多部。相关的研究领域统称为"行政法各论"或"行政法分论"。

一般行政法与特别行政法之间具有密切的联系。一方面,一般行政法原理与制度作为行政法体系中各个专业领域的标准,其适用有利于在特别行政法领域中对相关法律材料进行结构性整理,并避免因迁就各个领域的特殊情形而导致法律体系的碎片化,维持对行政法的统一理解。另一方面,特别行政法因为着眼于现实问题的特性,并且具有很强的动态性,可以弥补一般行政法过度抽象和僵化的危险。特别行政法领域是发现行政法问题解决方案的"储藏室",一个领域的发展对其他领域也可能具有借鉴价值,这种价值可以通过一般行政法的中介来实现。因此,一般行政法应当注意选取关联的行政领域进行归纳,以促进行政法体系发展。[①]

(二) 外部行政法与内部行政法

外部行政法调整的是国家作为一方当事人与其他权利主体间的关系。外部行政法对于法律渊源、行政处理(决定)、行政协议与国家赔偿具有重要意义,是行政法的重点所在。国家与私人来往时是作为整体而出现的,但其自身实际上是一个庞大、复杂的系统,其中包括众多的行政机关及其公务员。在此系统内,行政机关之间、行政机关公务员之间、行政机关与其公务员之间的关系,如行政机关具体的职权职责、公务员在执行职务时的权利义务等,都必须由法律加以规定,这样的法律就是内部行政法。典型的内部行政法是行政组织法。

(三) 行政组织法、行政行为法与行政监督救济法

行政组织法调整的是行政组织内部发生的各种关系,包括上下级行政机关之间的关系,平行行政机关之间的关系,行政机关与其内设机构(如司、局、处、室等)、派出机构之间的关系,行政机关与国家公务员的关系,行政机关与被委托人的关系,行政机关与被授权人的关系等。行政行为法调整的是行政主体行使行政职权过程中与私人之间发生的各种关系,其中包括行政程序法。行政监督救济法调整的是因私人认为其权益受到行政主体行政行为的侵犯,向行政救济主体申请救济,行政救济主体对其申请予以审查并作出决定而发生的各种关系。

(四) 国内行政法与国际行政法

在传统上行政法的范围仅限于国内法,近年来则出现了国际行政法的概念。对于国际行政法的内涵存在着不同的认识。(1) 公法上的冲突法。这是指关于如何选择适用不同法律秩序中相互冲突的行政法规范的法律。正如国际私法是私法方面的冲突法,国际行政法是公法方面的冲突法。(2) 行政国际法。这是指调整国际组织与国际公务员之间关系(如联合国与其雇员的关系)的法规范。(3) 全球行政法。近年来,伴随着跨国乃至全球层面的

---

① Eberhard Schmidt-Aßmann, Das allgemeine Verwaltungsrecht als Ordnungsidee, Springer, 2006, S. 6;〔德〕施密特·阿斯曼:《秩序理念下的行政法体系建构》,林明铿等译,北京大学出版社2012年版,第9—11页。

规制或者治理的全球化日益加深,建立一个能够保证全球治理机制的理性、参与、透明的"全球行政法",成为各界关注的热点问题。全球行政法所规范的是国际组织(如联合国、世界银行、国际货币组织、世界贸易组织等)或跨国网络所进行的具有行政性质的治理活动。(4)调整具有跨国效果的行政行为的法律。在环境和规划等行政领域中,一些行政行为具有跨国的效果,如对接近边境的核电厂发放建设许可,或者对接近边境的飞机场发放改建许可,都不仅会影响本国人,也会影响邻国人,相关的法律就成为国际行政法。有些只在本国范围内生效的法规范,也可能会给外国人带来影响,如在行政程序法中允许外国人参与行政程序,或者在行政诉讼法中赋予外国人诉讼资格,这种法规范也属于国际行政法。

第三节 行政法学

一、行政法学的概念

行政法学是以行政法现象为研究对象的一门法学学科。从广义上来看,所有对行政法现象进行观察和分析的学术研究,无论其具体的研究目的、研究内容或者研究方法有何不同,都可以认为属于行政法学。如"行政法政策学"反思现行行政法在制度设计上存在的缺陷并探讨未来完善的目标和方案,"行政法社会学"对行政法规范的产生背景、实施状况与社会效果进行观察和分析,"行政法史学"对行政法规范的发展和演变过程予以追溯和阐释,"比较行政法学"对不同法域中的行政法规范加以比较和评价,"行政法释义学"[①]则是对现行行政法规范的客观内容提供概念性、系统性的考察和说明。这些研究进路或者次级学科,对人们认识、理解与反思行政法现象都有其独特的贡献和价值,在重要性上可以说难分轩轾。但是在现代学科体系之中,行政法学之所以能够作为一门独立的法学学科而存立,端赖于能够为行政法规范的解释与适用从理论上提供指引和帮助,否则其独立存在的正当性即可能受到质疑,而有被纳入其他学科门类(如行政学、社会学、经济学、史学等)之虞。正是在这个意义上,可以说行政法释义学构成了行政法学的核心部分。行政法学(总论)教科书的主要内容,是行政法释义学研究成果的体现。

行政法释义学以特定的行政法秩序为中心,以法律方法为主要工具,探求行政法适用中之疑难问题的解决之道。建构行政法释义学需要关注的基本问题,包括公私法区分论、行政法适用的方法论、行政裁量论、行政法一般原则论、行政行为形式论、行政组织法论、行政救济法论等。行政法释义学以"法律方法"(或称"法学方法")为核心要素。行政法上的法律方法,是指运用概念建构、类型区分、原则的发现和适用、法律推理等工具,对现行行政法秩序的内容加以描述、解释和体系化,并为法律问题的解决提供方案,其所关注的焦点是行政法的法律解释、行政法适用的技术、行政法体系的建构和行政合法性的保障。解决个案中的法律问题固然是法律方法的重要任务,但它并不局限于此,而是更致力于整体性、体系性的思考。应当通过对行政法学概念、原则、原理的爬梳,为行政法解释和适用方法的研究建构起

[①] 法释义学是一个源于德国法的概念,德文为 Rechtsdogmatik(Juristiche Dogmatik),也可译为法教义学、法信条学、法解释学等。

更加精细化的行政法释义学体系,为现行行政法规范的客观内容提供概念性、系统性的描述和说明。①

二、行政法学的历史

（一）大陆法系行政法学的历史

相较于在罗马时代就已很发达的民法学,行政法学是一门年轻的学科。制约行政法学发展的一个关键因素,在于其研究对象——行政法是非常晚近的现象。资产阶级革命以后,法治(国)原则得到确立,这为依法行政原则和行政法的产生奠定了基础,但最初得到关注的主要是宪法。在 19 世纪 70 年代以后,伴随着立宪体制的确立和行政权力的扩张,行政法作为一个独立法律部门的地位才得到确立,行政法学作为一门系统的学问和一个独立的学科(独立于宪法学和行政学)的地位也最终确立。法国被视为行政法之母国,其行政法学也在世界各国中最早产生。法国行政法学的创立者包括奥科(Aucoc)、拉弗里耶尔(Laferiére)、迪克罗克(Ducroq)等,他们的著作均出版于 19 世纪末期,法国最高行政法院的判决对行政法学的产生具有重要影响。进入 20 世纪以后,法国行政法学得到了长足进展。狄骥(Duguit)、奥里乌(Hauriou)和贝泰勒米等人是第二次世界大战前最著名的学者,尤其是狄骥提出了公务(公共服务)理论,强调政府应当承担保障公共服务供给的职能,在此基础上形成了著名的"波尔多学派"。二者以后伴随着行政权的大幅扩张,法国行政法学进入一个新的阶段。②

在德国,行政法自从 19 世纪中叶开始已经成为学术界讨论的课题,但行政法学仍被作为宪法学的组成部分。到了 1895 年和 1896 年,奥托·迈耶(Otto Mayer)在出版了法国行政法专著《法国行政法原理》10 年后,又出版了《德国行政法》一书(上、下卷),该书摆脱了传统国家学方法的桎梏(其主要以具体行政部门以及特别行政法为研究对象),运用"法律方法"建构起行政法学总论体系,作者也被尊称为德国行政法学之父。伴随自由资本主义发展后所暴露出来的在社会公平等方面的弊病,德国行政法学者开始对自由法治国进行反思。福斯多霍夫(Forsthoff)在 1938 年发表了《当作服务(给付)主体的行政》一文,提出了"生存照顾"(Daseinvorsorge)概念,主张将为人民提供生活所必要的条件和服务确定为行政的任务,他在第二次世界大战后成为社会法治国下德国行政法学的桂冠人物。③ 当代德国最流行的行政法学教科书为毛雷尔(Mourer)所著的《行政法学总论》。④ 以施密特·阿斯曼(Eberhard Schmidt-Aßmann)为代表的一批行政法学者对新经社背景下行政法变革的研究具有很大的影响,被称为"新行政法"。

法国和德国的行政法学是大陆法系国家行政法学的典范。日本的行政法学即受到德国行政法学的深刻影响,奠定日本行政法学基础的美浓部达吉,其《行政法撮要》一书即主要参

---

① 李洪雷:《行政法释义学:行政法学理的更新》,中国人民大学出版社 2014 年版,第 5—6 页。
② 王名扬:《法国行政法》,中国政法大学出版社 1988 年版,第 28 页以下。
③ 德国法律史学者米歇尔·施托莱斯(Michael Stolleis)撰写的四卷本《德国公法史》是这方面的典范之作。该系列丛书的第二卷和第三卷已译为中文出版。参见〔德〕米歇尔·施托莱斯:《德国公法史(1800—1914):国家法学说和行政学》,雷勇译,法律出版社 2007 年版;〔德〕米歇尔·施托莱斯:《德意志公法史》(卷三),王韵茹译,元照出版公司 2012 年版。
④ 〔德〕哈特穆特·毛雷尔:《行政法学总论》,高家伟译,法律出版社 2000 年版。

考了奥托·迈耶的行政法学体系。日本因第二次世界大战后被美国占领,较多地参考了美国行政法学,但德国法的影响仍很突出。盐野宏所著的行政法教科书三部曲是当代日本声誉卓著的教科书[①],其中多处对德国行政法学相关理论加以参考或比较,盐野宏本人还曾出版以奥托·迈耶行政法学的构造为主题的专著。

(二)英美法系行政法学的历史

在英美法系(普通法系)国家,尽管规范行政活动的法律制度有着悠久的历史,但因为普通法的传统观念强调政府和公民受相同法律的拘束,公民与政府官员的关系与公民之间的关系基本没有区别,行政法的地位长期未能得到承认。戴西(也译为戴雪,Dicey)作为他那个时代研究英国宪法的最高权威,曾在《英宪精义》(1885年初版,1915年出版了第8版)[②]中主张,所谓行政法体现了对行政机关的特别对待,是大陆法系的产物,在英国宪政中不应当有立足之地。这显然对法国行政法在保护公民权利方面的积极作用存在误解。此外,戴西在讨论行政法问题时,所考虑的仅仅是公职人员侵权后将在普通法院承担责任,而没有考虑那些授予公共行政当局权力和科以义务的法律规范。虽然戴西本人在后来纠正了对法国行政法的误读,但其影响并未完全清除,在英国长期没有产生对行政法进行系统阐释的著作。在第二次世界大战中,拉斯基(Laski)、罗布森(Robson)、詹宁斯(Jennings)等在伦敦经济学院著书立说,他们与法国的狄骥遥相呼应,强调发挥行政法对促进正当政府行为的作用。到了20世纪70年代末期,随着以撒切尔政府为代表的"新右派"的兴起,民营化与放松规制对行政法和行政法学均产生了重要影响。哈罗(Harlow)和罗林斯(Rawling)所著的《法律与行政》对英国行政法(学)的发展及其理论范式(红灯理论、绿灯理论等)有精当的梳理。[③] 洛克林(Loughlin)对此也有深刻的分析。[④] 韦德(Wode)所著的行政法教科书在英国最为流行。[⑤]

与英国同属普通法系的美国,也长期受到戴西式观念的影响,行政法学的发展较为滞后。美国第一部系统的行政法学著作,是曾留学德国的古德诺(Goodnow)于1893年出版的《比较行政法》;古德诺在1905年出版的《美国行政法原理》,是关于美国行政法的早期代表性著作;其后较有影响的行政法学者是弗罗因德(Freund)、迪金森(Dickinson)等。罗斯福新政拥护者兰迪斯(James Landis)于1938年出版了广为流传的《行政过程》一书,对行政机关的委任立法权、行政司法权和独立规制机构的合法性进行辩护。盖尔霍恩(Gellhorn)在1941年出版的《联邦行政程序》和《行政案例和评论》,代表了美国行政法学研究向行政程序的转变。戴维斯(Davis)在1958年出版的《行政法论》致力于建构当代的行政法学理论体系,该书多次再版,在美国行政法学界具有很大的影响。[⑥] 20世纪70年代后,美国行政法学

---

① 〔日〕盐野宏:《行政法》(三卷本),杨建顺译,北京大学出版社2008年版。
② 〔英〕戴雪:《英宪精义》,雷宾南译,中国法制出版社2001年版。
③ 〔英〕卡罗尔·哈洛、理查德·罗林斯:《法律与行政》(上、下卷),杨伟东等译,商务印书馆2004年版。
④ 〔英〕马丁·洛克林:《公法与政治理论》,郑戈译,商务印书馆2002年版。
⑤ 后由福赛增订,中文本见〔英〕威廉·韦德、克里斯托弗·福赛:《行政法(第十版)》,骆梅英等译,中国人民大学2018年版。
⑥ 该书后由理查德·J.皮尔斯负责增订,中文本见〔美〕理查德·J.皮尔斯:《行政法(第五版)》,苏苗罕译,中国人民大学出版社2016年版。

研究进入繁荣阶段,行政法学著作大量出现,研究议题更加广泛,研究方法更趋多样。①

(三)我国行政法学的历史

我国古代有大量关于行政管理的法律规范,但不存在近代意义上作为独立法律部门的行政法,作为一门独立学科的行政法学也无从谈起。清末戊戌变法开始,域外行政法学文献开始在我国得到翻译和传播。1902年颁布的《京师大学堂章程》要求学习"行政法"。1914年北洋政府仿效法国行政法院设立平政院,初步建立行政诉讼制度,成为我国近代行政法治的肇端。民国时期的行政法学受到日本行政法学的深刻影响,很多行政法学者,如钟赓言、白鹏飞、范扬、赵琛、马君硕、张映南等,都曾经留学日本。钟赓言的朝阳大学法学讲义《行政法总论》(1920年初版,后多次修订),在吸收日本美浓部达吉行政法学体系的基础上又有所发展,建立了较为完整的行政法学体系。②

中华人民共和国成立后,废除"伪法统"和"六法全书",政法院校较少开设行政法学课程,个别开设的也主要讲授苏联行政法学理论,当时也出版了为数不多的几部苏维埃行政法译著。1957年"反右"以及此后的十年"文化大革命"中行政法学的教学和研究暂时停止。

1978年年底中国共产党十一届三中全会以后,民主法制建设得到重视和加强,为行政法学研究带来新的契机。1983年法律出版社出版了第一部行政法学统编教材《行政法概要》(王珉灿主编),代表了学界以苏维埃行政法学为蓝本建构我国行政法学体系的尝试。中国政法大学教授王名扬的外国行政法三部曲:《英国行政法》(中国政法大学出版社1987年版)、《法国行政法》(中国政法大学出版社1989年版)、《美国行政法》(中国法制出版社1995年版),以及北京大学龚祥瑞教授的《比较宪法与行政法》(法律出版社1985年版),提供了翔实的西方国家行政法学术资源。一些学者也从民国时期行政法学著作中学习行政法学的基本原理。

1989年《行政诉讼法》以及其他一系列行政法律制度制定实施,鲜活的行政法治实践为行政法学发展提供了源源不断的动力与素材,高等院校普遍开设行政法学课程,创办了《行政法学研究》《行政法论丛》《公法研究》等期刊、集刊,出版了大批的行政法学论著,涌现了一批具有较高理论素养的行政法学研究者,我国行政法学研究进入了繁荣发展的黄金时代。第二部统编教材《行政法学》(罗豪才主编、应松年副主编,中国政法大学出版社出版,1989年初版,1996年修订再版),第三部统编教材《行政法与行政诉讼法》(姜明安主编,北京大学出版社与高等教育出版社联合出版,1999年初版,现已到第8版),以及《当代中国行政法》(应松年主编,中国方正社2005年版,人民出版社2018年出版了该书的新版),集中反映了学界对于行政法学(总论)基本问题的认识。

三、我国行政法学的未来发展

改革开放以后,我国法治政府建设持续推进,行政法学研究亦硕果累累。但与此同时,行政法学的发展也面临诸多挑战,如行政法学概念体系的科学性仍有欠缺,行政法学的研究方法过于单一,回应现实需求的能力不强等。进入21世纪以来,诸多学者对我国行政法学

---

① 王名扬:《美国行政法》,中国法制出版社1995年版,第61—68页。
② 钟赓言:《钟赓言行政法讲义》,王贵松、徐强、罗潇点校,法律出版社2015年版。

的发展趋势问题进行了讨论,"新行政法"成为行政法学研究中的一个新热点。[①] 我国行政法学的未来发展,应注意如下几个问题:

第一,行政法解释论与行政法立法论齐头并进。改革开放以来我国行政法学研究的重心在于法律的建构,法学家扮演着"影子立法者"的角色,这种研究取向和角色定位与社会经济政治发展的需要是相一致的,适应了我国全方位的改革对制度转型和制度建设的需要。但是,我们的这种立法论还是低层次的,在研究方法上基本限于法条层面的逻辑推演和不甚牢靠的比较法研究,"很少有从实证的角度——如历史的、社会的、经济的——进行立法研究,更不用说对有关制度设计本身的方法论的关注了",与行政法政策学的要求还有很大的差距。[②] 因此,在这一方向上还有很大的发展空间。行政法学者必须拓展自己的知识面,深化对现实行政过程的理解,对国家行政法制的建构作出更大贡献。此外,即使是在法制发达、立法质量相对较高的国家,法律文字本身的缺陷而导致的模糊性、制定主体或时间的差异导致的法律规范之间的冲突、人类理性认识能力的固有局限或者社会经济形势快速变迁导致的立法漏洞等,均要求法律适用者具有娴熟的法律解释技巧,建构科学合理的法律解释体制。与其他学科相比,法学这门学科的独特性正是在于发展出一套解决法律解释和适用问题的独特技术和理论。行政法的解释问题涉及狭义的法律解释、法律漏洞的补充、法律解释权及其配置、法院对行政解释的司法审查等,均需要结合行政法规范的特殊性作深入研究。

第二,既关注一般行政法(行政法总论),亦关注部门行政法(行政法分论)。在我国行政法学初创时期,学者对于具体行政部门尚保持关注。但自《行政诉讼法》制定颁布后,中国行政法学者的注意力几乎完全集中于一般行政法领域,并且在这一领域取得了很大成绩,为行政法制建设作出了重大贡献,《中华人民共和国行政复议法》(以下简称《行政复议法》)、《中华人民共和国国家赔偿法》(以下简称《国家赔偿法》)、《中华人民共和国行政处罚法》(以下简称《行政处罚法》)、《中华人民共和国行政许可法》(以下简称《行政许可法》)、《中华人民共和国行政强制法》(以下简称《行政强制法》)等立法充分体现了这一点。但行政法学与行政法学者所能发挥作用的领域决不仅限于一般行政法,部门行政法是更为广阔的空间,如政府规制、教育行政、社会保障、国有企业改革与公用事业的民营化等。当行政法学真正将目光转移到部门行政领域以后,行政法学的面貌必将发生重大变化:其一,行政法学不再仅处于行政的边缘,而是要深入其核心;不仅要着眼于行政的形式而且要深入行政过程。其二,行政法学不仅要关注控制行政权,而且要通过制度设计保障行政的效率效能;不仅要保障公民权利,而且要推进(真正的)公共利益与福祉,并协调相互冲突的利益。其三,部门行政领域问题的研究涉及经济学、政治学、公共行政、社会学,行政法学者必须能够整合其他学科的学术资源。

第三,既重视借鉴外国行政法的经验,又注意有更加明确的中国问题意识。一方面,在全球化的今天,外国行政法的经验对中国行政法制度的完善和行政法学理论水准的提升,仍具有极重要的借鉴意义。但是,我国目前的外国行政法研究还存在着诸多缺陷:对国外制度

---

① 李洪雷:《行政法释义学:行政法学理的更新》,中国人民大学出版社2014年版,第399—416页。
② 解亘:《法政策学——有关制度设计的学问》,载《环球法律评论》2005年第2期。

和学理的了解往往不成系统,只见树木不见森林;只知现状,不知历史,未能动态把握制度变迁的过程;只知英美法德日,不知北欧、东欧、印度、南美等。另一方面,我国既处在城市化和工业化的快速推进期,又面临着全球化、信息化和后工业化等新的挑战,同时还要处理从传统的全能政府向有限政府转型的问题,前现代、现代与后现代的问题叠加,所处阶段的特殊性和所面临问题的复杂性,都要求不能唯任一域外制度或理论马首是瞻。① 中国也亟待建立能够有效解释中国行政法制现象、回应中国行政法制需求的行政法学理论。

第四,既重视外部行政法又重视内部行政法。传统行政法学关注的焦点是外部行政,内部行政往往被视为单纯的行政管理问题而非法律问题。但事实上,确保内部行政的合法性是行政法治的重要使命,且内部行政法对于外部行政的合法性也具有重要的促进和保障作用。近年来,中国行政法治实践越来越多地关注内部行政问题,这在重大行政决策的规范化、行政裁量基准制度的建立等方面体现得非常充分。行政法学界对内部行政也给予了更多的关注。下一步,应当对内外部规范在性质上的差异,对内外部行政在行为主体、程序构造和法律责任等方面的特性作进一步的梳理,并对行政组织法、行政编制法和公务员法的法治化展开更加充分的讨论。

---

① 李洪雷:《中国比较行政法研究的前瞻》,载《法学研究》2012年第4期。

第二章　行政法的渊源

第一节　行政法渊源概述

一、行政法渊源的概念

法的渊源(简称法源)一般是指法的历史渊源或法的表现形式。在部门法领域讨论某一部门法的渊源,通常指法的表现形式这一意义。行政法的渊源即行政法规范的表现形式或存在形式。行政法是一个概括的名称,由众多法律文件中的行政法规范所构成。通过行政法渊源的概念,可以了解行政法规范包含在哪些种类的法律文件中。

二、成文法源和不成文法源

一些国家把法源分为成文法源和不成文法源。成文法源由立法者通过一定立法程序有意识地制定,以书面的形式对其内容和生效时间加以确定。不成文法源并不意味着没有文字的记载,其规范内容一般也会以文字来表达,但这里的文字不是经由立法程序产生的,也不以系统化或法典化的形式出现,包括习惯法(在现代行政法中习惯法存在的空间很小)、判例法和行政法的一般原则等。在我国的行政法实务中,判例和行政法的一般原则日益受到重视,但所谓不成文法源的正式法源地位并未得到承认。

三、正式渊源和非正式渊源

行政法的渊源可以分为正式渊源和非正式渊源。正式渊源是指以规范性法律文件形式表现出来的成文法,如立法机关或立法主体制定的宪法、法律、行政法规、地方性法规、政府规章、部门规章和条约等。非正式渊源是指具有法的意义的观念或其他相关准则,如法的公平正义观念,政策、道德、习惯等准则,以及权威性的法学著作等。

第二节　我国行政法的渊源

一、宪法

我国是成文宪法国家,宪法是国家的根本法,具有最高的法律效力。宪法中确认了一系列行政法的规范和依据,如关于国家行政机关组织和职权的规定、关于国家行政机关活动基本原则的规定,以及关于公民基本权利及其保障的规定等。宪法确认的规范具有基础性、纲领性和指导性,对其他的行政法规范具有统率作用,同时往往也有赖于其他行政法规范对其进行具体化。

从法理上而言,行政与司法机关不仅应当遵循宪法精神解释与适用法律,在欠缺法律规定时,还可直接从宪法中获得其决定的标准,如关于基本权利的规定。在我国,宪法尽管被承认具有最高的法律效力,也被普遍视为行政法的渊源,但行政机关和法院在行政执法和行政审判中很少直接适用宪法。依法行政首先要求依宪行政,行政机关在适用与解释行政法规范时,必须遵守宪法的原则和精神。保证行政机关依宪行政的一项重要措施,是明确法院在行政审判中有权适用宪法。

二、法律

我国法律的制定主体是全国人大及其常委会。单个的法律中,有些仅包含行政法规范,如《中华人民共和国国务院组织法》(以下简称《国务院组织法》);有些则不包含行政法规范,如《中华人民共和国刑法》(以下简称《刑法》)、《中华人民共和国刑事诉讼法》(以下简称《刑事诉讼法》)等;有些既包含行政法规范,又包含其他法律部门的法律规范。一方面,主要作为行政法渊源的法律,往往不仅包含行政法规范,同时也或多或少地包含某些其他法律部门的法律规范,如《中华人民共和国土地管理法》(以下简称《土地管理法》)中就包含关于农村土地所有权和使用权的民法规范;另一方面,主要作为其他法律部门渊源的法律也可能或多或少地同时包含某些行政法规范,如《中华人民共和国商标法》(以下简称《商标法》)中关于商标登记、管理、争议裁决的规范即属于行政法规范。

我国《宪法》规定,全国人大制定和修改刑事、民事、国家机构的和其他的基本法律;全国人大常委会制定和修改除应当由全国人大制定的法律以外的其他法律。对于基本法律和一般法律之间是否有位阶的高低,目前尚无统一的认识。

三、行政法规

行政法规是作为国家最高行政机关的国务院根据宪法、法律制定的有关行政管理事项的规范性法律文件的总称。《中华人民共和国立法法》(以下简称《立法法》)第72条规定:"国务院根据宪法和法律,制定行政法规。行政法规可以就下列事项作出规定:(一)为执行法律的规定需要制定行政法规的事项;(二)宪法第八十九条规定的国务院行政管理职权的事项。应当由全国人民代表大会及其常务委员会制定法律的事项,国务院根据全国人民代表大会及其常务委员会的授权决定先制定的行政法规,经过实践检验,制定法律的条件成熟时,国务院应当及时提请全国人民代表大会及其常务委员会制定法律。"行政法规的效力低于宪法和法律,其不得与宪法、法律相抵触。行政法规的主要目的是保证宪法和法律实施。

1987年的《行政法规制定程序暂行条例》(已废止)第15条规定:"经国务院常务会议审议通过或者经国务院总理审定的行政法规,由国务院发布,或者由国务院批准、国务院主管部门发布。"但《立法法》第77条第1款规定:"行政法规由总理签署国务院令公布。"因此,在《立法法》生效以后,国务院批准、国务院部门(实践中也包括国务院办公厅)发布的规范性文件,就不应再被视为行政法规。由于这种行政措施主要是基于保障法律、行政法规以及中央宏观政策的统一性考虑,对防止地方各行其是具有重要意义,因此在司法实务中认为,其法律效力虽然低于行政法规,但仍高于地方性法规和规章,只要不与上位法抵触,地方各级政府及其部门仍应执行。①

四、地方性法规、自治条例与单行条例

(一)地方性法规

根据《立法法》第 80、81 条的规定,省、自治区、直辖市的人大及其常委会根据本行政区域的具体情况和实际需要,在不同宪法、法律、行政法规相抵触的前提下,可以制定地方性法规;设区的市的人大及其常委会根据本市的具体情况和实际需要,在不同宪法、法律、行政法规和本省、自治区的地方性法规相抵触的前提下,可以在一定事项范围内制定地方性法规。这是有关地方性法规设定权的规定;也就是说,有权制定地方性法规的主体主要包括省级人大及其常委会、设区的市的人大及其常委会。

地方性法规的效力低于宪法、法律、行政法规,仅在本行政区域的全部或部分区域有效。地方性法规可以就下列事项作出规定:一是为执行法律、行政法规,需要根据本行政区域的实际情况作出具体规定的事项;二是属于地方事务需要制定地方性法规的事项。根据《立法法》第 81 条的规定,设区的市的人大及其常委会制定地方性法规的内容仅限于城乡建设与管理、生态文明建设、历史文化保护、基层治理等方面的事项;法律对设区的市制定地方性法规的事项另有规定的,从其规定。设区的市制定地方性法规必须报省、自治区的人大常委会批准后施行。省、自治区的人大常委会对报请批准的地方性法规,应当对其合法性进行审查,认为同宪法、法律、行政法规和本省、自治区的地方性法规不抵触的,应当在 4 个月内予以批准;如发现其同本省、自治区人民政府规章相抵触的,应当作出相应处理。

此处需要注意的是,为了适应改革开放和特殊地区经济发展需要,《立法法》第 84 条规定,经济特区所在地的省、市的人大及其常委会根据全国人大的授权决定,制定法规,在经济特区范围内实施。上海市人大及其常委会根据全国人大常委会的授权决定,制定浦东新区法规,在浦东新区实施;海南省人大及其常委会根据法律规定,制定海南自由贸易港法规,在海南自由贸易港范围内实施。这些可在遵循宪法和法律的基本原则的前提下,根据具体情况和实际需要,作出变通法律、行政法规和地方性法规的规定,属于特别的地方性法规。

(二)自治条例和单行条例

自治条例是民族自治地方制定的有关实现地方自治的综合性法律文件;单行条例则是民族自治地方根据自治权制定的调整某一方面事项的规范性法律文件。自治条例、单行条例作为行政法的渊源,只限于民族自治地方适用。民族自治地方的人大有权依照当地民族的政治、经济、文化的特点,制定自治条例和单行条例。自治区的自治条例和单行条例,报全国人大常委会批准后生效。自治州、自治县的自治条例和单行条例,报省或者自治区的人大常委会批准后生效,并报全国人大常委会备案。自治条例、单行条例则可以依照当地民族的特点,对法律和行政法规的规定作出变通规定,但不得违背法律或者行政法规的基本原则,不得对宪法和民族区域自治法的规定以及其他有关法律、行政法规专门就民族自治地方所作的规定作出变通规定。

---

① 蔡小雪、郭修江、耿宝建:《行政诉讼中的法律适用——最高人民法院行政诉讼批复答复解析》,人民法院出版社 2011 年版,第 250—251 页。

五、行政规章

行政规章包括部门规章和地方政府规章两类。有权制定部门规章的主体包括：国务院各部、委员会、中国人民银行、审计署和具有行政管理职能的直属机构以及法律规定的机构；涉及两个以上国务院部门职权范围的事项，也可由国务院有关部门联合制定规章；部门规章规定的事项应当属于执行法律或者国务院的行政法规、决定、命令的事项。有权制定地方政府规章的主体包括：省、自治区、直辖市和设区的市、自治州的人民政府；根据《立法法》第93条的规定，地方政府规章可以就以下两类事项作出规定：一是为执行法律、行政法规、地方性法规的规定需要制定规章的事项；二是属于本行政区域的具体行政管理事项。设区的市、自治州的人民政府制定地方政府规章，限于城乡建设与管理、生态文明建设、历史文化保护、基层治理等方面的事项。

六、法律解释

法律解释是多种多样的：有国家机关的规范性解释；有行政和司法机关在具体的行政处理决定或者司法判决中对适用的法律的解释；还有学者进行学术研究时所进行的学理解释。作为行政法渊源的解释仅指有权国家机关的规范性解释。这种规范性解释包括最高国家权力机关的解释、最高司法机关（包括最高人民法院和最高人民检察院）的解释、中央国家行政机关的解释，以及有权的地方国家权力机关和行政机关的解释等，即立法解释、司法解释、行政解释和地方解释。1981年6月10日，五届全国人大常委会十九次会议通过的《关于加强法律解释工作的决议》对法律解释作出了如下规定："一、凡关于法律、法令条文本身需要进一步明确界限或作补充规定的，由全国人民代表大会常务委员会进行解释或用法令加以规定。二、凡属于法院审判工作中具体应用法律、法令的问题，由最高人民法院进行解释。凡属于检察院检察工作中具体应用法律、法令的问题，由最高人民检察院进行解释。最高人民法院和最高人民检察院的解释如果有原则性的分歧，报请全国人民代表大会常务委员会解释或决定。三、不属于审判和检察工作中的其他法律、法令如何具体应用的问题，由国务院及主管部门进行解释。四、凡属于地方性法规条文本身需要进一步明确界限或作补充规定的，由制定法规的省、自治区、直辖市人民代表大会常务委员会进行解释或作出规定。凡属于地方性法规如何具体应用的问题，由省、自治区、直辖市人民政府主管部门进行解释。"

七、国际条约与协定

国际条约与协定（有时并成为国际条约）首先是国际法的渊源，但同时也是行政法的渊源。许多条约、协定（如我国加入 WTO 的各种协定）涉及国内行政管理，国家行政机关实施行政管理必须受其拘束，行政相对人亦有遵守这些条约、协定的义务。但是，条约、协定是必须转化为国内立法后才产生法律拘束力，还是一经我国政府签署、批准即直接产生拘束力，我国宪法对此尚未加以明确规定，也没有法律对此作出统一规定。是否需要通过国内立法转化取决于相应条约或协定的性质、内容和国家政策等的考量。从实践来看，多数条约、协定都要转化为国内立法才可以实施，一般只有在法律有明确规定的情况下，相关条约、协定才可以直接产生拘束力。我国也有一些法规、规章规定在一些事项上直接适用国际条约、协定,这种规定的界限和效力还需要进一步研究。另外,根据《中华人民共和国缔结条约程序法》,只有条约和重要协定的批准需要由全国人大常委会决定,其他的协定只需国务院核准或者报国务院备案。从理论上而言,这种主体和程序上的差别对条约和协定的效力等级也应有影响。

第三节 行政法规范的适用

一、行政法规范的位阶

我国的法律渊源种类繁多,数量庞大,难免会出现相互冲突的情况,使法律适用产生困难;因此,需要明确在发生法律规范冲突时,应当根据什么规则来确定予以适用的法律规范。我国《立法法》确立了下列几项适用规则:

1. 上位法优于下位法

这是指在不同位阶的法律规范发生冲突时,应当选择适用位阶高的法律规范。这里所涉及的是法律渊源的位阶问题。法律秩序是统一整体,对一项法律问题法律秩序应当仅能提供一个正确的答案,否则即无法达成确保法律安定、法律和平的目的。但法律规范有多种不同的来源,对同一事件法律秩序可能同时存有多种不同的规定,因此必须建立"法源的位阶",以避免法律秩序的矛盾。

所谓"法源的位阶",是指法源效力的优先等级,即将各种法源按照一定的顺序,由上而下排列,在法源之间有冲突时,位阶较高者有效,予以适用,而与高位阶法源相抵触的低位阶法源则归于无效,不能适用。换言之,按照法源位阶理论,采用的是"上位法优于下位法"的原则。即使高位阶的法源后来被废止,因与其抵触而无效的下位阶法源也不能因此而"复活"。

法源位阶所设定的是法律规范的"效力优先顺序"而非法律规范的"适用优先顺序"。除非低位阶的法律规范与高位阶的法律规范相抵触,否则,因为前者通常较为具体详细,在具体适用时一般要先适用较低位阶的法律规范。

我国《立法法》对不同规范性文件之间的效力等级作出了明确规定:(1)宪法具有最高的法律效力,一切法律、行政法规、地方性法规、自治条例和单行条例、规章都不得与宪法相抵触。(2)法律的效力高于行政法规、地方性法规和规章。(3)行政法规的效力高于地方性法规和规章。(4)地方性法规的效力高于本级和下级地方政府规章。(5)上级政府规章的效力高于下级政府规章。(6)自治条例和单行条例优先适用。自治条例和单行条例是民族自治地方的人大根据当地民族的政治、经济、文化特点制定的,是一种特殊的地方立法,可以变通法律、行政法规的规定。(7)经济特区法规优先适用。其所作的变通规定,在经济特区范围内具有优先适用的效力。

在我国实践中,"下位法"抵触"上位法"的常见情形有:"下位法"缩小"上位法"规定的权利主体范围,或者违反"上位法"立法目的扩大"上位法"规定的权利主体范围;"下位法"限制或者剥夺"上位法"规定的权利,或者违反"上位法"立法目的扩大"上位法"规定的权利范围;

"下位法"扩大行政主体或其职权范围;"下位法"延长"上位法"规定的履行法定职责期限;"下位法"以参照、准用等方式扩大或者限缩"上位法"规定的义务或者义务主体的范围、性质或者条件;"下位法"增设或者限缩违反"上位法"规定的适用条件;"下位法"扩大或者限缩"上位法"规定的给予行政处罚的行为、种类和幅度;"下位法"改变"上位法"已规定的违法行为的性质;"下位法"超出"上位法"规定的强制措施的适用范围、种类和方式,以及增设或者限缩其适用条件;法规、规章或者其他规范文件设定不符合行政许可法规定的行政许可,或者增设违反上位法的行政许可条件;其他相抵触的情形。

法律、行政法规或者地方性法规修改后,其实施性规定未被明文废止的,在适用时应当区分下列情形:实施性规定与修改后的法律、行政法规或者地方性法规相抵触的,不予适用;因法律、行政法规或者地方性法规的修改,相应的实施性规定丧失依据而不能单独施行的,不予适用;实施性规定与修改后的法律、行政法规或者地方性法规不相抵触的,可以适用。

2. 同位阶的法律规范各自的权限范围内具有同等效力

《立法法》第102条规定:"部门规章之间、部门规章与地方政府规章之间具有同等效力,在各自的权限范围内施行。"

3. 特别规定优于一般规定

这一规则适用于同一机关所制定的多个法律规范之间冲突的解决,也就是"特别法优于普通法"的规则。《立法法》第103条对此作了规定。

4. 新的规定优于旧的规定

这一规则适用于同一机关所制定的多个法律规范之间冲突的解决,也即"新法优于旧法"的规则。《立法法》第103条对此作了规定。

5. 不溯及既往原则

《立法法》第104条规定:"法律、行政法规、地方性法规、自治条例和单行条例、规章不溯及既往,但为了更好地保护公民、法人和其他组织的权利和利益而作的特别规定除外。"

最高人民法院根据行政审判实际,对这一规则作了具体化和限定,即公民、组织的行为发生在新法施行以前,具体行政行为作出在新法施行以后,人民法院审查具体行政行为的合法性时,实体问题适用旧法规定,程序问题适用新法规定,但下列情形除外:(1)法律、法规或规章另有规定的;(2)适用新法对保护行政相对人的合法权益更为有利的;(3)按照具体行政行为的性质应当适用新法的实体规定的。

二、行政法规范冲突的裁决机制

效力等级和适用规则并没有完全解决法律规范之间的冲突问题,如对同一机关制定的规范性文件的冲突,《立法法》第103条确立了"特别法优于一般法"和"新法优于旧法"两个规则;但如果新法是一般法,旧法是特别法,这时仅依靠适用规则就无法决定所应适用的法律规范,而必须依靠另外的规则或机制来解决。我国《立法法》对法律规范冲突的裁决机制作了规定,最高人民法院《关于审理行政案件适用法律规范问题的座谈会纪要》(法〔2004〕96号)对于相关规定的适用具有参考价值。这一机制的基本内容是:

(1) 同一机关制定的新的一般法与旧的特别法不一致时,由制定机关裁决。

(2) 地方性法规与部门规章之间对同一事项的规定不一致,不能确定如何适用时,由国务院提出意见,国务院认为应当适用地方性法规的,应当决定在该地方适用地方性法规;认为应当适用部门规章的,应当提请全国人大常委会裁决。

(3) 部门规章之间、部门规章与地方政府规章之间对同一事项的规定不一致时,由国务院裁决。

(4) 根据授权制定的法规与法律规定不一致,不能确定如何适用时,由全国人大常委会裁决。

第三章 行政法的基本原则

第一节 行政法基本原则概述

一、行政法基本原则的概念与特性

法律原则是法律规范的一种主要类型,是法律体系的重要组成部分。在法治国家中,行政活动既要遵循法律规则的控制,还要接受法律原则的制约。行政法基本原则是我国行政法学者常用的一个概念,它是指普遍适用于一般行政法领域且具有基础性作用的法律原则。行政法基本原则具有如下特性:

1. 价值性

法律原则是法律价值的载体,与法律规则相比,法律原则与法律价值有着更为密切和直接的关联。法律价值包括伦理性价值与工具性价值,多数的行政法原则中蕴含着伦理性价值的判断,直接体现正义的要求,如比例原则和诚实信用原则等。但也有一些法律原则所具有的主要是工具性价值,如行政效能效率原则,它们对伦理性价值的实现具有附属性。

2. 抽象性

法律规则对构成要件和法律后果有相对明确的界定,而法律原则与此不同,其涵盖面广,内容抽象性强,法律适用者要先从原则中推导出规则才能适用于特定的事实关系。因此,为了确保法律秩序的安定性并避免适用上的争议,无论法律是否对法律原则作了明文规定,都应通过判例和学说的积累,建构出能够直接适用于个案的具体规则。

3. 补充性

因为法律原则具有较高程度的抽象性,所以在适用行政法时一般应优先适用作为法律原则具体化的法律规则,只有当法律规则有欠缺或不合理时,才能适用法律原则。否则,动辄直接引用法律原则来处理法律问题将造成法律规则体系的瘫痪。

4. 开放性与动态性

行政法的基本原则并不是封闭、静止的,而是开放和动态的。伴随着经济、社会、政治形势、主流社会思潮和价值观念的变迁,可能演变出新的原则,同一原则的内涵也可能发生变化。

5. 普遍性和基础性

行政法基本原则是普遍适用于一般行政法领域的法律原则。那些仅仅适用于某个部门行政法领域的法律原则,则不属于行政法基本原则。同时,行政法基本原则并非指所有的一般行政法原则,而是仅指在行政法体系中具有基础性作用的原则。当然,就某一行政法原则的重要性是否足以导致其构成行政法基本原则而言,不同的人或许会有不同的认识。

我国行政法学界部分学者认为,行政法基本原则应当为行政法所特有的原则,能够反映出行政法区别于其他法律部门的本质特征。但一项法律原则,无论是公私法共通的法律原则,还是公法(宪法与行政法)共通的法律原则,只要对行政活动具有重要的规范功能,普遍适用于一般行政法领域且具有基础性作用,就应当承认其为行政法基本原则。如比例原则不仅适用于行政法,也适用于宪法、刑法和民法,但不应因此而否定其作为行政法基本原则的地位。

二、行政法基本原则的来源

有的行政法基本原则在法律中有明确的规定,但更多的则是法无明文规定。这时可以通过多个来源来推导和确定行政法的基本原则,这些来源之间并不矛盾,而是互相补充和交叉的。

(一)宪法的具体化

行政法是"具体化的宪法"和"动态的宪法",从宪法的基本原则中可以推导出诸多行政法原则。如在德国,以信赖保护原则为中心存在一个"具体化链条":法治国要求—法律安定性—对公民信赖的保护,又以信赖保护为基础发展出对依职权撤销授益行政处理的限制规则。我国《宪法》规定的"依法治国,建设社会主义法治国家"条款是一个抽象的上位宪法原则,从中可以衍生出许多具体的、下位的法律原则。

(二)成文法规定的抽象化

对于行政法中的一些成文规定,法院可以通过体系化、抽象化以及类型化的观察方法获得一般原则。如比例原则最初就来自警察法的规定。在此过程中,需要探究现行法背后的理由,揭示出法律规定的正当化根据。

(三)公平正义原则的直接推导

公平正义是法律的灵魂,但较为抽象,可以从公平正义原则中推出一些"基本法律规范"或"法律原则",如诚实信用、公序良俗和禁止过度等。它们在行政法领域即体现为行政法的一般原则或基本原则。[①]

(四)外国法或比较法的借鉴

法治是人类政治文明的重要成果,对于域外法治中体现法治共通规律和普遍要求的原则,应当进行学习借鉴。但是,学习借鉴不等于简单的拿来主义,必须坚持以我为主、为我所用,认真鉴别、合理吸收,特别应注意与我国现行有效的法律制度相结合,如宪法关于法治国家的规定、关于尊重与保障人权的规定等。

三、行政法基本原则的功能

法律原则是法律规则的生命,是其正当化的根据。立法机关依据法律原则设定行政法规则,可以保证行政法的正当性和体系性。行政机关在执法过程中,当适用含义存在模糊和争议的行政法规则时,往往需要从隐含于其中的法律原则出发,对其加以解释。当具体行政法规则存在漏洞时,也需要借助行政法基本原则来填补。行政法基本原则对控制行政裁量权具有重大意义。为保证行政的灵活性和机动性,法律经常授予行政机关在行为方式、范

---

① Wolff, Bchof, Stober, Verwaltungsrecht I, S. 25; Hartmut Maurer, Allgemeines Verwaltungsrecht, 9. Aufl., Verlag C. H. Beck, 1994, S. 62.

围、幅度和程序等方面较为广泛的裁量权。当行政机关具有裁量权时,只要不超越裁量权的外部界限,形式上很难判断其行为是否构成违法或不当,行政法基本原则为此提供了方便的标准。

四、行政法基本原则的内容

(一)多数学者的观点

我国行政法学界一般认为,行政法基本原则包括行政合法性原则与行政合理性原则。

1. 行政合法性原则

行政合法性原则要求行政活动应有法可依,严格按照法律规范进行,不能与法律相抵触。具体讲,行政合法性原则应包括以下三个方面的要求:(1)任何行政职权都必须基于法律的授予才能存在;(2)任何行政职权的行使应依据法律、遵守法律,不得与法律相抵触;(3)任何行政职权的授予和委托及其运用都必须具有法律依据,符合法律宗旨。

2. 行政合理性原则

指行政机关不仅应当按照法律、法规规定的条件、种类、幅度和范围作出行政决定,而且要求这种决定符合法律的意图和精神,符合公平正义等法律理性。行政合理性原则中的"理"是指体现全社会共同遵守的行为准则的法理。行政合理性原则的具体要求是:(1)行政行为应符合立法目的;(2)行政行为应建立在正当考虑的基础上,不得考虑不相关因素;(3)平等适用法律规范;(4)遵循自然规律,如"合理采伐森林""合理利用土地"等要求;(5)遵守社会道德,如遵守职业道德、社会公德等。

(二)本书观点

我国行政法学界对行政法基本原则的研究取得了重要的成果,但也存在一定的缺陷。就行政合法性原则而言,未能对其下位的法律优位与法律保留原则作出明确的分辨和准确的界定。就行政合理性原则而言,因为缺少类型化的分析,理论与实务对其内涵的认识不够清晰和深入,并且给行政审判实务造成了一定的消极后果,使得行政诉讼对于行政裁量滥用的控制较为有限。

第二节 依法行政原则

依法行政原则是最为重要的行政法基本原则,整个行政法体系均建立在依法行政原则的基础之上。依法行政原则包括法律优位和法律保留两项下位原则。

一、法律优位原则

法律优位原则,或称法律优先原则,要求行政必须受法律的拘束,在一个行政领域当中,只要存在现行有效的法律,行政机关就必须予以适用(适用之命令),不能有所偏离(偏离之禁令)。对于法律优位原则,所有的行政活动均应遵守,无论是权力性行政活动还是非权力性行政活动,也无论是负担行为还是授益行为,都要接受现行法律的拘束。因其主要着眼于对行政违反法律的消极禁止,所以又被称为"消极的依法行政原则"。

对法律优位原则中的"法律"含义有不同的理解。一般认为,这里的法律应当包括各种法源,而不以狭义的法律(即最高国家权力机关所制定的法律)为限。但如果关注法律与法规、规章的关系,则法律优位原则中的法律为狭义的法律。

法律优位原则的主要功能在于阻止行政活动违背法律。为全面实现这一功能,需满足两项条件:一是确认法律规范的位阶性,下位法不得与上位法相抵触。这样可以保证行政能够在法律规范相互冲突时作出正确的选择。二是法律的规定应当明确具体,一旦违反就将有制裁的效果出现。如果法律的规定空泛而无实质内容,也没有制裁的效果,法律优位原则也就丧失了意义。

二、法律保留原则

对于法律保留原则可以从两个层次加以理解。一个层次涉及的是最高国家权力机关的立法权与其他国家机关立法权的关系,这属于宪法学关注的焦点;另一个层次涉及的是行政职权是否必须以狭义法律为依据,这是行政法学关注的焦点。我国《立法法》等法律的规定所关注的都是立法权的配置,属于第一个层次的问题。但它对第二个层次的问题也具有重要的影响:对于只有最高国家权力机关享有立法权的事项,行政机关在此领域的职权当然必须以法律为依据。

根据行政法上的法律优位原则,只要某一行政领域存在相关法律规范,行政机关就必须加以遵循而不得背离,但它并未解决在法律规定缺位,即某一领域中不存在相关法律规范的授权时,行政机关是否可以采取相应的行政措施这一问题。法律保留原则则要求,对于某些行政措施行政机关必须有法律的授权才能采取。因其积极要求行政措施的法律依据,所以也被称为"积极的依法行政原则"。

在传统行政法理论中,法律保留原则的焦点问题是立法、行政的权限分配秩序,也即何种事务必须由立法机关决定,何种事务可以由行政机关自行决定。因此,对法律保留原则中的"法律"一般是作狭义的理解,即最高国家权力机关所制定的法律(行政机关根据法律的明确授权所制定的法规范,可以视同法律)。

结合我国实践,《立法法》第11、12条对法律保留进行了规定,分为绝对保留和相对保留。

1. 绝对保留

绝对保留是指某些事项的决定权只能归属于最高立法机关,任何其他国家机关不得行使或被授权行使,并且该事项只能通过法律(狭义)加以规定。根据《立法法》第11条,这些绝对保留事项具体包括:(1)国家主权的事项;(2)各级人大、人民政府、监察委员会、人民法院和人民检察院的产生、组织和职权;(3)民族区域自治制度、特别行政区制度、基层群众自治制度;(4)犯罪和刑罚;(5)对公民政治权利的剥夺、限制人身自由的强制措施和处罚;(6)税种的设立、税率的确定和税收征收管理等税收基本制度;(7)对非国有财产的征收、征用;(8)民事基本制度;(9)基本经济制度以及财政、海关、金融和外贸的基本制度;(10)诉讼制度和仲裁基本制度;(11)必须由全国人大及其常委会制定法律的其他事项。

2. 相对保留

相对保留是指某些事项原属于立法机关通过法律予以设定的范围,但在某些情况下法律可以授权行政机关行使。《立法法》第12条规定:"本法第十一条规定的事项尚未制定法律的,全国人民代表大会及其常务委员会有权作出决定,授权国务院可以根据实际需要,对其中的部分事项先制定行政法规,但是有关犯罪和刑罚、对公民政治权利的剥夺和限制人身自由的强制措施和处罚、司法制度等事项除外。"[①]

由此,在我国行政法学上,由于狭义法律之外的法规、规章等均在一定范围内可以自主对行政机关进行授权,因此对法律保留原则中的法律应予以广义的解读,包括各种形式、层级的法律规范。行政机关实施行政管理,应当依照法律、法规、规章的规定进行。那么哪些行政措施必须要有(广义)法律的授权呢?国务院《全面推进依法行政实施纲要》(国发〔2004〕10号)要求,没有法律、法规、规章的规定,行政机关不得作出影响公民、法人和其他组织合法权益或者增加公民、法人和其他组织义务的决定。此后的多份法治文件中都对这一要求进行了重申。根据这一要求,我国的法律保留原则主要适用于干预行政的事项,也即对于影响公民、法人和其他组织合法权益或者增加公民、法人和其他组织义务的决定,必须要有法律的授权。从反面来说,对于给付行政的事项,行政机关的决定如果是增加公民、法人和其他组织的利益或者减轻其负担的,一般不需要法律的授权。

我国法律相对保留原则中的法律包括多个层级的法律规范,但是不同层级的法律规范在授权的范围上存在差异,如根据《行政处罚法》的规定,法律可以设定各种行政处罚,行政法规可以设定除限制人身自由以外的其他行政处罚,地方性法规可以设定除限制人身自由、吊销营业执照以外的行政处罚,规章可以设定警告和一定数额罚款的行政处罚。因此,这是一种层级化的法律保留模式。

第三节 平 等 原 则

一、平等原则的概念

平等是极为古老而重要的一项法律价值和原则。我国《宪法》规定,"中华人民共和国公民在法律面前一律平等"(第33条第2款),"任何组织或者个人都不得有超越宪法和法律的特权"(第5条第5款)。2014年中共中央《关于推进依法治国若干重大问题的决定》强调,平等是社会主义法律的基本属性。平等原则是指同等情况同等对待,不同情况不同对待。平等原则对法律的制定与适用都有拘束力。无论是立法机关还是法律适用机关,都必须保证同等情况同等对待,只有在具有正当理由时才可以加以差别对待。

平等原则既要求相同情况作出相同对待,也要求不同情况予以不同对待。因此,如果两个人实施的违法行为性质、情节与社会危害后果都是相同的,但行政机关给予的处罚却相差甚远,这固然违反了平等的原则("不平等");而如果两个人的违法行为的情节、性质、危害结果有很大的差别,却得到相同的处理,这同样也是对平等原则的违反("假平等")。

世界上没有完全相同的两个事实,两个事实是否可以在法律上被视为相同,从而要作相同的处理,应根据"事物的本质"来加以判断。所谓事物的本质,是指人类生活或社会关系的本来性质或者事物的内在秩序。事物的本质不仅可被用以作为判断两个事实是否相同的根

[①] 《行政法与行政诉讼法学》编写组编:《行政法与行政诉讼法学》(第2版),高等教育出版社2018年版,第31页。

据,对于有差别的两个事实,它也可被用来衡量事实差别的方式与程度,并进而作出与之相应的、适度的差别对待。

从平等原则可以导出禁止恣意原则和行政自我拘束原则。

二、平等原则的衍生原则

(一) 禁止恣意原则

平等原则在实质上要求公权力机关根据每个人的价值按照恰当的比例分配权利、义务和责任。具体而言,任何公权力措施必须有"合乎理性、得自事物本质和其他事理上可使人明白的理由",与其所要处理的事实状态保持适度的关系,这就是所谓的禁止恣意原则。恣意就是作出一个决定但却欠缺合理、充分的实质理由。

(二) 行政自我拘束原则

行政自我拘束原则是指如果行政机关此前对于某类案件均采取某种方式进行处理(也即形成了行政惯例),则在其后的同类案件中,除非存在正当的理由,否则行政机关应采取相同的处理方式。

第一,有行政惯例的存在,即存在行政机关长期以某种方式活动的事实,一般要求至少有两个相同的处理事例。

第二,该行政惯例必须合法。这是因为平等原则不包括不法的平等,私人不享有不法的平等权。如一个企业因为出售假冒伪劣产品而被市场监管机关查处,其提出这是一个普遍的社会现象,行政机关长期以来持一种放任的态度,现在对其进行查处违反平等原则。这里涉及是否承认"不法平等"的问题,也即平等原则能否保护一个不法的状态。在法理上对此应予以反对,这有如下几个方面的理由:(1)依法行政原则的要求。不法的状态不具有受法律秩序保护的价值,行政机关负有将其排除的义务。(2)要为行政机关纠正错误留下空间。不法平等很多时候涉及不法的行政先例,如果坚持有不法平等原则的适用,则行政机关将永远无法改正自己的错误,因为任何的改正都会产生一个不同于以前先例的新案件。(3)平等原则要求同等情况同等对待,不同情况不同对待,其适用必须要有一个可资比较的案例,而违反法律规定的个案并不能作为"比较案例"。(4)平等原则应帮助法律秩序向上提升,改善旧有法律秩序;而不应导致整个法律秩序向下沉沦,向劣质标准靠拢。[①] 应注意的是,虽然平等原则不保护违法的行政惯例,但后文所述的信赖保护原则在一些情形中可能会被作为保护违法行政惯例的依据。

第三,行政机关必须具有一定的自主决定空间,包括行政裁量、不确定法律概念的判断余地等。对于羁束行政事项,行政机关应受法律的严格拘束,此时没有行政自我拘束原则的适用空间。

[①] 陈新民:《平等原则拘束行政权的问题——论不法的平等》,载台湾行政法学会主编:《行政法争议问题研究》(上),五南图书出版公司2000年版,第71页以下。

第四节 比例原则

一、比例原则概述

比例原则所关注的是国家权力行使过程中"手段"和"目的"之间的关系。行政法上比例原则的基本要求，是指国家机关为了实现一定行政目的（公益需要）而采取行政措施（手段）时，应在该手段给私人利益造成的损害和所要实现的公益目的之间保持均衡。比例原则的目的和功能在于使公共利益和私人利益之间达到一种均衡、协调的状态。比例原则来自正义思想的要求，但作为一个独立的法律原则提出，源于德国的警察法。德国19世纪警察法学认为，警察权力的行使只有在必要时才可以限制私人的基本权利，其实质在于要求行政的方法与目的之间保持均衡。比例原则后来扩充到行政法各个领域，被称为行政法中的"帝王条款""皇冠原则"。现已被认为具有宪法的位阶，可以直接拘束立法行为。目前，诸多行政法治较为发达的国家与地区都承认比例原则为重要的行政法原则。

二、比例原则的内容

通说认为比例原则包括三个下位阶的子原则，即适合性原则、必要性原则与均衡性原则。

（一）适合性原则

适合性原则，也称适当性原则或妥当性原则，是指行政机关所采取的行政手段（措施）要能够实现正当的行政目的。这种行政目的一般为立法者在相关授权法中所规定，或者可从相关规定中推导出来。行政机关在采取行政措施时，既不能追求不正当的行政目的，也不能导致与所追求的行政目的相反的结果，即不能"南辕北辙"。

（二）必要性原则

必要性原则，也称最小（最少）侵害原则，指行政手段对私人利益的干预不能超出实现行政目的所必要的限度。这是手段与手段之间的比较与取舍，即如果为达到一个特定目标存在多个可能的手段，则行政机关应当采取其中给私人利益造成损害最小、影响最轻微的手段。德国法谚所说"勿以大炮轰小鸟"，就反映了这一原则的要求。在著名的1979年Cassis de Dijon案中[①]，德国政府完全禁止酒精含量低于法定要求的一种黑葡萄酒的销售，欧洲法院认为这一决定违反了比例原则，因为可以采取其他限制更小的手段，如要求厂商在标签上作出说明，来达到同样的目的。

（三）均衡性原则

均衡性原则，也称相称性原则或狭义比例原则，是指行政限制手段的严厉程度与其所欲实现的目的之间，应当存在对称、均衡的关系。[②] 具体而言，在所有可以实现行政目的的手段

[①] 关于该案的具体情况，参见范征、王风华：《欧盟统一大市场中的消费者保护一体化研究》，载《法学》2000年第10期。

[②] 刘淑范：《宪法审判权与一般审判权间之分工问题：试论德国联邦宪法法院保障基本权利功能之界限》，载刘孔中、李建良主编：《宪法解释之理论与实务》，"中央研究院"中山人文社会科学研究所专书1998年版，第236页。

中,如果给私人利益造成损害最小的手段,其所造成的损害仍然超过该行政目的所能促进的公共利益时,则该行政目的就不值得追求,应该放弃。狭义比例原则和前两个原则的不同之处在于,它不受预定行政目的的限制,如果在个案中被干预的权利的价值超过行政目的所要追求的价值,则可能导致对该行政目的的放弃。

三、比例原则与我国行政法治

在我国行政执法实践中,一种普遍的观念是目的的正当性当然可以证成手段的正当性,这往往导致过分强调公共利益,而对私人的正当权益有所忽视。近年来这种情况已经发生了很大改变。2004年国务院《全面推进依法行政实施纲要》中强调:"行使自由裁量权应当符合法律目的,排除不相关因素的干扰;所采取的措施和手段应当必要、适当;行政机关实施行政管理可以采用多种方式实现行政目的的,应当避免采用损害当事人权益的方式。"这体现了比例原则的精神。比例原则在我国的一些法律中也有所体现,如《行政处罚法》第5条第2款规定:"设定和实施行政处罚必须以事实为依据,与违法行为的事实、性质、情节以及社会危害程度相当。"《行政强制法》第5条规定:"行政强制的设定和实施,应当适当。采用非强制手段可以达到行政管理目的的,不得设定和实施行政强制。"《中华人民共和国人民警察使用警械和武器条例》第4条规定:"人民警察使用警械和武器,应当以制止违法犯罪行为,尽量减少人员伤亡、财产损失为原则。"

近年来,我国法院在多个行政案件中运用比例原则对行政机关的行政行为进行审查。如在"哈尔滨市汇丰实业有限责任公司诉哈尔滨市规划局案"中,汇丰公司未全部取得建设工程规划许可证即在哈尔滨市中央大街建成一幢九层的商业服务用楼,受到哈尔滨市规划局的处罚。最高人民法院在该案的上诉审判决中指出:"规划局所作的处罚决定应针对影响的程度,责令汇丰公司采取相应的改正措施,既要保证行政管理目标的实现,又要兼顾保护私人的权益,应以达到行政执法目的和目标为限,尽可能使私人的权益遭受最小侵害。而上诉人所作的处罚决定中,拆除的面积明显大于遮挡的面积,不必要地增加了被上诉人的损失,给被上诉人造成了过度的不利影响。原审判决认定该处罚决定显失公正是正确的。"[①]该案被视为我国法院适用比例原则的第一案。在第18号中国行政审判指导案例中也运用了比例原则,该案例裁判要旨写道:"行政机关实施行政行为追求的目的与法律保护的利益存在冲突时,应当采取对私人权益造成最小损害的执法措施。行政机关在执法过程中单纯追求执法效果,采取明显超过必要限度的执法方式且对私人权益造成较大损害的,属滥用职权,并应予赔偿。"[②]第19号中国行政审判指导案例裁判要旨则直接提到了比例原则:"人民法院不仅应当对行政行为的合法性进行审查,而且应当用比例原则等规则对行政裁量的适当性予以审查。"[③]

---

① 中华人民共和国最高人民法院行政审判庭编、李国光主编:《行政执法与行政审判参考》(2000年第1辑,总第1辑),法律出版社2000年版,第318页。
② 中华人民共和国最高人民法院行政审判庭编:《中国行政审判指导案例》第1卷,中国法制出版社2010年版,第89页。
③ 中华人民共和国最高人民法院行政审判庭编:《中国行政审判指导案例》第1卷,中国法制出版社2010年版,第94页。但该要旨将比例原则称为"规则",将比例原则归入"适当性"审查,都值得商榷。至少明显或者严重违反比例原则的行政行为不是单纯的不适当问题,而是构成了不合法。

第五节　信赖保护原则

一、信赖保护原则的概念

信赖是人类社会良好运行的前提,如果缺乏信赖或信任,则人际交往与合作的广度与深度都将受到极大的限制,整个社会的繁荣与发展也无法实现。因此,保护正当的信赖即成为法律秩序的基本任务之一。行政法上的信赖保护原则,也称为信赖利益保护原则,是指行政机关所实施的某项行为导致一定法律状态的产生,如果私人因正当地信赖该法律状态的存续而安排自己的生产生活,国家对于这种信赖应当提供一定形式和程度的保护。信赖保护原则的宗旨在于保障私人的既得权,并维护法律秩序的安定性。德国是信赖保护原则发展最高也是最为成熟的国家,但目前全球许多其他法域,包括荷兰、瑞士、意大利、丹麦、希腊、葡萄牙、欧洲共同体与我国台湾地区等都接受了信赖保护原则。英国行政法上的正当期待与信赖保护原则也在很大程度上存在相通之处。[①]

信赖保护原则与诚实信用原则的关系较为密切。诚实信用原则要求法律关系当事人善意真诚,具体包括谨慎维护对方的利益、恪守信用、给对方提供必要的信息等。在大陆法系各国,诚实信用原则被看作民法中的"帝王条款",通说认为在行政法中也可适用。从诚实信用原则的本来含义看,对当事人信赖的保护是这一原则的核心内容,二者在行政法领域适用的案型上也有重叠。德国行政法院的判例经常将诚实信用原则作为承认信赖保护原则的依据。但是,现代民法学者更多是从利益衡量的角度对诚实信用原则加以理解,信赖的因素在诚实信用原则中已不再具有中心的地位。[②] 因此,二者仍有不同。

二、信赖保护适用的条件

(一)信赖基础

信赖保护的首要条件在于信赖基础(被称为"基础行为")的存在,也即导致信赖产生的国家的行为。基础行为有抽象的规范行为与具体的行为两种。在抽象的信赖保护类型中,作为信赖基础的是因国家立法行为而产生的现存法律秩序。在具体的信赖保护类型中,作为信赖基础的则是国家的具体行为,如授益性的行政处理、具体的行政计划或行政机关所作的允诺(承诺)等,还有可能是行政机关持续的行政实践或惯例以及行政机关的不作为,如对某一行政权力的长期不行使。行政机关具体行为所创设的"法律外观",正是私人信赖的基础。构成信赖基础的行政行为,并不限于合法的行为,违法的行为只要没有因重大明显违法而达到无效的程度,仍然可以作为信赖的基础。

(二)信赖表现

关于信赖表现也应区别具体的信赖保护与抽象的信赖保护。在具体的信赖保护类型中,私人须基于信赖而作出一定的处分行为,才合乎信赖表现的要求。所谓处分行为,一般

[①] 李洪雷:《论行政法上的信赖保护原则》,载胡建淼主编:《公法研究》第4卷,中国政法大学出版社2005年版,第73—105页。
[②] 徐国栋:《民法基本原则解释——成文法局限性之克服》,中国政法大学出版社1992年版,第79页。

是指财产的安排、使用、处置等发生法律关系变动的行为,但德国法院对处分行为的概念有从宽认定的倾向,如联邦行政法院曾经在判决中指出,对于持续性行为,如果授益处理的私人已经对其生活方式作了"深刻且持久的变更",该处理即不再允许撤销。另外,这种处理行为也包括不作为在内,如私人因信赖某行政处理的合法有效而对第三人不行使请求权。

在抽象的信赖保护类型中,由于信赖基础本身属于抽象性质的法秩序,自然无法要求私人具有信赖的表现。事实上,私人对于现存法秩序的信赖一般只有在法律状态发生变动时才能够察觉,因此这种信赖可以说是一种推定的存在,不能要求私人必须作出具体的处分行为。应当注意的是,在信赖基础与信赖表现之间必须存在因果关系。

（三）正当的信赖

应予保护的信赖必须是具有正当性、值得保护的信赖。所谓正当是指私人对行政机关的行为或其创造的法律状态深信不疑,并且对信赖基础的成立为善意且无过失;如果信赖的成立是可归责于私人的事由所导致的,则此信赖不值得保护。

一般认为,以下信赖不值得保护:(1)信赖基础基于私人恶意欺诈、胁迫或其他不正当方式而获得。其依据在于"任何人均不得因自己的违法行为而获益"的法谚。(2)私人对重要事项作了不正确或不完全的说明。(3)私人明知或因重大过失而不知信赖基础违法。(4)显然错误或附有变更保留的行政处理。附有变更保留的行政处理,在其作出时即排除私人的信赖,因此一般并无适用信赖保护原则的余地。但如果行政机关长期不行使该变更权,导致私人有正当理由信赖行政机关不会再行使该权力,后来行政机关又突然行使而造成不可预测的损害,则应对私人的信赖予以保护。

三、信赖保护的方法

根据保护方式的不同,信赖保护可以分为存续保护和财产保护两种。

（一）存续保护

存续保护又称完全的信赖保护,是指当私人对行政机关存在正当的信赖时,行政机关应保证该信赖基础的存续。这种方式能够为私人提供全面的保护,对私人比较有利,但其缺陷是比较僵硬。如果仅考虑存续保护这一信赖保护方式,则法院往往要面临两难的困境:如果为了保护私人的信赖而任凭违法的行为存续,固然保护了私人的权益,但却损害了法律所追求的维护公共利益的目的;反之,如果为了贯彻法律规定而径行撤销该违法授益处理,则又对私人造成了不可预期的损害。

（二）财产保护

财产保护又称补偿的信赖保护,是指虽然私人存在正当的信赖,但由于公共利益的需要又必须对原法律秩序加以变更,为解决这一矛盾,允许行政机关变更原法律秩序,但同时要求行政机关对私人因信赖原法律秩序存续所受的损失予以补偿。

四、信赖保护原则与我国行政法治

2004年国务院《全面推进依法行政实施纲要》强调,非因法定事由并经法定程序,行政机关不得撤销、变更已经生效的行政决定;因国家利益、公共利益或者其他法定事由需要撤回或者变更行政决定的,应当依照法定权限和程序进行,并对行政管理相对人因此而受到的财产损失依法予以补偿,这在很大程度上体现了信赖保护原则的要求。

我国《行政许可法》中关于废止与撤销行政许可的一些规定,是信赖保护原则的制度化。关于合法行政许可的废止,《行政许可法》第 8 条规定:"公民、法人或者其他组织依法取得的行政许可受法律保护,行政机关不得擅自改变已经生效的行政许可。行政许可所依据的法律、法规、规章修改或者废止,或者准予行政许可所依据的客观情况发生重大变化的,为了公共利益的需要,行政机关可以依法变更或者撤回已经生效的行政许可。由此给公民、法人或者其他组织造成财产损失的,行政机关应当依法给予补偿。"关于违法行政许可的撤销,《行政许可法》第 69 条规定,对行政机关工作人员滥用职权、玩忽职守作出的准予行政许可决定,可以予以撤销,被许可人的合法权益因此受到损害的,行政机关应当依法给予赔偿。但被许可人以欺骗、贿赂等不正当手段取得行政许可而导致许可被撤销的,被许可人基于行政许可取得的利益不受保护。①

《行政许可法》的这一规定在一定程度上体现了信赖保护原则的要求,但也存在不足。首先是没有明确规定存续保护。从法条来看,只要公共利益需要或者行政许可违法,就可以撤销(只是需要给予补偿)。实际上,信赖保护原则提供的应不仅仅是财产或补偿保护,而是包括存续保护,因此在确定是否撤销或废止行政许可时,就应当对公共利益和私人利益加以比较衡量,只有在撤销或废止行政许可的公共利益超过私人因维持行政许可效力而可得的收益时才可以撤销或废止。

在近年来的司法实践中,信赖(利益)保护原则得到我国法院的重视。最高人民法院在公报案例——益民公司诉河南省周口市政府等行政行为违法案中,强调对当事人的信赖利益进行保护,在信赖利益受损时行政机关应采取补救措施。② 第 22 号中国行政审判指导案例的裁判要旨称:"行政机关为促进辖区经济社会发展而制定的奖励文件,如所含允诺性内容与法律法规不相违背,应视为合法有效。当引资人按照文件规定,通过发挥中介作用客观上促成本地招商引资时,行政允诺关系成立,引资人依法要求兑现相关奖励的权利受法律保护。"③第 135 号中国行政审判指导案例的裁判要旨则更加明确地要求保护私人的信赖利益:"行政机关对特定管理事项的习惯做法,不违反法律、法规的强制性规定且长期使用形成行政惯例的,公民、法人或其他组织基于该行政管理的合理信赖利益应予适当保护。"④

第六节 行政效能效率原则

一、行政效能效率原则的概念

现代政府不仅应当是一个公权力受到有效制约的有限政府,也应当是有效、有能、有为

---

① 这里的"赔偿",准确地说应是"补偿",因为行政机关撤销违法的行政许可是合法的,因此而给被许可人造成的损失应进行补偿而非赔偿。
② 《中华人民共和国最高人民法院公报》2005 年第 8 期。
③ 中华人民共和国最高人民法院行政审判庭编:《中国行政审判指导案例》第 1 卷,中国法制出版社 2010 年版,第 108 页。
④ 中华人民共和国最高人民法院行政审判庭编:《中国行政审判案例》第 4 卷,中国法制出版社 2012 年版,第 77 页。

的政府。行政机关应当坚持依法行政与提高行政效能效率相统一,做到既严格依法办事,又高效履行职责。行政效能效率原则要求行政机关以尽可能少的行政成本最大限度地实现行政目的。其中行政效能所关注的是行政目的,具体说是行政目的所实现的程度;而行政效率所关注的则是行政成本,具体说是所投入的行政成本(手段和资源)与所实现的目的(效益、成果)之间的比例关系。可将行政效能效率的要求归纳为最小化和最大化两个原则:最小化原则要求以最小的成本投入来实现既定的行政目的;最大化原则要求使已投入的成本最大限度地实现行政目的。行政效能效率可以作为对不同决策方案的评价标准,并促进资源投入获得最大可能的绩效。[①] 行政效能效率原则一方面要求在行政立法中设定有利于增强行政效能效率的规定;另一方面要求行政机关在法律规定的限度以内,或者在法律未作具体规定的情形下,尽可能增强效能效率。

二、行政效能效率原则的重要性

行政效能效率原则体现的主要是一种工具性价值,而非伦理性价值,因此一些学者不赞成将行政效能效率作为一种法律原则。但行政系统及其运行由纳税人通过税收提供财政支持,应当通过提高行政效能效率尽可能降低纳税人的负担。行政机关是公共服务的提供者,行政机关应当以更低的成本提供更为优质高效的服务。此外,在当今激烈的国家间竞争中,行政效能效率是决定成败的一个重要因素。因此,应承认行政效能效率的法律原则地位。

三、行政效能效率原则的具体要求

行政效能效率原则的具体要求包括:(1)完善行政组织法制体系,优化组织结构,明晰职责分工和命令服从链条,厘清控制幅度和控制性质,加强跨部门协调,提高行政人员素质。(2)通过合理的程序设置,增强决策的科学性和民主性,简化程序,优化流程,提高效率。行政机关实施行政管理时,应当遵守法定时限,积极履行法定职责,提高办事效率,提供优质服务,方便公民、组织。(3)将互联网技术和信息化手段广泛应用到行政管理实践当中,以提高行政管理的科学化程度,建设数字法治政府,在技术方面促进行政效能效率的提高。

为贯彻行政效能效率原则,行政法学界应当加强对行政改革、公共治理等议题的关注和研究。由于行政(管理)学以效率为核心课题(行政学创始人威尔逊曾明确指出:"行政学研究的目标在于——尽可能高的效率"),对行政效能效率的研究有丰硕的成果,行政法学应将这些成果及时吸收和反映到行政法学中来。

第七节 正当程序原则

一、正当程序原则的概念与要求

程序是指进行活动的方式、步骤、顺序与时限等。合理的行政程序设置,一方面对于实体目标的实现具有工具价值,如提高行政决定的质量、密切政府与公民之间的联系;另一方

---

① Eberhard Schmidt-Aßmann, Das allgemeine Verwaltungsrecht als Ordnungsidee, Springer, 2006, S. 316.

面也具有其自身的内在价值,它通过要求向当事人解释其为何受到不利的对待并为其提供参与决定过程的机会,体现了对行政当事人主体性的尊重。①

在英国法上,主要用"自然正义"的概念来表达对法律程序的要求。自然正义包括两个方面的内容:(1)反对偏私规则,即任何人不能作为自己的案件的法官。这里的"自己的案件",并不要求决定者本人在形式上是案件的一方当事人,而是指与案件存在实质上的利害关系,这种利害关系不必是金钱上的,也不一定确实受到实际的影响,只要是一个正常思考的人怀疑存在偏私的可能,或者有发生违背正义的结果的风险,就可以构成"自己的案件"。反对偏私规则的一个重要功能是维护公众对官员的信赖。"正义不仅要事实上被实现,而且要让人们看到其被实现。"从组织角度看,任何人不能作为自己案件的法官,要求违法行为的控告人不能同时作为裁判。(2)听证规则,即对利益受到不利影响的当事人,决定者应听取其意见。听取意见并不一定采取司法化的口头辩论、交叉询问、律师代理等程序。听证规则的具体适用,要综合考量私人的利益性质、增加程序权利可能带来的收益,以及采取该程序要增加的成本。② 目前英国法中尚没有针对行政机关的一个普遍的说明理由义务,但普通法在朝这个方向发展,法院在越来越多的情形中要求行政机关说明理由。另外,很多制定法也对行政机关设定了说明理由义务。

在美国,自然公正原则的概念很少被使用,常被使用的是美国联邦宪法中规定的"正当程序"(或译为"正当过程")。正当程序包括实体性正当程序和程序性正当程序。前者强调对个人的人身、自由和财产等实体性内容的保护,美国公民的很多实体性权利是以正当程序的名义被引入的,这里的正当程序就是实体意义上的。后者则是纯粹程序意义上的,也是我们一般所理解的正当程序。根据程序性正当法律程序要求,行政机关的决定对当事人的自由、财产产生不利影响时,必须提供一个正当的程序。但正当程序有什么具体要求呢?正当程序的核心是听证,根据弗兰德利(Friendly)法官的归纳,法院所适用的司法型听证程序具有如下要素:(1)不偏私的裁判所;(2)有权得到关于拟作行为及其基础的通知;(3)有机会论证为什么拟作的行为不应被采取;(4)有权出示证据,包括召集证人;(5)有权知悉对立的证据;(6)有权交叉询问对己不利的证人;(7)裁判所能依据经开示的证据作出决定;(8)有权获得法律顾问的帮助;(9)有权要求裁判所准备一份有关所开示的证据的案卷;(10)要求裁判所为其决定准备书面的事实依据和理由。③ 但基于行政效能效率等考虑,行政程序不可能完全按照司法型程序的要求运作。在 1976 年的 Mathews v. Eldridge 案中,联邦最高法院认为,正当法律程序所要求的公正程序是权衡各方面利益的结果,行政机关应根据个案的具体情况灵活采取相应的程序。总体而言,行政机关所要遵循的正当程序是一个"光谱",既可能是最高程度的司法型听证,也可能只是非正式的观点交流。④

---

① Jerry Mashaw, "Administrative Due Process: the Quest for a Dignity Theory", 61 *B. U. L. Rev.* 885(1981); T. R. S. Allan, "Procedural Fairness and the Duty of Respect", 18 *O. J. L. S* 497(1998). 中文版参见陈瑞华:《程序正义的理论基础——评马修的"尊严价值理论"》,载《中国法学》2000 年第 3 期。
② Paul Craig, *Administrative Law*, 4th edition, Sweet & Maxwell, 1999, p. 416.
③ Henry J. Friendly, "Some Kind of Hearing", 123 *U. PA. L. Rev.* 1267(1975).
④ Richard Pierce, Sidney Shapiro, and Paul Verkuil, *Administrative Law and Process*, 4th edition, Foundation Press, 2004, p. 280.

二、正当程序原则与我国行政法治

我国法治建设中长期以来存在着"重实体,轻程序"的倾向,对行政程序不够重视(这里主要指外部行政程序)。单行行政法律规范中所作的程序规定往往是要限制公民的权利、自由,而非控制和制约行政机关的权力。因此,特别需要利用正当程序原则作为行政执法活动所应遵守的最低限度程序义务。2004年,国务院《全面推进依法行政实施纲要》中明确提出了"程序正当"的概念,并具体要求:"行政机关实施行政管理,除涉及国家秘密和依法受到保护的商业秘密、个人隐私的外,应当公开,注意听取公民、法人和其他组织的意见;要严格遵循法定程序,依法保障行政管理私人、利害关系人的知情权、参与权和救济权。行政机关工作人员履行职责,与行政管理相对人存在利害关系时,应当回避。"近年来,在我国的行政审判实践中,正当程序原则也经常被直接或间接地适用。如在第104号中国行政审判指导案例中,山东省临沂中级人民法院在第二审判决中对正当程序原则的要求作了详细的阐发:"(《行政许可法》)没有设定行政机关撤销行政许可所要遵循的具体程序性义务,并不意味着其就可以不要程序,在行使职权的方式、步骤、顺序、时限上享有绝对的自由裁量权,而程序合法的底线在于正当程序原则,行政机关在此情况下应当遵循这一法律原则。根据这一法律原则的要求,行政机关作出影响当事人权益的行政行为时,应当履行事先告知、说明根据和理由、听取私人的陈述和申辩、事后为私人提供相应的救济途径等正当法律程序。"①

第八节 行政应急原则

一、行政应急原则的背景

近年来,随着流行病疫、环境污染、食品安全等与现代技术相伴的风险不断发展并在全球蔓延,加之国家和社会运转中遇到的一些不可避免的紧急情况,如战争、政变、分裂活动、动乱、恐怖活动、严重暴力犯罪、自然灾害等威胁国家安全独立、社会秩序稳定以及公共利益的情形,我们在事实上已经进入德国社会学家贝克(Beck)所说的"风险社会",风险防范已上升为现代政府的一项重要任务。在上述风险发生时,如何用合理高效的法律手段防控各类风险成为各国立法者、法学研究者和法律实务者共同面临的重要难题。在权衡国家利益、社会公共利益与私人利益的基础上,行政机关可以采取法律未规定的或与一般的法律规定相抵触的非常管理措施,在一定程度上限制或剥夺公民、社会组织的权利和自由,并且这些为迅速处理突发事件并减少损失所采取的非常管理措施在法律上被视为有效,这实际上就是对行政应急原则的现实运用。

如2019年年底暴发的新冠疫情,是"非典"以来最严重的突发公共卫生事件,对我国应急法制体系和能力提出了严峻挑战。2020年2月,习近平总书记在中央全面依法治国委员会第三次会议上明确要求坚持运用法治思维和法治方式开展疫情防控工作,在处置重大突发事件中推进法治政府建设。2020年9月,在全国抗击新冠疫情表彰大会上,习近平总书记

---

① 中华人民共和国最高人民法院行政审判庭编:《中国行政审判案例》第3卷,中国法制出版社2013年版,第118页。

进一步强调"要抓紧补短板、堵漏洞、强弱项,加快完善各方面体制机制,着力提高应对重大突发公共卫生事件的能力和水平"。

再如,在出现重大地震、严重群体性事件等突发事件的非常状态下,行政机关根据实际需要实施行政应急程序,灵活采取各种行之有效的手段应对社会危机,进行行政应急管理,如各种应急性的行政指令措施和行政指导措施。

在理论界,近年来我国出版的许多行政法教科书在阐述行政法的基本原则时,往往仅提及行政合法性原则和行政合理性原则,而未将行政应急原则作为行政法的基本原则。这一认识既制约了我国应急法制建设,不利于全面深入推进依法行政,也不利于行政法理论的全面发展。制约我国行政应急法制建设的因素是多方面的,但从思想指导层面而言,理论界和实务界对行政应急原则在整个行政法治建设中的应有地位和作用的忽视,已然成为其中一个重要制约因素。[①] 目前,经历了新冠疫情等特殊紧急情况的考验,站在应急法制建设的新起点上,重新审视行政应急原则的意义更加彰显,这已不只是对一个学术概念展开理论上的研究讨论,也不只是对一场现实危机作出短期应景式回应,更是追问——行政应急原则能否指导我国的应急法制建设?"若其仅是一种呼吁加强应急立法的思想倾向,甚或是容忍违法应急的妥协立场,那就应束之高阁,正如我国行政法学界过去20余年所做的那样;若反之,则应彰明其意蕴、确立其地位、落实其要求,为我国应急管理制度'补短板、堵漏洞、强弱项'提供指引,使之真正符合'法治思维和法治方式'。"[②]

二、行政应急原则的概念

行政应急原则是指行政主体为保障重大公共利益和行政相对人根本利益、维护经济与社会秩序、保障社会稳定协调发展,在面临突发事件导致公共管理危机等危急情形时,特别是进入紧急状态下,可实施行政应急措施的原则。其中既包括行政行为法具体规定的行为,也可包括一些没有具体法律规范的行为,甚至包括停止某些法定权利、中断某些法律条款实施或突破一般行政程序规范的行为。行政应急原则也为常态下的各种应急准备工作,如应急工作机构的建设、应急队伍的日常建设、应急物资的储备更替等提供指导和依据。[③]

行政应急原则为我国行政法学罕见的原创性概念,由龚祥瑞先生最早论及[④],但第一个明确将行政应急原则列入我国行政法基本原则的是罗豪才教授,他提出行政法的基本原则为"行政法治原则",包括行政合法性原则、行政合理性原则和行政应急原则三个方面。行政应急原则是指在某些特殊的紧急情况下,出于国家安全、社会秩序或公共利益的需要,行政机关可以采取没有法律依据的或与法律相抵触的措施。罗豪才教授认为,正如任何法律、任何原则都有例外一样,应急原则是合法性原则的例外,为了国家利益和公共利益,为了紧急事态的解决,采取某些紧急手段的必要性已经超过"合法性"时,行政法就会承认"必要"乃是国家最高的法律。[⑤]

---

① 应松年主编:《当代中国行政法》,人民出版社2018年版,第2128页。
② 彭錞:《再论行政应急性原则:内涵、证立与展开》,载《中国法学》2021年第6期。
③ 《行政法与行政诉讼法学》编写组:《行政法与行政诉讼法学》(第2版),高等教育出版社2018年版,第224页。
④ 龚祥瑞、陈国尧:《行政应变性原则》,载《法学杂志》1987年第6期。
⑤ 罗豪才主编:《行政法论》,光明日报出版社1988年版,第34页。

我国立法对行政应急原则作了有关规定。《宪法》第 67 条第 20、21 项规定，全国人大常委会"决定全国总动员或者局部动员"；"决定全国或者个别省、自治区、直辖市进入紧急状态"；第 80 条规定，中华人民共和国主席"根据全国人民代表大会的决定和全国人民代表大会常务委员会的决定，……宣布进入紧急状态，宣布战争状态，发布动员令"；第 89 条第 16 项规定，国务院"依照法律规定决定省、自治区、直辖市的范围内部分地区进入紧急状态"。同时，国家也已相继制定了多部应对自然灾害、事故灾难、突发公共卫生事件和社会安全事件的单行法律和行政法规，如《突发事件应对法》《防震减灾法》《安全生产法》等。

三、行政应急原则的适用

行政应急原则与公民权益保障也存在矛盾冲突，行政应急原则的适用在一定程度上是对公民权益保障的克减，甚至会暂停或限制公民的部分法定权利。因此，为了防止行政恣意和权力滥用，行政应急原则的适用必须符合特定的条件或要求，不得限制或剥夺生命权、语言权、宗教信仰等最基本的人权。同时，也应建立健全行政应急法制，将行政应急行为纳入法治轨道，遵循一系列法律原则，包括主权性、必要性、合宪性、合法性、公益性、适当性、程序性、比例性、责任性等原则。

许多国家在相关立法和实践中，一般要求符合以下条件：(1) 存在明确无误的紧急危险。(2) 只能由法定有权机关或由有权机关依法委托的其他机关、组织行使；无权机关确有必要行使紧急权力时，事后应由有权机关确认有效。(3) 必须依照有关法律规定的特别程序，危急情况下的特别行政程序、司法程序、救济程序等程序约束为最有效的约束机制。(4) 紧急措施应该适当应对，明显可以不限制或不侵犯的公民的权利和自由的，不得限制或侵犯。从广义上说应急原则仍是合法性原则、合理性原则的非常态体现。应急原则并没有脱离行政法治原则，而是行政法治原则内含的特殊内容。[①]

[①] 金石：《行政应急性原则》，载《行政法学研究》2004 年第 1 期。

第四章　行政组织法

在行政法体系中,行政组织法占有十分重要的地位。法治政府建设离不开现代公共行政秩序的建构,尤其是对政府职能科学、权责法定的目标要求,更是离不开行政组织法的支持和保障。行政组织法的内容较为复杂,涉及经济、文化、社会等多方面变革,又与行政体制改革密切相关,需要跨学科的研究。

第一节　行政组织与行政组织法

行政组织是行政管理活动的主体。对行政组织的理解,是学习行政组织法的逻辑起点。

一、行政组织

行政组织不是一个法律术语,而是人们对以行政组织身份承担公共行政职能的一类组织的概称。行政组织有广义和狭义之分。广义的行政组织,指一切管理行政事务的组织,包括所有国家机关、企事业单位、政党组织、社会团体中负有行政管理职能的组织;狭义的行政组织,仅指承担国家公共行政管理职能的组织,主要指依据法定程序设立的承担公共行政事务、行使国家行政权力或履行公共管理职能的国家行政机关。本书所指"行政组织",主要是指狭义的行政组织。

具体而言,行政组织包含以下几个层面内容:第一,行政组织是一个整体概念,是对行政机关的集体概称。第二,行政组织是依据宪法和法律程序设立的组织。行政组织的设立有严格的法律程序,与企业、社会团体等组织相区别,设立行政组织须有宪法与行政组织法所提供的法律依据,并经有权机关批准。第三,行政组织承担公共行政事务、行使国家行政权力或履行公共管理职能;与承担立法职能的立法机关、承担司法职能的司法机关、承担检察职能的检察机关等相区别,行政组织的核心特质是行使国家行政权力。第四,行政组织由各级人民政府及职能部门构成的行政机关组成,是国家行政组织;在此意义上,承担部分公共事务的社会行政组织,如农村自治组织、行业组织和履行公共职能的公益事业单位等并未包含其中。需要注意的是,随着时代的进步和发展,公共行政逐渐社会化、民营化,委托行政、合作行政开始涌现,接受委托或者参与合作的社会组织并不能成为行政组织,在本质上依然是私人组织。

作为国家组织体系中的重要组成部分,行政组织在社会治理中发挥着重要的作用。行政组织数量庞大,行政职能繁多,组织功能强大,管理的触角涉及人们社会生活的方方面面。同时,除行使形式意义的国家行政权力外,行政组织还享有规则和政策的创制权、部分的纠纷裁判权。因此,需要有相关法律对行政组织的设置、编制、权限、规模等进行严格规定。

二、行政组织法概述

(一) 行政组织法的概念

对于行政组织法的界定,学术界尚未达成共识。有学者认为,行政组织法是指关于国家、地方公共团体及其他公共团体等行政主体的组织及构成行政主体的人的要素(公务员)和物的要素(公物)的法的总称[①];有学者认为,行政组织法可界定为有关组织公共行政的法律规范之总称[②];也有学者认为,行政组织法可界定为规范行政的组织过程和控制行政组织的法[③]。本书认为,行政组织法是规定行政机关的组织、职责、权限、活动原则和编制,规范行政组织运行、构建公共行政秩序的法律规范的总称。对该概念可作如下理解:

第一,行政组织法是有关行政组织的法律规范的总称。行政组织法并非单一的某部法律,而是有关行政组织的法律规范的总称,是一整套行政组织法规体系。在我国,宪法、法律和行政法规中均有涉及公共行政组织的规定,既有专门性质意义上的行政组织法,也有部分规定公共行政组织内容的法律法规。

第二,行政组织法是规定行政组织的法。对行政组织的设置、编制、职权、责任、地位等进行确认性规定,以促进各级人民政府及其职能部门依法定职责、法定职权、法定程序行政,这是静态意义上对行政组织的规范。同时,随着经济改革和社会转型,委托行政、合作行政等从事公共行政事务的组织的性质地位、权利义务与责任等,也需要加以规范。

第三,行政组织法是规范行政组织运行的法。规范行政组织运行过程与规范行政组织一样重要,这是动态意义上对行政组织的规范。规范行政组织运行过程,就要求行政组织一经设定,非经法定程序,其规模不得任意增长,其结构不得任意改变,其职能不得任意增减,其人、财、物也需特别规范管理。

第四,行政组织法的目的是构建公共行政秩序。宏观上,行政组织的公共行政管理涉及政治、经济、文化、生态、国家安全等社会生活的各方面;微观上,涉及每个公民的切身利益。正因如此,行政组织的权限范围、运行机制以及人、财、物等要素都应进行理性配置,以确保对行政组织的系统控制,构建符合时代要求的公共行政秩序。

(二) 行政组织法的渊源

宪法作为国家根本大法,是制定行政组织法的根本依据,其对国务院、地方各级人民政府、民族自治地方的自治机关的组织形式、职权内容等都作出了原则性规定。除宪法相关规定外,我国现有的行政组织法主要由以下三部分组成:

一是《国务院组织法》《中华人民共和国地方各级人民代表大会和地方各级人民政府组织法》(以下简称《地方各级人民代表大会和地方各级人民政府组织法》)。这两部法律是我国行政组织法的主要渊源。

二是单行法律中关于行政权与行政组织的规定。如《立法法》第 93 条第 1 款规定:"省、自治区、直辖市和设区的市、自治州的人民政府,可以根据法律、行政法规和本省、自治区、直辖市的地方性法规,制定规章。"再如《行政处罚法》第 13 条规定:"国务院部门规章可以在法

---

① 杨建顺:《日本行政法通论》,中国法制出版社 1998 年版,第 213 页。
② 应松年主编:《行政法与行政诉讼法学》(第 2 版),法律出版社 2009 年版,第 61 页。
③ 方世荣主编:《行政法与行政诉讼法学》(第 5 版),中国政法大学出版社 2015 年版,第 62 页。

律、行政法规规定的给予行政处罚的行为、种类和幅度的范围内作出具体规定。尚未制定法律、行政法规的,国务院部门规章对违反行政管理秩序的行为,可以设定警告、通报批评或者一定数额罚款的行政处罚。罚款的限额由国务院规定。"

三是行政法规或地方性法规等对行政组织的规定。如国务院制定的《国务院行政机构设置和编制管理条例》和《地方各级人民政府机构设置和编制管理条例》、上海市人大常委会制定的《中国(上海)自由贸易试验区条例》等。

国务院为明确各部门分工而制定的"三定规定"(定职能、定机构、定编制),因其主要作用于政府内部而属于一种内部文件,不是严格意义上的行政法规。

值得注意的是,目前,我国有国务院组织法与地方组织法,但尚无适用于所有行政组织的"行政组织基本法"或者"行政组织基准法",亦无关于省、市、县、乡、镇等单独的行政组织法。党的二十大指出,扎实推进依法行政应"转变政府职能,优化政府职责体系和组织结构,推进机构、职能、权限、程序、责任法定化"。

(三)行政组织法的功能

1. 为行政组织提供法律支撑

行政组织法的首要功能是服务于公共行政的需要。现代公共行政是一个具有复杂性、多元性、动态性的管理系统,行政主体制度、行政职权设置、政府间的关系、行政活动原则等都离不开法律的确认、规范和保障。公共行政的开展需要人、财、物、组织机构等各种组织要素,需要在国家与个人、政府与市场、政府与社会以及行政组织内部之间进行合理分工,这都要借助于法律支撑才能实现;一些复杂的制度安排,如涉及公私合作制度的公私合作制(Public-Private Partnership,PPP)、建设-经营-转让(Build-Operate-Translate,BOT)等,更离不开行政组织法的支持和规范。

2. 建立合理的行政组织制度

通过行政组织立法对行政组织制度加以确立,合理创设、分配、调整行政权力,规范设置行政组织的结构、标准和程序,控制与调整行政组织的结构、规模,规定行政组织人、财、物的管理规则等,建立满足社会与人民需求、符合现代公共行政管理规律的行政组织制度。

3. 保障行政组织运行的民主、科学、高效

行政组织的设置需要经过法定程序,行政组织法通过建立程序规则保障公民参与行政管理的民主权利,如《地方各级人民代表大会和地方各级人民政府组织法》第 88 条规定:"乡、民族乡、镇的人民政府和街道办事处可以根据实际情况建立居民列席有关会议的制度。"行政组织的设置、调整等都需要调查、研究和论证,在很大程度上促进了结果的科学合理。机构、职能、权限、程序、责任的法定化,也进一步促进了行政效率的提高。

第二节 行政组织法律制度

行政组织法律制度是实行公共行政的重要组织保障。现代公共行政涉及社会生活的方方面面,是一个复杂多元的系统,实现其有序运转需要行政组织法律制度的支持,其中较为重要的有行政主体、行政职能设置以及行政编制等制度。

一、行政主体

在我国,行政主体是从大陆法系国家引入的概念,但其内容有了实质变化,主要用来概括有对外公共管理权限的行政机关和法律法规授权的组织。引入该概念的目的是解决谁有权对外实施管理并承担责任的问题。根据宪法和行政组织法规定,我国的行政主体主要是各级人民政府及其部门、法律法规授权的组织。

通说认为,行政主体是指依法享有行政职权,代表国家独立对外进行行政管理的组织。[①] 可以从以下几方面理解:首先,行政主体是组织而不是个人。尽管实施具体管理行为的是国家公务员,但他们都是以组织的名义而非个人的名义开展。其次,行政主体依法享有行政职权。行政主体的行政职权由法律规定,或者通过有权机关依据法定程序授予。根据宪法和行政组织法的规定,我国的行政主体主要是各级人民政府及其部门、法律法规授权的组织。再次,行政主体有权代表国家独立行使职权。行政主体可以在法律法规授权范围内,以自己的名义独立进行活动或作出处理决定,而其行为实质代表的则是国家。最后,行政主体能够独立对外进行行政管理,包括参加行政诉讼。行政主体能够代表国家独立行使职权,因此能够成为行政诉讼的被告。

行政主体的概念需要与行政组织、行政机关相区别。行政组织是一个整体概念,是对行政机关的集体概称。行政机关是指行政组织中承担公共事务的基本组织体。行政主体是一个法学概念,在我国主要包括行政机关和法律法规授权的组织等。同时,当行政机关行使行政职权时,其身份是行政主体;但当行政机关从事民事活动时,其身份是机关法人。

二、行政职能设置

行政组织法通过行政职能的设置厘清政府权力的边界,防止权力滥用,促进积极履责。随着"全能政府"到"有限政府"的转变,一些行政职能开始由社会组织承担,但政府始终承担最核心的行政职能。具体而言,政府的行政职能主要包括:

第一,国家安全职能。国家安全职能是政府的第一职能。国家安全是指国家政权、主权统一和领土完整,民生福祉、经济社会持续健康发展,其他重大利益相对处于没有危险或不受内外威胁的状态。国家安全职能主要涉及国防、外交以及一些隐蔽战线等方面的行政职责。

第二,经济职能。经济职能是政府的基础职能,是指政府通过对经济领域进行规划、调节、监管和服务促进国民经济的发展。我国政府的经济职能主要包括经济调节、市场监管、市场培育、国企管理四个方面。

第三,社会职能。社会职能是指政府对社会利益进行调节,提供公共服务,并对社会进行管理,以维护社会稳定。社会职能包括社会保障、人口发展、城乡规划、卫生、就业等多个方面,随着经济发展和物质财富的增长,社会职能有不断扩展的趋势,如社会冲突的预防和化解等。

[①] 行政主体不同于行政法主体。行政法主体是指行政法调整的各种行政关系的参加人,包括行政主体、行政相对人等。

第四，文化职能。文化职能是指政府为了满足人民日益增长的文化生活的需要，依法对文化事业实施管理，以促进文化繁荣和文化产业发展。教育、科技、艺术、体育、伦理道德、社会意识等都属于文化职能的范畴。

第五，生态环境保护职能。生态环境保护职能是指政府通过规划、设定标准、监督和处罚等手段对生态环境进行保护和管理，以保障国家可持续发展。生态环境保护职能主要有：对自然资源实施有效开发利用与严格保护，建立自然资源产权制度、资源有偿使用和生态补偿制度等。

三、行政编制

在我国，行政编制管理是政府体制架构的主要支撑，在政府体制架构中占有非常重要的地位。

（一）行政编制的概念

广义上，行政编制是从事公共事务的行政机关和其他组织的设置、规格、职能、内部机构、人员配置和结构比例等的总和。在我国，除行政机关以外，使用行政编制的"其他组织"还有各级人大及其常委会、各级人民法院、各级人民检察院、中国共产党和各民主党派机关、各政协机关、工商联机关以及人民团体机关和群众团体机关等。

狭义上，行政编制仅指使用行政经费从事公共事务的人员的总和。在我国，所有国家公务员身份均属于行政编制范畴。

（二）行政编制法

行政编制法是行政组织法的重要组成部分。行政编制法是指关于行政编制及其管理行为的法律规范的总称。目前，我国行政编制法的渊源有：《宪法》和《国务院组织法》中有关规定，《国务院行政机构设置和编制管理条例》及《地方各级人民政府机构设置和编制管理条例》等。党的二十大明确指出，要"优化政府职责体系和组织结构，推进机构、职能、权限、程序、责任法定化"；目前，我国尚无一部综合性的行政编制法，需要进一步健全和完善行政编制管理法律制度。

（三）行政编制立法

行政编制立法应该包含以下内容：一是基本原则和指导精神，行政编制管理应当符合经济、社会和管理规律，应当合法、科学、民主；二是管理主体，按照现行法律规定，国务院"审定行政机构的编制"，国务院行政机构编制管理机关是中央机构编制委员会；三是管理事项，涉及行政机关的职能配置、机构设置、人员编制、政府间职责分工等；四是管理标准，严格科学地控制政府职能、行政机关、行政人员的调整标准；五是管理程序，确保社会各方力量对行政编制管理的监督；六是法律责任，违反行政编制管理规定的，均须承担相应法律责任。

第三节 行政机关和法律法规授权的组织

在我国，行政主体主要包括行政机关和法律法规授权的组织等。在行政组织法中，行政机关、法律法规授权的组织是两个使用频率极高的法律术语。

一、行政机关

（一）行政机关的概念

行政机关是指依宪法或行政组织法设置的行使国家行政职能并独立对外进行管理的基本组织体。这一概念可以从以下方面进行分析：

第一，行政机关是一类基本组织体，属于行政组织的范畴，而非某一职位。在行政组织中，行政机关是其最核心的组成部分，大量的公共行政事务特别是重要公共行政事务，都需要由行政机关承担。

第二，行政机关依宪法或行政组织法设置。可见，行政机关依设置方式可分为两种：其一，依据宪法直接设置的行政机关，如国务院和地方各级人民政府；其二，依据行政组织法设置的行政机关，由各级国家权力机关或编制管理部门批准设置。需要注意的是，行政机关的这一属性使其与法律法规授权的组织相区别，二者的设置依据不同，设计依据也决定了二者在地位、稳定性上的不同，行政机关是更为固定、基本的行政主体。

第三，行政机关行使国家行政职能。行政机关对国家安全、经济、社会、文化、生态环境等公共事务进行行政管理。在此意义上，行政机关与立法机关、司法机关、监察机关等相区别，立法机关行使的是国家立法职能，制定法律规则和对重大事件进行决策；司法机关行使国家司法职能（包括审判职能与检察职能），对各类纠纷案件进行司法裁判；监察机关行使国家监察职能，对所有行使公共权力的公职人员进行监督、调查和处置。

第四，行政机关独立对外进行管理，行为的法律后果最终归于国家。行政机关可以以自己名义行使国家行政职能，但只是代表国家行使。

（二）行政机关的体系

我国的行政机关在组织体系上实行领导——从属制，即上级行政机关领导下级行政机关，下级行政机关从属于上级行政机关，向上级行政机关负责和报告工作。具体而言，行政机关的组织体系主要由以下四类构成：

1. 中央行政机关

我国的中央行政机关是国务院及其工作部门（部、委、行、署、局、办等）。国务院即中央人民政府，是最高国家权力机关的执行机关，也是最高国家行政机关，实行总理负责制。国务院各部委（含行、署）是国务院的工作部门，实行部长、主任负责制。

2. 一般地方行政机关

一般地方行政机关是指地方各级人民政府及其工作部门。地方各级人民政府实行双重从属制：既从属于本级人大，对其负责和报告工作，又从属于上一级国家行政机关，对其负责和报告工作。地方各级人民政府均实行首长负责制。

3. 民族自治地方行政机关

民族自治地方行政机关包括自治区、自治州、自治县、民族乡的人民政府及其工作部门（民族乡不下设工作部门）。自治区、自治州、自治县的人民政府与人大是民族自治地方的自治机关。

4. 特别行政区行政机关

根据《宪法》第31条关于设立特别行政区的规定，我国设立了香港特别行政区、澳门特别行政区,并由全国人大先后制定《中华人民共和国香港特别行政区基本法》《中华人民共和国澳门特别行政区基本法》,规定特别行政区的政府是特别行政区的行政机关,特别行政区的首长是特别行政区的行政长官。

(三)行政机关的职权

行政机关的职权是履行行政职能的前提和保障,依据宪法和行政组织法的规定,行政机关的主要职权有:

第一,行政立法权。理论上,立法权为国家立法机关的权力,但现代公共行政事务涉及社会生活范围十分广泛,为了满足行政机关履行行政职责的需要,法律赋予行政机关"准"立法权,允许其依法制定行政法规和规章。

第二,行政命令权。行政命令权是指行政机关以行政命令的形式要求行政相对人作出或者不作出某种行为的权力。实践中,行政命令的形式主要有通知、通告、通令、决定、命令、布告、规定以及对特定行政相对人发出的"责令"等。

第三,行政处理权。行政处理权是行政机关最广泛、最经常使用的一种行政职权,行政机关大多数行政事务的管理,都是以行政处理的形式作出的。行政处理的主要形式有:行政许可、行政处罚、行政强制、行政给付、行政征收、行政征用等。

第四,行政裁决权。行政裁决权又称行政司法权,是指行政机关裁决纠纷争议的权力。法律赋予行政机关"准"司法权,允许其就劳动就业、资源权属、商标、专利、交通、运输、医疗等方面的纠纷争议进行裁决和处理。

第五,行政监督权。行政监督权是行政机关对行政相对人履行义务的情况进行监督的权力。行政监督的方式主要有检查、审查、审计、检验、查验、统计等。

二、法律法规授权的组织

(一)法律法规授权的组织的界定

法律法规授权的组织是指因经法律法规授权而承担特定行政职能的国家行政机关以外的组织。

第一,法律法规授权的组织是国家行政机关以外的组织。法律法规授权的组织原本只是承担一般的民事义务的组织主体,但由于社会生活的复杂性,某些公共行政事务授权此类组织管理效率更高,能产生更好的社会效益。相较行政机关的行政权力,此种授权实质是一种例外补充。

第二,法律法规授权的组织承担的是特定行政职能。"特定行政职能"是与行政机关的一般行政职能相较而言的,法律法规授权的组织所承担的行政职能通常仅限于某一具体领域或者某一具体事项,权限范围较窄。

第三,法律法规授权的组织行使行政职能的依据是法律法规的特别规定。行政机关的职能依据是宪法和行政组织法,而法律法规授权的组织的行为依据是法律法规的特别授权规定,一般限于特定领域、特定事项和特定期限;如若相应行政事务完成,则相应授权即告结束。

实践中,我国法律法规授权的组织范围十分广泛,主要类别有基层群众性自治组织、行业组织、事业与企业组织、工青妇等社会团体以及行政机关的内设和派出机构等。[1]

（二）法律法规授权的组织法律地位

法律法规授权的组织不属于行政机关，不具有国家机关的法律地位。根据相关法律法规的规定，其法律地位主要表现为：

第一，在行使被授权职能时，享有行政职权，具有行政主体地位。法律法规授权的组织和行政机关同属于行政主体，具有与行政机关基本相同的法律地位，可以依授权实施行政行为，如发布行政命令、实施行政强制措施或行政处罚等。但有些职权法律法规授权的组织不享有，如行政立法权、行政复议受理和裁决权、行政处罚权中的行政拘留等。

第二，在未行使被授权职能时，不享有行政职权，不具有行政主体地位。只有在行使法律法规所授予的行政职能时，法律法规授权的组织才就被授权的公共行政事务享有行政职权；在非行使法律法规授权时，法律法规授权的组织与其他法人或组织一样，仅享有普通民事主体或者行政相对人的地位。

第三，以自己的名义行使被授权职能并独立承担法律责任。在被授权的范围内，法律法规授权的组织享有独立的行政主体资格，对外能以自己的名义行使行政职权并独立承担法律责任，能够作为行政复议的被申请人和行政诉讼的被告。

第四节　其他行政主体

随着公民自治、"有限政府"理念的不断深入，为满足人们日益增长的公共行政服务需求，公权力不再为国家所垄断，开始逐步向社会转移，大量的非政府（Non-Government Organization，NGO）、非营利组织（Non-Profit Organization，NPO）等纷纷建立，并为社会提供越来越多、越来越广泛的社会公共服务，成为准行政主体。与此同时，党政机构融合也对传统行政主体概念提出了新挑战。2018年2月，中共中央《关于深化党和国家机构改革的决定》和《深化党和国家机构改革方案》提出了一系列党政机构合一、党政合署的制度安排，是我国深化党政机构改革的重大探索和独特方式。按照我国行政法理论，党政合一、党政合署办公的机关（如新闻出版、网信、民族、宗教等）以"行政"的名义行使行政权，并不违背行政主体的一般原理，但若其在行使权力时使用了"党""政"共同名义，或者只使用"党"的名义，在行政法理论或实务中就容易出现争议。以下仅针对传统意义上的"其他行政主体"展开阐述。

一、受行政委托组织

（一）行政委托

行政委托是指行政机关依法委托行政机关系统以外的其他组织或个人，以委托行政机关的名义，行使特定行政职能或办理特定行政事务的行为。行政委托的必要性及原因如下：

一是解决大量公共行政事务的需要。随着经济和社会的不断发展，人们的公共行政服务需求不断增加，行政职能不断扩张，行政机关由于编制、经费等限制，仅靠自身力量有时难

---

[1] 参见姜明安：《行政法》（第5版），法律出版社2022年版，第215—219页。

以完成行政任务或虽然能够完成但行政效率较低。

二是应对临时突发任务的需要。现代社会发展日趋复杂,突发事件等不可预料的、新的情况随时发生,如地震、贸易战、新冠疫情等。这些突发情况有时会给公共行政增加许多临时性任务,需要通过委托的形式提高行政效率。

三是处理专业性、技术性事务的需要。在大量公共行政事务中,有时会遇到专业性、技术性很强的事务,这类事务不是经常或者大量存在的,没有必要专门设置相应行政机构或者配置行政人员,可以通过委托的形式节约行政资源。

(二)受行政委托组织的概念

受行政委托组织是指受行政机关委托行使特定职能的国家行政机关以外的组织。

第一,受行政委托组织是国家行政机关以外的组织。受行政委托的组织不是行政机关,也不是其他国家机关;这种委托关系不同于行政机关内部的委托关系。

第二,受行政委托组织行政职能的来源是行政机关的委托,而非立法的直接授权。受行政委托组织以委托机关的名义而非自己的名义行使行政职能,相应法律责任由委托机关承担。在此意义上,受委托的组织明显不同于被授权组织,后者能以自己的名义行使行政职权并独立承担法律责任。

第三,受行政委托组织行使的是特定职能。"特定职能"是与一般行政职能相较而言的:一方面,行政机关委托的事项范围通常较窄,仅限于特定领域或事项;另一方面,有些行政职能不能委托,只能由行政机关自己行使,如行政立法、行政处罚、行政强制措施、颁发营业执照及其他行政许可证照等。

结合现行法律法规的规定与行政管理实践来看,受行政委托的组织与法律法规授权的组织在范围上大致相同,但法律法规授权的组织的行政职能是法律法规直接授权的,受行政委托的组织的行政职能是行政机关依据法律、法规、规章的规定进行委托的。如《行政处罚法》第20条第1款规定:"行政机关依照法律、法规、规章的规定,可以在其法定权限内书面委托符合本法第二十一条规定条件的组织实施行政处罚。……"

(三)受行政委托组织的权利义务

受行政委托的组织在内部行政法律关系上是与委托行政机关达成委托关系的独立相对方,享有相应的法定权利和负有相应的法定义务。

主要权利包括:获得履行行政职能应有的行政职权、管理手段及工作条件;获得履行职责需要的经费和报酬;依法行使被委托的行政职权和办理被委托的事项;请求有关行政机关指导或协助排除其在履行职责中所遇到障碍;向委托行政机关提出变更委托范围和改进委托事项行政管理的建议等。

主要义务包括:在行政机关委托的范围内行使职权,不超越委托权限;接受委托行政机关的监督、指导,向委托行政机关请示、汇报;认真履行被委托的职责,积极为行政相对人服务,听取相对人意见,接受相对人监督;依法办事,不徇私舞弊、以权谋私等。

二、其他社会公权力组织

(一)其他社会公权力组织的概念

社会公权力是指国家之外的社会组织以"准公共产品"供给为目的,以社会利益实现为宗旨,对组织成员所产生的影响力和支配力。社会公权力组织是国家之外的社会组织,非国家性是社会公权力的首要特征[①],也是社会公权力组织区别于行政机关的差异所在。同时,基于其社会利益实现的宗旨,社会公权力组织是非营利性的社会组织。根据法律规定与管理实践,社会公权力组织既可以因法律、法规授权而成为行政主体(即法律法规授权的组织),又可以因社会自治原则和组织章程而行使一定的公共行政职能。此处探讨的"其他社会公权力组织"即属于后一种情况,即在法律法规未对其明确授权的情况下,可以依据组织章程对内对外行使一定的公共权力,获得实质意义上的行政主体资格。在此意义上可以说,其他社会公权力组织是指法律法规未授权而依社会自治原则和组织章程行使社会公权力的非营利性社会组织。其他社会公权力组织的范围与法律法规授权的组织的范围基本相同,包括基层群众性自治组织、行业组织、工青妇一类社会团体等。

(二) 其他社会公权力组织的行政主体资格

通说认为,行政主体的资格要件包括组织要件和法律要件。组织要件要求法律法规和其他社会组织具备法人资格,法律要件要求依法享有行政职权、以自己名义实施行政行为和独立承担法律后果。[②] 其他社会公权力组织具备法人资格,符合组织形式要件,但在法律要件上进行证成则存在难度。如果有法律法规的授权,则其他社会公权力组织可以转化为法律法规授权的组织而成为行政主体。如果没有法律法规的授权,其他社会公权力组织能否对外行使公权力呢?通常情况下是不行的,因为无法取得"合法性"依据。但在其他社会公权力组织对内管理的相对人与外部交往的相对人相互联系或者存在某种特定公共利益的情况下,其他社会公权力组织的权力行使是可以作用到外部相对人的,如消费者权益保护协会受理消费者的投诉,律师协会处理代理律师和被代理人的纠纷争议等。其他社会公权力组织这种对外权力的权源形式上是其组织章程,但组织章程是依据相关法律规定制定且需要报国家行政机关备案审查的,在对外行使权力的过程中也需要接受国家监督与审查,实质上也就形成了国家权力向社会的转移,在一定程度上具有合法性。

---

① 徐靖:《中国社会公权力行为的宪法审查研究》,法律出版社2018年版,第17—20页。
② 参见《行政法与行政诉讼法学》编写组编:《行政法与行政诉讼法学》(第2版),高等教育出版社2018年版,第60页。

第五章 公务员法

第一节 公务员法概述

公务员法对保证国家公共权力正确运行、依法治吏具有重要作用,是研究现代公务员制度的逻辑起点,也是行政法学研究的重要一环。

一、公务员法的概念

(一) 公务

公务,即关于公共的事务,区别于个人私行为和商务行为,是指集体和国家事务。公务是行政法领域一个非常重要的概念。"公务"最早出现在 1855 年法国参事院的一项判决。1873 年 2 月 8 日,法国布朗戈案再次重申公务,将其视为对行政机关适用行政法的标准。

我国公务有狭义、广义之分。狭义的公务,仅指国家行政事务,是国家行政机关依法行使行政权,对国家和社会事务进行日常管理、服务和监督的活动。广义的公务,不仅包含国家公务,还包括社会公务。综合《中华人民共和国公务员法》(以下简称《公务员法》)及《〈中华人民共和国公务员法〉实施方案》附件一关于公务员范围的规定,我国《公务员法》上的公务,包括国家事务和比较重大的社会公共事务,是比较广义上的公务。

近年来,随着国家职能的逐渐广泛,公务的范围也随之增加。学界开始以提供公务的方式对公务进行界定,将公务定义为:一种为满足公众需要的,由国家组织的,固定、持续地向公众提供的服务。① 据此定义,公务的构成要素主要是:① 持续固定的服务;② 向公众提供的服务;③ 服务的目的是满足公众的需要;④ 公共的服务由一种公共的组织来保障。

(二) 公务员

公务员是指从事公务的人员,是指国家依法定方式任用的,在中央和地方各级国家行政机关中行使国家行政权、执行国家公务的人员。

公务员的概念会随社会发展变化而不断调整。我国公务员概念的官方使用,可溯至 1987 年党的十三大报告;1993 年《国家公务员暂行条例》第 3 条进一步明确公务员范畴;2005 年《公务员法》对《国家公务员暂行条例》作出重大修改,将公务员范畴从"各级国家行政机关中除工勤人员以外的工作人员"扩大为"依法履行公职、纳入国家行政编制、由国家财政负担工资福利的工作人员"。② 值得注意的是,公务员一定是从事公务的人,但从事公务的人不一定都是公务员。如在我国,同一单位既有行政编制也有事业编制,事业编制的人员虽然也从事公务,但却不是公务员。

此处值得注意的是,公务员的范围与《中华人民共和国监察法》(以下简称《监察法》)规

---

① 应松年主编:《公务员法》,法律出版社 2010 年版,第 1 页。
② 《公务员法》第 2 条第 1 款规定:"本法所称公务员,是指依法履行公职、纳入国家行政编制、由国家财政负担工资福利的工作人员。"

定的公职人员范围有所区别。2019年12月中共中央组织部制定的《公务员范围规定》第4条规定:"下列机关中除工勤人员以外的工作人员列入公务员范围:(一)中国共产党各级机关;(二)各级人民代表大会及其常务委员会机关;(三)各级行政机关;(四)中国人民政治协商会议各级委员会机关;(五)各级监察机关;(六)各级审判机关;(七)各级检察机关;(八)各民主党派和工商联的各级机关。"《监察法》第15条规定:"监察机关对下列公职人员和有关人员进行监察:(一)中国共产党机关、人民代表大会及其常务委员会机关、人民政府、监察委员会、人民法院、人民检察院、中国人民政治协商会议各级委员会机关、民主党派机关和工商业联合会机关的公务员,以及参照《中华人民共和国公务员法》管理的人员;(二)法律、法规授权或者受国家机关依法委托管理公共事务的组织中从事公务的人员;(三)国有企业管理人员;(四)公办的教育、科研、文化、医疗卫生、体育等单位中从事管理的人员;(五)基层群众性自治组织中从事管理的人员;(六)其他依法履行公职的人员。"从此两处规定不难看出,公职人员的范围远大于公务员范围,公职人员不仅包括公务员,还包括其他所有行使公权力的人员。

根据公务员职位的性质、特点和管理需要,我国公务员主要分为三类:一是综合管理类;二是专业技术类;三是行政执法类。此外,我国《公务员法》也规定,对于有职位特殊性,需要单独管理的,可增设其他职位类别。

(三) 公务员法的概念及特征

公务员法是对公务员进行管理的一整套法律规范,是经国家制定或认可,调整国家公职关系,规定公务员管理内容、公务员行为准则及其权益保护的法律规范的总和。① 对公务员法概念的理解,应把握以下几点:

(1) 公务员法的调整对象是公务员与国家之间的国家职务关系。国家职务关系是公务员基于其所担任的国家公职而与国家构成的权利和义务关系,在性质上属于内部行政法律关系。鉴于国家是一个抽象的实体,在实践中具体代表国家与公务员建立职务关系的是行政机关,因此从形式上看,国家职务关系是公务员与其任职机关、组织之间的关系。

(2) 公务员法的规范内容较为广泛。一般而言,公务员法包括以下内容:公务员法的立法宗旨、立法依据与适用范围;公务员的条件、义务与权利;公务员的职位分类;公务员的考试录用、考核等管理制度;公务员的管理机构;公务员的法律责任等。

(3) 公务员法是各种有关公务员管理的法律规范的总称。公务员法的表现形式多样,除《公务员法》外,还包括许多行政法规和部门规章。公务员法有狭义和广义之别:狭义的公务员法仅指一国单独制定的有关公务员管理的基本法律文件,即《公务员法》;广义的公务员法是指国家机关制定或认可的有关公务员管理的各类法律规范总和,既包括《公务员法》,也包括《行政机关公务员处分条例》《国家公务员实施方案》等其他法律规范。

(4) 公务员法兼具实体法和程序法性质。公务员法既非单纯的实体法,又非单纯的程序法,而是既有实体性规范又有程序性规范的混合体。② 如我国《公务员法》不仅规定了公务员的权利、义务、考核标准等实体内容,而且对公务员的录用、晋升等程序内容也有规定。

---

① 《行政法与行政诉讼法学》编写组编:《行政法与行政诉讼法学》(第2版),高等教育出版社2018年版,第64页。
② 徐银华、石佑启、杨勇萍:《公务员法新论》(第2版),北京大学出版社2014年版,第8页。

(5) 公务员法是行政法的重要组成部分。在行政法体系中，公务员法是其中具有相对独立性的一个分支。公务员法的调整对象是公务员与国家之间的国家职务关系，属于行政组织法范畴，是行政法的内容之一。

二、公务员法的基本原则

公务员法的基本原则是指在《公务员法》制定和执行过程中应当遵循的基本原理和准则。公务员法的基本原则是《公务员法》立法精神和立法思想的具体体现，贯穿于《公务员法》的各项具体规范之中，同时又高于各项具体规范。根据《公务员法》第一章"总则"的相关规定，公务员法的基本原则主要包括：

（一）党管干部原则

《公务员法》第 4 条规定："公务员制度坚持中国共产党领导……坚持党管干部原则。"党管干部是公务员制度的基本原则，也是全面建成小康社会的重要组织保障。党管干部原则是指对公务员管理中的重大事项，尤其是领导干部由党来管理的原则。具体包括加强对干部工作的领导，制定干部工作方针、政策，推荐和管理好重要干部，指导干部人事制度改革，做好对干部人事工作的宏观管理和监督。

（二）公开、平等、竞争、择优原则

《公务员法》第 5 条规定："公务员的管理，坚持公开、平等、竞争、择优的原则……"公开、平等、竞争、择优原则的具体内容为：第一，公开。公务员的录用、任职、晋升等环节都要面向社会公开。公开是平等竞争的前提，也是公民知情权、参与权和监督权的重要保障。第二，平等。平等原则是宪法、法律面前人人平等原则的具体体现。任何符合条件的中国公民，不因家庭出身、民族、宗教信仰等状况受到歧视或享有特权。第三，竞争。公务员的选拔和任用，应引入竞争机制，层层筛选、优胜劣汰、确定人选。第四，择优。公务员的评价，应以考试成绩为主，参考个人综合条件，造就德才兼备的政府公职人员。

（三）依法管理原则

《公务员法》第 5 条规定："公务员的管理……依照法定的权限、条件、标准和程序进行。"依法管理是现代人事管理民主化和法治化的重要标志。第一，制定法律法规，系统规定公务员相关内容，使公务员管理有法可依。第二，对违反公务员法律规范的行为严格追究相关法律责任或纪律责任。第三，通过详细规定公务员地位、权利、责任、义务，依法保障公务员合法权益。

（四）监督约束与激励保障并重的原则

《公务员法》第 6 条规定："公务员的管理，坚持监督约束与激励保障并重的原则。"第一，对公务员进行必要的监督约束。公务员是国家权力的执掌者，须审慎行使国家权力，不得违法或滥用职权。第二，对公务员进行激励保障。公务员是国家管理工作的决策者和实行者，适当的激励保障机制能够促使其奋发向上，努力工作。

（五）德才兼备、注重工作实绩原则

《公务员法》第 7 条规定："公务员的任用，坚持德才兼备、以德为先……注重工作实绩。"任人唯贤、德才兼备是我国长期以来干部人事工作的基本准则。公务员既要有德，又要有才，不可偏废；同时，坚决反对任人唯亲，选拔和任用人才应当公道正派。注重工作实绩要求以公务员的工作实绩作为评价公务员的主要依据,在严格考核基础上,将公务员的工作成绩与其职务升降、工资待遇、奖惩联系起来。

三、公务员制度在我国的建立与发展

公务员制度是人类文明发展的成果,我国公务员制度脱胎于传统干部人事制度,经历了一个从无到有、从不完善到初步完善的历程,对人类政治文明的发展作出了巨大贡献。[①]

(一)公务员制度的酝酿阶段(1978—1987)

我国从1978年开始着手进行公务员制度的理论探索和研究。党的十一届三中全会后,人事干部制度改革开始受到党和国家的高度重视。

1980年8月18日,邓小平同志作出《党和国家领导制度的改革》重要讲话,系统阐述了人事制度改革的方向、内容、方法和步骤,为干部人事制度改革明确了方向,提供了重要的理论依据,拉开了我国干部人事制度改革的帷幕。

1982年至1983年期间,中央和地方先后进行了机构改革和政策改革。在机构改革方面,遵循"四化"方针,调整领导班子,建立老干部离休、退休制度,开始逐渐废除领导职务终身制;在政策改革方面,许多地区在干部录用、考核、交流、培训等方面进行了一系列改革探索。

与此同时,人事部门也开始制定党政机关干部人事制度的配套改革措施。一方面,出台相应的规范性文件。1984年,中央组织部和劳动人事部组织专家起草《国家工作人员法(草案)》。[②] 另一方面,配套相应的实施机构。1986年,中央成立"干部人事制度改革专题研讨小组",负责干部分类管理和人事制度改革研究工作。

1987年,建立公务员制度作为政治体制改革的一项重要任务向全党公布。

(二)公务员制度的建立阶段(1988—1999)

1988年,为加强政府人事管理,推行公务员制度,成立国家人事部。人事部成立后,继而成立《国家公务员暂行条例》(已失效)修改小组,修改条例,制定实施方案、拟定配套法规;同时,不同层次的人员培训、出国考察活动如火如荼地进行。公务员制度具备适格的人才供给。

为检验《国家公务员暂行条例》的可行性,探索、积累、推行公务员制度经验,我国积极进行公务员制度试点工作。1989年,我国开始在审计署、国家税务总局、国家环保局等六个部门进行试点;1990年,试点扩充至哈尔滨、深圳两市;1992年以后,全国20个省市相继进行试点。试点工作表明,公务员制度完全符合我国国情。

1993年,《国家公务员暂行条例》颁布,我国公务员法规规章体系基本框架初步形成,公务员制度初步建立。一方面,国务院先后在公务员制度实施方案、工资改革方案等方面制定了配套文件;人事部也先后在公务员职位分类工作实施办法、公务员录用考核、职务任免等方面制定了22个配套规章及办法,初步形成了我国公务员法规规章体系的基本框架。另一方面,各级国家行政机关建立和推行公务员制度,公务员制度初步建立。

---

① 薛刚凌主编:《公务员法教程》,中国人民大学出版社2017年版,第14页。
② 1986年,更名为《国家机关工作人员条例》;1987年,再次更名为《国家公务员暂行条例》。

此后,党政领导干部选拔任用等重要制度也得到深入发展。1995 年,中央制定颁发《党政领导干部选拔任用工作暂行条例》(已失效),对干部选拔任用工作的重要原则和基本程序作出了明确规定,这标志着我国选拔任用领导干部工作在民主化、科学化、法制化的轨道上又大大向前推进。

(三) 公务员制度的深化发展阶段(2000 年至今)

1. 全面部署人事制度改革

2000 年,中共中央办公厅印发《深化干部人事制度改革纲要》,以 10 年为目标,对干部人事制度改革作出了全面部署。与此同时,党内也出台了大量人事制度规章,如《党政领导干部选拔任用工作条例》《党政机关竞争上岗工作暂行规定》等,对党政干部选任、管理工作中的多个环节,党政干部的选拔管理作出了具有可操作性的规定。

2. 《公务员法》的制定

2000 年,中组部、人事部总结《国家公务员暂行条例》实施经验,研究起草《公务员法》。2005 年 4 月 27 日,《公务员法》经十届全国人大常委会十五次会议审议通过。《公务员法》对规范公务员管理,保障公务员合法权益,加强对公务员的监督,建设高素质公务员队伍,促进勤政廉政,提高工作效能具有重要意义。《公务员法》是我国第一部干部人事工作的重要法律,在我国公务员制度建设史上具有划时代的意义,标志着我国干部人事制度改革进入了一个依法管理的新阶段。

3. 《公务员法》配套措施的完善

为完善公务员制度体系,《公务员法》颁布后,组织部和人事部抓紧进行相关配套措施的制定工作。截至目前,已有《行政机关公务员处分条例》《公务员录用规定》《公务员奖励规定》《公务员辞退规定》《公务员考核规定》《公务员申诉规定》等规范性文件予以配套。

第二节 公务员的权利与义务

公务员制度的核心是通过权利义务配置来调整公务员与国家之间的关系,公务员的权利和义务是公务员法的核心内容。我国《公务员法》在确认公务员权利的同时也明确规定了公务员的义务,二者共同决定公务员在国家生活中的法律地位。

一、公务员的权利

(一) 公务员权利的含义与特征

公务员的权利是指公务员基于身份和职责,在执行公务、履行职责或者日常工作中依法享有的权利,具体表现为公务员能够作出或不作出某种行为或要求他人作出或者不作出一定行为的能力和资格。[①] 特征如下:

(1) 身份性。公务员的权利与公务员的身份、职责息息相关,公务员权利以公务员身份为前提。只有公务员具备国家公职人员这一身份时,才享有《公务员法》规定的相关权利。

(2) 法定性。一方面,公务员的权利以法律明文规定为限,公务员不能超越法律肆意扩

---

① 郑功成主编:《〈中华人民共和国公务员法〉释义》,人民出版社 2019 年版,第 62 页。

大自己权利,否则即构成违法;另一方面,公务员的法定权利也受国家保护,权利受损时,公务员可通过法定途径主张救济。

(二)我国公务员权利的基本内容

公务员不但享有宪法赋予的作为普通公民的基本权利,还享有与公务员身份相应的职务权利。[①] 根据《公务员法》,我国公务员享有以下权利:

(1)获得履行职责应当具有的工作条件。该权利即履行职责保障权。获得履行职责应当具有的工作条件是公务员执行公务的基本保证。公务员履行职责,应当具备一定的工作条件,如交警检查酒驾需配备酒精测试仪。需要注意的是,这项职权并非属于公务员个人,而是属于其所在的职位;该项职权是公务员履行职责所必需,不可随意放弃;该项职权须在法定范围内行使。

(2)非因法定事由、非经法定程序,不被免职、降职、辞退或处分。该权利即公务员的身份保障权。在我国,公务员与国家建立法定公职关系后,非因法定事由、非经法定程序不得被免职、降职、辞退或处分:第一,非因法定事由。即公务员行为触犯国家法律或公务员纪律构成被依法免职、降职、辞退、处分的法定事实。第二,非经法定程序。即对公务员免职、降职、辞退、处分决定的作出必须经过法律规定的正当程序。

(3)获得工资报酬,享受福利、保险待遇。该权利即公务员的经济保障权。根据国家的相关规定,公务员应享有工资、各种津贴,以及生育、年老、疾病、伤残、死亡时的保险利益,在生活困难、探亲、取暖、交通、年休假等方面的福利。这是公务员维持正常生活的必要条件,任何单位和个人都不得随意扣减、削减或取消。

(4)参加培训。该权利即公务员的文化教育权。《公务员培训规定》第6条规定:"公务员有接受培训的权利和义务。"文化教育权不仅是公务员的重要权利,也是公务员的基本义务。一方面,公务员需要不断汲取新的知识,更好地为人民服务,因此参加培训是其一项权利;另一方面,为保证机关工作顺利进行,公务员有义务定期接受培训,强化专业技能、提高工作效率,从这个角度来讲,参加培训也是公务员的一项义务。

(5)对机关工作和领导人员提出批评和建议。《宪法》第41条第1款规定:"中华人民共和国公民对于任何国家机关和国家工作人员,有提出批评和建议的权利;对于任何国家机关和国家工作人员的违法失职行为,有向有关国家机关提出申诉、控告或者检举的权利,但是不得捏造或者歪曲事实进行诬告陷害。"公民享有批评建议权,公务员作为公民,亦享有这一基本权利。批评针对机关人员工作的缺点和不足,建议是对机关工作人员的建设性意见。公务员的批评建议权具有广泛性。第一,对象广泛,既包括本机关人员,也包括其他机关人员;第二,内容广泛,既可与工作相关,也可无关;第三,形式多样,既可以口头形式,也可以书面形式。

(6)提出申诉和控告该权利即公务员的权利保障请求权。申诉是指公务员对在人事行政上有隶属和管理关系的机关作出的涉及本人权益的具体人事处理决定不服,而向有关部门提出要求重新处理的一种活动;目的在于推翻原人事处理决定,维护自己合法权益。[②] 控

[①] 董鑫:《试论我国公务员权利救济之框架》,载《法学论坛》2006年第4期。
[②] 王文惠:《〈公务员法〉纠纷解决机制初论》,载《法学杂志》2008年第5期。

告是指公务员对机关及其领导人员在内部管理过程中侵害自己合法权益的行为向上级机关或者行政监察机关进行指控或者告发,并要求依法处理的一种活动。

(7) 申请辞职。该权利即公务员的辞职权。申请辞职是指公务员依照法律、法规规定,申请终止与任免机关任用关系的行为。公务员有选择成为公务员的自由,也有选择退出公务员队伍的自由,这是公务员选择职业的权利的具体体现;但因受法定公职关系及其他因素限制,公务员的辞职必须严格遵守相关法律规定,未经批准,不得擅离职守。

(8) 法律规定的其他权利。我国公务员除享有以上权利外,还享有法律规定的其他各项权利。这些权利主要包括两方面:一是宪法和法律规定的一般公民权利,如言论权、出版自由权;二是《公务员法》其他条文和其他法律对公务员权利的规定,如受到处分时的陈述申辩权。承认公务员享有法律规定的其他权利,可以使公务员的权利体系内容更为丰富完整。

二、公务员的义务

(一) 公务员义务的含义与特征

公务员的义务是指国家法律对公务员履行国家公职时必须作出某种行为或不得作出某种行为的限制或约束。① 其特征如下:

(1) 身份性。一方面,公务员义务是基于公务员身份所产生的义务,其以公务员的身份为前提;另一方面,公务员的义务以公务员身份的职务活动要求为具体内容,对公务员的义务要求一般高于对普通公民的义务要求。

(2) 平等性。公务员义务的平等性表现在立法、守法、法律适用三个环节。立法层面,法律在设定义务时要平等对待各级各类公务员;守法层面,公务员平等地遵守法律义务,不享特权;法律适用层面,对公务员违反义务的行为,平等追究责任。

(3) 本位性。公务员的义务与权利在关系上是义务本位而非权利本位。公务员作为从事公共服务的人是人民的公仆,对国家和人民履行服务的义务是他们的首要职责,因而义务对他们来讲是第一位的。

(二) 我国公务员义务的基本内容

第一,忠于宪法,模范遵守、自觉维护宪法和法律,自觉接受中国共产党领导。2018 年修订的《公务员法》在"义务"部分增加"自觉接受中国共产党领导"。这意味着,在我国,自觉接受中国共产党领导是公务员的一项法定义务。与此同时,遵守宪法和法律是每一个公民的义务,公务员作为国家工作人员,在履行公职时,更应自觉依据宪法和法律,在法定范围内,按照法定程序行使法定职权;此外,公务员在公务活动中负有维护宪法尊严、保证宪法实施的职责。

第二,忠于国家,维护国家的安全、荣誉和利益。国家的安全、荣誉和利益关系国家存亡、政权稳定和全体人民的长远利益。公务员作为国家机器的组成部分,在维护国家的安全、荣誉和利益方面,负有义不容辞的法定义务。

第三,忠于人民,全心全意为人民服务,接受人民监督。《宪法》第 27 条第 2 款规定:"一切国家机关和国家工作人员必须依靠人民的支持,经常保持同人民的密切联系,倾听人民的

---

① 方世荣等:《中国公务员法通论》,武汉大学出版社 2009 年版,第 57 页。

意见和建议,接受人民的监督,努力为人民服务。"公务员作为国家工作人员,自然应密切联系群众,倾听群众意见,以人民群众的利益为最高准则;同时,公务员在履职过程中,人民亦有权对其进行监督,这也是宪法监督权在《公务员法》中的具体体现。

第四,忠于职守,勤勉尽责,服从和执行上级依法作出的决定和命令,按照规定的权限和程序履行职责,努力提高工作质量和效率。公务员须严格履责,保证机关工作正常运行。服从命令是公务员的基本义务。第一,公务员执行公务时,须服从领导,不能各行其是。第二,行政首长下达指示,一般应逐级下达。第三,公务员服从职责,以有效的职务命令为限。① 第四,对领导人员的错误命令,公务员有权抵抗。一方面,对于上级错误的决定、命令,公务员可以提出意见,意见未被接受时,公务员应当执行;另一方面,对于上级明显违法的决定、命令,公务员有权利也有义务不予执行,如果执行,需要承担相应责任。②

第五,保守国家秘密和工作秘密。国家秘密是指涉及国家的安全和利益,尚未公布或不准公布的政治、经济、军事、外交和科学技术等的重大事项。公务员因工作性质有较多接触国家秘密的机会,需增强保密观念,严守保密义务。工作秘密是与公务员本职工作相关、涉及重要事项不宜公开的信息。公务员的保密义务贯穿公务员在任、辞职、退休各环节。

第六,带头践行社会主义核心价值观,坚守法治,遵守纪律,恪守职业道德,模范遵守社会公德、家庭美德。2018年,《宪法》修订时增加"国家倡导社会主义核心价值观"。公务员作为国家工作人员,应带头践行社会主义核心价值观。除国家法律外,公务员还须遵守内部工作纪律和职业道德、社会公德,爱护家庭,树立良好国家公职人员形象。

第七,清正廉洁,公道正派。执政以廉为本,为官以勤为先。公务员作为掌握权力和分配资源的人,必须清正廉明、公道正派,不贪污,不偏私,不利用职务之便谋取私利,唯其如此,才能赢得人民的信任和支持、维护国家权力尊严,保证社会秩序稳定。

第八,法律规定的其他义务。公务员除履行上述义务外,还必须履行宪法和法律规定的普通公民的履行义务,如爱护公共财产的义务、依法纳税的义务等。这一补充性规定更全面完整地明确了公务员的法定义务范围。

三、公务员权利与义务的关系

在任何国家,公务员义务与权利都是该国公务员法律制度建设的基本内容。公务员义务与权利是辩证统一、相生相长、密不可分的。一方面,公务员的义务与权利相生相长、密不可分,公务员在行使公权力的过程中,既享有法定权利,也履行应尽义务。另一方面,公务员的义务与权利辩证统一:没有义务强制,公务员可能会侵蚀国家、滥用权力、损害他人合法权益;没有权利保障,公务员也将失去独立的人格、缺乏工作热情。我国对公务员权利与义务和谐关系的保证,主要有以下策略:

(1) 在立法上,突出强调公务员义务。在制定公务员相关法律规范时,我国将公务员义务条款(《公务员法》第14条)置于权利条款(《公务员法》第15条)之前,体现了国家对权力行使的高效管制与监督。公务员是公法的执行者,公务员履行公职的过程也是权力行使的

---

① 此处的"有效"是指领导人员在法定权限范围内、依法定程序作出的内容合法的命令。
② 宋儒亮:《论公务员在执行上级决定或者命令中的角色定位——对〈公务员法〉第54条的法理解读》,载《法律科学》2006年第4期。

过程,因此立法将其放置公务员权利之前,要求公务员忠于宪法、忠于国家、勤勉尽职、服从命令、保守秘密,更好地为国家和人民服务。

(2) 明确公务员义务与权利,厘清责、权、利边界。义务与权利的明晰就是行为边界的明晰,公务员履行职责时,法律应明确其可为与不可为的行为边界,避免公务员缺乏自身行为合法性的判断标准、国家对公务员考核和评价的客观依据,实现对公务员更好的管理。长期以来,我国国家干部人事管理制度不健全、不规范,已经成为制约我国政治领域改革的瓶颈之一。因此,从法律上对公务员的义务与权利作出明确界定,是规范我国公务员管理的必要条件。

(3) 合理配置公务员的义务与权利,提高公务员的责任意识。法律在赋予公务员基本义务的同时,也承认了公务员依法享有广泛的基本权利,通过这种权利义务的配置方式,使公务员队伍的责任意识显著提高。一方面,基本权利保证公务员在公务行使过程中具备必要保障,保护公务员的合法权益不受行政机关侵犯,限制领导阶层的自由裁量权,以公正、公平的理念设计公务员的奖励和处分程序,保证每个公务员具备独立人格。另一方面,基本义务也有利于约束公务员个人,防止其出现以权谋私、滥用职权的行为。

第三节 公务员的进入与退出机制

公务员的进入与退出机制是公务员制度的"入口"与"出口"环节,影响着公务员队伍人员的新陈代谢,政府系统内外人员资源的合理流动,是保障公务员队伍品质的重要手段。

一、公务员的进入机制

公务员进入机制是指公民通过法定程序成为公务员、担任公职、履行公务员职责,或者现有公务员担任新的特定岗位、承担新的工作任务的规则体系及运行机制。公务员进入主要有公务员录用与任职制度两种方式。

(一) 公务员的录用

1. 公务员录用的含义与意义

公务员的录用是指机关为补充担任主任科员以下及其他相当职务层次的非领导职务的公务员,依照法定条件和程序,通过公开考试、严格考察、平等竞争、择优录取的办法,按照德才兼备标准,将不具有公务员身份的人员录用为国家公务员的一种人事行政活动。公务录用具有重要意义:

第一,选拔优秀人才实施公务。在现代社会,国家公务涉及的领域不断扩展,工作难度与复杂性不断增加,这要求实施公务的人员具备更高的素质。公务员录用制度,通过不断提升试题结构和设计水平,有效推动国家吸纳高素质人才,为政府高效运行提供有力保障。

第二,排除"任人唯亲"的任用弊端。在公务员录用法律制度出现前,世界各国既有的选人机制都无法避免任人唯亲的问题。[①] 任人唯亲既不能保证公职人员的素质,也不能保证公

---

① 无论是中国古代的察举征辟制和九品中正制,还是西方资本主义国家早期实行的"政党分肥制",在国家公务人员选择上都无法根除任人唯亲的弊端。

务人员选拔的客观与公正。录用制度实行"分数面前人人平等",可以有效排除主观因素介入,实现选拔标准的客观统一。

第三,为公务员管理工作奠定基础。公务员管理是一个从"入口"到"出口"的动态过程。把握好"入口",可以为其他环节的公务员管理提供一个好的基点,如降低公务员培训工作量、消除违纪违法事件、减少公务监督的成本支出。

2. 公务员录用的原则与条件

《公务员录用规定》第4条规定:"录用公务员,采取公开考试、严格考察、平等竞争、择优录取的办法。录用政策和考试内容应当体现分类分级管理要求。"据此,公务员录用原则主要包括:一是公开原则。公务员的报考资格条件、考录过程、考录结果等都要公开。如考试前,考试主管部门要向社会发布招考公告,告知参考相关事项。二是平等原则。公民参加公务员考试机会平等,凡符合报考条件的公民,都有权参加考试;同时,分数面前人人平等,不允许任何人享有特权或遭受歧视。三是竞争原则。考试本身就是一种竞争,是知识和能力的竞争。公务员职位属于一种稀缺资源,获取此种稀缺资源,有必要引入竞争机制,通过竞争选拔公务员队伍。四是择优原则。录用公务员时,应按照考试成绩排列名次,考核本人政治思想、道德品质和实际工作能力,鉴别优劣,择优录用。

《公务员法》第27条规定:"录用公务员,应当在规定的编制限额内,并有相应的职位空缺。"据此,公务员的招考条件有二:第一,在国家规定的编制限额内。国家机关编制法定,公务员总量不得超编,只有编制空余时才能招录公务员;第二,有相应的职位空缺。录用公务员是为了补充职位空缺,要因事求人,不能因人设岗。[①]

根据《公务员录用规定》第18条的规定,报考公务员须具备以下条件:(1) 具有中华人民共和国国籍;(2) 年龄为18周岁以上、35周岁以下;(3) 拥护中华人民共和国宪法,拥护中国共产党领导和社会主义制度;(4) 具有良好的政治素质和道德品行;(5) 具有正常履行职责的身体条件和心理素质;(6) 具有符合职位要求的工作能力;(7) 具有大学专科以上文化程度;(8) 省级以上公务员主管部门规定的拟任职位所要求的资格条件[②];(9) 法律、法规规定的其他条件。

除肯定性条件外,《公务员法》第26条还明确列举了几种不能报考公务员的情况,分别是:(1) 因犯罪受过刑事处罚的;(2) 被开除中国共产党党籍的;(3) 被开除公职的;(4) 被依法列为失信联合惩戒对象的;(5) 有法律规定不得录用为公务员的其他情形的。

(二) 公务员的任职

1. 公务员任职的含义

公务员任职是指有任免权的机关根据有关的法律规定和任职条件,在其权限范围内,任命具有公务员资格的特定人担任特定岗位职务的程序,包括新录用公务员的任职,也包括现有公务员担任新的职务。公务员任职是合理使用人才的关键。公务员任职要遵守法定条件,按照法定条件的要求进行。严格按照法定条件和程序进行任职,可以合理使用人才、保

[①] 张柏林主编:《中华人民共和国公务员法教程》,中国人事出版社、党建读物出版社2005年版,第111页。
[②] 实践中,这些资格条件主要为年龄条件,学历条件,工作经历和政治条件等。需注意的是,无论省级以上的公务员主管部门设置何种条件,这些条件都必须与所要招考的职位要求有关联性,主管部门和招录机关不得设置与职位要求无关的报考资格条件。

证机关工作顺利进行。

2. 公务员任职的方式

我国公务员任职的主要方式有选任制、委任制、调任制和聘任制四种。

（1）选任制。选任制是指按照相关法律规定，通过民主选举的方式来确定任用对象的任用方式。选任制分为直接选任和间接选任两种。值得注意的是，选任制适用范围有限，不能适用于所有公务员，一般仅适用于少部分法律明文规定的职位，如中央政治局委员、全国人大常委会委员长、地方人大常委会主任、省长、市长、县长、乡（镇）长、人民法院院长、人民检察院检察长等。

（2）委任制。委任制是由机关在法定权限内自上而下直接任用公务员的方式。在我国，委任制既包括各级党委、国家权力机关等对领导职务序列公务员的提名、任命，也包括政府各部门的领导机关对本单位各级行政负责人和普通公务员的委任。委任制的优点在于，委任制充分保障了上级机关、领导的用人权，有利于用人、治事权力统一，对提高国家机关的工作效率有重要意义。当然，委任制也有自身缺点，如委任制多依赖上级领导意志，不能完全避免职务任命过程中的主观随意性，因此委任制必须依法进行。

（3）调任制。调任制是国有企业事业单位、人民团体和群众团体中从事公务的人员调入机关担任领导职务或者副调研员以上及其他相当职务层次的非领导职务。公务员调任的条件如下：第一，调任人员是国有企业事业单位、人民团体和群众团体中从事公务的人员；第二，调任人员满足《公务员法》要求的资格条件；第三，调任在法定的编制和职数内进行；第四，调任人员限于担任领导职务或者副调研员以上及其他相当职务层次的非领导职务；第五，调任出于机关工作需要。

（4）聘任制。我国《公务员法》在借鉴国外职位聘任有益经验、总结和认可我国干部人事制度改革成果的基础上，为公务员的聘任制提供了法律依据。具言之，聘任制是指机关根据工作需要，通过与拟任公务员的公民签订聘任合同的方式任用公务员。机关以聘任合同方式任用公务员通常要事前对合同对方当事人进行审查、考试（非竞争考试）或考核，如认为其符合条件，才与之签订合同。聘任制是我国公务员制度改革的一项重要举措。[①] 根据《公务员法》第100条的规定，可以实行聘任制的职位主要是两类：一是专业性较强的职位，即具有很强知识性、技术性的职位；二是辅助性职位，即非主要的工作职位或者为主要工作提供帮助的职位。[②] 涉及国家秘密的，不能实行聘任制，原因在于这类职位要求人员具备较高的政治素养，聘任制的流动性会增加泄露国家秘密的风险。

二、公务员的退出机制

公务员退出机制是指公务员依法退出公务员系统，不再保留公务员身份、履行相应职责、享受相应待遇的规则体系及运行机制。退出机制是充分保障公务员权利（特别是择业自由权）的体现，能有效促进公务员的合理流动。

---

① 姜明安：《行政法》（第5版），法律出版社2022年版，第235页。

② 值得注意的是，对于专业性较强的职位和辅助性职位只是可以适用聘任制，而非一定要适用聘任制，究竟是否适用聘任制还要看是否满足聘任制实行的条件等。

(一)公务员的辞职

公务员的辞职是指公务员出于本人意愿辞去所担任的职务,包含辞去公职和辞去领导职务两种情况,二者法律后果不同。前者会导致公务员退出公务员系统,失去公务员身份。后者仍保留公务员的公职身份。辞职以自愿为原则,是公务员的一项权利。

1. 辞去公职

辞去公职是指公务员依照法律、法规规定,申请终止与任免机关的任用关系,辞去公职的申请一旦获得任免机关批准,公务员则必须离开所任职的机关,其与机关之间的公职关系自行终止并失去公务员身份。辞去公职特点如下:第一,辞去公职系公务员自愿,不存强迫;第二,辞去公职需经过批准,未经批准,不得辞职;第三,辞去公职的主体受到一定法律限制,并非所有公务员都可以辞去公职,这也是公务员正常管理的必然选择。①

2. 辞去领导职务

辞去领导职务是指担任领导职务的公务员依照法律、法规规定,申请或被迫辞去所担任的领导职务。具体包括因公辞职、自愿辞职、引咎辞职、责令辞职。② 辞去领导职务特点如下:第一,辞去领导职务系自愿,或基于其他法定事由。第二,辞去领导职务,既可以是公务员的一种权利,也可以是公务员的一种义务。第三,公务员辞去领导职务后不一定丧失公务员身份。这一特点,与公务员辞去公职必须离开所任职机关有明显区别。

(二)公务员的辞退

公务员辞退是指国家机关基于法律、法规规定,在法定权限内,依照法定程序解除与公务员之间任用关系的行为。

公务员的辞退具有以下特点:第一,辞退是公务员机关的一项权力,机关可基于单方决定解除公务员任用关系。第二,辞退公务员必须依据法定条件和法定程序,只有在符合法定条件和程序时,才能辞退公务员。第三,被辞退的公务员享有法定的待遇,法律规定对被辞退公务员要给予一定的失业保险金。

根据《公务员辞退规定》第4条规定,公务员有下列情形之一的,予以辞退:年度考核中,连续2年被确定为不称职;不胜任现职工作,又不接受其他安排的;因所在机关调整、撤销、合并或者缩减编制员额需要调整工作,本人拒绝合理安排;不履行公务员义务,不遵守公务员纪律,经教育仍无转变,不适合继续在机关工作,又不宜给予开除处分;旷工或者因公外出、请假期满无正当理由逾期不归连续超过15天,或者一年内累计超过30天。

根据《公务员法》第89条的规定,对有下列情形之一的公务员,不得辞退:因公致残,被确认丧失或者部分丧失工作能力的;患病或者负伤,在规定的医疗期内的;女性公务员在孕期、产假、哺乳期内的;法律、行政法规规定的其他不得辞退的情形。

(三)公务员的退休

公务员退休是指公务员达到一定年龄,工作时间达到一定年限或者丧失工作能力,依据国家规定办理有关手续,离开工作岗位,由国家给予生活保障。退休可以促进公务员系统人员更新,保持公务员队伍的活力。我国公务员退休有强制退休和自愿退休,二者条件

---

① 此处的限制一般表现为:未满最低服务年限,担任特殊岗位的职务,以及正在接受司法调查等。
② 薛刚凌主编:《公务员法教程》,中国人民大学出版社2017年版,第172—173页。

不同。

强制退休,又称应当退休、安排退休,是指公务员在达到国家规定的退休年龄或者完全丧失工作能力时,不论其自愿与否必须依法办理退休手续,离开原工作岗位。强制退休条件有二:一是年龄条件,达到国家规定的退休年龄;二是身体条件,完全丧失工作能力。

自愿退休。又称提前退休、批准退休,是指具备法定退休条件的公务员,根据本人的自愿申请离开公务员队伍。当公务员工作年限满30年,距国家规定的退休年龄不足5年且工作年限满20年,或者符合国家规定的可以提前退休的其他情形时,也可申请自愿退休。

(四)公务员的开除

公务员开除是指国家机关解除违法违纪的公务员与机关的任用关系的处分。《公务员法》第62条规定:"处分分为警告、记过、记大过、降级、撤职、开除"。开除是最严重的公务员处分形式。公务员被开除后,其与国家机关的人事管理关系随即解除,不再具备公务员身份,且不得被重新录用或者调任到其他国家机关。

公务员开除和辞退既有联系又有区别。一方面,二者都是行政机关的单方面解除行为。另一方面,辞退是一种正常的公务员管理行为,不是行政处分,不具惩戒性质;而开除是机关对公务员作出的处分,具有惩戒性质。

公务员开除的情形有二:一是被判处刑罚;二是公务员有严重违法违纪情形。

值得注意的是,根据我国刑法,被判处刑罚并不等于最终一定要执行刑罚。如公务员被判处有期徒刑的同时宣告缓刑,缓刑考验期满后,如无法定情形,原判的刑罚就不再执行。但是否给予公务员开除处分只取决于其是否被判处刑罚,而与最终是否执行刑罚无关。因此,无论是否执行刑罚,机关都应当对公务员作出开除处分。

(五)公务员的免职

公务员免职是指享有人事任免权的国家机关依照法律规定的免职权限和免职条件,免去公务员所担任的职务。

免职与任职相对应,意味着机关与公务员之间职务关系的终结。《公务员法》第15条规定,公务员非因法定事由、非经法定程序,不被免职、降职、辞退或者处分。对于选任制公务员而言,当其任期届满不再连任或者任期内辞职时职务关系终止。但免职不意味着公务员必然丧失公务员身份,退出公务员队伍,只是公务员现有职务关系的结束。公务员免职分为程序性免职和单纯性免职。程序性免职即公务员职位发生变化,承担了新的职务,应当免去原任职务;此种免职是任用公务员担任新的职务的必不可少的法定程序。单纯性免职即公务员因身体健康、退休、长期离职、能力或水平欠佳不能胜任现职工作、机构精简撤并等原因而不能履行现有职务职责的,免去其所任职务。

被罢免、被撤职时,应当免除公务员职务。对于委任制公务员,其免职情形有二:一是程序性免职,当公务员职位发生变化,承担了新的职务,应当免去现任职务;二是单纯性免职,当公务员不能履行职责的,自然应免去其所任职务。

第四节 公务员的激励机制

公务员激励机制是指通过保障、考核、奖励、职务升降等手段,激发公务员工作动力、提

一、公务员的物质保障

工资、福利、保险是公务员稳定生活、安心工作的物质保障,是激励机制最重要的一个内容。

（一）工资

1. 工资的含义与特点

公务员工资是指国家根据法律规定和按劳分配原则,以货币形式对公务员的劳动所支付的报酬。公务员工资具有自身特色:(1) 国家照顾原则。公务员工资不仅要反映其等级高低,还要供公务员维持与其身份相当的生活水准,履行国家对公务员的生活照顾义务。(2) 工资法定原则。《公务员法》第79条第1款规定:"公务员实行国家统一规定的工资制度。"据此,公务员工资法定,法定标准外私人间的增减给付约定无效,有学者称之为"俸给法定主义"。[1]

2. 工资构成

公务员工资包括基本工资、津贴、补贴和奖金。(1) 基本工资。基本工资分为职务工资、级别工资两种。职务工资按照公务人员职务高低、责任轻重和工作难易程度确定;级别工资主要体现公务员的工作实绩和资历,通常情况下一个级别设置一个工资标准。[2] (2) 津贴。津贴分为地区附加津贴、艰苦边远地区津贴、岗位津贴等。地区附加津贴将公务员工资提高与当地经济发展联系起来;艰苦边远地区津贴尊重地区差异,发挥工资导向、补偿作用。岗位津贴针对特殊工作岗位设立。(3) 补贴。公务员按照国家规定享受住房、医疗等补贴补助。住房补贴在我国主要的表现形式是住房公积金,其缴纳标准各地区有所不同。(4) 奖金。根据《公务员法》第80条的规定,公务员在定期考核中被确定为优秀、称职的,按照国家规定享受年终奖金。

（二）福利

1. 福利的含义

公务员福利是指国家和公务员所在单位为保障和解决公务员工作、生活及家庭中的基本需要和特殊困难,在工资和保险之外给予经济帮助和生活照顾的一种保障。

2. 福利的内容

公务员福利制度主要以劳动法相关规定作为基础,旨在提高公务员的物质文化生活水平,保障公务员的基本生活需要。公务员的福利包括休假、优抚和其他福利三种。其中,休假包括法定节假日、年休假、探亲假等;优抚包括伤残抚恤标准、护理费标准、死亡一次性抚恤金标准等;其他福利如单位提供的上下班交通服务、娱乐设施、食堂等集体福利。

3. 福利与工资、保险的区别

一方面,福利与工资的分配原则不同。工资遵循按劳分配原则,福利则不全遵循按劳分配原则。另一方面,福利与保险的对象不同,福利面向全体公务员,保险面向暂时或永久丧

---

[1] 吴庚:《行政法之理论与实用》(增订八版),中国人民大学出版社2005年版,第134页。
[2] 公务员的级别一共分为27级,按照工作人员的资历和能力确定,一个级别设置一个工资标准。

失劳动能力的公务员。福利致力于公务员生活得更好,而非最低生活保障。[①]

(三) 保险

1. 保险的含义

公务员保险是指国家对因生育、年老、疾病、伤残和死亡等原因,暂时或永久丧失劳动能力的公务员给予的物质保障。《公务员法》第83条规定:"公务员依法参加社会保险,按照国家规定享受保险待遇。公务员因公牺牲或者病故的,其亲属享受国家规定的抚恤和优待。"

2. 保险的内容

(1) 医疗保险。医疗保险是公务员在患病治疗期间所应享受的保险待遇。医保改革是当前医疗体制改革中的难点问题。近年来,很多地方已经开始进行改革。(2) 生育保险。根据国家规定,对怀孕、分娩的女职工提供生育津贴、医疗服务和产假。(3) 养老保险。我国基本养老保险的办法由国务院规定。属于一种行业性保险。(4) 工伤保险。工伤保险是公务员在工作中因遭受意外伤害或患有职业病而导致暂时或永久丧失劳动能力以及死亡时,公务员或其亲属从国家获得物质帮助的保险制度。(5) 失业保险。失业保险是指公务员因被辞退等事由而退出公务员队伍后所享受的保险待遇。

二、公务员的考核

公务员考核是公务员激励机制的重要环节,具有基础性作用。

(一) 公务员考核的含义与内容

公务员的考核是指拥有法定公务员考核权限的国家行政机关,根据《公务员法》及其相关规定所明确的国家公务员考核内容、标准和程序,对考核权限内国家公务员进行专门性的考查和评价。对领导成员的考核,由主管机关按照《党政领导干部考核工作条例》等有关规定办理。

《公务员法》第35条规定:"公务员的考核应当按照管理权限,全面考核公务员的德、能、勤、绩、廉,重点考核政治素质和工作实绩。……"《公务员考核规定》第4条对德、能、勤、绩、廉的考核重点作了细致说明:

(1) 德。全面考核政治品质和道德品行,重点了解学习贯彻习近平新时代中国特色社会主义思想,坚定理想信念,坚守初心使命,忠于宪法、忠于国家、忠于人民,增强"四个意识"、坚定"四个自信"、做到"两个维护"的情况;带头践行社会主义核心价值观,恪守职业道德,遵守社会公德、家庭美德和个人品德等情况。

(2) 能。全面考核适应新时代要求履职尽责的政治能力、工作能力和专业素养,重点了解政治鉴别能力、学习调研能力、依法行政能力、群众工作能力、沟通协调能力、贯彻执行能力、改革创新能力、应急处突能力等情况。

(3) 勤。全面考核精神状态和工作作风,重点了解忠于职守,遵守工作纪律,爱岗敬业、勤勉尽责,敢于担当、甘于奉献等情况。

(4) 绩。全面考核坚持以人民为中心,依法依规履行职位职责、承担急难险重任务等情况,重点了解完成工作的数量、质量、效率和所产生的效益等情况。

[①] 湛中乐主编:《〈中华人民共和国公务员法〉释义》,北京大学出版社2005年版,第170页。

(5) 廉。全面考核遵守廉洁从政规定,落实中央八项规定及其实施细则精神等情况,重点了解秉公用权、廉洁自律等情况。

(二) 公务员考核的方法

1. 公务员考核方法的分类

公务员的考核分为平时考核、专项考核和定期考核等方式。定期考核以平时考核、专项考核为基础。(1) 平时考核是对公务员日常工作和一贯表现所进行的经常性考核,一般按照个人小结、审核评鉴、结果反馈等程序进行。(2) 专项考核是对公务员完成重要专项工作,承担急难险重任务和关键时刻的政治表现、担当精神、作用发挥、实际成效等情况所进行的针对性考核,可以按照了解核实、综合研判、结果反馈等程序进行,或者结合推进专项工作灵活安排。(3) 定期考核采取年度考核的方式,是对公务员一个自然年度内总体表现所进行的综合性考核,在每年年末或者翌年年初进行。

2. 公务员考核的主体与程序

公务员考核由其所在机关组织实施。党委(党组)承担考核工作主体责任,组织(人事)部门承担具体工作责任。

机关在年度考核时可以设立考核委员会。考核委员会由本机关领导成员、组织(人事)部门、纪检监察机关及其他有关部门人员和公务员代表组成。

公务员年度考核一般按照下列程序进行:(1) 总结述职。公务员按照职位职责、年度目标任务和有关要求进行总结,在一定范围内述职,突出重点、简明扼要填写公务员年度考核登记表。(2) 民主测评。对担任机关内设机构领导职务的公务员,在一定范围内进行民主测评。根据需要,可以对其他公务员进行民主测评。(3) 了解核实。采取个别谈话、实地调研、服务对象评议等方式了解核实公务员有关情况。根据需要,听取纪检监察机关意见。(4) 审核评鉴。主管领导对公务员表现以及有关情况进行综合分析,有针对性地写出评语,提出考核等次建议和改进提高的要求。(5) 确定等次。由本机关负责人或者授权的考核委员会确定考核等次。对优秀等次公务员在本机关范围内公示,公示时间不少于5个工作日。考核结果以书面形式通知公务员,由公务员本人签署意见。

三、公务员的奖励

公务员奖励是公务员激励机制的最直接表现。

(一) 公务员奖励的含义与意义

公务员奖励是指具有法定奖励权限的国家行政机关,依照法定程序,对工作表现突出、有显著成绩和贡献,或者有其他突出事迹的公务员或公务员集体给予的奖赏和鼓励。公务员奖励具有如下意义:

(1) 公务员奖励制度能够促进公务员激励机制的有效运行。实施公务员激励机制要对公务员进行有法定根据的奖惩,根据《公务员法》,公务员获得奖励的原因是工作表现突出,有显著成绩和贡献,或者有其他突出事迹。奖励制度可以激励公务员向受奖的优秀公务员看齐,调动其工作积极性。

(2) 公务员奖励制度能够促进公务员个人的工作积极性。一方面,对于受奖公务员,会激励其继续努力;另一方面,对于未受奖公务员,奖励活动将起示范和引导作用,促使其按照公务员奖励所指引的方向努力作出成绩。

(3) 公务员奖励制度能够促进公务员队伍建设和国家行政目标实现。公务员队伍建设关系到国家行政目标的达成。客观、公正的奖励能够促进公务员付出与回报的良性循环，调动公务员队伍整体积极性，提高行政效能，实现国家行政目标。

(二) 公务员奖励的原则与种类

1. 公务员奖励的原则

(1) 依法奖励原则。依法奖励，是发挥奖励制度作用的必然要求。公务员奖励活动应按照法律、法规、规章等关于奖励的条件、类别、权限、程序的规定进行；同时，奖励活动受法律监督，如违反法律、法规等规定则应予撤销。

(2) 公开、公平和公正原则。首先，公务员奖励应坚持公开原则，公务员奖励应公开进行，接受公务员以及群众监督，增强奖励透明度与公信度。其次，公务员奖励应坚持公平原则，以成绩和贡献为依据平等对待所有参选公务员。最后，公务员奖励应坚持公正原则，严格审核受奖公务员的成绩和贡献，保证公务员所受奖励与所做贡献一致。

(3) 精神奖励与物质奖励相结合、以精神奖励为主原则。有效的精神奖励能够提高获奖者的美誉度、认可度，激发工作热情；有效的物质奖励能够体现获奖者工作成绩的价值，具有现实价值。但就调动公务员积极性而言，相比物质奖励，恰当的精神奖励能直接解决公务员的精神动力问题。

(4) 定期奖励与及时奖励相结合原则。公务员奖励应坚持定期奖励与及时奖励相结合，这是公务员奖励制度的客观要求。根据《公务员奖励规定》，定期奖励一般针对本职工作表现突出、有显著成绩和贡献的公务员；及时奖励主要针对处理突发事件、承担专项工作中作出显著成绩和贡献的公务员。

2. 公务员奖励的种类

根据《公务员法》《公务员奖励规定》的相关规定，我国公务员奖励主要有三种：(1) 嘉奖。嘉奖主要针对表现突出者，年度考核被确定为优秀等次的，予以嘉奖。(2) 记功。记功有记三等功、二等功、一等功三个层次。其中，记功一般与公务员年度考核结合进行。(3) 授予称号。称号是公务员奖励种类的又一类型，对功绩卓著的公务员，可授予的称号有"人民满意的公务员""人民满意的公务员集体"等。需要注意的是，以上奖励可以单独适用，也可合并适用。

四、公务员的职务升降

公务员的职务升降是公务员考核结果的运用，是公务员激励机制的实质内容之一。

(一) 公务员职务升降的含义与意义

公务员的职务升降是指公务员机关根据工作需要和公务员本人表现，在法定权限范围内，依照法定程序提高或降低公务员职务的行为，具有重要意义：

(1) 有利于公务员队伍优化，选贤任能。公务员职务升降，可以把适当能力的公务员放在合适岗位，实现公务员队伍的选贤任能。通过职务升降，可对素质能力强、工作积极、成绩显著的公务员予以晋升；对素质能力差、工作消极、工作错误疏漏多的公务员予以降职。

(2) 有利于形成高低职务间的良性流动，使公务员队伍在职务方面能上能下，充满活力。职务升降是一个动态过程,可以促进公务员队伍的良性流动。将公务员的成绩、资历、能力大小与所担任职务准确匹配;同时,公务员的能力、才干非一成不变,职务升降也可及时回应。

(3) 有利于形成公务员之间的竞争激励机制,调动公务员积极性。公务员职务升降制度与公务员地位、职权、工资、福利、待遇等个人利益密切相关。职务升降能促进公务员积极努力地工作,争取职务晋升,防止公务员消极、应付工作。

(二) 公务员的职务晋升

职务晋升是指公务员由较低的职务升任到较高的职务。

1. 晋升原则

职务晋升的原则主要为:(1) 考核称职原则。职务晋升与公务员考核结果密切联系,考核称职是职务晋升的前提。不同职务级别中,公务员晋升具体条件不同,但任何晋升都要保证在规定任职资格年限内公务员年度考核结果均为称职以上等次。(2) 逐级晋升为主原则。公务员晋升应逐级晋升,以平衡重用公务员和维护公务员职务层级流动;特定情形下,对特别优秀的公务员或其他特殊原因,也可破格或越级晋升。公务员的破格、越级晋升必须严格限制,以防滥用。①

2. 晋升领导职务条件

《公务员法》第 45 条第 1 款规定:"公务员晋升领导职务,应当具备拟任职务所要求的政治素质、工作能力、文化程度和任职经历等方面的条件和资格。"据此,公务员晋升领导职务条件有四方面:一是思想政治素质,具备较高的政治思想觉悟、政治理论水平和良好的道德品质;二是工作能力,具备较强的业务水平和工作能力;三是文化程度,学历水平满足拟任职务对学历层次的基本要求;四是任职经历,经过一定工作锻炼,掌握一定工作方法。

(三) 公务员的降职

1. 降职的含义与条件

公务员的降职是指机关降低公务员现任职务级别,一般意味着公务员职权职责范围的缩小和工资、福利等方面待遇的相应降低。

根据《公务员职务与职级并行规定》第 22 条,公务员职级实行能上能下,具有下列情形之一的,应当按照规定降低职级:(1) 不能胜任职位职责要求的;(2) 年度考核被确定为不称职等次的;(3) 受到降职处理或者撤职处分的;(4) 法律法规和党内法规规定的其他情形。

2. 降职后的权益保障

根据《公务员法》第十五章的相关内容,公务员对本人降职处理不服的,可以通过复核、申诉、控告等方式向有关机关寻求救济;同时,降职不是行政处分,而是对公务员目前工作状态的一种否定性评价。因此,如果公务员在以后工作中积极努力提高思想觉悟,有突出表现的,仍可以再次晋升职务。

---

① 《党政领导干部选拔任用工作条例》第 35 条第 2 款规定:"对拟破格提拔的人选在讨论决定前,必须报经上级组织(人事)部门同意。越级提拔或者不经由民主推荐列为破格提拔人选的,应当在考察前报告,经批复同意后方可进行。"

第五节 公务员的管理

公务员管理是指各级政府公务员管理部门运用科学的原理和方法,依法对公务员进行管理的活动。公务员管理是公务员制度的基础,也是政府机关自身管理的重要内容。

一、公务员的管理机构

(一)公务员管理机构概述

公务员管理机构是指根据公务员管理事务需要而专门设置的、代表国家或政府对公务员事务实施管理,保证和帮助政府实现行政目标的组织。随着经济社会快速发展,一国人事系统内任职公务员数量不断增加。为了保障国家机关工作有条不紊地进行,国家有必要对公务员相关事务统一管理。为此,公务员管理机构应运而生。从实践来看,各国都设立了专门的公务员管理机构,代表国家对公务员事务实施管理,保证和帮助政府实现行政目标。[1]

公务员管理机构是建立和推行公务员制度的组织保证。公务员管理机构的性质、地位、职责与其任务是否相适应,对建立和推行公务员制度有着重要影响。我国公务员管理机构适应国家权力职能分工的需要,将公务员管理基本事项(如公务员录用、晋升、任免)从业务部门剥离,交由专门公务员管理部门负责。保障了公务员管理的独立性,维护了公务员制度的整体、统一与公平。

(二)我国公务员管理机构

《公务员法》第12条规定:"中央公务员主管部门负责全国公务员的综合管理工作。县级以上地方各级公务员主管部门负责本辖区内公务员的综合管理工作。上级公务员主管部门指导下级公务员主管部门的公务员管理工作。各级公务员主管部门指导同级各机关的公务员管理工作。"据此可知,我国公务员管理机构包括纵向、横向两个层面:

从纵向层面来看,我国公务员管理机构可以分为两类:一类是中央人民政府设立的公务员管理机构和国务院各部门设立的公务员管理机构;另一类是地方人民政府设立的公务员管理机构。其中,中央公务员管理机构的管理范围为全体国家公务员,地方公务员管理机构的管理范围为某一地区的公务员。中央公务员管理机构与地方公务员管理机构的关系是领导与被领导的关系。

从横向层面上看,我国公务员管理机构也可分为两类:一类是各级人民政府设立的综合性公务员管理机构;另一类是各级人民政府的各工作部门所设立的执行性公务员管理机构。其中,综合性公务员管理机构的主要任务是对所辖公务员的统筹规划;执行性公务员管理机构的主要任务是执行上级管理机构制定的法规和政策。

这种纵向和横向配套的管理机构模式显示出巨大的生命力:一方面,其可以有效统一全国公务员管理标准和政令,提高公务员管理的总体水平;另一方面,其也兼顾了地方的积极主动性和创造性,考虑到各地区的实际情况与特殊性。

---

[1] 薛刚凌主编:《公务员法教程》,中国人民大学出版社2017年版,第78页。

二、公务员的职务、职级任免

(一) 公务员职务、职级任免概述

党的十八大以来,为缓解干部晋升通道狭窄、优化干部管理、激励干部干事创业,我国开始建立并推行公务员职务与职级并行制度。① 2013年党的十八届三中全会明确提出"推行公务员职务与职级并行、职级与待遇挂钩制度";2014年,中央全面深化改革领导小组第七次会议审议《关于县以下机关建立公务员职务与职级并行制度的意见》;此后,"职务与职级并行制度"被2018年修订的《公务员法》所吸收。

公务员职务、职级任免是公务员任职和免职的统称。公务员的任职是指依法享有任免权的机关,遵循法律规定和任职条件,依照法定程序,任用公务员担任某一职务(如考试录用、降任、转任);公务员的免职是指依法享有任免权的机关,遵循法律规定和任职条件,依照法定程序,免除公务员所担任的某一职务(如程序性免职、单纯性免职)。

(二) 公务员职务、职级任免的具体内容

1. 公务员的职务任免

公务员职务,是公务员所承担的、应该完成的公职任务,是机关对公务员职权、职责的委托。以公务员是否承担领导职责作为标准,公务员职务分为领导职务和非领导职务两种。其中,领导职务是指机关中具有组织、管理、决策、指挥职能的职务;非领导职务则不具备领导职责。

《公务员法》第40条第1款规定:"公务员领导职务实行选任制、委任制和聘任制。公务员职级实行委任制和聘任制。"由此可见,我国公务员的任用方式包含选任制、委任制和聘任制三种。

公务员的免职与任职相对应。一般而言,公务员的免职情形包含以下几种:(1) 任期届满不再连任;(2) 任期内辞职、被罢免、被撤职的,所任职务免除;(3) 公务员职位发生变化,承担新的职责,免去原任职务;(4) 因其他原因导致公务员不能履行职责,应免除所任职务的。

2. 公务员的职级任免

公务员职级即公务员一定职务层次所对应的级别,是反映公务员职务、能力、业绩、资历的综合标志,也是与职务平行的公务员职业发展的台阶。职级和职务都是确定公务员工资和其他待遇的依据。

根据《公务员法》第21条第3款,公务员的级别主要根据所任领导职务、职级及其德才表现、工作实绩和资历确定。由此可以看出,我国对公务员职级任免的考量包含公务员的职务、德才表现、工作实绩等多种因素,既考虑了职位的因素,又考虑了品位的因素。公务员职级高低,既体现公务员所任职务的等级高低、责任轻重和职位难易程度,又反映了公务员德才表现、工作实绩和资历等素质能力和工作情况。

3. 公务员职务、职级的对应关系

根据《公务员职务、职级与级别管理规定》,公务员领导职务、职级对应相应的级别。据此

---

① 孙晓莉、江蓓蕾:《公务员职务与职级并行制度研究》,载《理论探索》2022年第4期。

可知,公务员职务、职级的关系主要反映在其与级别的关系方面。① 如在公务员职务中,"国家级正职"对应的级别为"一级";"国家级副职"对应的级别为"四级至二级";而在公务员职级中,"一级巡视员"对应的级别是"十三级至八级";"二级巡视员"对应的级别是"十五级至十级"。

三、公务员培训

(一) 公务员培训概述

公务员培训,是指公务员主管部门根据国民经济、社会发展需要以及公务员职位要求,通过法定形式,有计划、有组织地对公务员进行的政治理论文化知识、科学技术、业务能力等方面的培养和训练。培训是公务员管理的重要内容。参加培训既是公务员权利,也是公务员义务。

公务员培训不同于一般常规教育。第一,二者价值取向不同。公务员培训以工作为中心,目的是使受训者掌握职业所必需的知识和技能,对改进工作的作用是直接的;常规教育以人为中心,目的是传授知识,对改进工作只有间接作用。第二,二者性质不同。公务员的培训是常规教育的发展和延续,是在常规教育基础上进行的第二教育。第三,二者着眼点不同。公务员培训针对职位具体要求,着眼点是工作需要;常规教育从德智体美能等几个方面入手,着眼点是使人获得全面发展。第四,二者形式不同。公务员的培训不似常规教育般整齐划一,而是根据需要和可能,采取长期和短期相结合、离职和在职相结合、定期和临时相结合等多种形式。

(二) 公务员培训的内容与管理

1. 公务员培训的内容

公务员培训的内容,直接关系公务员培训的质量和效果。根据《公务员法》第67条,机关根据公务员工作职责的要求和提高公务员素质的需要,对公务员进行分级分类培训。从实践来看,我国公务员培训的内容主要包括以下内容:

(1) 思想政治素质。公务员必须进行马克思列宁主义、毛泽东思想、邓小平理论、"三个代表"重要思想、科学发展观、习近平新时代中国特色社会主义思想的理论的培训。保证公务员坚定理想、增强公仆意识,深刻领会中国特色社会主义理论体系的根本立场、基本观点、科学方法。

(2) 法律文化素质。2018年的《宪法修正案》将序言"健全社会主义法制"修改为"健全社会主义法治",在宪法层面体现了依法治国的新内涵。公务员作为依法履行公职的人员,应当认真学习法律文化知识,接受中国特色社会主义法治道路、法治理论、法治体系等培训。

(3) 专业技能素质。专业技能是公务员履行职务的重要保证。专业技能培训是对从事专项业务工作的公务员进行的培训,着力提高公务员从事专项业务工作所需的知识和技能。公务员培训应当根据机关职能、工作方式和公务员履行岗位职责的需要,深入开展与公务员岗位工作相关基本知识和技能培训。

(4) 职业道德素质。加强公务员职业道德培训是贯彻落实"德才兼备,以德为先"的用

---

① 根据《公务员职务与级别管理规定》,公务员级别由低至高依次为二十七级至一级。

人标准,提升公务员队伍职业道德水平的重要举措。公务员培训应以培育忠于国家、服务人民、恪尽职守、公正廉洁的公务员队伍为目标,全面提升公务员职业道德水平。

2. 公务员培训的管理

公务员培训的管理涉及方方面面问题,根据相关立法规定,该工作主要涉及以下内容:

(1) 登记管理。登记管理是对公务员培训情况的登记与管理。对公务员主管部门而言,其要将公务员培训制度化,分期、分批、有针对性地培训;对公务员个人而言,登记在册的公务员培训情况是其考核、任职、晋职的依据之一。登记管理能够有效避免公务员主管部门在组织培训工作中的随意性,防止参加培训的公务员敷衍了事,随意应付。

(2) 时间要求。为确保培训质量,必须保证公务员参加培训的时间。根据《公务员法》《公务员培训规定》,机关对新录用人员应当在试用期内进行初任培训,时间不少于 12 天;对晋升领导职务的公务员应当在任职前或者任职后 1 年内进行任职培训,担任县处级副职以上领导职务的公务员任职培训时间原则上不少于 30 天,担任乡科级领导职务的公务员任职培训时间原则上不少于 15 天;对从事专项业务工作的公务员,培训时间由机关根据需要确定。

(3) 培训评估。对于培训工作如何进行、培训是否达到预期效果,需要进行专业评估。基于此,公务员评估制度成为必需。公务员培训工作的评估包括以下几种:第一,培训机构评估。由组织、人事部门负责,评估内容主要包括培训方针、培训质量、师资队伍、组织管理、基础设施等。第二,培训班评估。由公务员培训主办单位进行,评估内容主要包括培训方案、培训教学、培训保障和培训效果等。

四、公务员的交流与回避

(一) 公务员交流

公务员交流,是指国家行政机关根据工作需要或公务员个人意愿,通过调任、转任、挂职锻炼等法定形式,变换公务员的工作岗位,从而使公务员工作关系(职务关系)得以产生、变更或终止的一种人事管理活动。公务员交流是公务员人事管理的结果之一,包括把公务员调出行政机关任职,或者将行政机关以外的工作人员调入行政机关担任公务员职务两种方式。

公务员交流主要通过以下形式得以实现:

(1) 调任。调任是指将国有企业事业单位、人民团体和群众团体中从事公务的人员调入国家机关担任领导职务或者副调研员以上及其他相当职务层次的非领导职务的人事交流活动。

公务员调任是双向的,包括调入与调出两种形式。具言之,其他机关、企业和事业单位的人员符合调入条件的,可以经过考试或考核进入国家机关工作;公务员也可以调出国家机关到其他机关、企业和事业单位工作。[①]

(2) 转任。转任是指公务员因工作需要或者其他正当理由在国家机关系统内跨地区、跨部门的调动,或者在同一部门内不同机构、职位之间进行的转换任职。

公务员转任包括三种情况:一是暂时调离,即暂调。公务员离开本部门到其他部门暂时工作。暂调期满后,仍回原部门工作。二是正式调动。公务员永久性地离开原部门进入其他部门工作,薪金、晋升和退休等权利在新部门中享受。三是借调。因工作需要,公务员被

---

① 施炜、朱诗华编著:《国家公务员制度概论新编》,中国矿业大学出版社 2017 年版,第 183 页。

借用到其他部门工作。借调是公务员转任中较为灵活的一种形式。

(3) 挂职锻炼。挂职锻炼是指有关机关有计划地选派公务员在一定时间内到下级或者上级机关、其他地区机关以及国有企业事业单位担任一定职务,经受锻炼,丰富经验,增长才干的一种举措。

挂职锻炼与调任、转任相比,具有如下特点:一是不改变公务员的隶属关系。公务员在挂职锻炼期间,不改变与原机关的人事行政关系。二是挂职锻炼有时间性。公务员挂职锻炼是一种临时性交流。一般时间为1年至2年,期限短的仅半年。三是挂职锻炼是一种内外混合型的交流形式。公务员调任是一种外部交流形式,公务员转任是一种内部交流形式,公务员挂职锻炼既可以在公务员内部进行,也可以在国家机关外部进行,是一种内外混合型交流形式。

(二) 公务员回避

回避是公务员主管部门为保障公务员公正执行公务、树立机关的公正形象而对具有某种法定情形的公务员进行特殊任职安排,目的在于使其避开某个地区、某种岗位任职或避开参与某种公务处理。① 回避是普通法自然公正原则的最朴素表现,即"自己不能做自己的法官"。具言之,我国公务员回避主要包括下述内容:

1. 亲属回避

亲属回避是公务员回避制度的重要内容,目的是通过限制互为亲属关系的人员在一个单位或部门任职,防止和克服亲属聚集所产生弊端。

根据《公务员法》第74条第1、2款的规定,公务员之间存在法定限制的亲属关系者,既不得在同一机关担任双方直接隶属于同一领导人员的职务或者有直接上下领导关系的职务,也不得在其中一方担任领导职务的机关从事组织、人事、纪检、监察、审计和财务工作。同时,公务员亦不得在其配偶、子女及其配偶经营的企业、营利性组织的行业监管或者主管部门担任领导成员。

2. 地域回避

地域回避是对公务员的任职地区进行一定的限制,即要求公务员不得在自己的本籍或原籍担任公职。根据《公务员法》第75条的规定,公务员担任乡级机关、县级机关、设区的市级机关及其有关部门主要领导职务的,应当按照有关规定实行地域回避。

地域回避与亲属回避、公务回避相互补充,使回避制度更为完备,从而有效地制约和避免了各种亲属关系的影响和干扰,为公务员依法执行公务创造了条件。

3. 公务回避

公务回避是指为了保证国家公务员依法公正执行公务而实行的回避。公务员执行公务时,涉及本人或者与本人有夫妻关系、直系血亲关系、三代以内旁系血亲以及近姻亲关系的人员的利害关系的,必须回避。

公务回避是一种强制性措施,回避人要自觉申请;同时,国家行政机关也会出台相应的行政约束,保证公务回避真正达到目的。与亲属回避相比,公务回避范围更广,既包括亲属回避所确定的各种亲属关系,还包括可能对公务员公正执行公务产生影响的其他关系。

---

① 姜明安:《行政法》(第5版),法律出版社2022年版,第242页。

第六章 行政相对人

第一节 行政相对人概述

一、行政相对人的概念

行政相对人是指行政管理法律关系中与行政主体相对应的另一方当事人,即行政主体行政行为影响其权益的个人、组织。在行政活动的过程中,行政主体行使职权、作出相应决定必定有特定的承受对象,还可能有不特定的权益受影响人。承受对象和权益受影响人可能是组织,也可能是个人,在行政法理上,这些承受对象和权益受影响人通常被称为"行政相对人"。

首先,行政相对人是指处在行政管理法律关系中的个人、组织。任何个人、组织如果不处在行政管理法律关系中而处在其他法律关系中,就不具有行政相对人的地位,不能赋予其"行政相对人"称谓。行政管理法律关系包括整体行政管理法律关系和单个具体的行政管理法律关系。在整体行政管理法律关系中,所有处于国家行政管理之下的个人、组织均为行政相对人。① 而在单个的具体行政管理法律关系中,只有其权益受到行政主体相应行政行为影响的个人、组织,才在该行政管理法律关系中具有行政相对人的地位。

其次,行政相对人是指行政管理法律关系中与行政主体相对应的另一方当事人的个人、组织。行政管理法律关系不同于民事法律关系,双方当事人的法律地位不平等,一方当事人享有国家行政权,能依法对对方当事人实施管理,作出影响对方当事人权益的行政行为;而另一方当事人则有义务服从管理、依法履行相应行政行为确定的义务。有权实施行政管理行为的一方当事人在行政法学中谓之"行政主体",而接受行政主体行政管理的一方当事人在行政法学中则谓之"行政相对人"。作为行政主体的一方当事人是行政机关、法律法规授权的组织或其他社会公权力组织,作为行政相对人的一方当事人是个人、组织。行政机关、法律法规授权的组织和其他社会公权力组织在整体行政管理法律关系中虽然恒定地作为行政主体,但在具体的法律关系中,有时也会处于被其他行政主体管理的地位,成为行政相对人。②

最后,行政相对人是指在行政管理法律关系中,其权益受到行政主体行政行为影响的个人、组织。行政主体行政行为对相对人权益的影响有时是直接的,如行政处罚、行政强制、行政许可、行政征收等;有时影响是间接的,如行政主体批准公民甲在依法由公民乙经营的土地上盖房,该批准行为对公民甲权益的影响是直接的,而对公民乙权益的影响是间接的。作

---

① 这只是一种抽象的或潜在的"行政相对人"。
② 法律法规授权的组织和其他社会公权力组织作为行政相对人的情形是比较常见的。因为这些组织只有在行使行政职权时才具有行政主体的地位,而它们在大多数时候并不行使行政职权,而是执行一般社会组织(甚至是营利组织)的职能。在这种情况下,它们要接受行政机关的行政管理,从而具有行政相对人的地位。

为个人、组织,无论其权益受到行政主体行政行为的直接影响还是间接影响,都是行政相对人。

二、行政相对人的分类

依据不同的标准,可以对行政相对人进行不同的分类。

(一) 个人相对人与组织相对人

行政相对人以其是否有一定的组织体为标准,可以分为个人相对人与组织相对人。

个人相对人不一定是单个的个人,在一定的具体行政法律关系中,行政主体的行为可能涉及多个个人。只要这些个人不构成一定的组织体,相互之间无组织上的联系,即使这些个人数量再多,他们仍为个人相对人,而非组织相对人。作为行政相对人的个人主要指公民。在绝大多数行政管理领域,与行政主体发生法律关系的对方当事人都是公民,如行政许可、行政征收、行政给付、行政强制、行政处罚、行政裁决,公民都可以成为这些行政行为的直接或间接对象,从而成为行政管理法律关系的行政相对人。国家公务员在执行国家公务时是行政主体的代表,不具有行政相对人的地位;但其在非执行公务时则同样要以公民的身份接受各种有关的行政管理,成为行政管理法律关系的行政相对人。非中国公民的外国人和无国籍人在中国境内时,必须服从中国的法律,接受中国的行政管理,从而与作为行政主体的行政机关和法律、法规授权的组织发生各种行政法律关系,成为行政管理法律关系中的行政相对人。

作为行政相对人的组织主要是指各种具有法人地位的企业组织、事业组织和社会团体,包括在我国取得法人资格的外国企事业组织。行政主体对社会、经济、文化等各项事业进行管理,其主要对象是各种法人组织。行政主体为实现行政管理目标,经常要对法人组织实施各种行政行为,如批准、许可、授予、免除、征收、给付、裁决、处罚等。在这些行政行为所引起的行政管理法律关系中,法人组织都处于行政相对人的地位。除法人外,非法人组织也可成为行政管理法律关系中的行政相对人。所谓"非法人组织",是指经有关主管部门认可,准许其成立和进行某种业务活动,但不具备法人条件,没有取得法人资格的社会团体或经济组织。这些组织主要包括:经国家有关部门认可的从事一定生产或经营活动的经济实体(如合伙组织、联营组织等);经一定主管机关认可的处于筹备阶段的企业、事业组织或群众团体;经国家有关部门批准,在我国设立的经营一定业务或从事一定社会活动但未取得我国法人资格的外国组织(如外国公司设立于我国的产品修理服务机构、商务代办处等)。这些组织虽然不具有法人资格,但同样必须接受国家行政管理,行政主体同样可以对它们实施各种行政管理行为,包括对它们发布行政命令、采取行政措施、科处行政处罚等。因此,非法人组织与法人组织一样,在行政管理法律关系中也处于行政相对人的地位。

国家机关(包括国家行政机关)在行使相应国家职权时,是国家职权行为的主体,不能成为行政相对人。但国家机关实施非职权行为或处在非行使职权的场合、领域,如处在治安、交通、卫生、环境、规划、文化、体育等领域,则同样要接受相应行政主体的管理,相应行政主体同样可以依法对之实施有关的行政行为。如公安机关盖办公楼,要经过规划、土地、环境等部门的相应审批、许可,而规划、土地、环境等部门在社会治安方面,必须接受公安机关的管理。任何一个行政机关都不能只管理别人而不受别人管理。在这种场合,国家机关处于与一般法人或非法人组织基本相同的地位,是作为行政相对人而不是作为相应国家职权行为主体与行政主体打交道。

组织作为行政相对人与行政主体打交道时,应由其法定代表人代表。组织的其他成员未取得组织法定代表人的授权,不能以组织的名义与行政主体发生行政法律关系。

（二）直接相对人与间接相对人

行政相对人以与行政主体行政行为的关系为标准,可以分为直接相对人与间接相对人。

直接相对人是行政主体行政行为的直接对象,其权益受到行政行为的直接影响,如行政许可、行政给付的申请人,行政征收、征收征用的被征收、被征用人,行政处罚的被处罚人等。间接相对人是行政主体行政行为的间接对象,其权益受到行政行为的间接影响,如治安处罚关系中受到被处罚人行为侵害的人,行政许可关系中其权益可能受到许可行为不利影响的与申请人有利害关系的人(公平竞争人或相邻人),行政给付关系中依靠给付对象抚养或扶养的直系亲属等。

直接相对人和间接相对人都是行政相对人,其权益受到行政行为侵害后可以依法申请行政救济,但法律规定的救济途径、方式可能会有所区别。如同一行政行为(如对销售假药劣药的行政处罚行为),直接相对人(被处罚人)对行政处罚不服,可以直接依行政诉讼法提起行政诉讼;而间接相对人(购买假药劣药的人)对行政处罚不服(如认为处罚太轻),则通常需要有特别法(规定特定集团诉讼条件、程序的法律、法规)的规定才能提起行政诉讼。

（三）作为行为的相对人与不作为行为的相对人

行政相对人以影响其权益的行政行为的方式为标准,可分为作为行为的相对人与不作为行为的相对人。

行政相对人权益受到行政行为作为方式影响的被称为"作为行为的相对人",如行政征收、行政强制、行政裁决、行政许可、行政处罚的相对人均为作为行为的相对人。行政相对人的权益受到行政行为不作为方式影响的被称为"不作为行为的相对人",如行政机关不履行法定职责,导致其人身权或财产权被侵害的相对人、行政机关不依法发给其抚恤金或者对其申请许可证照的请求不予答复的相对人等。

作为行为的相对人的对方行政主体容易识别和确认,其权益受到侵犯较易于获得行政救济;不作为行为的相对人的对方行政主体有时较难识别和确认。某种法定职责究竟应归属于哪一行政主体,相对人可能一时难以了解,甚至有时法律的规定就不太明确,从而导致了不作为行为的相对人权益受到侵犯时寻求法律救济的困难。

当然,不作为行为的相对人不能确定应负责任的行政主体时,可以请求同级政府确认,同级政府不予确认时,该政府即构成不作为行为的主体。与直接相对人和间接相对人一样,法律对其权益受到行政行为侵害的作为行为的相对人与不作为行为的相对人规定的救济途径、方式可能会有所区别。作为行为的相对人对行政行为不服,可以直接依行政诉讼法提起行政诉讼;而不作为行为的相对人对行政行为不服(如购买了假冒伪劣商品的人认为自己受害与市场监管行政机关疏于监管的不作为有关),则通常需要有特别法(规定对相应不作为可以起诉的条件、程序的法律、法规)的规定才能提起行政诉讼。

（四）抽象相对人与具体相对人

行政相对人以行政主体行政行为影响其权益是否产生实际效果为标准,可以分为抽象相对人与具体相对人。

行政行为对其权益尚未产生实际影响而仅仅具有潜在影响的相对人是抽象相对人;行政行为对其权益已产生实际影响的相对人是具体相对人。一般来说,抽象行政行为的相对人是抽象相对人,具体行政行为的相对人是具体相对人。但某些抽象行政行为不经过具体行政行为也会对相对人权益产生实际影响,如行政机关规定某种产品质量标准或包装标准的行为是抽象行政行为,这种行为将直接影响相对人的市场销售,从而对其权益产生实际影响。因此,某些抽象行政行为也可能产生和形成具体相对人。

(五)授益相对人与侵益相对人

行政相对人以行政主体行政行为对其权益影响的性质为标准,可以分为授益相对人与侵益相对人。

行政行为对其权益产生有利影响,即通过行政行为获取某种权益的相对人是授益相对人;行政行为对其权益产生不利影响,即因为行政行为而失去某种利益或使其利益受到损害的相对人是侵益相对人。一般来说,行政许可、行政给付行为的相对人为授益相对人;行政处罚、行政强制的相对人为侵益相对人。但行政许可、行政给付对于某些间接相对人来说,有时并非授益而是侵益;行政处罚、行政强制对于某些间接相对人来说,对其权益并非产生不利影响,而是产生有利影响。因此,区分授益相对人与侵益相对人不能只看行政主体行政行为的种类,而主要应看行政行为对相对人权益影响的性质,即取决于行政行为对具体当事人的实际影响是有利还是不利。

三、行政相对人的形态

行政相对人并不是单纯的行政行为的对象,而是行政法律关系中与行政主体相对应的另一方"主体"。就行政程序法律关系而言,行政相对人是实际参与行政程序、享有程序性权利、负有程序性义务的一方当事人。无论是中国的公民、法人或者其他组织,还是在中国境内的外国人、无国籍人,抑或是外国的法人和其他组织,只要与行政程序的结果具有法律上或者事实上的利害关系,就可以依据行政主体的通知或者依法申请并经过行政主体的确认而参与行政程序,进而成为行政相对人。在我国,行政相对人的形态包括以下几种:

第一,行政活动所直接针对的人。在依职权开始的行政程序中,行政主体往往会针对特定的对象作出相应的行政决定,该决定所直接针对的对象即是最为典型的一类行政相对人。如环保部门接到举报之后,对某排污企业进行调查,在此基础之上对其作出了罚款处决定。那么,在这一行政活动程序中,作为行政处罚决定直接对象的排污企业即属于行政相对人。

第二,申请人及与申请相关的人。在依申请开始的行政程序中,申请人即为行政相对人。当申请人的申请已经送达行政机关时,申请人即取得了行政相对人的法律地位。在实践中,申请人的申请往往会涉及其他公民、法人及组织的权益,这些人参加到行政程序中之后也是行政相对人。如某建设单位申请颁发建筑许可证时,除其本身是行政相对人以外,与该建筑相邻的居民及单位也是行政相对人。

第三,与行政主体缔结行政协议的人。行政协议是指行政主体以实施行政管理为目的与公民、法人或者其他组织就有关事项经协商一致而达成的协议。在当今,行政协议已经成为行政主体不可或缺的一种新型、柔性的行政管理手段,与行政主体签订行政协议的另一方当事人即为行政相对人。

第四,接受行政主体行政指导的人。随着市场经济的发展和行政民主化趋势的日益增强,行政指导这一非强制手段已经在行政管理实践中得到了广泛运用。在行政指导程序中,接受行政主体行政指导的人即为行政相对人。

第五,权利义务受到行政程序影响的人。在行政主体作出行政行为的过程中,合法权益因行政程序进行而受到实际影响的人,有权经过申请或者直接依据行政主体通知参加到已经发动的行政程序中,取得行政相对人的地位。

第二节 行政相对人的法律地位与权利、义务

一、行政相对人的法律地位

行政相对人的法律地位主要表现以下三方面:首先,行政相对人是行政主体行政管理的对象。行政相对人必须服从行政主体的管理,履行行政主体行政行为为之确定的义务,遵守行政管理秩序;否则,行政主体可以依法对其实施行政强制或行政制裁。其次,行政相对人也是行政管理的参与人。在现代社会,行政相对人不只是被动的管理对象,同时也要通过各种途径、各种形式,积极地参与行政管理,如通过批评、建议、信访、听证会、意见征求会等形式参与行政立法和其他各种行政规范性文件的制定,通过获取告知、陈述意见、提出申辩、提供证据、参加听证、辩论等行政程序参与具体行政行为的实施。行政相对人对行政管理的参与是现代民主的重要体现。最后,行政相对人在行政救济法律关系和行政法治监督关系中可以转化为救济对象和监督主体。行政相对人在其合法权益受到行政主体侵犯后,可以依法申请法律救济,成为行政救济法律关系的一方主体。同时,作为行政相对人的个人、组织,绝大多数在国家政治关系中具有国家主人的地位,在宪法关系中是国家权力的归属者,从而对行政主体行使国家行政权的行为可以实施监督,成为行政法治监督的主体。

二、行政相对人的权利

行政相对人的法律地位具体体现为相对人的权利、义务。根据我国有关法律法规的规定和行政法理,行政相对人在行政法律关系中主要享有下述权利:

(一)申请权

申请权是指行政相对人就自身的权益向行政主体提出请求的权利。申请行政相对人有权依法向行政主体提出实现其法定权利的各种申请,申请权实际上是一项类权利,具体表现为多种权利,如申请许可权、申请回避权、申请听证权、申请调查权、申请保密权、申请更正权、申请救济权等。

(二)参与权

现代行政程序的核心是参与,只有亲身参与到行政程序过程之中,行政相对人才能更好地与行政主体进行交涉,切实维护自身的各种权益。行政相对人有权依法参与行政管理。如通过信函、电子邮件、网上讨论以及座谈会、听证会、论证会等形式和途径参与行政法规、

规章及行政政策的制定;参与国民经济和社会发展计划的讨论和提供建议、意见;参与与自身有利害关系的具体行政行为的决定的形成和作出等。① 参与权还包括委托代理权,指行政相对人在参与行政程序的过程中,有权委托代理人代为主张权利、参与有关活动。

(三)知情权

知情权包括两个部分:一是获得通知权,当行政相对人的合法权益可能遭到行政主体权力行使的影响时,享有获得行政主体及时通知的权利。二是行政相对人有权依法了解和获取行政主体的各种行政信息,包括各种规范性法律文件、会议决议、决定、制度、标准、程序规则以及与行政相对人本人有关的各种档案材料。除法律、法规规定应予保密的外,相对人均有权查阅、复制和要求行政主体主动提供相应信息。②

(四)正当程序权

行政相对人在行政主体作出与其自身权益有关,特别是不利的行为时,有权要求行政主体告知行为的根据,说明理由;有权陈述自己的意见、看法,提供有关证据材料,进行说明和申辩,必要时可要求为之举行听证。③

(五)批评、建议权

行政相对人对行政主体及其工作人员实施的违法、不当行为有权提出批评,并有权就如何改善行政主体的工作和提高行政管理质量提出建议、意见。④

(六)申诉、控告、检举权

行政相对人对行政主体及其工作人员作出的对自己不公正的行政行为有权申诉,对行政主体及其工作人员的违法失职的行为有权申诉、控告或检举。⑤

(七)申请复议权

行政相对人对行政主体作出的行政行为及其所依据的有关规定不服,认为侵犯其合法权益时,有权依法申请复议。⑥

(八)提起行政诉讼权

行政相对人对行政主体作出的行政行为不服,认为侵犯其合法权益时,有权依法提起行政诉讼。⑦

(九)请求国家赔偿、补偿权

行政相对人在其合法权益被国家机关及其工作人员行使职权的行为侵犯并造成损失时,有权依法请求国家赔偿。行政相对人财产因公共利益需要而被国家征收、征用,或其合法权益因国家机关及其工作人员合法行使职权的行为而受到损害、损失时,有权依法请求补偿。⑧

---

① 参见《宪法》第2条和《立法法》《行政法规制定程序条例》《规章制定程序条例》等法律、法规。
② 为保障公民的知情权,国务院已于2007年公布《中华人民共和国政府信息公开条例》(以下简称《政府信息公开条例》),并于2019年完成修订。广州、上海等于此前已出台地方性的政府信息公开办法。
③ 参见《行政处罚法》第7、45、63、64条和《行政许可法》第7、36、46—48条。
④ 参见《宪法》第41条。
⑤ 同上。
⑥ 参见《行政复议法》第2、13条。
⑦ 参见《行政诉讼法》第2条。
⑧ 参见《宪法》第10、13、41条;《行政许可法》第8条。

（十）抵制违法行政行为权

行政相对人对于行政主体实施的明显违法或重大违法的行政行为有权依法予以抵制，如抵制没有法律根据的摊派、罚款和收费等。《行政处罚法》第52条规定，行政机关及其执法人员当场作出行政处罚决定的，必须填写预定格式、编有号码的行政处罚决定书，并当场交付当事人，当事人拒签的，应当在行政处罚决定书上注明。

三、行政相对人的义务

（一）服从行政管理的义务

在行政管理法律关系中，行政相对人的首要义务是服从行政管理，如遵守行政机关发布的行政法规、规章和其他规范性文件；执行行政命令、行政决定；履行行政法上的各项义务。如根据《中华人民共和国人民警察法》（以下简称《人民警察法》）第35条的规定，对于"阻碍人民警察调查取证""拒绝或者阻碍人民警察执行追捕、搜查、救险等任务进入有关住所、场所"的行为，可以给予治安管理处罚。可见，该条规定实际上就是要求行政相对人遵守服从警察管理的义务。

（二）协助公务的义务

行政相对人对行政主体及其工作人员执行公务的行为，有主动予以协助的义务。如《人民警察法》第34条规定，人民警察依法执行职务，公民和组织应当给予支持和协助。《防洪法》第6条规定，任何单位和个人都有保护防洪工程设施和依法参加防汛抗洪的义务。可见，这些条款规定实际上就是要求行政相对人遵守协助警察和水利机关执行公务的决定。

（三）维护公益的义务

行政相对人有义务维护国家和社会公共利益。在国家和社会公共利益正受到或可能受到损害或威胁时，行政相对人应采取措施，尽可能防止或减少损害的发生。如《中华人民共和国传染病防治法》第31条规定，任何单位和个人发现传染病病人或者疑似传染病病人时，应当及时向附近的疾病预防控制机构或者医疗机构报告。行政相对人维护公益致使本人财产或人身受到损失或伤害的，事后可请求国家予以适当补偿。

（四）接受行政监督的义务

行政相对人在行政管理法律关系中，要接受行政主体依法实施的监督，包括检查、审查、检验、鉴定、登记、统计、审计，依法向行政主体提供情况、说明和报表、账册等有关材料。[①]

（五）提供真实信息的义务

行政相对人在向行政主体申请提供行政服务（如申请许可证照）或接受行政主体监督时，向行政主体提供的各种信息资料应真实、准确，如故意提供虚假信息，要为之承担相应的法律责任。如《行政许可法》第31条规定，行政许可申请人申请行政许可，应当如实向行政机关提交有关材料和反映真实情况，并对其申请材料实质内容的真实性负责。第78条规定，行政许可申请人隐瞒有关情况或者提供虚假材料申请行政许可的，行政机关不予受理或者不予行政许可，并给予警告；行政许可申请属于直接关系公共安全、人身健康、生命财产安全事项的，申请人在1年内不得再次申请该行政许可。第79条规定，被许可人以欺骗、贿赂

[①] 参见《行政许可法》第61、62条。

等不正当手段取得行政许可的,行政机关应当依法给予行政处罚;取得的行政许可属于直接关系公共安全、人身健康、生命财产安全事项的,申请人在3年内不得再次申请该行政许可;构成犯罪的,依法追究刑事责任。

(六)遵守法定程序的义务

行政相对人无论是请求行政主体实施某种行政行为(如申请办理营业执照、申请行政复议等),还是应行政主体要求作出某种行为(如纳税、征用财产等),均应遵守法律法规规定的程序、手续、时限,否则可能导致自己提出的相应请求不能实现,甚至要为之承担相应的法律责任。例如,不按时纳税可能要受到被科处滞纳金或其他形式的行政处罚。①

---

① 参见《税收征收管理法》第15—27、60—62条。

第七章 行政行为概述

第一节 行政行为的概念与分类

一、行政行为的概念

(一) 行政行为的域外定义

从世界范围看,"行政行为"系因大陆法系国家或地区行政诉讼制度的需要衍生而来。英美法系国家或地区由于不存在独立的行政法律体系,其行政法著述中鲜有行政行为概念的讨论。[1]

当代法国行政法对行政行为存在三种不同的识别标准:行政机关标准、行为性质标准和行为作用标准。行为作用标准为通说,即行政行为是指行政机关用以产生行政法上的效果的法律行为,以及私人由于法律或行政机关授权执行公务时所采取的某些行为。[2]

《联邦德国行政程序法》第35条规定,行政行为是指行政机关为规范公法领域的个别情况而采取的具有直接对外效力的处分、决定或其他官方措施;一般处分是一类行政行为,它针对依一般特征确定或可确定范围的人,或涉及物的公法性质或公众对该物的使用。有的德国学者更将其概括为"行政机关对具体事实作出的具有直接外部法律效果的处理行为"。[3]

日本也采这种学说,认为行政行为是指行政机关就具体事项所为的公法上的单方行为,将立法行为、公法契约、合同行为等排除于行政行为概念之外。《日本行政程序法》将其称为"行政处分"。

我国台湾地区"行政程序法"第92条第1款特别规定,其所称"行政处分"系指行政机关就公法上具体事项所为之决定或其他公权力措施而对外直接发生法律效果之单方行政行为(行政行为是行政处分的上位概念)。

综观之,随着行政程序法典化的兴起以及行政诉讼法制的健全,行政行为日渐成为具有特定内涵的法律用语。

(二) 我国行政行为的概念

"行政行为"一词最早出现在1983年我国第一本行政法学教材王岷灿主编的《行政法概要》一书中,此后一直沿用,但其概念界定学界多有分歧,先后形成了最广义说、广义说、狭义说和最狭义说。[4] 进入20世纪90年代以后,狭义说逐渐得到多数学者的认可,逐渐成为行

---

[1] 行政行为与相邻行为的区别:(1) 假冒行政行为,如企业对职工"行政罚款",假冒公务人员的行为,民事主体的身份行为;(2) 个人行为;(3) 国家行为,包括以国家名义作出的统治行为、政治行为、政府行为,如国防行为、军事行为、外交行为、紧急行为(戒严、救灾)、其他重大国家公益行为。

[2] 参见王名扬:《法国行政法》,中国政法大学出版社1988年版,第135—137页。

[3] 参见〔德〕哈特穆特·毛雷尔:《行政法学总论》,高家伟译,法律出版社2000年版,第182页。

[4] 参见杨海坤:《中国行政法基本理论》,南京大学出版社1992年版,第252页。可上溯至1928年白鹏飞、1933年范扬《行政法总论》。日本也曾有此四说,最狭义说最终成为通说。

政法学界的通说。以《行政诉讼法》对"具体行政行为"这一学术名词的吸纳为标志,行政行为在我国逐渐成为特定的法律术语。

学界通说认为,行政行为是行政主体运用行政职权所实施的对外具有法律效力的行为,是指具有国家行政职权的机关、组织及其工作人员作出的与行使国家职权有关的对公民、法人或者其他组织权益产生实际影响的行为。[①]

一般认为,行政行为具有四个要素:

(1) 主体要素:行政行为是具有行政职能的组织或者身处特殊职位的个人的行为。[②] 行政行为的主体是行政主体,包括行政机关和法律法规授权行使行政职权的组织。

(2) 职权要素:行政行为是行政主体行使行政职权、履行行政职责所为的行为,区别于行政主体作为行政相对人和作为机关法人从事民事行为的身份(有学者总结为"目的要素",认为行政行为的目的在于实施国家行政权),也不同于其作为司法主体的行为。

(3) 法律要素:行政行为是具有法律效力的行为,区别于事实行为(依照法律规定不能够引起法律关系的产生、变更和消灭的行为)。

(4) 外部要素:行政行为主要是对外的行为,即直接影响行政相对人一方权利义务的行为,区别于行政规范的制定。行政行为会导致行政相对人权利义务的产生、变更或消灭。

当然,在行政执法和行政诉讼的实践中,行政主体不仅包括行政机关和法律法规授权的组织,还包括某些社会公权力组织;行政行为不仅包括职权行为,还包括行政协议行为;不仅包括法律行为,还包括事实行为;不仅包括外部行为,还包括内部行为外部化的行为。

二、行政行为的分类

对行政行为按照不同的标准进行分类,是对行政行为的深度研析,揭示了行政行为的特征与规律。行政行为根据不同的标准可以作不同的分类,其中有些分类在行政管理技术中具有重要意义,有些分类则在法律上具有重要意义。行政法学只研究具有法律意义的行政行为分类,对行政行为一般作如下划分:

(一) 抽象行政行为与具体行政行为

行政行为以其对象是否特定为标准可划分为抽象行政行为与具体行政行为。[③] 抽象行政行为是指行政机关针对不特定的对象制定和发布普遍性行为规范的行政行为,即行政机关制定具有普遍约束力的规范性文件的行为,包括制定行政法规、行政规章、规章以下的其他规范性文件的行为。具体行政行为是指行政主体针对特定的人和事,作出的直接影响行政相对人权利和义务的行为,即行政主体针对特定对象、就特定事项作出处理决定的行政行为,包括行政处罚、行政许可、行政征收、行政征用、行政裁决、行政强制执行等。二者的区别

---

① 中华人民共和国最高人民法院行政审判庭编、李国光主编:《行政执法与行政审判参考》(2000年第1辑,总第1辑),法律出版社2000年版,第185—186页。

② 如我国《海商法》第36条第1款规定:为保障在船人员和船舶的安全,船长有权对在船上进行违法、犯罪活动的人采取禁闭或者其他必要措施,并防止其隐匿、毁灭、伪造证据。我国《民用航空法》第46条有类似规定。

③ 参见张树义:《论抽象行政行为与具体行政行为的划分标准》,载《中国法学》1993年第1期。关于二者的区分标准,总结出两大派:一是结果派,从对象是否特定、能否反复适用、行为表现形式、效力时间、具体内容、强制力六个因素进行判断;一是过程派,主要包括三个判断因素,即行政行为是否有授权法的依据,行政行为经过的是立法程序还是行政机关的单方意思表示,行为的结果。其实两种区分标准是同质的。截至目前,无论学界抑或实务部门,大多采用结果论。

主要表现在：

第一，调整范围或调整对象不同（针对的对象是否特定）。抽象行政行为针对的是不特定的多数人和事；具体行政行为针对的是特定的人和事。对象的特定与不特定，并不以数量的多寡而论，而在于对象在数量上能否得到确定。

关于"对象"有两种理解：一是人和事都要特定；二是人或事特定。后者又分为两种判断：一种是以相对人特定为主；一种是当人的特定性与事项的具体性发生矛盾时，应以事项是否特定为决定性判断标准。

关于"特定"有两种理解：一种观点认为，行政行为的特定"是它确定了行政主体与具体的、个别化了的行政主体与行政相对人的法律关系产生、变更或者消灭"[①]；另一种观点以对象数量是否可以统计为判断标准，认为行为对象的数量在该行政行为作出时可以统计和确定，则视为该行为对象特定。[②]

第二，能否反复适用。反复适用应当理解为对事件或事项的反复适用，而不是对人的反复适用。抽象行政行为在条件具备的情况下能够反复适用，而具体行政行为不然。如交通管制可以在一定时间、范围内反复适用。

第三，影响当事人权利义务的方式不同。抽象行政行为具有间接的法律效果，它不能直接使行政相对人发生权利义务的变化，而是使有关行政相对人拥有产生权利义务变化的依据。例外情形是交通管制，《中华人民共和国道路交通安全法》（以下简称《道路交通安全法》）第99条规定："有下列行为之一的，由公安机关交通管理部门处二百元以上二千元以下罚款；……（六）违反交通管制的规定强行通行，不听劝阻的……"交通管制虽然是抽象行政行为，但其直接影响当事人的权利义务，违反义务将直接受到处罚。具体行政行为能直接产生有关权利义务的法律效果，使行政相对人的权利义务发生变化。在判断某一行政行为是具体行政行为还是抽象行政行为时应着眼于行为是否为行政相对人设定了义务，并且违背该义务是否会被直接强制执行。

第四，行为程序不一样。抽象行政行为一般以规范性文件的形式出现，即其程序是制定规范的程序，比较严格；而具体行政行为通常以处理、决定等形式出现，适用的是一般的行政程序。

对抽象行政行为与具体行政行为的区分具有重要的理论意义和现实意义，是我们理解和把握行政复议范围和行政诉讼范围的关键，也是帮助我们认识行政权的运作形态和效力的方式。

（二）羁束行政行为与裁量行政行为

行政行为以受法律规范拘束的程度为标准，分为羁束行政行为和裁量行政行为。羁束行政行为是由法律规范明确规定行为的范围、条件、形式、程序等的行政行为。行政机关没有选择的余地，只有依法执行的义务或职责，如颁发律师执业资格证。

裁量行政行为是指法律规范仅对行为目的、行为范围等作一系列原则性规定，行政机关可以在一定的幅度范围内对具体条件、标准、幅度、方式等进行选择的行为。如《治安管理处

[①] 参见罗文燕、石红卫：《具体行政行为和抽象行政行为区别标准新表述》，载《浙江工商大学学报》2004年第4期。
[②] 参见叶必丰：《行政法与行政诉讼法》，高等教育出版社2007年版，第139页。

罚法》第23条规定:"有下列行为之一的,处警告或者二百元以下罚款;情节较重的,处五日以上十日以下拘留,可以并处五百元以下罚款;……"

羁束行政行为与裁量行政行为的划分,对于行政机关而言,是要求不同,前者只有合法性问题,后者还有合理性问题;对于法院而言,是审查强度的不同,对于行政处罚显失公正的,还要进行合理性审查。

(三) 依申请行政行为与依职权行政行为

行政行为以是否主动采取和作出为标准,分为依申请行政行为和依职权行政行为。依申请的行政行为指以行政相对人的申请为前提而作出的行政行为,即行政主体只有在相对人申请的条件下才能作出的行政行为,又称为被动行政行为或消极行政行为。如行政许可、行政给付、行政奖励、行政确认、行政裁决等。应当指出的是,行政相对人的申请尽管是一种意思表示,但最终决定权在行政主体。

依职权的行政行为是行政机关主动作出的行政行为,即行政机关依据其本身所具有的法定行政权,不需要相对人的申请即可作出,而且必须依职权主动作出的行政行为,又称为主动行政行为或积极行政行为。如行政规划、行政命令、行政征收、行政处罚、行政强制等。

二者区分的意义主要在于分析行政行为的实施条件:依申请行政行为只有具备相对人申请这一条件才能实施,依职权行政行为则不需要相对人申请就能实施。

(四) 外部行政行为与内部行政行为

行政行为以适用与效力作用的对象范围为标准,分为外部行政行为和内部行政行为。外部行政行为是指行政主体在行政管理过程中对处于行政相对人地位的公民、法人或者其他组织所作出的行政行为,行政主体与行政相对人之间不存在隶属关系,如行政处罚行为、行政许可行为。内部行政行为是指行政主体在内部行政管理过程中所作的只对行政组织内部产生法律效力的行政行为,如行政处分、编制、人事、财物、档案、秘书等。

划分内部行政行为与外部行政行为的意义在于:外部行政行为与内部行政行为的适用对象、采用方式、手段并不相同,因而采取的救济途径也是不同的。外部行政行为在符合法定条件的情况下,可以提起行政复议和行政诉讼;而内部行政行为只能通过申诉等途径进行救济,不得提起行政复议和行政诉讼。

(五) 作为行政行为与不作为行政行为

行政行为以行政主体的义务是作为义务还是不作为义务,对义务的态度是积极还是消极为标准,分为作为行政行为和不作为行政行为。作为行政行为是指行政主体以积极的、直接对客体发生作用的方式进行的行政行为。不作为行政行为是指行政主体负有某种作为的法定义务,并且具有作为的可能性而在程序上逾期有所不为的行为。① 具有一定行政管理职权的主体应该依法行使其职权,即"依法必须作为",否则应承担相应后果,如公安保护公民人身自由、市场监督部门打击假冒伪劣产品等的职权行为。

(六) 终局行政行为与非终局行政行为

行政行为以行政相对人能否对其提起行政诉讼为标准分为终局行政行为和非终局行政行为。终局行政行为是指依照法律规定行政机关拥有最终行政裁决权的行政行为。它具有

---

① 参见周佑勇:《行政不作为构成要件的展开》,载《中国法学》2001年第5期。

两个特点:一是这种行为体现着行政机关拥有最终行政裁决权。即终局行政行为一经作出,便具有最终的法律效力。如果行政相对人对这种行为不服,不能提起行政诉讼。二是这种行为的最终行政裁决权须由法律明文授权。这里所说的法律,指的是全国人大及其常委会制定的法律,不包括行政法规和地方性法规,更不包括行政规章。

非终局行政行为是指行政机关作出的行政相对人可以对其提起行政诉讼的行政行为。如《行政强制法》第8条第1款规定:"公民、法人或者其他组织对行政机关实施行政强制,享有陈述权、申辩权;有权依法申请行政复议或者提起行政诉讼;因行政机关违法实施行政强制受到损害的,有权依法要求赔偿。"这表明行政强制不是由行政机关最终裁决,所以它是非终局行政行为,行政相对人不服的,可以提起行政诉讼。

（七）行政法律行为和准行政法律行为

行政行为以是否直接产生法律效果为标准分为行政法律行为和准行政法律行为。行政法律行为是指行政主体依法实施行政管理,直接或间接地产生行政法律效果的行为。准行政法律行为是指行政主体通过观念表示的方式作出的间接产生行政法律效果的行为,一般认为包括受理行为、通告行为、确认行为、证明行为。[①]

第二节 行政行为的成立与合法要件

行政行为的存在是讨论任何行政行为效力问题的逻辑起点。行政行为的成立、生效与合法有效是三个不同的概念。

一、行政行为的成立与生效

行政行为的成立是指行政行为应当具备哪些条件,才能算是正式作出,即某项行政行为是否存在。如果不成立就是该行为在事实上还不存在,它是对事实状态的判断。成立是生效与有效的前提。判断行政行为成立的标准,主要是看其是否经过了法定的程序,即是否符合法定的步骤、时限、方式、形式等要求,行政行为不符合法定的成立程序即为"依法不成立"。

对于行政主体来说,行政行为的成立与生效的时间是一致的,行政行为一旦作出就对行政主体有约束力。对于行政相对人来说,行政行为成立后,并不意味着行政行为立即对相对人生效,行政行为只有在通知后才能对其产生形式效力。正是行政行为的成立与行政相对人的实际知悉之间客观上存在的一定的时间差,使得生效成为一种独立的形态,否则成立完全可以取代或包容生效的概念。对于相对人来说,生效既意味着该行政行为争讼时效的开始,也意味着其享有权利、承担义务的开始。

行政行为的生效有以下几种情况:一是即时生效,如当场行政处罚;二是送达生效;三是告知生效;四是附条件生效。但生效的行政行为不一定都有效。根据"效力先定"原则,行政行为生效后,无论是否合法,都推定为有效。

[①] 参见姜明安主编:《行政法与行政诉讼法》(第7版),北京大学出版社、高等教育出版社2019年版,第431—433页。

二、行政行为的合法要件

行政行为的合法有效①——实质有效，是指行政行为应当具备合法的基本要求，才能得到法律肯定的情形，即行政行为应当符合基本条件，符合法律的规定和精神，只有合法的行政行为才是有效的，才对相对人具有拘束力。

合法有效必须符合下列要件：一是行政行为的主体合法，即必须具有行政主体资格且具有行政权限；二是证据确凿；三是适用法律、法规正确，即行政行为的内容合法、适当；四是程序合法；五是没有滥用职权。即主体合法②、权限合法、内容合法和程序合法。

行政行为除因合法而生效外，在以下三种特殊情形下也应当视为有效：一是行政相对人在法定时效届满时未提出救济请求，除了无效行政行为之外，不管该行政行为是否合法，一般均视为有效。即已生效的行政行为将不经审查判断阶段而直接进入有效状态。二是对于某些程序上存在轻微瑕疵的行政行为，经补正的承认其有效。三是对于某些一般性的违法行政行为，有权主体可以根据利益衡量原则或通过追认、转换等手段维持其效力，从而使其达到有效的状态。

第三节 行政行为的效力

行政行为效力的内容包括公定力、确定力、拘束力、执行力。

一、行政行为的公定力

行政行为的公定力是指行政行为一经作出，除自始无效外，即获得有效性推定，在未经有权机关依法撤销之前，要求任何国家机关、社会组织或者公民个人对其给予承认、尊重和服从，并不得根据自己的判断对其无视、否定或抵抗的效力。

（一）公定力的发生前提

一是行政行为已经作出而成为客观存在的事物，如行政行为尚未最终形成，则外界无从识别，更无公定力可言。无效的行政行为虽已成立，但其自始不具有法律效力，任何人在任何时候对其都无须服从，行政相对人对其拥有直接抵抗权，也即无效行政行为无公定力可言。

（二）公定力的本质

公定力传递着这样一个理念：不管行政行为是否合法，都应被推定为有效且对外产生法律效力。只要行政瑕疵、行政争议一日尚存，公定力即有继续存在的必要。当然，公定力所

---

① 其实，合法与有效并不能等同。合法是对行政行为的肯定性法律评价，其条件严格；有效则是对行政行为的肯定性效力评价，其条件相对灵活，有的情况下，行政行为虽不合法，却也可能是有效的。如《行政诉讼法》第74条规定："行政行为有下列情形之一的，人民法院判决确认违法，但不撤销行政行为：（一）行政行为依法应当撤销，但撤销会给国家利益、社会公共利益造成重大损害的……"即合法的肯定是有效的，但有效的不一定是合法的，也有不合法但有效的情形。

② 主体合法是否为判断行政行为合法的要件存在一定的分歧。有观点认为，一个行政行为的作出，只需要实施者是具有行政权能的组织或身处特殊职位的个人即可，至于该组织或个人是否合乎法律规定的资格和条件并不影响该行政行为的存在。主体合法应当是判定行政行为合法、有效的首要条件。笔者认为，应先看行为再看主体以判断其效力，而非先看主体否定行为，如"临时工"的行为。

蕴含的有效性推定绝不意味着该行政行为已经当然地具备实质效力,而只是表明其在形式上暂时被假定为有效。至于该行政行为能否最终取得实质效力,还应视其是否具备一切法定要件而定。公定力只具有临时效用,支持行政行为效力在程序上的不间断性。①

(三)公定力的适用对象

公定力是一种"对世权",即此种效力不仅及于行政相对人和行政主体本身,而且及于其他任何机关、组织、个人。其他任何机关、组织、个人在其行为或活动中,都要尊重相应的行政行为,不得违反,也不得作出与之相抵触的行为。它反映了全社会对国家公权力行为的承认与尊重。

(四)公定力的基本要求

公定力要求受其拘束的对象承担两项基本义务:先行服从义务,行政相对人只能先履行再诉诸救济渠道解决效力异议,否则有关机关可运用强制手段迫使其履行;不容否定义务,基于对国家机关之间权力配置、分立秩序尊重的考虑,当行政机关作出行政行为时,其他行政机关及法院必须保持克制和容忍,其他社会组织和个人也应当正视其存在,不得以自己的行为破坏该行政行为确定的社会关系。

二、行政行为的确定力

行政行为的确定力,是指已成立的行政行为所具有的限制行政主体一方依职权随意对其予以改变的作用力,除非有重大、明显的违法情形,行政主体本身非经法定程序不得变更、撤销或废止相应行政行为。

(一)确定力的发生时间

行政行为的确定力发生于行政行为成立之时,即行政行为一经作出行政主体即不能再随意加以改变。对行政机关本身来说,行政行为效力的开始时间和行政行为的成立时间是一致的,一经作出即生效,客观上能有效地限制行政权的恣意妄为,也有助于行政主体认真对待行政程序。

(二)确定力的适用对象

行政行为的确定力主要是针对行政主体而言的,包括原行政主体及其上级行政机关。目的主要在于防止行政主体反复无常,任意变更、撤销、废止其已作出的行政行为(特别是授益行政行为),导致行政相对人权益的损害。

(三)确定力的行为范围

一切行政行为都应当具有确定力,不论该行政行为是否已经超过法定救济时效,也不论

---

① 行政行为为什么会具有公定力?行政法学理上先后出现过"自己确认说""国家权威说""法安说""既得权说""社会信任说""实定法承认说""法律推定说"等多种观点。参见章志远:《行政行为效力论》,中国人事出版社2003年版,第60页以下。但"秩序需求说"也许更为妥当。秩序概念意指在自然进程和社会进程中都存在着某种程度的一致性、连续性和确定性。无序概念则表明存在着断裂和无规则的现象。一个人、一个群体乃至一个社会的生存和发展都离不开良好的社会秩序的维系和保障。对社会秩序的信赖和期待,不仅是外在的客观环境使然,也有着深刻的心理根源。稳定的社会秩序为人们的相互交往带来了极大的安全感,也为个人自主地选择行为模式和生活方式提供了可能。秩序可视为与法律永相伴随的基本价值。或者说,稳定的社会秩序是法治赖以实现的前提,也是检验法治达致与否的标尺。对行政行为的遵循与服从,也是为社会生活提供有序性和稳定性。行政行为一旦作出应被推定为有效,对全体社会成员都具有约束力,只有公权力失序,即追求自身独特的利益而引起整个社会秩序紊乱时,才可对其效力予以先行否定。参见周佑勇主编:《行政法专论》,中国人民大学出版社2010年版,第266—267页。

其是否按照司法程序作出或已经行政法院判决而确定,更不论其是授益性决定还是负担性决定,除非自始无效,否则行政行为一经成立即具有确定力。

(四) 确定力的基本要求

行政行为的确定力要求行政主体一方非有法定事由且经严格的程序不得对原行政行为作出改变,包括撤销、变更、废止等。

当然,确定力并不意味着行政行为绝对不能改变。虽然行政行为作出后,除非有重大、明显的违法情形,在法律上假定其合法,但是这种假定在法定的期限内是可以依一定的事实和证据推翻的。行政相对人如果在法定期限内认为相应行政行为违法,可以通过行政复议和行政诉讼要求撤销和改变;行政主体或者行政主体的上级机关如发现相应行政行为违法或不当,任何时候都可以依照法定程序撤销或改变。同时,也并不排除行政主体对原行政行为进行某种补正(轻微的程序瑕疵)或更正(技术、文字等错误)。

三、行政行为的拘束力

行政行为的拘束力,是指行政行为生效后,作为行政相对人的个人、组织都要受该行为的约束,履行该行为确定的义务,不得作出与该行为相抵触的行为。除行政相对人以外,行政行为还应受到其他国家机关的尊重,在其作出决定时,应以该行政行为的存在或内容为构成事实的基础;行政行为中的事实认定或法律评价即理由部分,在法定情况下也对其他国家机关产生约束。在此意义上,可以说,行政行为对行政相对人以及其他国家机关都具有拘束力量。

四、行政行为的执行力

行政行为的执行力,指已生效的行政行为具有的要求相对人自行履行或者强制相对人履行其设定的义务的法律效力。

执行力发生于行政行为生效之时,终于失效之前。行政行为生效后,行政相对人应当自行履行,行政行为只具有形式上的效力,相对人面临三种选择:一是积极履行,使行政行为效力自然归于消灭;二是依法提起行政复议或行政诉讼,并试图延缓行政行为的执行;三是逾期不履行也未提起复议或诉讼,则转至强制执行。只有出现第三种情形时,行政行为的执行力才客观体现出来。这既是行政权的完整性使然,也是行政行为公定力的内在要求。

执行力因行政行为所设定的义务的不同而互有差异。有的情况下,行政行为所设定的义务只能依赖于相对人的自觉履行,行为本身并不能被强制执行。如行政机关吊销证照的行为,意在使相对人停止使用原先的证照进行生产、经营活动,倘若相对人继续使用,行政机关只能采取行政处罚等措施,而无法对吊销证照行为本身进行强制。另一些情况,行政行为的作出即意味着执行的完结,如警告、盘问等。此外,执行力的灵活性还体现在其不同阶段的转化上。如自觉履行期限届满即进入强制履行阶段,但在强制履行之前,相对人仍可自觉履行;某些限制人身自由的处罚或强制措施,在提供了相应担保之后,可以暂缓执行。

五、行政行为的撤销、变更、废止与无效

(一) 行政行为的撤销

行政行为的撤销,是指对已生效的行政行为,因其违法或不当,由有权国家机关依法对其作出撤销决定,从而溯及既往地否定其效力。行政行为撤销不同于行政行为无效,行政行为自撤销之日起向前向后都失去效力,即溯及既往并自始无效,但未被撤销之时,该行政行为对相对人仍是有效。需提醒的是,"可撤销"不等同于"必然撤销",行政相对人申请行政复议或提起行政诉讼均有一定时限,超过此时限即不能申请撤销相应行为,除非行为机关主动撤销(主动撤销又须受信赖保护原则的限制)或有权机关通过其他法定监督途径撤销。[①]

1. 行政行为撤销的条件

一般而言,行政行为撤销的条件有二:

(1) 行政行为欠缺合法要件。根据行政法一般原理,合法的行政行为须同时具备以下四个要件:主体合法、权限合法、内容合法、程序合法。因之,若某一行政行为缺损其中一个或多个要件,该行政行为即是可撤销的行政行为。

(2) 行政行为不适当。不适当的行政行为也是可撤销的行政行为。其中,"不适当"是指行政行为具有不合理、不公正、不合时宜、不合乎善良风俗的情形。需说明的是,不适当的行政行为在多数情况下属于不合法行政行为,但在某些情况下,不适当的行政行为并不违法。

2. 行政行为撤销的法律后果

根据行政法及相关规范,行政行为撤销的法律后果有三:

(1) 行政行为自撤销之日起失去法律效力,撤销之前仍有效。行政行为未被撤销之前,行政相对人仍应履行行政行为设定的具体义务,相对人对行政行为没有直接抵制权。但若对相对人设定义务或不利处理是非相对人的过错造成的,撤销的效力应追溯到行政行为作出之日。

(2) 行政行为的撤销是因行政主体过错引起,且相应行政行为属授益行政行为,撤销的效力可不追溯到行政行为作出之日。但是,如因社会公益需要必须使行政行为撤销效力追溯至行为作出之日,由此给相对人造成的一切实际损失,则均由行政主体予以赔偿。例如,行政主体违法批地给某企业盖房建厂,后因违法批准行为被撤销,导致已盖好的厂房因不符合城市建设规划而必须拆迁,违法批地的行政机关应赔偿拆迁企业因此遭受的损失。[②]

(3) 行政行为的撤销是因行政相对人的过错或行政主体与相对人共同过错引起,行政行为撤销的效力应追溯到行为作出之日。如行政行为是在相对人行贿、行政主体工作人员受贿的情况下作出的,行政主体通过相应行政行为给予相对人的利益、好处均要收回;行政相对人因行为撤销而遭受的损失,由其自身负责;其他个人、组织因撤销行政行为所受损失,由行政主体和行政相对人依其过错程度共同赔偿。

(二) 行政行为的变更

行政行为的变更是指作出原具体行政行为的行政主体、上级有权行政机关和法院对

[①] 姜明安:《行政法》(第5版),法律出版社2022年版,第291页。
[②] 《行政法与行政诉讼法学》编写组编:《行政法与行政诉讼法学》(第2版),高等教育出版社2018年版,第100页。

原具体行政行为内容的变更。变更通常是让行政行为继续存在，只是在种类、幅度等内容上作出一定调整，使之更为合理、适当。在这一点上，它不同于对行政行为的完全撤销。

1. 行政行为变更的内容

行政行为的变更既适用于内容违法、不当的行政行为，也适用于内容合法、适当的行政行为。具言之，行政行为的变更包含以下内容：

（1）行政行为的内容变更。内容变更是指行政行为所引起的行政法律关系主体的权利义务的变化，如行政相对人义务的减少。

（2）行政行为的规范依据变更。规范依据变更是指行政机关改变行政行为所依据的法律、法规、规章及其他有关规范性文件，如行政机关将行政行为作出规范理由从规范性文件改为规章。

（3）行政行为的形式变更。形式变更是指行政行为从一种形式变更为另一种形式，如行政机关的口头行政决定改为书面决定。

2. 行政行为变更的主体

行政行为的变更应由有变更权的机关作出，有权变更行政行为的机关包括原行政行为的作出机关、对该行政行为有监督权的行政机关和人民法院。

（1）行政机关。行政机关有权作出行政行为，当然也有权变更行政行为。这儿的行政机关包括作出行为的行政机关及对该行政行为有监督权的行政机关。一般而言，行政机关变更行政行为的情形有二：一是行政行为所依据的法律、政策改变或事实情况发生变化；二是行政相对人请求行政机关变更原行政行为。考虑到行政行为对行政相对人法律地位的实际影响，改变行政行为不能由行政机关任意决定，即行政机关变更行政行为时，须考虑行政行为的违法不当性以及相关利益因素。

（2）人民法院。《行政诉讼法》第77条第1款规定："行政处罚明显不当，或者其他行政行为涉及对款额的确定、认定确有错误的，人民法院可以判决变更。"据此可知，在我国，人民法院有权变更行政行为，值得注意的是，法院享有的变更权是有限的，仅限于明显不当或款额的确定、认定确有错误的行政处罚，而非所有行政行为。

（三）行政行为的废止

行政行为的废止，又称为行政行为的撤回，是指行政行为由于情况变化，不再适应新的情况，有权机关解除原本合法的行政行为，使那些没有继续存在必要或已不符现状的行政行为失去效力。

1. 行政行为废止的条件

行政行为具有确定力，基于法的安定性考虑与信赖保护的要求，合法的行政行为理应维持其效力，只有在某些法定情形下，才能依法定程序废止，具言之，行政行为废止通常包含以下情形：（1）原行政行为所依据的法律、法规、规章、政策经有权机关依法修改、废止或撤销，相应行为如继续存在，则与新的法律、法规、规章、政策相抵触。（2）原行政行为具有废止保留的附款。（3）行政行为所依据的客观情况发生重大变化，原行政行为继续存在将不利于或损害国家、社会公共利益。为了公共利益的需要，行政主体必须废止原行政行为。（4）国际、国内或行政主体所在地区的形势发生重大变化，原行政行为的继续存在将有碍社会政治、经济、文化的发展，甚至给国家和社会公共利益造成重大损失。（5）原行政行为已完成原定目标、任务,实现了其历史使命,从而没有继续存在的必要,行政行为自然终止。

2. 行政行为废止的法律后果

根据行政法及相关规范,行政行为废止的法律后果有二:(1) 行政行为自废止之日起失效,行政行为在废止前的时间仍然有效,即废止的效力不溯及既往。同时,行政主体在行为废止之前通过相应行为给予行政相对人的利益、好处不再收回;行政相对人依原行为已履行的义务亦不能要求行政主体予以赔偿或补偿。(2) 若行政行为的废止是因法律、法规、规章、政策的废、改、撤或客观情况的变化,为了公共利益的需要而实施的,那么对此种废止给行政相对人的合法利益造成的比较大的损失,行政主体应予以补偿,但无须予以赔偿。

(四) 行政行为的无效

行政行为的无效是指行政行为作出之时因欠缺法定实质要件而自始全然不发生法律效力的状态。无效行政行为在效力上表现为自始无效、当然无效、确定无效和绝对无效。自始无效是指行政行为自作出时就完全不具备法律效力;当然无效是指不须相对人主张或知道、法院或行政机关确认即为无效;确定无效是指对该无效行政行为,此后任何事实都不能使之有效;绝对无效是指法律绝不承认其具备法律效力。"一旦法院宣布某一行政行为在法律上无效,那就如同什么事也没有发生一样。"①

1. 行政行为无效的情形

(1) 行政行为有重大、明显瑕疵。行为大多因重大而明显的瑕疵自始无效。"重大",即行政行为的瑕疵已达到连信赖保护原则都无法对其进行解释的境地;"明显",即一目了然。

(2) 行政行为不成立。不成立可以导致行政行为无效,实体上重大明显违法也可导致行政行为无效。在法律上,未成立和无效的具体行政行为是不能被诉或被撤销的。

(3) 行政行为具有明显违法情节。具言之,存在以下情形的行政行为亦属无效:① 行政行为以书面方式作出但未获得作出行政机关认可的;② 依据法律规定作出行政行为时须递交有关文书但未符合这一形式的;③ 行政机关在地域管辖之外作出行政行为且未获得授权的;④ 行政行为事实上无人能够执行的;⑤ 行政行为要求作出犯罪行为的或属于治安罚款行为的;⑥ 行政行为违反善良风俗的。

2. 行政行为无效的法律后果

(1) 从时间上看,无效的行政行为在任何阶段都不具有效力,且不因事后的追认、转换或争讼时效的经过而自然取得效力。行政行为自始无效,并不因时效的丧失而有效。如无管辖权的机关的作为(如天津市工商局的处罚写成了北京市的)、对错误的人的处罚、书面记载不清的(如行政主体、行政相对人或决定内容不清)、法律强制规定应该作出书面决定而未作出的、本身违法的行政决定(如违反刑法或公序良俗)等。

(2) 从内容上看,一方面,无效的行政行为根本不具有公定力,任何人、任何机关都可以无视其存在;对于负担性行政行为,行政相对人可以不受该行政行为拘束,不履行该行为为之设定的任何义务,并对此不履行不承担法律责任(区别于可撤销的行政行为,可撤销的行政行为自撤销时失效,行政相对人在此前仍要履行,不履行相应义务要承担法律责任);对于无效的授益性行政行为,其他利害关系人也无须尊重直接被授益的权利人,如因之发生民事

---

① 〔英〕威廉·韦德:《行政法》,徐炳等译,中国大百科全书出版社1997年版,第45页。

争议,民事法院也无须尊重该无效行政行为,可以直接认定其无效。另一方面,无效的行政行为也不具有确定力、执行力,行政相对人及其他关系人对其可以不服从、不理睬,行政机关不得以之强制执行,行政相对人有权抵制,如果行政机关强制执行,则该执行亦属无效,造成损害应予赔偿。行政相对人可以在任何时候请求有权国家机关宣布该行为无效(可撤销的行为通常只能在法定期限内提出异议或撤销请求);有权国家机关可在任何时候宣布相应行政行为无效,因为无效行政行为没有确定力。

(3) 当行政行为部分无效时,除非无效部分是该行政行为不可分割的组成部分,否则其他部分仍然有效。

(4) 行政行为被宣布无效后,行政主体通过相应行为从行政相对人处获取的利益,均应返还行政相对人,给行政相对人设定的义务均应取消,对行政相对人造成的损失均应赔偿。同时,相应无效行政行为给行政相对人的一切权益也应收回。总之,被无效行政行为改变的状态应尽可能恢复到该行为以前的状态。

3. 行政行为无效、撤销与废止的比较

行政行为的撤销、废止与无效是行政法学上三个相互联系但又有重要区别的概念。虽然三者都导致行政行为效力的终止,但引发三者的原因、效力终止的时间和情形、法律后果也不一样。

以无效、撤销的法律后果为例。一方面,无效的行政行为自始无效,当然不产生法律效力,行政相对人可以不受其拘束;而行政行为未被撤销之时,该行政行为对行政相对人仍是有效的,行政相对人应受其拘束。另一方面,对于无效的行政行为,行政相对人可以在任何时候请求有权机关宣布其无效,有权机关也可以在任何时候自行宣布其无效,无所谓法定期间的限制;而行政行为被撤销的请求与作出,都有法定期间的限制。

第八章 行政立法

第一节 行政立法的概念与分类

一、行政立法的含义与特征

（一）行政立法的含义

行政立法即特定国家行政机关依据法定权限和法定程序制定行政法规、行政规章的行为，是一种立法活动。行政立法既是行政机关行使行政管理职权的行为，又是立法行为。行政机关从事立法活动必须得到国家立法机关的授权，因此行政立法只能是一种"授权立法"或"委任立法"；同时，相对于国家立法机关的立法而言，行政立法处于从属地位，是一种"准立法活动"，其目的仍然是执行立法机关的意志。

根据《立法法》第72、91、93条的规定，享有行政立法权的国家行政机关主要包括：国务院，国务院各部、委员会、中国人民银行、审计署和具有行政管理职能的直属机构以及法律规定的机构，省、自治区、直辖市和设区的市、自治州的人民政府。

（二）行政立法的特征

我国的行政立法具有行政性质和立法性质的双重属性。一方面，行政立法作为行政机关对社会公共具有行政的性质，是一种抽象行政行为；另一方面，行政立法具有立法的性质，是一种准立法行为。

1. 行政性质

这主要表现在：① 行政立法的主体是行政机关；② 行政立法的目的是履行行政机关的行政管理职责，实现行政机关的行政管理职能，执行和实施权力机关所制定的法律、法规；③ 行政立法的内容是行政管理事务以及与行政管理密切相关的事务，所调整的对象是行政法律关系。因此，行政立法在本质上是一种行政行为。

行政立法是抽象行政行为的一种表现形式，这使得其与具体行政行为相区别：① 主体范围不同。享有行政立法权的行政机关是特定的，并非所有的行政机关都具有行政立法权；但所有的行政机关以及法律、法规授权的组织都可以实施相应的具体行政行为。② 行为对象不同。行政立法行为针对的对象具有不特定性；而具体行政行为针对的对象则具有特定性。③ 适用效力不同。行政立法所制定的行政法规和行政规章具有反复适用性，在其被明令废止或撤销之前，都必须执行；而具体行政行为所作出的决定则是一次性适用的，之后效力自动终止。④ 程序和形式不同。行政立法必须遵循正式、严格的立法程序，包括编制立法工作计划、起草、征求意见、审查、决定与公布、备案等程序，对行政法规和行政规章的形式也有着特别的要求，这些都与具体行政行为有着明显区别。

2. 立法性质

这主要表现在：① 行政立法是享有行政立法权的行政机关代表国家，以国家的名义创制行政法律规范的活动;② 行政立法所制定的行政法规和行政规章属于法的范畴,具有法的基本特征,即普遍性、规范性、强制性;③ 行政立法遵循相应的立法程序,而且具有立法的形式特征。

相对于以权力机关为主体的立法而言,行政立法又是一种准立法行为。在我国,行政立法与权力机关立法主要有以下不同之处:① 主体不同。权力机关立法的主体是人民代表大会及其常委会,是由公民选举产生的民意机构;行政立法的主体是行政机关,是由权力机关产生并受其监督的执行机构。② 内容不同。权力机关立法通常涉及国家政治、经济、文化生活中的基本制度和重大问题,行政立法主要是为了执行法律法规的规定和解决行政管理中的具体问题。③ 位阶不同。在法律体系中,权力机关所立之法的位阶高于相应的行政机关所立之法,即法律的效力高于行政法规和规章,地方性法规的效力高于本级和下级地方政府规章。④ 程序不同。权力机关立法的程序较为正式、严格,更注重民主;行政机关立法的程序较为简易、灵活,更注重效率。

二、行政立法的分类

(一) 职权立法与授权立法

根据立法权的来源,行政立法分为职权立法与授权立法(又称委任立法)。

1. 职权立法

职权立法是指行政机关根据宪法和组织法赋予的立法权(即本身有权)制定规范性文件的活动。职权立法的主体是国务院、国务院各组成部门、省级人民政府和"设区的市"的人民政府。国务院可以"根据宪法和法律,规定行政措施,制定行政法规,发布决定和命令"(《宪法》第 89 条第 1 项);国务院各部委可以"根据法律和国务院的行政法规、决定、命令,在本部门的权限内,发布命令、指示和规章"(《宪法》第 90 条第 2 款);省、自治区、直辖市的人民政府以及设区的市的人民政府,可以根据法律、行政法规和本省、自治区、直辖市的地方性法规,制定规章(《地方各级人民代表大会和地方各级人民政府组织法》第 60 条)。职权立法不能变通法律、法规的规定。

2. 授权立法

授权立法是指依据宪法和组织法以外的其他法律的授权(需要法律授权)进行的行政立法活动。进一步来说,授权立法又可以分为普通授权立法与特别授权立法两种。普通授权立法是指行政主体依据宪法和组织法以外的法律、法规的授权进行的行政立法。其立法的目的是执行或补充特定法律、法规或上级规范性文件。如 1982 年《商标法》(已修改)第 42 条规定,"本法的实施细则,由国务院工商行政管理部门制定,报国务院批准施行。"又如 1987 年《耕地占用税暂行条例》(已失效)第 15 条规定:"本条例……实施办法,由各省、自治区、直辖市人民政府根据本条例的规定,结合本地区的实际情况制定,并报财政部备案。"

特别授权立法是指国务院依据全国人大及其常委会的专门规定或决定进行的立法,是全国人大及其常委会以"决定"等形式将其制定或修改某一方面法律的权力授予国务院行使,国务院在此情形下制定的"条例""规定"等效力高于一般的行政法规,可等同于法律。其立法内容本属于权力机关的立法事项,但因经验不足或社会关系尚未定型而暂不宜由法律调整,待条件成熟再制定为法律,属于一种试验性立法。

(二)执行性行政立法与创制性行政立法

根据立法目的,行政立法又分为执行性行政立法和创制性行政立法。

1. 执行性行政立法

执行性行政立法即行政立法机关为了执行法律、法规已创设的法律制度而进行的立法,一般称为"实施细则""实施办法"等。

2. 创制性行政立法

创制性行政立法是指行政机关为了填补法律和法规空白,或者变通法律、法规的个别规定以实现行政职能而进行的立法,通常称为"暂行条例""暂行规定""暂行办法",或"试行条例""试行规定""试行办法"等。

第二节 行政立法的程序

设定行政立法程序的目的:第一,是满足适当程序要件的行政立法可在一定程度上被推定为具有实体的合理性;第二,是在对行政立法进行监督方面,诸如"武断专横"实体判断标准的应用,都立足于对在适当程序中发展起来的记录的审查;第三,是无论怎样的行政立法程序,都必须建立说明理由制度,当行政机关运用准立法权时,说明理由制度的存在本身就是对其实体合理性的一定保障。

根据《立法法》《行政法规制定程序条例》《规章制定程序条例》的规定,行政立法的程序规则主要包括:规章制定程序参照行政法规制定程序,由国务院具体规定;行政立法程序规则较为简单,主要涉及编制立法工作计划、起草、征求意见、审查、决定与公布、备案等步骤;行政法规在起草过程中,应当广泛听取有关机关、组织和公民的意见。

一、编制立法工作计划

(一)行政法规的立法计划

《立法法》第 73 条第 1 款规定:"国务院法制机构应当根据国家总体工作部署拟订国务院年度立法计划,报国务院审批。国务院年度立法计划中的法律项目应当与全国人民代表大会常务委员会的立法规划和立法计划相衔接。国务院法制机构应当及时跟踪了解国务院各部门落实立法计划的情况,加强组织协调和督促指导。"

国务院编制年度立法计划的程序是:① 国务院有关部门认为需要制定行政法规的,于每年年初编制国务院年度立法计划前,向国务院报请立项;② 国务院法制机构根据国家总体工作部署和全国人大常委会的立法规划,对部门报送的行政法规立项申请汇总研究,突出重点,统筹兼顾,拟订国务院年度立法计划;③ 报国务院审批,国务院年度立法计划在执行中可以根据实际情况予以调整。

(二)规章制订工作计划

规章制订工作计划的编制程序是:① 国务院部门内设机构或者其他机构认为需要制定部门规章的,向该部门报请立项;享有行政立法权的地方人民政府所属工作部门或者其下级人民政府认为需要制定地方政府规章的,向该地方人民政府报请立项。② 国务院部门和享有行政立法权的地方人民政府的法制机构(现为司法行政部门)对制定规章的立项申请汇总研究,拟订本部门、本级人民政府规章制订工作计划。③ 报本部门、本级人民政府批准,国务院部门和地方人民政府年度规章制订工作计划在执行中可以根据实际情况予以调整。

二、起草

(一) 行政法规的起草

《立法法》第 74 条第 1 款规定:"行政法规由国务院有关部门或者国务院法制机构具体负责起草,重要行政管理的法律、行政法规草案由国务院法制机构组织起草。……"起草行政法规,应当遵循《立法法》确定的立法原则,符合《宪法》和法律的规定,并符合下列要求:① 弘扬社会主义核心价值观;② 体现全面深化改革精神,科学规范行政行为,促进政府职能向宏观调控、市场监管、社会管理、公共服务、环境保护等方面转变;③ 符合精简、统一、效能的原则,相同或者相近的职能规定由一个行政机关承担,简化行政管理手续;④ 切实保障公民、法人和其他组织的合法权益,在规定其应当履行的义务的同时,应当规定其相应的权利和保障权利实现的途径;⑤ 体现行政机关的职权与责任相统一的原则,在赋予有关行政机关必要的职权的同时,应当规定其行使职权的条件、程序和应承担的责任。

(二) 规章的起草

部门规章由国务院部门组织起草,国务院部门可以确定由其一个或几个内设机构具体负责起草工作,也可以确定由其法制机构起草或组织起草;地方政府规章由享有行政立法权的地方人民政府组织起草,相应地方人民政府可以确定由其一个或者几个部门具体负责起草工作,也可以确定由其法制机构起草或组织起草。此外,起草规章可以邀请有关专家、组织参加,也可以委托有关专家、教学科研单位、社会组织起草。

三、征求意见

行政法规或规章的起草,应当充分听取和征求各方面意见,确保立法体现人民的意志和利益。《行政法规制定程序条例》第 13 条第 1 款规定,起草行政法规,起草部门应当深入调查研究,总结实践经验,广泛听取有关机关、组织和公民的意见。涉及社会公众普遍关注的热点难点问题和经济社会发展遇到的突出矛盾,减损公民、法人和其他组织权利或者增加其义务,对社会公众有重要影响等重大利益调整事项的,应当进行论证咨询。听取意见可以采取召开座谈会、论证会、听证会等多种形式。

《规章制定程序条例》第 16 条规定,起草的规章涉及社会公众普遍关注的热点难点问题和经济社会发展遇到的突出矛盾,减损公民、法人和其他组织权利或者增加其义务,对社会公众有重要影响等重大利益调整事项的,起草单位应当进行论证咨询,广泛听取有关方面的意见。起草的规章涉及重大利益调整或者存在重大意见分歧,对公民、法人或者其他组织的权利义务有较大影响,人民群众普遍关注,需要进行听证的,起草单位应当举行听证会听取意见。听证会依照下列程序组织:① 听证会公开举行,起草单位应当在举行听证会的 30 日前公布听证会的时间、地点和内容;② 参加听证会的有关机关、组织和公民对起草的规章,有权提问和发表意见;③ 听证会应当制作笔录,如实记录发言人的主要观点和理由;④ 起草单位应当认真研究听证会反映的各种意见,起草的规章在报送审查时,应当说明对听证会意见的处理情况及其理由。

四、审查

(一) 负责审查的组织

报送国务院的行政法规送审稿由国务院法制机构负责审查,规章送审稿由法制机构负责统一审查。

(二) 审查的内容

① 送审稿是否严格贯彻落实党的路线、方针、政策和决策部署,是否符合《宪法》和法律的规定,是否遵循《立法法》确定的立法原则;② 送审稿是否符合《行政法规制定程序条例》和《规章制定程序条例》对行政法规、规章的要求;③ 送审稿是否与有关行政立法协调、衔接;④ 送审稿是否正确处理有关机关、组织和公民对送审稿主要问题的意见;⑤ 其他需要审查的内容。

负责审查的法制机构对审查不合格的行政立法送审稿可以缓办或者退回起草部门或单位。有关机构或者部门对送审稿涉及的主要措施、管理体制、权限分工等问题有不同意见的,法制机构应当进行协调,力求达成一致意见。对有较大争议的重要立法事项,法制机构可以委托有关专家、教学科研单位、社会组织进行评估。经过充分协调不能达成一致意见的,法制机构应当将主要问题、有关机构或者部门的意见和法制机构的意见及时报起草部门、起草单位协调,或者报行政立法机关决定。

五、决定与公布

(一) 决定的方式

由于制定行政规范涉及众多行政相对人的利益,需要慎重对待,决定时一般通过会议的方式,而非由个人决定。行政法规草案由国务院常务会议审议,或者由国务院审批;部门规章应当经部务会议或者委员会会议决定;地方政府规章应当经政府常务会议或者全体会议决定。

(二) 签署公布命令

经行政立法机关审议、决定(或审批)的行政法规和规章,应经行政首长签署发布令,在政府公报上或通过新闻媒介发布。根据《立法法》第77、78条的规定,行政法规由总理签署国务院令公布。有关国防建设的行政法规,可以由中央军事委员会主席、国务院总理共同签署中央军事委员会令、国务院公布。行政法规签署公布后,及时在国务院公报和中国政府法制信息网以及在全国范围内发行的报纸上刊载。在国务院公报上刊登的行政法规文本为标准文本。《立法法》第96、97条规定,部门规章由部门首长签署命令予以公布。地方政府规章由省长、自治区主席、市长或者自治州州长签署命令予以公布。部门规章签署公布后,及时在国务院公报或者部门公报和中国政府法制信息网以及在全国范围内发行的报纸上刊载。地方政府规章签署公布后,及时在本级人民政府公报和中国政府法制信息网以及在本行政区域范围内发行的报纸上刊载。在国务院公报或者部门公报和地方人民政府公报上刊登的规章文本为标准文本。

行政立法自公布之日起30日后施行,但涉及国家安全、外汇汇率、货币政策的确定以及公布后不立即施行将有碍行政立法施行的,可以自公布之日起施行。

六、备案

行政立法应当在公布后的30日内报有关机关备案。根据《立法法》第109条的规定,行政法规报全国人大常委会备案;部门规章报国务院备案;地方政府规章应当同时报国务院和本级人大常委会备案;设区的市、自治州的人民政府制定的规章应当同时报省、自治区的人大常委会和人民政府备案。

第三节 行政立法的权限

一、行政法规的立法权限

行政法规是指国务院在法定权限内,根据宪法和法律,并按照《行政法规制定程序条例》规定的程序制定和发布的具有普遍性法律约束力的规范性文件。根据《立法法》第72条第2款的规定,国务院根据宪法和法律,制定行政法规。行政法规可以就下列事项作出规定:(1)为执行法律的规定需要制定行政法规的事项;(2)《宪法》第89条规定的国务院行政管理职权的事项。

应当由全国人大及其常委会制定法律的事项,国务院根据全国人大及其常委会的授权决定先制定的行政法规,经过实践检验,制定法律的条件成熟时,国务院应当及时提请全国人大及其常委会制定法律。

根据《立法法》第11条的规定,下列事项只能制定法律:(1)国家主权的事项;(2)各级人大、人民政府、监察委员会、人民法院和人民检察院的产生、组织和职权;(3)民族区域自治制度、特别行政区制度、基层群众自治制度;(4)犯罪和刑罚;(5)对公民政治权利的剥夺、限制人身自由的强制措施和处罚;(6)税种的设立、税率的确定和税收征收管理等税收基本制度;(7)对非国有财产的征收、征用;(8)民事基本制度;(9)基本经济制度以及财政、海关、金融和外贸的基本制度;(10)诉讼制度和仲裁基本制度;(11)必须由全国人大及其常委会制定法律的其他事项。

另外,根据《立法法》第12条规定,对于上述规定的事项尚未制定法律的,全国人大及其常委会有权作出决定,授权国务院可以根据实际需要,对其中的部分事项先制定行政法规,但是有关犯罪和刑罚、对公民政治权利的剥夺和限制人身自由的强制措施和处罚、司法制度等事项除外。

二、部门规章的立法权限

根据《立法法》第91、92条的规定,国务院各部、委员会、中国人民银行、审计署和具有行政管理职能的直属机构以及法律规定的机构,可以根据法律和国务院的行政法规、决定、命令,在本部门的权限范围内,制定规章。

部门规章规定的事项应当属于执行法律或者国务院的行政法规、决定、命令的事项。没有法律或者国务院的行政法规、决定、命令的依据,部门规章不得设定减损公民、法人和其他组织权利或者增加其义务的规范,不得增加本部门的权力或者减少本部门的法定职责。涉及两个以上国务院部门职权范围的事项,应当提请国务院制定行政法规或者由国务院有关部门联合制定规章。

三、地方政府规章的立法权限

根据《立法法》第93条的规定,省、自治区、直辖市和设区的市、自治州的人民政府,可以根据法律、行政法规和本省、自治区、直辖市的地方性法规,制定规章。地方政府规章可以就下列事项作出规定:(1)为执行法律、行政法规、地方性法规的规定需要制定规章的事项;(2)属于本行政区域的具体行政管理事项。设区的市、自治州的人民政府根据《立法法》第93条第1款、第2款制定地方政府规章,限于城乡建设与管理、生态文明建设、历史文化保护、基层治理等方面的事项。已经制定的地方政府规章,涉及上述事项范围以外的,继续有效。除省、自治区的人民政府所在地的市,经济特区所在地的市和国务院已经批准的较大的市以外,其他设区的市、自治州的人民政府开始制定规章的时间,与本省、自治区人大常委会确定的本市、自治州开始制定地方性法规的时间同步。

应当制定地方性法规但条件不成熟的,因行政管理的迫切需要,可以先制定地方政府规章。规章实施满两年需要继续实施规章所规定的行政措施的,应当提请本级人大或其常委会制定地方性法规。

没有法律、行政法规、地方性法规的依据,地方政府规章不得设定减损公民、法人和其他组织权利或者增加其义务的规范。

部门规章与地方政府规章的区别在于:

(1)制定根据不同。部门规章是"根据法律和国务院的行政法规、决定、命令"在本部门的权限范围内制定的。地方政府规章是"根据法律、行政法规和本省、自治区、直辖市的地方性法规"制定的。

(2)规定事项不同。部门规章规定"应当属于执行法律或者国务院的行政法规、决定、命令的事项",仅享有执行性或补充性立法权。地方政府规章可以就下列事项作出规定:为执行法律、行政法规、地方性法规的规定需要制定规章的事项;属于本行政区域的具体行政管理事项,即不仅享有执行性或补充性立法权,还享有自主性立法权。

(3)性质不同。部门规章属于"中央行政立法",地方政府规章属于"地方行政立法"。

(4)地位不同。部门规章与地方政府规章在各自的权限范围内施行,效力相当。但部门规章与地方性法规的效力等级相当,而地方政府规章的效力低于本级的地方性法规。

四、行政立法的效力等级

根据《立法法》第98—106条的规定:

(1)宪法具有最高的法律效力,一切法律、行政法规、地方性法规、自治条例和单行条例、规章都不得同宪法相抵触。

(2)法律的效力高于行政法规、地方性法规、规章;行政法规的效力高于地方性法规、规章。

(3)地方性法规的效力高于本级和下级地方政府规章;省、自治区的人民政府制定的规章的效力高于本行政区域内的设区的市、自治州的人民政府制定的规章。

(4) 自治条例和单行条例依法对法律、行政法规、地方性法规作变通规定的,在本自治地方适用自治条例和单行条例的规定;经济特区法规根据授权对法律、行政法规、地方性法规作变通规定的,在本经济特区适用经济特区法规的规定。

(5) 部门规章之间、部门规章与地方政府规章之间具有同等效力,在各自的权限范围内施行。

(6) 同一机关制定的法律、行政法规、地方性法规、自治条例和单行条例、规章,特别规定与一般规定不一致的,适用特别规定;新的规定与旧的规定不一致的,适用新的规定。

(7) 法律、行政法规、地方性法规、自治条例和单行条例、规章不溯及既往,但为了更好地保护公民、法人和其他组织的权利和利益而作的特别规定除外。

(8) 法律之间对同一事项的新的一般规定与旧的特别规定不一致,不能确定如何适用时,由全国人大常委会裁决;行政法规之间对同一事项的新的一般规定与旧的特别规定不一致,不能确定如何适用时,由国务院裁决。

(9) 地方性法规、规章之间不一致时,由有关机关依照下列规定的权限作出裁决:① 同一机关制定的新的一般规定与旧的特别规定不一致时,由制定机关裁决。② 地方性法规与部门规章之间对同一事项的规定不一致,不能确定如何适用时,由国务院提出意见,国务院认为应当适用地方性法规的,应当决定在该地方适用地方性法规的规定;认为应当适用部门规章的,应当提请全国人大常委会裁决。③ 部门规章之间、部门规章与地方政府规章之间对同一事项的规定不一致时,由国务院裁决。根据授权制定的法规与法律规定不一致,不能确定如何适用时,由全国人大常委会裁决。

五、对行政立法的审查监督

行政立法具有对公民、法人和其他组织的普遍约束力和执行力,所以一旦出现违法或不当,将对个人、组织权益造成损害。因此,应特别强调对行政立法的审查监督。在宪法和组织法的基础上,《立法法》对行政立法审查监督的途径、方式作了进一步具体规定。

(一) 行政立法的备案制度

行政立法的备案制度是我国行政立法监督中的一项重要的制度。它是指行政法规、规章在制定后,由制定机关将其报送有权机关备案,有权机关可以对之进行审查,如果发现违法情形,可以按照法定权限对其予以撤销或改变。行政立法备案的具体规定前文已述,此处不再赘述。

(二) 行政立法的改变或撤销

1. 改变或撤销的原因

《立法法》第 107 条规定了法规、规章改变或者撤销的原因:(1) 超越权限的;(2) 下位法违反上位法规定的;(3) 规章之间对同一事项的规定不一致,经裁决应当改变或者撤销一方的规定的;(4) 规章的规定被认为不适当,应当予以改变或者撤销的;(5) 违背法定程序的。

2. 改变或撤销行政立法的权限

根据《立法法》第 108 条的规定,有权机关改变或者撤销行政法规、规章的权限是:(1) 全国人大常委会有权撤销同宪法和法律相抵触的行政法规;(2) 国务院有权改变或者撤销不适当的部门规章和地方政府规章;(3) 地方人大常委会有权撤销本级人民政府制定的不适当的规章;(4)省、自治区的人民政府有权改变或者撤销下一级人民政府制定的不适当的规章;(5)授权机关有权撤销被授权机关制定的超越授权范围或者违背授权目的的法规,必要时可以撤销授权。

(三)行政立法的审查程序

全国人大常委会对行政法规、规章进行监督审查的程序是[①]:

1. 提出审查要求或建议

国务院、中央军事委员会、国家监察委员会、最高人民法院、最高人民检察院和各省、自治区、直辖市的人大常委会认为行政法规同宪法或者法律相抵触的,可以向全国人大常委会书面提出进行审查的要求;其他国家机关和社会团体、企业事业组织以及公民认为行政法规同宪法或者法律相抵触的,可以向全国人大常委会书面提出进行审查的建议。

2. 专门委员会和常委会工作机构审查

对国务院、中央军事委员会、国家监察委员会、最高人民法院、最高人民检察院和各省、自治区、直辖市的人大常委会提出的审查要求,由全国人大常委会有关的专门委员会和常委会工作机构进行审查、提出意见;对其他国家机关和社会团体、企事业组织以及公民提出的审查建议,由常委会工作机构进行研究,必要时,送有关的专门委员会进行审查、提出意见。

3. 向制定机关提出审查意见、研究意见

全国人大专门委员会、常委会工作机构在审查中认为行政法规同宪法或者法律相抵触,或者存在合宪性、合法性问题的,可以向制定机关提出书面审查意见;也可以由宪法和法律委员会与有关的专门委员会、常委会工作机构召开联合审查会议,要求制定机关到会说明情况,再向制定机关提出书面审查意见。制定机关应当在两个月内研究提出是否修改或者废止的意见,并向全国人大宪法和法律委员会、有关的专门委员会或者常委会工作机构反馈。全国人大宪法和法律委员会、有关的专门委员会、常委会工作机构向制定机关提出审查意见,制定机关按照所提意见对行政法规进行修改或者废止的,审查终止。

4. 全国人大常委会委员长会议和常委会会议审议

全国人大宪法和法律委员会、有关的专门委员会、常委会工作机构经审查认为行政法规同宪法或者法律相抵触,或者存在合宪性、合法性问题需要修改或者废止,而制定机关不予修改或者废止的,应当向委员长会议提出予以撤销的议案、建议,由委员长会议决定提请常委会会议审议决定。

5. 全国人大有关的专门委员会、常委会工作机构对审查、研究的情况进行反馈与公开

全国人大有关的专门委员会、常委会工作机构应当按照规定要求,将审查情况向提出审查建议的国家机关、社会团体、企业事业组织以及公民反馈,并可以向社会公开。

《立法法》规定,其他接受备案的机关对报送备案的地方性法规、自治条例和单行条例、规章的审查程序,按照维护法制统一的原则,由接受备案的机关规定。

[①] 参见《立法法》第110—114条。

第九章 授益行政行为

第一节 行政许可

行政许可是政府对社会及市场进行管理必不可少的手段。2003年我国颁布《行政许可法》，对行政许可制度进行了正式规范，确立了相当多具有进步意义的制度，同时也传播了许多现代行政的理念，标志着我国行政许可制度逐步走向规范化、法治化。

一、行政许可的概念和种类

（一）行政许可的概念

由于行政许可这一现象非常复杂，对于如何定义行政许可在我国学术界曾存在争议。《行政许可法》颁布后，对行政许可的概念认识趋于统一。《行政许可法》第2条规定："本法所称行政许可，是指行政机关根据公民、法人或者其他组织的申请，经依法审查，准予其从事特定活动的行为。"

（二）行政许可的种类

行政许可根据不同标准，可以划分为不同种类。

1. 一般许可和特别许可

按照许可的范围，可将行政许可分为一般许可和特别许可。一般许可是指只要符合法定的条件，就可向行政机关提出申请，有关许可机关即应发放许可证或批准其申请，如营业许可、驾驶许可。特别许可指除必须符合一般条件外，还对申请人予以特别限制的许可，又称特许。如持枪许可，申请人只有符合《中华人民共和国枪支管理法》第5条规定的情形，才可获得持枪许可。一般许可和特别许可的相同点在于二者都是基于行政相对人的申请而作出，不同点在于一般许可仅是对法律规范一般禁止的解除，而特别许可是赋予相对人可对抗第三人的新的法律效力的行为，是为特定人设定新的权利义务和资格的行为。[1]

2. 排他性许可和非排他性许可

以许可享有的程度为标准，行政许可分为排他性许可和非排他性许可。排他性许可是指相对人获得该项许可后，其他任何个人或组织都不能再申请获得的许可，如专利许可和商标许可。非排他性许可是指具备法定条件的任何人或组织申请均可获得的许可，如营业许可、驾驶许可。排他性许可有数额限制，一旦满额，行政许可机关不得准许申请人的申请。相较之下非排他性许可则没有数额限制，因此也称为有数额限制的许可和无数额限制的许可。

---

[1] 参见姜明安主编：《行政法与行政诉讼法》（第7版），北京大学出版社、高等教育出版社2019年版，第220页。

3. 权利性许可和附义务许可

按照申请人获得许可是否需要承担一定义务,行政许可分为权利性许可与附义务许可。权利性许可是指被许可人可以根据自己的意志自由行使许可的权利,就许可事项的实施与否并不承担法律责任和后果,主要包括捕捞证、持枪证、护照和驾驶证等许可形式。附义务的许可是指被许可人必须同时承担一定期限内从事被许可事项的义务,若在法定期限内没有从事该项活动,将因此承担一定的法律责任。

4. 独立许可和附文件许可

按照行政许可的书面形式分类,行政许可分为独立许可和附文件许可。独立许可是指申请人获得的是单独的许可证或书面文件,无须其他文件对此加以说明,如持枪证、工商营业执照、驾驶证等。附文件许可是指必须附加文件予以说明被许可的活动内容、范围、方式、时间等的行政许可,如专利许可、商标许可、建设许可,专利许可证须附专利附图、照片或专利说明,商标许可证须附商标图样,建设许可证须附有建设位置、建筑物高度、建筑密度、层数、环境协调等内容的设计图纸和文件。对于附文件许可,没有所附文件则无法表明得到行政许可的具体而完整的内容。

5. 其他分类方法

根据行政管理的内容,行政许可分为下述种类:公安行政许可、工商行政许可、卫生行政许可、环保行政许可、交通行政许可、文化行政许可等。根据行政许可的存续时间,还可分为长期性许可和附期限性许可。同时在实践中,按照行政许可的性质、功能和适用条件,行政许可被划分为普通许可、特许、认可、核准、登记五大类。

二、行政许可法所确立的基本制度

(一)行政许可的设定制度

《行政许可法》第二章规范了行政许可的设定规则,这些规定从层级内容和上下位法的协调性上构建了行政许可的设定制度。

在行政许可的设定内容方面,通过正反列举的方式,规定了可以设定行政许可的正面清单和不设行政许可的负面清单,尤其是在该法第13条中以列举方式排除了许多原则上不应当设立行政许可的情况,诸如市场可以自治的、行业组织和中介机构可以自律的情形等。同时,该条最后一项原则上规定了,凡是通过事后监管等其他方式可以进行管理的都不设行政许可,这便是该法最大的意义体现,即简政放权、去除事前审批、放开各类限制。

在行政许可的设定方式方面,将行政许可的设定权限限定在法律、行政法规之内。在中央层面上,国务院在必要时可以以决定的方式设立行政许可;实施后,除临时性行政许可事项外,国务院应当及时提请全国人民代表大会及其常务委员会制定法律,或自行制定行政法规。在地方层面上,地方性法规可以设立法律、行政法规尚未设立的行政许可,地方政府规章可以设定法律、行政法规未设的临时性行政许可。在一些特殊的行政许可方面,如国家统一确立相关资质的许可、涉及地方保护的许可等,设定权由法律和行政法规作出规定。

(二)监督检查和责任制度

《行政许可法》在第六章中对行政许可实施过程中的监督情况予以规定,在上下级行政机关之间,上级机关应对下级机关的许可实施情况进行监督检查和纠正,同时还特别强调了与其他机关信息共享机制的建设。《行政许可法》同时对涉及公共安全等方面的重要许可和设施设备生产制造、运行安装等方面的监督检查制定了特别的制度;对许可资格丧失、不可抗力等许可终止的情况,规定了许可注销手续。

《行政许可法》在第七章详细规定了相关的法律问责制度,对有设定行政许可权力的机关的设定行为、行政机关及其工作人员审理行政许可申请过程中的错误、违法行为、违法实施行政许可的行为、乱收费行为、破坏当事人合法权益的行为、行政机关不履行监督职责的行为、行政许可申请人的相关违法行为等都作出了问责的规定。法律问责制度维护了《行政许可法》稳定有效的实施,保障了许可监督制度的运行。

(三) 行政许可免收费制度

行政许可乱收费一直是腐败滋生的温床,免费制度的设立是《行政许可法》的一大制度创新。改革收费制度的目的是规范政府行为、治理腐败乱象,以此提高政府公信力,服务市场各级主体。其一,行政许可原则上不收取任何费用,除非法律、行政法规有其他的规定。该条明确限定了许可收费的规定仅能由法律和行政法规作出,以确保收费权由中央层级规范来决定,避免了地方政府通过立法设立许可滥用收费权。此外,《行政许可法》第58条第2、3款取消工本费,明确规定"行政机关实施行政许可所需经费应当列入本行政机关的预算"。其二,《行政许可法》还明确规定了"收支两条线"的制度要求,《行政许可法》第59条规定:"行政机关实施行政许可,依照法律、行政法规收取费用的,应当按照公布的法定项目和标准收费;所收取的费用必须全部上缴国库,任何机关或者个人不得以任何形式截留、挪用、私分或者变相私分。财政部门不得以任何形式向行政机关返还或者变相返还实施行政许可所收取的费用。"

三、行政许可法所确立的基本理念

(一) 社会和市场自治理念

我国加入世界贸易组织后,为了履行相关承诺,加快向市场经济转型的步伐,在不久后出台了《行政许可法》。市场经济的发展离不开相应社会组织自治地位的提高和自治能力的增强,《行政许可法》相关条款体现了国家对于社会自治的提倡,这两点共同构成了《行政许可法》最核心的理念进步。市场和社会自治的理念实际上是合二为一的,这一点从《行政许可法》关于行政许可设定的法律条文中可以清晰地看出来。对于何种情况可以设定行政许可,何种情况不可以设定行政许可,《行政许可法》皆有详细的规定。

特别是《行政许可法》第13条第1、2、3项强调了市场和社会的自治,将大部分市场竞争可以自主调节或者社会组织或行业协会中介机构能够自律管理的事项都排除在行政许可设定的范围之外,也体现出了《行政许可法》对于行政审批制度改革的一个重大推进。行政审批制度改革就是要大量清理不必要的行政审批事项,限制设立新的行政审批事项,最大化减少行政审批的总量,让市场发挥其自主调节的能力,让行业组织和中介机构自律管理,从而真正实现政府职能转变、市场经济转型的改革目标。

(二) 法治政府理念

《行政许可法》促进各种理念创新,从总体上看同属于追求法治政府的要求,主要包括:建立有限政府,限制政府权力;保障市场自由,统一法治;建立廉洁政府,实行政务公开;确立正当的程序,建设诚信政府;简化行政手续,建设高效政府等。

《行政许可法》维护了法治政府层级的统一性,对地方和部门的行政许可设定权予以限制,以防止地方和市场以及各部门的分割。过去由于缺少限制行政许可和审批权限的一般性法律,部分中央部门和地方政府通过规章甚至规范性文件乱设许可和审批,并通过对许可和审批进行收费来谋利,导致多重许可和重叠许可的情况,同时政府通过设定许可来进行地方保护,设置贸易壁垒等。《行政许可法》对相关权限予以明确规范,对于建设统一的法治政府大有裨益。

(三)有限政府理念

有限政府的目标是建立一个权力受到严格限制的政府,从而保护和实现个人权利、个人自由,限制政府和国家对于社会生活和个人生活的干预,协调个人权利与国家权力。政府对个人的威胁源于其各种形式的强制,政府的强制既可以保护个人自由,同时也有可能威胁到个人自由,因此政府强制必须有所限制。

《行政许可法》之所以肯定和提倡有限政府的理念,一方面希望在经济领域放宽政府的各项管制,促进我国的经济社会发展,同时适应世界贸易组织的相关要求;另一方面希望转变政府职能,优化营商环境,建设具有现代治理能力和治理水平的政府。

(四)高效便民理念

我国政府职能转变的核心是以经济调节、市场监管、公共服务为重心,弱化原有的直接干预和微观管理,向宏观的调控和监管转变,变事前的审批为事后的监管。因此,行政审批制度的改革和《行政许可法》的颁布实施成为促进有限政府转型的重要突破。行政许可的各项审批均有各自的程序和期限,这要求行政机关不得无故拖延,同时加速了许可的审批流程、减少行政成本、促进效益最大化。提高行政效率也是执政为民的体现,行政效率低下不仅影响社会经济的发展,还会激化政府和群众的矛盾,造成严重的社会问题。

第二节 行政给付

一、行政给付的来源

行政给付最早由德国学者弗尔斯托霍夫(Ernst·Farsthoff)在1938年发表的《作为给付主体的行政》一文中提出[①],国家有义务广泛照顾公民的生存,并受此义务的约束。为了维护社会稳定,每个国家都有义务保护人民的生存,承担对人民的生存照顾义务。日本对于行政给付(或称给付行政)的研究自1960年始,盐野宏在1960年发表了《给付行政》一书,将弗氏的研究成果引入日本。此后,日本的学者针对给付行政问题进行了广泛研究,给付行政问题成为日本行政法学界普遍关注的热门话题。根据日本学者的研究,给付行政是指通过公共设施、公共企业等进行的社会、经济、文化性的服务的提供,通过社会保障、公共扶助等进行的生活保护、保障,以及资金的交付、助成等,即通过授益性活动,积极提高、增进国民福利的公行政活动。[②]

---

① 杨临宏等:《行政法学新领域问题研究》,云南大学出版社2006年版,第251页。
② 杨建顺:《日本行政法通论》,中国法制出版社1998年版,第329页。

给付行政分为三种,分别为"供给行政""社会保障行政""资金资助行政"。供给行政是指实现日常生活中基本公共服务的行政职能,通过公共用物、公共设施、公共企业等的建立和运作来实现。社会保障行政是指国家或地方公共团体根据宪法规定,为保障公共最低限度的健康和文明生活而进行的支付活动,包括帮助贫困人口的公共扶助,对分散的生活中造成贫困的风险实施救济的社会保险、公共卫生、医疗和社会福利。资金资助行政则是指行政主体为了保证经营的安定、满足公共需要而对私人、私营企业提供资金或其他财产利益的行政活动。因此,给付行政也就是行政主体为实现提高国民福利的行政目的而进行的各种行政活动的总称。

二、行政给付的概念

目前我国行政法对行政给付的定义为,根据法律、法规、规章及相关政策等,行政机关针对生存出现困难的特定人群给予一定物质帮助的具体行政行为。行政给付具有四方面的特点:其一,行政给付是一种授益性的具体行政行为。行政给付是行政机关针对特定对象而应当履行的重要物质帮助职能履行了国家行政的法定义务,属于具体行政行为的范畴,并且其行为内容是给予特定对象物质帮助,因此具有授益性。其二,行政给付的对象是特定的,一般是指生存出现困难的相对人,包括年老、疾病、丧失劳动能力等特殊情况。其三,行政给付的内容是给予相对人特定的物质利益或与其相关的利益。主要体现在物质权益上,被帮助人通过行政给付获得一定的物质帮助来解决困难。其四,行政给付方式多样复杂。行政给付的形式各不相同,包括抚恤金、特定人群退休金、社会救济和福利、自然灾害救济和救济物资。

当前对行政给付的定位尚存在两方面的问题:一方面,给付对象范围狭窄。行政给付对象限于残疾、年老和因某些特殊情况而导致生活困难的特定公民或组织,有明显的"救急救贫"色彩,而实践中弱势群体的范围并不限于此,目前对于行政给付对象的规定难以充分涵盖。政府职能的转变、服务型政府的建设更要求政府的职责不再局限于救济生活困难的特定群体,而要求政府做到履行公共服务职责,广泛服务人民群众,为其提供更好的生活环境,保障公民的"相当水准生存权"。另一方面,给付内容主要为物质帮助。在国家承担的职能日益广泛、政府服务职责日益凸显的时代,行政给付理应扩展到社会各个领域,包括行政保障、行政资金资助等。而当前对行政给付的理解尚无法达到这种要求。现行的行政给付类型如抚恤金、离退休金、社会救济金等,自然是政府履行服务职能的重要手段之一,然而随着时代发展和社会进步,传统的以物质帮助为给付内容的行政给付已经不能够满足现代行政给付的要求。

三、行政给付的形式

无论是在学理上,还是在实务中,对行政给付都存在诸多不同的分类,综合现有的法律、法规和政策的规定,总结当前的行政给付主要有如下几类:

(一)抚恤金

抚恤金是最为常见的一种行政给付形式,指公民因公、因病致残或死亡、退伍时,由国家发给本人及家属用以维持本人或家庭日常生活的补助金。主要包括三种情况:首先是死亡抚恤金,此类抚恤金发放的对象是烈士和病故的军人、人民警察以及公家公职人员的家属;其次是伤残抚恤金,主要是发放给因公致残人员;最后一种是退伍军人生活补助费、或安置费,主要是为了对军人退伍后的生活提供帮助。

(二) 救济金

救济金是传统的行政给付方式之一,包括社会救济金和自然灾害救济金两大类。其中社会救济金是为公民提供最低生活保障要求的资金和实物,包括农村社会救济、城镇社会救济、职工救济及对社会福利机构的经费资助,给付目的在于保护公民的生存权。自然灾害救济金是指为自然灾害发生地的灾民提供资金物资和医疗服务,用于解决灾民的衣食住行病等困难,适当扶持灾民生产自救的生活救济费和救济物资。

(三) 保险金

保险金是指公民根据法律规定,在其年老、疾病、失业和出现法定事实时,由国家发给本人用以承担养老、医疗、维护家庭生活等必要支出的费用。保险金是现代国家建立的社会保障制度,是政府支持和引导社会保障事业的产物,这些行政给付往往采取社会化、企业化的方式经营运作,并能够多方面地吸收各种资金参与活动,在市场经济的发展过程中体现了广泛的适应性。

四、行政给付的原则

(一) 公开、公平、公正原则

行政给付是授益性行政行为,是个人和组织实现从政府获得物质帮助的权利的重要途径。行政给付应当坚持公开、公平、公正原则,实施行政给付的依据、过程和结果要公开透明,确保有利害关系的人能够及时正确地理解和把握。对符合条件的受领人一律平等地实施,不准许无根据的、无标准的、任意的差别对待;给付是行政机关的义务和职责,只要受领人符合行政给付的法定条件,在没有正当法定事由的情况下,行政机关不得拒绝给付。

(二) 给付法定原则

行政给付法定原则要求给付的形式和内容须有法律依据,其运行过程不得违背法律,应按照法律规定的权限、范围、条件和程序进行,纠纷的解决同样必须依据法律进行,违反法律规定,拒绝提供给付或者随意取消给付,都会给相对人的权益造成损害。目前我国的行政给付的法律化程度还有相当大的发展空间,应加强在此领域的专门立法,以有效调整行政给付关系。

(三) 信赖利益保护原则

依法受领行政给付是个人或组织的权利,依法实施行政给付是行政主体的职责。信赖利益保护原则的目的是保障受领人的财产既得利益,同时维护法的安定性以及个人对其的确信。由于大部分行政给付具有长期性,需要给付主体连续、稳定地给予供给,因此因特殊原因需要调整给付的金额时,须严格按照法定程序进行变更,在确保法的安定性的同时,保障受领人对政府实施行政给付的信赖。

第三节 行政奖励

一、行政奖励的概念

行政奖励是指行政主体为了表彰先进、激励后进，充分调动和激发人们的积极性和创造性以实现行政目标，依照法定条件和程序，对为国家、人民和社会作出重大贡献或者模范的遵纪守法的行政相对人，给予物质、精神或其他权益的奖励的行政行为。行政奖励的一般行为模式是：行政相对人实施某种行为—行政主体对该行为给予认可—行政主体给予行政相对人一定额外的权益。如果行政主体依法给予行政相对人税收优惠、财政支持的原因是行政相对人已经实施了某种行为，且该行为获得了行政主体的认可，则这个过程和一般行政奖励的程序具有高度共性。在此过程中，行政主体的意思表示和一般行政奖励中的意思表示都可以概括为赋予符合条件的行政相对人一定额外的权益，因此税收优惠、财政支持及其他形式的权益都可以被视为行政奖励。

二、行政奖励的种类与形式

行政奖励的种类较为多样，可以从多角度加以分类。以是否有明确的法律依据为标准，可以把行政奖励分为法定奖励和裁量奖励：法定奖励是指由于法律、法规等作了明确的规定，行政机关根据有关规定作出的奖励；裁量奖励是指在无法律规定但应当给予相对人奖励的情况下，行政机关根据行政管理需要作出的奖励。以行政相对人行为是否产生某种结果为标准，可将行政奖励分为行为性奖励和结果性奖励：行为性奖励是指只要行政相对人实施了某种法定行为，不论结果如何，行政主体都必须予以奖励；结果性奖励是指行为人不仅实施了某种行为，而且该行为还需取得一定的经济或社会效果才能获得奖励。

行政奖励的形式具有广泛性和多样性，不同的法律规范针对不同的对象有不同的规定。概括而言，存在下列几种形式：一是物质奖励，指以一定的奖金、奖品或者其他实物形态为奖励手段，满足行政相对人的物质利益需要；二是精神奖励，指授予荣誉称号等具有一定象征意义的称号或对行政相对人的价值观念、行为方式等予以认可、赞赏等；三是权能奖励，部分行政奖励既不是给予行政相对人一定的物质利益，也不是授予行政相对人荣誉称号，而是赋予行政相对人享有从事某种活动或获得一定权利的资格。以上各种奖励形式既可以单独适用，也可以合并应用，且可以发给行政相对人某种证书以资证明，奖励的形式在各种有关奖励的行政法规范中都有具体规定。

此外还有许多分类标准和分类方法，如根据奖励的对象，将行政奖励分为内部奖励和外部奖励；根据奖励的性质，将行政奖励分为赋权奖励和减免义务的奖励；根据奖励的程序和时限不同，将行政奖励分为常规奖励与单项奖励。

三、行政奖励的原则

（一）公正原则

在行政奖励中，行政主体拥有广泛的自由裁量权，如果不加以法律控制，任由行政主体随心所欲,会构成对公民权利的重大威胁。因此行政主体的奖励权必须被公正地行使,只有公正地行使行政奖励,行政奖励才具有权威性和可信赖性,行政奖励的积极引导功能才能被人们所认可,受到行政奖励的行为才会被其他相对人赞扬和效仿。要确保行政奖励的公正性,其一,要求行政奖励程序的规范性和透明性,行政奖励作为行政机关的一种法律行为,必须按照一定程序实施,确保行政主体对行政相对人行政奖励的过程民主公开,确保对行政奖励的有效监督。其二,行政奖励需根据法律、法规的有关规定进行,一定的行政奖励形式只能由一定的行政主体来授予,行政主体不能超越其权限范围决定某种形式的行政奖励,否则将导致行政奖励无效。

（二）比例原则

行政奖励的内容和形式要与被授奖的行为一致,且行政奖励的等级和多少应当与贡献大小相适应、成比例。比例原则首先是要求行政主体实事求是地按照行政相对人行为的贡献、性质给予行政奖励,使行政相对人作出有益于国家、社会的行为与受行政奖励的法律后果具有正相关性,做到有功有奖、无功不奖、功大大奖、功小小奖。其次,行政主体在行政奖励的过程中不仅要做到相同情况相同对待,保持行政奖励的连续性,而且行政机关一旦确立了某些标准、原则就必须遵循,非法定事由并经法定程序不得任意变更。最后,行政主体还需要考虑行政相对人行为的差异性,综合考虑各种因素,在法律规定的框架内,合理地行使自由裁量权,真正做到论功行赏、合理适度。

（三）效益原则

效益是法律追求的基本价值之一,也是衡量和评判法律制度运作情况的标准之一。行政奖励作为一种制度安排和资源配置方式,总是需要成本的,该成本包括直接成本和间接成本。直接成本是指行政主体在行政奖励中依法给付的物质和精神等方面的权益;间接成本是指行政主体在实施行政奖励过程中所耗费的立法、组织、审查等支出。此外行政奖励的效益不仅包括经济效益,还包括政治效益和社会效益,这些效益是无法用经济分析方法衡量和计算的无形收益,因此对于行政奖励的效益要从国家、社会利益的高度进行全面的分析和评判。

第十章　负担行政行为

第一节　行政处罚

行政处罚属于典型的负担行政行为,即具有增加行政相对人义务和责任的直接法律效果。《行政处罚法》是关于行政处罚制度最基本的法律规定。现行的法律规范为2021年修订生效的《行政处罚法》。值得注意的是,1996年《行政处罚法》是中国规范行政行为的第一个基本行政法律规范;2021年《行政处罚法》的修订主要是对行政处罚的基本概念、类型、设定主体等进行的修正,在修订过程中主要关注重塑行政处罚的种类、明确行政处罚的定义、放宽行政处罚的设定权、完善行政处罚的体制及优化行政处罚的程序五个方面。①

一、行政处罚基本理论

（一）行政处罚概念之厘清

通说认为,行政处罚是指特定的行政主体依法对违反行政管理秩序而尚未构成犯罪的行政相对人所给予的行政制裁。②《行政处罚法》第2条也对行政处罚进行了界定:"行政处罚是指行政机关依法对违反行政管理秩序的公民、法人或者其他组织,以减损权益或者增加义务的方式予以惩戒的行为。"具体而言,行政处罚主要具有如下四种特征:

第一,制裁性。行政处罚以行政相对人违反行政管理秩序的存在为前提,它是行政主体对违反行政法律规范行为当事人的惩罚,因而具有行政制裁性。

第二,处分性。行政处罚与行政命令、行政确认不同,它是对行政相对人权利与义务的一种处分。如罚款决定,其法律效果是导致行政相对人一定数量的财产权被剥夺;行政拘留决定,便意味着行政相对人的人身自由权在一定的期限内被剥夺。

第三,不利性。行政处罚不是中性行为,而是不利行为,即对行政相对人导致的一种不利的后果。

第四,法定性。行政处罚作为一种特定的行政行为,其结果是导致行政相对人权利的被剥夺,它必须依法设定。根据《行政处罚法》的规定,行政处罚的机关、种类、范围、程序等都必须是法定的。

（二）行政处罚法的指导思想

《行政处罚法》第1条规定:"为了规范行政处罚的设定和实施,保障和监督行政机关有效实施行政管理,维护公共利益和社会秩序,保护公民、法人或者其他组织的合法权益,根据宪法,制定本法。"主要体现为以下内容③:

第一,规范行政处罚的设定和实施,采取行政处罚法定原则。现行《行政处罚法》列举

---

① 应松年、张晓莹:《〈行政处罚法〉二十四年:回望与前瞻》,载《国家检察官学院学报》2020年第5期。
② 《行政法与行政诉讼法学》编写组:《行政法与行政诉讼法学》(第2版),高等教育出版社2018年版,第145页。
③ 胡建淼:《行政法学》(第5版),法律出版社2023年版,第354—355页。

了五种类型的行政处罚,包括"警告、通报批评""罚款、没收违法所得、没收非法财物""暂扣许可证件、降低资质等级、吊销许可证件""限制开展生产经营活动、责令停产停业、责令关闭、限制从业",以及"行政拘留",并以"法律、行政法规规定的其他行政处罚"作为兜底性规定。此外,对于何种层级的行政机关有权设定何种类型的行政处罚,该法也作了明确规定。

第二,保障和监督行政机关有效实施行政管理。行政处罚是国家行政机关实施行政管理的有效手段,而《行政处罚法》则是国家行政管理的有力保障,同时还能实现对国家机关合法、合理行使行政处罚权进行有效监督。

第三,维护公共利益和社会秩序。行政处罚是行政主体依法对违反行政管理秩序的行为人的一种行政制裁,其目的在于维护社会公共利益和社会秩序。作为负担性行政行为的一种,行政处罚正是通过以减损权益或者增加义务的方式对公民、法人和其他组织的违法行为予以惩戒来实现维护公共利益和社会秩序的目的的。

第四,保护公民、法人或者其他组织的合法权益。行政处罚主要涉及三方主体的法律关系:行政机关、加害人以及受害人。一方面,行政处罚要保障受害人的合法权益,受害人对行政处罚决定不服的,可以依法申请行政复议或提起行政诉讼;另一方面,加害人也受到《行政处罚法》的保护,行政机关作出行政处罚决定需要遵守法定程序便是例证。

(三) 行政处罚的基本原则

我国《行政处罚法》明确了行政处罚的基本原则,对于该法的实施具有指导意义:

第一,行政处罚法定原则。《行政处罚法》第 4 条规定:"公民、法人或者其他组织违反行政管理秩序的行为,应当给予行政处罚的,依照本法由法律、法规、规章规定,并由行政机关依照本法规定的程序实施。"具体而言,行政处罚法定主要体现为四个方面的要求:其一,实施行政处罚的主体及其职权是法定的;其二,行政处罚的种类是法定的;其三,行政处罚的依据是法定的;其四,行政处罚的程序是法定的。

第二,行政处罚公开、公正原则。《行政处罚法》第 5 条第 2、3 款规定:"设定和实施行政处罚必须以事实为依据,与违法行为的事实、性质、情节以及社会危害程度相当。对违法行为给予行政处罚的规定必须公布;未经公布的,不得作为行政处罚的依据。"

第三,处罚与教育相结合原则。《行政处罚法》第 6 条规定:"实施行政处罚,纠正违法行为,应当坚持处罚与教育相结合,教育公民、法人或者其他组织自觉守法。"

第四,相对人救济权利保障原则。《行政处罚法》第 7 条规定:"公民、法人或者其他组织对行政机关所给予的行政处罚,享有陈述权、申辩权;对行政处罚不服的,有权依法申请行政复议或者提起行政诉讼。公民、法人或者其他组织因行政机关违法给予行政处罚受到损害的,有权依法提出赔偿要求。"

二、行政处罚基本制度

行政处罚的设定,包括狭义上行政处罚的设定及行政处罚的规定两个方面的内容。行政处罚的设定是指在上位法尚无对行政处罚作出规定的条件下,下位法率先对给予行政处罚的行为、种类和幅度作出规定;行政处罚的规定是指在上位法已对行政处罚作出规定的条件下,下位法对上位法所设定的行政处罚的行为、种类和幅度范围内再作具体规定。根据《行政处罚法》,行政处罚的设定权取决于法律、法规等规范的层级,高位阶的规范通常拥有

更大的设定权。具体而言,行政处罚的设定权可以参见表 10-1:

表 10-1 行政处罚的设定权

规范层级	行政处罚类型	规范依据
法律	法律可以设定各种行政处罚。 限制人身自由的行政处罚,只能由法律设定。	《行政处罚法》第 10 条
行政法规	行政法规可以设定除限制人身自由以外的行政处罚。 法律对违法行为已经作出行政处罚规定,行政法规需要作出具体规定的,必须在法律规定的给予行政处罚的行为、种类和幅度的范围内规定。 法律对违法行为未作出行政处罚规定,行政法规为实施法律,可以补充设定行政处罚。	《行政处罚法》第 11 条
地方性法规	地方性法规可以设定除限制人身自由、吊销营业执照以外的行政处罚。 法律、行政法规对违法行为已经作出行政处罚规定,地方性法规需要作出具体规定的,必须在法律、行政法规规定的给予行政处罚的行为、种类和幅度的范围内规定。 法律、行政法规对违法行为未作出行政处罚规定,地方性法规为实施法律、行政法规,可以补充设定行政处罚。	《行政处罚法》第 12 条
国务院部门规章	国务院部门规章可以在法律、行政法规规定的给予行政处罚的行为、种类和幅度的范围内作出具体规定。 尚未制定法律、行政法规的,国务院部门规章对违反行政管理秩序的行为,可以设定警告、通报批评或者一定数额罚款的行政处罚。罚款的限额由国务院规定。	《行政处罚法》第 13 条
地方政府规章	地方政府规章可以在法律、法规规定的给予行政处罚的行为、种类和幅度的范围内作出具体规定。 尚未制定法律、法规的,地方政府规章对违反行政管理秩序的行为,可以设定警告、通报批评或者一定数额罚款的行政处罚。罚款的限额由省、自治区、直辖市人大常委会规定。	《行政处罚法》第 14 条

行政处罚的实施主体包括三类:拥有行政处罚权的行政机关,法律、法规所授权的组织,以及行政机关所委托的组织。[①] 其一,关于行政机关。《行政处罚法》第 17 条规定:"行政处罚由具有行政处罚权的行政机关在法定职权范围内实施。"也即,行政机关应当具备三个条件:属于国家行政机关,拥有行政处罚权,以及在法定职权范围内实施行政处罚。其二,关于法律、法规所授权的组织。《行政处罚法》第 19 条规定:"法律、法规授权的具有管理公共事务职能的组织可以在法定授权范围内实施行政处罚。"其三,关于委托的组织,《行政处罚法》第 20 条第 1 款规定:"行政机关依照法律、法规、规章的规定,可以在其法定权限内书面委托符合本法第二十一条规定条件的组织实施行政处罚。行政机关不得委托其他组织或者个人实施行政处罚。"具体而言有以下四项要求:委托书应当载明委托的具体事项、权限、期限等内容;委托行政机关对受委托组织实施行政处罚的行为应当负责监督;受委托组织在委托范围内,以委托行政机关名义实施行政处罚;不得再委托其他组织或者个人实施行政处罚。

[①] 《行政法与行政诉讼法学》编写组编:《行政法与行政诉讼法学》(第 2 版),高等教育出版社 2018 年版,第 148—149 页。

行政处罚的法定程序主要分为三种类型：普通程序、简易程序和听证程序。

首先，关于行政处罚的普通程序。行政处罚的普通程序与行政强制程序等存在相似之处，主要可以分为五个步骤：第一，调查取证。《行政处罚法》第40条指出："公民、法人或者其他组织违反行政管理秩序的行为，依法应当给予行政处罚的，行政机关必须查明事实；违法事实不清、证据不足的，不得给予行政处罚。"在调查取证过程中应当遵守二人执法、回避等程序要求。第二，告知处罚事实、理由、依据和有关权利。第三，行政机关在作出行政处罚决定之前，应当告知当事人拟作出的行政处罚内容及事实、理由、依据，并告知当事人依法享有的陈述、申辩、要求听证等权利。第四，行政机关负责人对调查结果进行审查并作出决定。第五，送达行政处罚决定书。

其次，关于行政处罚的简易程序。《行政处罚法》第51条规定："违法事实确凿并有法定依据，对公民处以二百元以下、对法人或者其他组织处以三千元以下罚款或者警告的行政处罚的，可以当场作出行政处罚决定。……"

最后，关于行政处罚的听证程序。《行政处罚法》第五章第四节规定了听证程序的基本要求。第一，听证适用的实体条件。听证程序适用于包含以下几种行政处罚决定的情形：较大数额罚款；没收较大数额违法所得、没收较大价值非法财物；降低资质等级、吊销许可证件；责令停产停业、责令关闭、限制从业；其他较重的行政处罚；法律、法规、规章规定的其他情形。第二，听证适用的程序条件。行政机关拟作出上述行政处罚决定，应当告知当事人有要求听证的权利，当事人要求听证的，行政机关应当组织听证。第三，听证的具体程序。具体程序主要规定在《行政处罚法》第64条中。值得注意的是，《行政处罚法》第65条明确了听证笔录排他主义，即"听证结束后，行政机关应当根据听证笔录，依照本法第五十七条的规定，作出决定"。这是对2017年《行政处罚法》进行的修订，旧法并未规定"听证笔录排他主义"，而是要求行政机关负责人对调查结果进行审查并作出决定。

三、行政处罚前沿问题

（一）行政处罚定义之辨析

有学者认为，"在诸多行政法领域中，学者对行政处罚理论的观点分歧最小"[①]，然而在关于行政处罚定义的诸多理论学说以及法律规范中，依然存在多种不同的表述。将行政处罚的定义写入《行政处罚法》中具有重大的意义。"'行政处罚'法律概念从无到有，有助于中国的行政执法走向以实质标准甄别行政处罚行为的道路，不再仅仅将警告、罚款、拘留等符合处罚形式的行为看成是行政处罚，不再让大量随意创设发明的带有惩罚意义的措施，诸如'罚岗''限制子女上学''强制参加学习班''游街示众''列入C等公民''上黑名单'等，游离于《行政处罚法》之外而不受行政处罚基本法的约束。"[②]

《行政处罚法》对行政处罚的定义仍有可供商榷之处[③]：其一，应当以"权利义务"为本位

[①] 余凌云：《行政法讲义》（第3版），清华大学出版社2019年版，第330页。
[②] 胡建森：《论"行政处罚"概念的法律定位——兼评〈行政处罚法〉关于"行政处罚"的定义》，载《中外法学》2021年第4期。
[③] 同上。

还是管理秩序为本位。把"可处罚行为"表述为"违反行政管理秩序"的行为或作类似的表达,它突出的是国家的"管理",反映了以"管理"为本位的理念,在强调"以人民为主体"和"以民为本"的当代已不再合适。况且,它没有反映出"管理秩序"的合法性。违反"行政管理秩序"的行为不一定是"违法"行为,只有违反"行政法律秩序"的行为才是"违法"行为。其二,"减损权益或增加义务"能否涵盖申诫罚。在习惯性理解上,"减损权益或增加义务"通常会被理解为有形性的权利或义务。申诫罚作为精神罚,主要通过对违法当事人的名誉、信誉等施加影响来达到精神上的警示效果,通常不与有形性权利、义务挂钩。在《行政处罚法》已将申诫罚明文规定为行政处罚的类型之一时,"减损权益或增加义务"的表述可能会过于狭窄。

(二)行政处罚设定权之界限

最高人民法院发布的第5号指导性案例——鲁潍(福建)盐业进出口有限公司苏州分公司诉江苏省苏州市盐务管理局盐业行政处罚案中,裁判要旨指出:"盐业管理的法律、行政法规对盐业公司之外的其他企业经营盐的批发业务没有设定行政处罚,地方政府规章不能对该行为设定行政处罚。地方政府规章违反法律规定设定许可、处罚的,人民法院在行政审判中不予适用。"法院裁判认为:"法律及《盐业管理条例》没有设定工业盐准运证这一行政许可,地方政府规章不能设定工业盐准运证制度。根据《行政处罚法》第13条的规定,在已经制定行政法规的情况下,地方政府规章只能在行政法规规定的给予行政处罚的行为、种类和幅度内作出具体规定,《盐业管理条例》对盐业公司之外的其他企业经营盐的批发业务没有设定行政处罚,地方政府规章不能对该行为设定行政处罚。"该指导性案例明确了行政处罚设定权之界限。

(三)非现场执法问题

非现场执法,也称电子监控执法,是近年来广泛兴起的执法新模式。以交警的非现场执法为例,《道路交通安全法》第114条先行作出了创制性规定,其后又有相关部门规章、规范性文件以及技术标准规范出台,初步形成了交警非现场执法规范体系。《行政处罚法》第41条也规定了非现场执法的几项要求:

其一,行政机关依照法律、行政法规规定利用电子技术监控设备收集、固定违法事实的,应当经过法制和技术审核,确保电子技术监控设备符合标准、设置合理、标志明显,设置地点应当向社会公布。

其二,电子技术监控设备记录违法事实应当真实、清晰、完整、准确。行政机关应当审核记录内容是否符合要求;未经审核或者经审核不符合要求的,不得作为行政处罚的证据。

其三,行政机关应当及时告知当事人违法事实,并采取信息化手段或者其他措施,为当事人查询、陈述和申辩提供便利。不得限制或者变相限制当事人享有的陈述权、申辩权。

在非现场执法制度完善的过程中,需要重点关注以下内容[①]:

其一,采用两次通知制。第一次通知可与监控技术设备抓拍基本同步,无须先经人工干

---

① 余凌云:《交警非现场执法的规范构建》,载《法学研究》2021年第3期。

预,也不必担心因误差较大而产生混乱,如登记人没有实施违法行为,却收到短信通知。第二次通知才是法定正式告知。

其二,违法的连续、持续状态与"一事不再罚"。在非现场执法上,也可以明确合理的间隔期间,将上述行为在法律上切割为数个违法行为,并实施连续处罚。

其三,对协助、辅助行为进行定性。明确筛选、核对、录入行为作为非现场执法中的过程性事实行为,不会对当事人权益产生实质影响,不是对当事人不利的法律处分。

第二节 行 政 强 制

行政强制是行政强制行为的简称,包括行政强制措施和行政强制执行,二者存在明显的区别。我国现行有效的关于行政强制的法律为2011年通过并于2012年施行的《行政强制法》。在《行政强制法》之前,我国对行政强制没有统一的法律规范,但会在单行规范中规定行政强制措施或行政强制执行的相应内容,如1957年《治安管理处罚条例》(已失效)即规定了不少行政强制措施、行政强制执行内容。[①]

一、行政强制基本理论

《行政强制法》所称行政强制,包括行政强制措施和行政强制执行。《行政强制法》第2条第2款规定,行政强制措施是指行政机关在行政管理过程中,为制止违法行为、防止证据损毁、避免危害发生、控制危险扩大等情形,依法对公民的人身自由实施暂时性限制,或者对公民、法人或者其他组织的财物实施暂时性控制的行为。《行政强制法》第2条第3款规定,行政强制执行,是指行政机关或者行政机关申请人民法院,对不履行行政决定的公民、法人或者其他组织,依法强制履行义务的行为。行政强制措施和行政强制执行具有诸多不同的特性,以下分述之。

(一)行政强制措施

《行政强制法》第9条规定了五种行政强制措施的方式,包括限制公民人身自由;查封场所、设施或者财物;扣押财物;冻结存款、汇款;其他行政强制措施。关于行政强制措施,主要有以下几种法律特征[②]:

第一,行政强制措施是一种限权性行为。行政强制措施并非处分性行政行为,它表现为对行政相对人权利的限制而不是剥夺。在行政强制措施中,无论是表现为行政机关对公民人身自由的限制,还是对法人财产的查封,都表现为行政机关对人身自由权或财产权的限制。

第二,行政强制措施是一种"暂时性"的行为。顾名思义,"暂时性"相对永久性,是指行政强制措施对公民的人身自由实施暂时性限制,或者对公民、法人或者其他组织的财物实施

---

① 胡建淼:《行政法学》(第5版),法律出版社2023年版,第419页。
② 《行政法与行政诉讼法学》编写组编:《行政法与行政诉讼法学》(第2版),高等教育出版社2018年版,第161—162页。

暂时性控制的特点。一旦实施行政强制措施的条件消失,行政强制措施即应解除。

第三,行政强制措施是一种"可复原性"的行为。在行政机关采取行政强制措施时,被强制人的人身自由和财产权就处于"被限制状态";一旦强制措施被撤销或者强制措施到期,被强制人的人身自由和财产权又将恢复"原状态"。

(二)行政强制执行

在《行政强制法》第 2 条第 3 款规定的基础上,学界通说认为行政强制执行可以作如下定义:行政强制执行,是指国家行政机关或行政机关申请人民法院,对于在规定期限内拒不履行行政决定的当事人,依法采取有关强制手段,迫使其履行义务,或者达到与履行义务相同状态的行为。《行政强制法》第 12 条规定了六种行政强制执行的方式,包括加处罚款或者滞纳金;划拨存款、汇款;拍卖或者依法处理查封、扣押的场所、设施或者财物;排除妨碍、恢复原状;代履行;其他强制执行方式。行政强制执行主要有以下几种法律特征①:

第一,在主体上,行政强制执行只能由国家行政机关或者人民法院实施。国家行政机关实施行政强制执行仅限于法律授予行政机关强制执行权时。

第二,在客体上,行政强制执行是有权机关对行政决定的执行。执行的客体为业已作出并生效具备执行力的行政决定,而非司法裁判或权力机关的决议。

第三,在基础行为与执行行为的关系上,行政强制执行与基础决定不同,是对基础行为的执行行为。行政强制措施表现为基础行为与执行行为合一,而行政强制执行表现为二者的分离:一方面,基础行为和执行行为是两种不同的行为形态,作为基础行为的行政决定可以单独适用法律救济,作为执行行为的执行也可单独适用法律救济;另一方面,在行为的时间间隔上,行政强制措施中的基础行为与执行行为没有经过法律救济程序的时间间隔,而行政强制执行具备时间间隔。

第四,从行为的过程考察,行政强制执行不是一个暂时性的中间行为,而是一个最终的封闭行为,保障基础行为被执行。②

二、行政强制基本制度

行政强制的基本制度主要介绍行政强制措施和行政强制执行的设定权、实施主体以及的内容。

(一)行政强制措施

《行政强制法》确立了行政强制措施的法律保留原则,也即由法律来设定行政强制措施是原则,由法律以外的其他规范(限于行政法规、地方性法规)来设定行政强制措施是例外。具体而言,行政强制措施的设定权可以参见表 10-2。

---

① 胡建淼:《行政法学》(第 5 版),法律出版社 2023 年版,第 439—440 页。
② 《行政法与行政诉讼法学》编写组编:《行政法与行政诉讼法学》(第 2 版),高等教育出版社 2018 年版,第 166—167 页。

表 10-2　行政强制措施的设定权

规范层级	行政强制措施类型	规范依据
法律	行政强制措施由法律设定	《行政强制法》第 10 条第 1 款
行政法规	尚未制定法律,且属于国务院行政管理职权事项的,行政法规可以设定除限制公民人身自由、冻结存款汇款和应当由法律规定的行政强制措施以外的其他行政强制措施	《行政强制法》第 10 条第 2 款
地方性法规	尚未制定法律、行政法规,且属于地方性事务的,地方性法规可以设定查封场所、设施或者财物,扣押财物的行政强制措施	《行政强制法》第 10 条第 3 款
规范性文件	不得设定行政强制措施	《行政强制法》第 10 条第 4 款

行政强制措施的主体是指实施行政强制措施的有权组织。具体来看,主要包括三类。第一类,法律和法规直接设定的行政机关。《行政强制法》第 17 条第 1 款规定:"行政强制措施由法律、法规规定的行政机关在法定职权范围内实施。行政强制措施权不得委托。"第二类,法律和行政法规授权的组织。《行政强制法》第 70 条规定:"法律、行政法规授权的具有管理公共事务职能的组织在法定授权范围内,以自己的名义实施行政强制,适用本法有关行政机关的规定。"第三类,相对集中行使行政处罚权的行政机关。《行政强制法》第 17 条第 2 款规定:"依据《中华人民共和国行政处罚法》的规定行使相对集中行政处罚权的行政机关,可以实施法律、法规规定的与行政处罚权有关的行政强制措施。"

实施行政强制措施应当遵守的一般程序规定在《行政强制法》第 18 条中,主要包括以下内容:其一,实施前须向行政机关负责人报告并经批准;其二,由两名以上行政执法人员实施;其三,出示执法身份证件;其四,通知当事人到场;其五,当场告知当事人采取行政强制措施的理由、依据以及当事人依法享有的权利、救济途径;其六,听取当事人的陈述和申辩;其七,制作现场笔录;其八,现场笔录由当事人和行政执法人员签名或者盖章,当事人拒绝的,在笔录中予以注明;其九,当事人不到场的,邀请见证人到场,由见证人和行政执法人员在现场笔录上签名或者盖章;其十,法律、法规规定的其他程序。

根据《立法法》第 11 条第 5 项的规定,"对公民政治权利的剥夺、限制人身自由的强制措施和处罚"仅能制定法律进行限制。因此,就限制人身自由的行政强制措施而言,根据法律保留原则,《行政强制法》第 20 条也作出了特别规定:其一,当场告知或者实施行政强制措施后立即通知当事人家属实施行政强制措施的行政机关、地点和期限;其二,在紧急情况下当场实施行政强制措施的,在返回行政机关后,立即向行政机关负责人报告并补办批准手续;其三,遵守法律规定的其他程序。此外,实施限制人身自由的行政强制措施不得超过法定期限。实施行政强制措施的目的已经达到或者条件已经消失,应当立即解除。

(二)行政强制执行

《行政强制法》第 13 条规定:"行政强制执行由法律设定。法律没有规定行政机关强制执行的,作出行政决定的行政机关应当申请人民法院强制执行。"由此可见,行政强制执行的设定要求比行政强制措施的要求更为严格。对于行政强制措施的设定,主要是法律,但一定条件下也可以由行政法规和地方性法规设定；而行政强制执行只能由法律设定。

行政强制执行的主体包括两类，行政机关和人民法院。目前来看，我国采取的是"以司法机关执行为原则，以行政机关执行为例外"的强制执行基本原则。在人民法院内部，"非诉行政案件"的审理和执行由行政审判庭承担。

《行政强制法》第 34 条规定了行政机关强制执行的条件："行政机关依法作出行政决定后，当事人在行政机关决定的期限内不履行义务的，具有行政强制执行权的行政机关依照本章规定强制执行。"

行政机关强制执行的程序主要包括催告和送达、当事人陈述和申辩、记录复核处理、作出强制执行决定、送达强制执行决定，以及实施行政强制执行六个环节。人民法院行政强制执行的程序主要包括行政机关申请、人民法院受理、人民法院审查、人民法院作出裁定以及执行五个环节。

三、行政强制前沿问题

（一）行政强制措施的定位

行政强制措施是一个中国实定法和行政法总论上的独特概念，其主要有两个来源，一部分来源于日本行政法的即时强制，另一部分来源于苏联行政法的行政强制措施。因此，"行政强制措施"的概念和"即时强制"的概念之间的关系应当如何理解，便成了值得探讨的问题。当前的一般认识分为两类：一类是行政强制措施与即时强制相同，另一类是行政强制措施包含即时强制。就第一种理解而言，在不介入行政相对人义务或无先行行政决定的层面上来理解即时强制中的"即时"，就可以实现行政强制措施与新解的即时强制一体化把握。行政强制措施和行政强制执行的共性在于强制性，差别在于有无先行义务的明确，二者的上位概念是确保行政的实效性制度。就第二种理解而言，《行政强制法》上的行政强制措施实际上是一个合成概念。其下既有该法第 9 条规定的作为主要规范对象的行政强制措施，也包括未作明确规范的即时强制；既有手段意义上的程序性行政强制措施，也有行为意义上的即时性行政强制措施。程序性行政强制措施是指行政机关在某一行政程序中为实现某种目的而作为手段所采取的行政强制措施，如调查性和保全性措施等；即时性行政强制措施是指行政机关无暇命令某种作为义务，或作出命令无法期待实效性时，作为一种行为方式而采取的行政强制措施。①

（二）房屋拆除行政强制执行的主体

2011 年《国有土地上房屋征收与补偿条例》第 28 条第 1 款规定："被征收人在法定期限内不申请行政复议或者不提起行政诉讼，在补偿决定规定的期限内又不搬迁的，由作出房屋征收决定的市、县级人民政府依法申请人民法院强制执行。"该条例取消了行政机关强制执行的权力，改由行政机关申请人民法院强制执行。然而，最高人民法院《关于办理申请人民法院强制执行国有土地上房屋征收补偿决定案件若干问题的规定》（法释〔2012〕4 号）第 9 条规定："人民法院裁定准予执行的，一般由作出征收补偿决定的市、县级人民政府组织实施，也可以由人民法院执行。"由此，《国有土地上房屋征收与补偿条例》所确定的执行主体上的

---

① 王贵松：《行政强制措施的谱系》，载《清华法学》2022 年第 6 期。

"单轨制"和"行政选择制"在这里被改变为"双轨制"和"司法选择制"。

(三) 行政强制措施与行政强制执行的分界标准

总体来看,分界标准可以总结为以下六项(见表10-3):

表10-3 行政强制措施与行政强制执行的分界标准

分界标准	行政强制措施	行政强制执行
行政行为的保障性与执行性	保障性	执行性
行政行为的中间性与最终性	中间性	最终性
事先是否存在可履行的义务并期待当事人履行	不存在可履行义务;不允许强制机关期待当事人自我履行	执行已经存在的义务;允许强制机关期待当事人自我履行
事先是否存在行政决定	通常不存在	存在
"基础行为"与"执行行为"的分合	基础行为与执行行为合一	基础行为与执行行为分离
基础行为是否生效	尚未生效	已经生效

第三节 行政征收和行政征用

行政征收与行政征用都属于负担性行政行为。行政征收是行政决定的形态之一,是指行政主体依法向行政相对人强制性地收取税、费或私有财产的行政行为。[①] 行政征用是指行政主体依法向行政相对人强制性获取财产或财物使用权的行政行为。财产权是公民最重要的权利之一,因此对于行政征收和行政征用具有较为严格的规定。《宪法》第13条规定:"公民的合法的私有财产不受侵犯。国家依照法律规定保护公民的私有财产权和继承权。国家为了公共利益的需要,可以依照法律规定对公民的私有财产实行征收或者征用并给予补偿。"

一、行政征收

行政征收主要具备处分性、强制性、非对价性和法定性的特征[②]:

第一,处分性。行政征收是国家行政主体对行政相对人财产所有权的一种处分。与行政征用不同的是,行政征收处分的是财产所有权,从行政相对人转移给国家;而行政征用处分的是财产使用权。

第二,强制性。行政机关实施征收行为实质上是履行国家赋予的征收权。无论行政相对人是否同意,国家行政机关都有权强制征收财产的所有权。

第三,非对价性。行政机关实施征收行为不需要向行政相对人支付充分的对价。以税收为例,行政机关的征税行为具备无偿性,不需要向行政相对人支付对价。即便《宪法》第13条规定"国家为了公共利益的需要,可以依照法律规定对公民的私有财产实行征收或者征用

---

① 《行政法与行政诉讼法学》编写组:《行政法与行政诉讼法学》(第2版),高等教育出版社2018年版,第154页。
② 同上书,第155—156页。

并给予补偿"。但是,该补偿的数额是法定的,而非根据被征收财产的实际价值支付对价。

第四,法定性。由于行政征收具有强制、无偿地剥夺行政相对人财产的特性,因此适用法律保留原则。根据《立法法》第 11 条的规定:"税种的设立、税率的确定和税收征收管理等税收基本制度"以及"对非国有财产的征收、征用"只能由法律进行规定。但是,这两项属于相对法律保留。《立法法》第 12 条规定:"本法第十一条规定的事项尚未制定法律的,全国人民代表大会及其常务委员会有权作出决定,授权国务院可以根据实际需要,对其中的部分事项先制定行政法规。"如 2006 年《中华人民共和国车船税暂行条例》便对车辆、船舶的所有人或者管理人缴纳车船税的行为进行了规范。直到 2011 年,《中华人民共和国车船税法》获得全国人大常委会通过,并于 2012 年实施。该法第 13 条规定:"本法自 2012 年 1 月 1 日起施行。2006 年 12 月 29 日国务院公布的《中华人民共和国车船税暂行条例》同时废止。"由此,车船税实现了从行政法规到法律的转变。

行政征收的主要种类包括土地征收、房屋征收、财产征收、税的征收以及费的征收五种形式。以下主要以土地征收和房屋征收为例证加以说明。

《土地管理法》第 45 条第 1 款规定了集体土地征收的条件:"为了公共利益的需要,有下列情形之一,确需征收农民集体所有的土地的,可以依法实施征收:(一) 军事和外交需要用地的;(二) 由政府组织实施的能源、交通、水利、通信、邮政等基础设施建设需要用地的;(三) 由政府组织实施的科技、教育、文化、卫生、体育、生态环境和资源保护、防灾减灾、文物保护、社区综合服务、社会福利、市政公用、优抚安置、英烈保护等公共事业需要用地的;(四) 由政府组织实施的扶贫搬迁、保障性安居工程建设需要用地的;(五) 在土地利用总体规划确定的城镇建设用地范围内,经省级以上人民政府批准由县级以上地方人民政府组织实施的成片开发建设需要用地的;(六) 法律规定为公共利益需要可以征收农民集体所有的土地的其他情形。"在土地征收过程中,依照法定程序批准后,应当由县级以上地方人民政府予以公告并组织实施。土地征收应当开展拟征收土地现状调查和社会稳定风险评估,对征收情况进行公告,并听取被征地的农村集体经济组织及其成员、村民委员会和其他利害关系人的意见(《土地管理法》第 47 条)。关于土地征收的补偿,《土地管理法》第 48 条第 1、2 款规定:"征收土地应当给予公平、合理的补偿,保障被征地农民原有生活水平不降低、长远生计有保障。征收土地应当依法及时足额支付土地补偿费、安置补助费以及农村村民住宅、其他地上附着物和青苗等的补偿费用,并安排被征地农民的社会保障费用。"

房屋征收主要是指国有土地上的房屋征收,因为集体土地上的房屋征收主要是作为土地附着物按照土地征收程序处理的。房屋征收主要法律依据为《城市房地产管理法》与《国有土地上房屋征收与补偿条例》。同样,征收主体在作出房屋征收决定前,应当进行社会稳定风险评估,并给予足额到位的征收补偿。

二、行政征用

行政征用是指行政主体根据法律规定,出于公共利益的需要,强制性地使用行政相对人的财产并给予补偿的行政行为。《民法典》第 245 条规定:"因抢险救灾、疫情防控等紧急需要,依照法律规定的权限和程序可以征用组织、个人的不动产或者动产。被征用的不动产或者动产使用后,应当返还被征用人。组织、个人的不动产或者动产被征用或者征用后毁损、灭失的,应当给予补偿。"《民法典》第 327 条规定:"因不动产或者动产被征收、征用致使用益物权消灭或者影响用益物权行使的,用益物权人有权依据本法第二百四十三条、第二百四十五条的规定获得相应补偿。"

行政征用也具有上文所述的强制性、补偿性和法定性的特征。与行政征收不同的是,行政征用具有非处分性和限制性,也即行政征用并不导致被征用物所有权的转移,而只是强制性地使用被征用物,也即被征用物的使用权受到限制。

行政征用主要分为对交通工具与通信设备的征用、对房屋场地与设施的征用、对劳力的征用以及对其他财产的征用四类。

三、行政征收和行政征用的前沿问题

在土地行政征收的过程中,通常涉及多个行为,有必要明确相对人可以通过申请复议、提起诉讼等方式寻求救济的行政行为。最高人民法院《关于不服农村集体土地征收补偿安置方案批复是否可以申请行政复议的答复》[(2020)最高法行他 4 号]指出:"《中华人民共和国土地管理法实施条例》第 25 条规定,市、县人民政府土地行政主管部门会同有关部门拟定征地补偿、安置方案,报市、县人民政府批准后组织实施。征地补偿、安置方案与市、县人民政府批准行为是一体的,不能割裂。在补偿、安置方案已经被申请复议的情况下,集体经济组织或者农民不得另行对市、县人民政府的批准行为再次申请复议。"也即,征地补偿、安置方案与市、县人民政府批准行为只能择一申请复议,从而防止过度诉讼,实质性化解行政争议。

此外,关于征地公告的可诉性,最高人民法院认为:"通常情况下,市、县级人民政府依法发布征收土地公告的行为,仅仅是将批准征地机关、批准文号、征收土地的用途、范围、面积以及征地补偿标准、农业人员安置办法和办理征地补偿的期限等事项,在被征收土地所在地的乡(镇)、村予以公示告知的行为,对被征收人权利义务产生实际影响的是征收土地批复以及后续相关征收实施行为,而非征收土地公告。因此,征收土地公告不属于人民法院行政诉讼受案范围。但在实践中,有些征收土地公告内容与征地批复批准征收土地的用途、范围、面积、补偿标准等内容不相符,该公告行为将对被征收人的权利义务产生实际影响,被征收人以此为由,针对征收土地公告提起诉讼的,应当属于人民法院行政诉讼受案范围。"[1]

---

[1] 最高人民法院(2019)最高法行申 3656 号行政裁定书。

第十一章 行政机关的其他行为

第一节 行政规划

一、行政规划的概念

行政规划,在静态上是指为处理行政事务、实施行政事业或制定行政政策而由行政机关确定的行政指导性目标;在动态上是指行政机关在实施行政事业及其他活动之前,综合地提示有关行政目标和制定规划蓝图以具体明确行政目标,并进一步制定出为实现行政目标所必需的各项部署和安排的行政活动过程。①

通常认为,行政规划的目标主要包括以下四个方面:向公民和组织提示行政目标;明确行政机关履行指导服务职责的工作方向;引导、联系和协调其他行政手段和综合手段;以及通过达成共识和协调政策提高行政活动效果。②《中华人民共和国城乡规划法》(以下简称《城乡规划法》)第1条明确了我国城市规划的目的,即"为了加强城乡规划管理,协调城乡空间布局,改善人居环境,促进城乡经济社会全面协调可持续发展"。

二、行政规划的基本制度

以规划的对象作为区分,城乡规划主要类型包括城镇体系规划、城市规划、镇规划、乡规划和村庄规划。城市规划、镇规划分为总体规划和详细规划。详细规划分为控制性详细规划和修建性详细规划。

制定和实施城乡规划,应当遵循城乡统筹、合理布局、节约土地、集约发展和先规划后建设的原则,改善生态环境,促进资源、能源节约和综合利用,保护耕地等自然资源和历史文化遗产,保持地方特色、民族特色和传统风貌,防止污染和其他公害,并符合区域人口发展、国防建设、防灾减灾和公共卫生、公共安全的需要。因此,城乡规划具有严格的审批条件(见11-1):

表 11-1 城乡规划的审批条件

规划类型	审批条件
全国城镇体系规划	国务院城乡规划主管部门会同国务院有关部门组织编制全国城镇体系规划,用于指导省域城镇体系规划、城市总体规划的编制。 全国城镇体系规划由国务院城乡规划主管部门报国务院审批。
省域城镇体系规划	省、自治区人民政府组织编制省域城镇体系规划,报国务院审批。 省域城镇体系规划的内容应当包括:城镇空间布局和规模控制,重大基础设施的布局,为保护生态环境、资源等需要严格控制的区域。

---

① 《行政法与行政诉讼法学》编写组编:《行政法与行政诉讼法学》(第2版),高等教育出版社2018年版,第177页。
② 同上书,第179页。

(续表)

规划类型	审批条件
城市总体规划	城市人民政府组织编制城市总体规划。 直辖市的城市总体规划由直辖市人民政府报国务院审批。省、自治区人民政府所在地的城市以及国务院确定的城市的总体规划,由省、自治区人民政府审查同意后,报国务院审批。其他城市的总体规划,由城市人民政府报省、自治区人民政府审批。
镇的总体规划	县人民政府组织编制县人民政府所在地镇的总体规划,报上一级人民政府审批。其他镇的总体规划由镇人民政府组织编制,报上一级人民政府审批。
城市的控制性详细规划	城市人民政府城乡规划主管部门根据城市总体规划的要求,组织编制城市的控制性详细规划,经本级人民政府批准后,报本级人大常委会和上一级人民政府备案。
镇的控制性详细规划	镇人民政府根据镇总体规划的要求,组织编制镇的控制性详细规划,报上一级人民政府审批。县人民政府所在地镇的控制性详细规划,由县人民政府城乡规划主管部门根据镇总体规划的要求组织编制,经县人民政府批准后,报本级人大常委会和上一级人民政府备案。
重要地块的修建性详细规划	城市、县人民政府城乡规划主管部门和镇人民政府可以组织编制重要地块的修建性详细规划。修建性详细规划应当符合控制性详细规划。
乡规划、村庄规划	乡、镇人民政府组织编制乡规划、村庄规划,报上一级人民政府审批。村庄规划在报送审批前,应当经村民会议或者村民代表会议讨论同意。

规划的修改也具有严格的程序要求。有下列情形之一的,组织编制机关方可按照规定的权限和程序修改省域城镇体系规划、城市的总体规划、镇的总体规划:(1)上级人民政府制定的城乡规划发生变更,提出修改规划要求的;(2)行政区划调整确需修改规划的;(3)因国务院批准重大建设工程确需修改规划的;(4)经评估确需修改规划的;(5)城乡规划的审批机关认为应当修改规划的其他情形。此外,根据《城乡规划法》第48条和第50条,修改控制性详细规划的,组织编制机关应当对修改的必要性进行论证,征求规划地段内利害关系人的意见;在选址意见书、建设用地规划许可证、建设工程规划许可证或者乡村建设规划许可证发放后,因修改城乡规划给被许可人合法权益造成损失的,应当依法给予补偿。

第二节 行 政 指 导

行政指导,是指行政机关在其职责范围内为实现一定行政目的而采取的符合法律精神、原则、规则或政策的指导、劝告、建议等不具有国家强制力的行为。[1]

一、行政指导的定位

行政指导最主要的特性即非强制性,行政指导是不具备法律拘束力的行为,因此不属于可诉的行政行为。最高人民法院《关于执行〈中华人民共和国行政诉讼法〉若干问题的解释》(法释〔2000〕8号)第1条就行政诉讼受案范围进行了否定式列举,第4款即"不具有强制力

---

[1] 《行政法与行政诉讼法学》编写组编:《行政法与行政诉讼法学》(第2版),高等教育出版社2018年版,第182页。

的行政指导行为"。尽管在 2018 年施行的最高人民法院《关于适用〈中华人民共和国行政诉讼法〉的解释》(法释〔2018〕1 号)中已经将其修改为第 3 款"行政指导行为",但这是为了防止对本条款产生歧义。

二、行政指导的基本制度

由于我国目前尚未制定统一的行政程序法,也并未就行政指导进行单行立法,因此关于行政指导的程序要求多体现在地方行政程序办法、条例等的规定中。

第一,行政指导的实施方式。行政指导可以采取以下方式实施:① 制定和发布指导、诱导性的政策;② 提供技术指导和帮助;③ 发布信息;④ 示范、引导、提醒;⑤ 建议、劝告、说服;⑥ 其他指导方式。

第二,行政指导的形式。实施行政指导可以采取书面、口头或者其他合理形式。当事人要求采取书面形式的,行政机关应当采取书面形式。

第三,行政指导的程序要求。其一,公开性。行政指导的目的、内容、理由、依据、实施者以及背景资料等事项,应当对当事人或者公众公开,涉及国家秘密和依法受到保护的商业秘密或者个人隐私的除外。其二,专家论证。实施行政指导涉及专业性、技术性问题的,应当经过专家论证,专家论证意见应当记录在案。其三,听取意见。行政机关实施重大行政指导,应当采取公布草案、听证会、座谈会、开放式听取意见等方式,广泛听取公民、法人或者其他组织的意见。听取意见的程序参照行政决策程序有关规定。其四,当事人权利。行政机关实施行政指导,应当告知当事人有自由选择的权利,当事人有权陈述意见。行政机关应当认真听取、采纳当事人合理、可行的意见。

第四,行政指导的非强制性。当事人有权自主决定是否接受、听从、配合行政指导。行政机关在实施行政指导的过程中,不得采取或者变相采取强制措施迫使当事人接受行政指导,并不得因当事人拒绝接受、听从、配合行政指导而对其采取不利措施。

行政机关具备强制力的行为不属于行政指导的范畴。在如东县人民政府与如东大成广告设计部(以下简称大成广告)、如东县马塘镇人民政府行政强制案中,如东县交通干线沿线环境综合整治工作领导小组办公室和马塘镇政府联合下发《通知书》,主要内容为:根据省、市政府关于交通干线沿线环境综合整治五项行动和如东县政府《如东县交通干线沿线环境综合整治实施方案》,大成广告在 S334 线沿线设置的 7 处高位广告(含未完成 1 处)在整治范围内,需要拆除。2013 年 5 月 14 日,大成广告与马塘镇政府签订了广告设置协议,大成广告依协议内容设置了高位广告。协议第 10 条约定,如遇公路拓宽、城建规划调整等需要拆迁,大成广告服从大局,双方互不承担违约责任。为了加快推进全县交通干线沿线环境综合整治工作,优化生态环境,提升对外形象,改善投资环境,创建美好家园,请大成广告积极响应如东县委县政府的号召,在 2018 年 1 月 10 日之前自行拆除上述高位广告,为建设"强富美高"新如东作出应有的贡献。逾期不拆除的,将在 2018 年 1 月 10 日后安排帮助拆除,相关费用由大成广告承担。第二审法院认为,从《通知书》的内容看,该通知设定了大成广告自行拆除高位广告的期限,大成广告逾期不拆除的,将安排帮助拆除并由大成广告承担相关拆除费用。该通知对大成广告设立了自行拆除高位广告设施的义务,并设定了不履行该义务将产生的不利后果。《通知书》具有公定力和约束力,已对大成广告的权利义务直接产生了实质性的影响。行政指导是行政机关在其管辖事务的范围内,对于特定的公民、企业、社会团体等,通过制定诱导性法规、政策、计划、纲要等规范性文件以及采用具体的示范、建议、劝告、鼓励、提倡、限制等非强制性方式并付之以利益诱导促使行政相对人自愿作出或不作出某种行为,以实现一定行政目的的行为。行政指导对相对人不具有强制执行力,行政相对人不听从建议或劝告的,不会因此承担不利后果。

由此观之,行政机关可能以行政指导之名,实施对行政相对人的权利义务产生实际影响的行政行为。因此,上文所述行政指导的实施方式仅仅为形式要件,而行政指导的实质要件即对权利义务不产生实际影响。如果行政机关的行为具备公定力、确定力、拘束力和执行力等特征,属于行政行为,对相对人的权利义务产生实际影响,便属于行政复议和行政诉讼的受案范围,而非行政指导行为。

第三节 行 政 协 议

一、行政协议的概念

行政协议,又称行政合同,是"行政机关为了实现行政管理目的,与公民、法人或者其他组织之间,经双方意思表示一致所达成的协议"[①]。行政协议最早出现在2014年修正的《行政诉讼法》中,根据《行政诉讼法》第12条第1款第11项的规定,"认为行政机关不依法履行、未按照约定履行或者违法变更、解除政府特许经营协议、土地房屋征收补偿协议等协议的"属于行政诉讼的受案范围,从而将行政协议纳入行政诉讼的视野。2015年最高人民法院《关于适用〈中华人民共和国行政诉讼法〉若干问题的解释》(法释〔2015〕9号)就行政协议制度作出了数条规定,构建了行政协议制度最初的规范基础。在最高人民法院《关于适用〈中华人民共和国行政诉讼法〉的解释》(法释〔2018〕1号)施行后,2015年的司法解释随之废止。但2018年最高人民法院《关于适用〈中华人民共和国行政诉讼法〉的解释》并未就行政协议制度进行规定。在该最高人民法院就该司法解释举行的新闻发布会(2018年2月7日)中,时任副院长的江必新指出:"《适用解释》中关于行政协议的部分,最高人民法院将制定专项的司法解释,拟在今年出台。在此期间,人民法院审理行政协议案件,可以参照《适用解释》相关规定的有关内容,在适用法律方面可以援引行政诉讼法、民事诉讼法以及合同法的有关规定。"此后,关于行政协议的司法解释由于存在诸多理论争议,一直没有落地。直到2019年12月最高人民法院《关于审理行政协议案件若干问题的规定》(法释〔2019〕17号)发布,行政协议制度具备了新的规范基础。

2015年最高人民法院《关于适用〈中华人民共和国行政诉讼法〉若干问题的解释》对行政协议作出了定义,即"行政机关为实现公共利益或者行政管理目标,在法定职责范围内,与公民、法人或者其他组织协商订立的具有行政法上权利义务内容的协议"。2014年修正的《行政诉讼法》生效后,最高人民法院行政审判庭的法官倾向于通过"行政职责"要素对行政协议的边界进行扩张解释,而最高人民法院民事审判庭的法官则倾向于基于"行政职权"要

[①] 《湖南省行政程序规定》第93条第1款。

素对其边界进行限缩解释。造成双方分歧的原因,乃根植于我国宪法中的"保障公共利益"与"尊重私人权益"两者价值之间的内在张力。化解双方的分歧,需要引入"比例原则",即只有当行政职责足够重要时行政主体才可适用行政协议制度,若通过民事合同便能确保行政职责的实现,则显然不必认定行政协议;与此同时,为了避免司法资源的浪费,民事审判庭的法官亦需要尊重法定的"有名行政协议"之范围,为诉讼当事人提供相对确定的管辖指引。①此后,最高人民法院《关于审理行政协议案件若干问题的规定》第1条规定,行政机关为了实现行政管理或者公共服务目标,与公民、法人或者其他组织协商订立的具有行政法上权利义务内容的协议,属于2014年《行政诉讼法》第12条第1款第11项规定的行政协议。根据这一规定,行政协议包括四个要素:一是主体要素,即一方当事人必须为行政机关;二是目的要素,即必须是为了实现行政管理或者公共服务目标;三是内容要素,协议内容必须具有行政法上的权利义务内容;四是意思要素,即协议双方当事人必须协商一致。只有满足这四个要素,才属于行政协议。对行政协议内涵的规定明确了行政协议与民事合同之间的区别。

行政协议制度最为根本的特征是,它一方面是依双方当事人的意思表示一致而成立,另一方面又关注行政协议中行政主体不能严格遵守当事人地位平等原则,具有单方变更、解除行政协议的行政优益权。我们应当突破狭义的"意思自治"范畴,将行政协议广义地理解为一种稳定的合作机制,从而走出上述行政协议的困境。由于行政合同是客观要素与主观合同内容的混合体,所以其区别于作为纯粹主观行为的"合同"。正是由于行政合同中混有客观要素,所以行政机关可以单方变更行政合同中的客观内容,且客观内容可以超越合同之相对性对合同关系外的第三人产生法律效果。在此基础上,通过稳定的合作机制这一框架来理解合同,行政合同从其诞生之初,就没有被作为意思自治的工具,而是被作为一种旨在实现公共服务之良好运作的合作机制,关注在公共服务需求不断变化的背景下维持合作机制的稳定。②

二、行政协议的基本制度

(一)行政协议案件的受案范围

从文义上看,2015年最高人民法院《关于适用〈中华人民共和国行政诉讼法〉若干问题的解释》第14条规定的适用案件范围与《行政诉讼法》第12条第1款第11项规定的行政协议的受案范围一脉相承,区分了行政协议履行中行政机关作为合同监督管理者行使优益权的行为和作为合同当事人履行协议的行为。不过,在"依法履行、按照约定履行协议"的情形中,似乎并不包括参照民事法律规范解除行政协议的行为。行政协议案件受案范围的有限列举,可能存在如下问题:第一,行政机关是否可以参照民事法律规范解除行政协议。该条款的规定似乎将行政机关的解除权限制在行政机关单方变更、解除行政协议的行政优益权情形③,并不包括参照民事法律规范解除行政协议的情形。第二,有限列举的规定方式并不

---

① 陈天昊:《行政协议的识别与边界》,载《中国法学》2019年第1期。
② 陈天昊:《在公共服务与市场竞争之间 法国行政合同制度的起源与流变》,载《中外法学》2015年第6期。
③ 如最高人民法院的蔡小雪法官就认为"行政机关享有单方面变更、撤销、解除、终结行政协议"都包含在行政优益权内。参见蔡小雪:《审理涉行政协议行为案件与审理民事合同纠纷案件的区别》,载《山东法官培训学院学报》2019年第4期。

能将所有行政协议纠纷包括在内,如行政协议的缔约过失责任和附随义务等。这可能使当事人权利得不到有效救济,也可能因为进入民事诉讼渠道使行政协议诉讼的审理结果存在不一致。

为了调和这一矛盾,司法实践扩张了行政协议诉讼的范围,最高人民法院在蒋大玉诉重庆高新区管委会行政协议纠纷案[①]中指出:"就争议类型而言,除《中华人民共和国行政诉讼法》第十二条第一款第十一项所列举的四种行政协议争议外,还包括协议订立时的缔约过失,协议成立与否,协议有效无效,撤销、终止行政协议,请求继续履行行政协议、采取相应的补救措施、承担赔偿和补偿责任以及行政机关监督、指挥、解释等行为产生的行政争议。"

此外,行政协议案件的受案范围还取决于行政协议的范围。《行政诉讼法》规定,政府特许经营协议、土地房屋征收补偿协议等协议属于行政协议范围。2019年司法解释对除上述两类协议之外的类型进行了列举。主要包括:矿业权出让协议等国有自然资源使用权出让协议;政府投资的保障性住房的租赁、买卖等协议;符合司法解释规定的政府与社会资本合作协议等。

(二)行政协议的生效要件

最高人民法院《关于审理行政协议案件若干问题的规定》(法释〔2019〕17号)规定了行政协议无效的情形,其第12条规定:"行政协议存在行政诉讼法第七十五条规定的重大且明显违法情形的,人民法院应当确认行政协议无效。人民法院可以适用民事法律规范确认行政协议无效。行政协议无效的原因在一审法庭辩论终结前消除的,人民法院可以确认行政协议有效。"总体上看,行政协议的内容不得被法律、法规和规章所禁止;行政协议的双方或者多方当事人,必须出于自愿。最高人民法院《关于审理行政协议案件若干问题的规定》参照合同法等民事法律规范的规定,规定了行政协议可撤销的情形,其第14条规定,原告认为行政协议存在胁迫、欺诈、重大误解、显失公平等情形而请求撤销,人民法院经审理认为符合法律规定的可撤销情形的,可以依法判决撤销该协议。

(三)行政协议诉讼的举证责任

行政协议诉讼不仅具有对行政机关的行为进行合法性审查的要求,也有对行政协议是否以及应当如何履行进行判断的要求。因此,行政协议案件的证明责任与传统的行政机关对行政行为合法性承担证明责任的单方性不同,最高人民法院《关于审理行政协议案件若干问题的规定》根据当事人的不同诉求,结合行政机关在行政协议中的地位,区别情况规定了举证责任。被告对具有法定职权、履行法定程序、履行相应法定职责以及订立、履行、变更、解除行政协议等行为的合法性承担举证责任;原告主张撤销、解除行政协议的,对撤销、解除行政协议的事由承担举证责任;对行政协议是否履行发生争议的,由负有履行义务的当事人承担举证责任。

(四)行政协议案件的法律适用

最高人民法院《关于审理行政协议案件若干问题的规定》第27条第2款规定:"人民法院审理行政协议案件,可以参照适用民事法律规范关于民事合同的相关规定。"

[①] 该案是最高人民法院2019年发布的十个行政协议案件典型案例之二。蒋大玉诉重庆高新区管委会行政协议纠纷案,最高人民法院(2017)最高法行再49号行政裁定书。

(五)行政协议案件的执行方式

一方面,如果行政协议的行政相对人未按照协议履行,行政机关可以作出相应的履行协议行政决定。如果行政相对人未申请行政复议或者提起行政诉讼,且仍不履行,协议内容具有可执行性的,行政机关可以将该行政决定作为执行名义向人民法院申请强制执行。另一方面,如果法律、行政法规规定行政机关对行政协议享有监督协议履行的职权,行政机关可以对不履行协议的行政相对人作出处理决定。行政机关依法作出行政决定后,行政相对人未申请行政复议或者其他行政诉讼,且仍不履行,协议内容具有可执行性的,行政机关可以向人民法院申请强制执行。

第四节 行政确认

一、行政确认的概念

行政确认是指行政主体对既存的法律事实和法律关系进行审查、认定并宣示其法律效力的行政行为。根据最高人民法院《关于行政案件案由的暂行规定》(法发〔2020〕44号)的规定,行政确认包括以下八类:基本养老保险资格或者待遇认定;基本医疗保险资格或者待遇认定;失业保险资格或者待遇认定;工伤保险资格或者待遇认定;生育保险资格或者待遇认定;最低生活保障资格或者待遇认定;确认保障性住房分配资格;颁发学位证书或者毕业证书。

行政确认具有以下法律特征[①]:

第一,既存性。行政确认是对既存法律事实和法律关系进行审查、认定并宣示其法律效力的行政行为,是对业已存在或发生了的事实与关系的认定,而非对新法律关系的创设。

第二,非处分性。行政确认是对既存法律事实和法律关系进行审查、认定,并不创设新的法律关系,或者对原有的法律关系进行处分。

第三,中立性。由于行政确认所具有的非处分性,其既不具有赋权属性,也不具有限权性;确认的结果既可能对行政相对人有利,也可能对行政相对人不利。

第四,证据性。行政确认是有关行政主体在法律法规授权条件下针对行政相对人有关法律事实和法律关系的一种认定,经过严格的审查程序,结果往往可以成为行政主体作出其他行政行为的前提或证据。

第五,可吸收性。行政确认属于可吸收的行政行为之一,部分行政确认有时被行政许可和行政裁决所吸收。

二、行政确认的基本制度

行政确认应当遵守一定的程序要求。尽管我国尚未制定统一的行政程序法,但是一些地方性法规或地方政府规章往往会就行政确认的程序与相关事项进行规定。如江苏省

---

① 胡建淼:《行政法学》(第5版),法律出版社2023年版,第663页。

地方性法规 2022 年《江苏省行政程序条例》就行政确认的公开和正当程序要求进行了详细规定：

第一，行政确认的公开要求。行政机关应当在政务服务大厅等场所和官方网站向社会公布行政确认的内容，包括：(1) 确认事项；(2) 确认依据；(3) 确认条件和标准；(4) 申请材料；(5) 确认决定机关；(6) 确认程序和期限；(7) 其他需要公开的内容。①

第二，行政确认的正当程序要求。行政机关进行审查时，发现行政确认事项直接关系他人利益的，应当及时告知利害关系人。行政机关应当制作行政确认决定书或者核发相关证明。②

三、行政确认的可诉性

行政确认具有可诉性，当事人对行政确认结果不服，可以申请行政复议或提起行政诉讼。最高人民法院发布的第 59 号指导案例——戴世华诉济南市公安消防支队消防验收纠纷案中，建设工程消防验收备案结果通知含有消防竣工验收是否合格的评定，具有行政确认的性质，当事人对消防设计审查验收主管部门的消防验收备案结果通知行为提起行政诉讼的，人民法院应当依法予以受理。法院生效裁判从行为的性质和行为的后果两个方面论证了行政确认行为的可诉性：

第一，关于行为的性质。2021 年修正的《中华人民共和国消防法》(以下简称《消防法》)第 4 条规定："……县级以上地方人民政府应急管理部门对本行政区域内的消防工作实施监督管理，并由本级人民政府消防救援机构负责实施。……"《建设工程消防设计审查验收管理暂行规定》第 3 条第 2 款规定："县级以上地方人民政府住房和城乡建设主管部门(以下简称消防设计审查验收主管部门)依职责承担本行政区域内建设工程的消防设计审查、消防验收、备案和抽查工作。"第 26 条第 2 款规定："特殊建设工程竣工验收后，建设单位应当向消防设计审查验收主管部门申请消防验收；未经消防验收或者消防验收不合格的，禁止投入使用。"第 34 条第 1 款规定："其他建设工程竣工验收合格之日起五个工作日内，建设单位应当报消防设计审查验收主管部门备案。"上述规定表明，建设工程消防验收备案就是特定的建设工程施工人向消防设计审查验收主管部门申请消防验收，报告工程完成验收情况，消防设计审查验收主管部门予以登记备案，以供消防设计审查验收主管部门检查和监督。备案行为是消防设计审查验收主管部门对建设工程实施消防监督和管理的行为。消防设计审查验收主管部门实施的建设工程消防备案、抽查的行为具有行使行政职权的性质，体现出国家意志性、法律性、公益性、专属性和强制性，备案结果通知是备案行为的组成部分，是备案行为结果的具体表现形式，也具有上述行政职权的特性，应该纳入司法审查的范围。

第二，关于行为的后果。《消防法》第 13 条规定："国务院住房和城乡建设主管部门规定应当申请消防验收的建设工程竣工，建设单位应当向住房和城乡建设主管部门申请消防验收。前款规定以外的其他建设工程，建设单位在验收后应当报住房和城乡建设主管部门备

---

① 《江苏省行政程序条例》第 100 条。
② 《江苏省行政程序条例》第 101 条。

案,住房和城乡建设主管部门应当进行抽查。依法应当进行消防验收的建设工程,未经消防验收或者消防验收不合格的,禁止投入使用;其他建设工程经依法抽查不合格的,应当停止使用。"《建设工程消防设计审查验收管理暂行规定》第 36 条第 1 款规定:"消防设计审查验收主管部门应当对备案的其他建设工程进行抽查。加强对重点项目的抽查。抽查工作推行'双随机、一公开'制度,随机抽取检查对象,随机选派检查人员。抽取比例由省、自治区、直辖市人民政府住房和城乡建设主管部门,结合辖区内消防设计、施工质量情况确定,并向社会公示。"第 40 条规定:"建设单位收到检查不合格整改通知后,应当停止使用建设工程,并组织整改,整改完成后,向消防设计审查验收主管部门申请复查。消防设计审查验收主管部门应当自收到书面申请之日起七个工作日内进行复查,并出具复查意见。复查合格后方可使用建设工程。"上述规定表明,在竣工验收备案行为中,消防设计审查验收主管部门并非仅仅是简单地接受建设单位向其报送的相关资料,还要对备案资料进行审查,完成工程检查。消防设计审查验收主管部门实施的建设工程消防备案、抽查的行为能产生行政法上的拘束力。对建设单位而言,在工程竣工验收后应当到消防设计审查验收主管部门进行验收备案,否则应当承担相应的行政责任,消防设施经依法抽查不合格的,应当停止使用,并组织整改;对消防设计审查验收主管部门而言,备案结果中有抽查是否合格的评定实质上是一种行政确认行为,即消防设计审查验收主管部门对行政相对人的法律事实、法律关系予以认定、确认的行政行为,一旦消防设施被消防设计审查验收主管部门评定为合格,那就视为消防设计审查验收主管部门在事实上确认了消防工程质量合格,行政相关人也将受到该行为的拘束。

第五节 行 政 检 查

一、行政检查的概念

行政检查具有广义和狭义两个定义。广义的行政检查,包括作为行政调查手段的检查活动。狭义的行政检查,是指行政主体依法单方面强制性实施了解行政相对人遵守法律法规或者履行法定义务情况的活动。作为一类行政行为的行政检查,则是指依法享有检查权的行政主体了解行政相对人遵守法律法规或者履行法定义务情况的行政行为。

行政检查主要具有如下法律特征[①]:

第一,法定性。行政检查需要有明确的法律依据,由依法享有行政检查职权的行政主体实施,并严格遵守法律关于行政检查方式、内容和时限的规定。

第二,强制性。如果相对人不配合行政检查措施,检查主体有权采取行政强制措施。

第三,独立性。行政检查具有独立性,不依附于其他行政行为,不仅包括了解实情、收集证据、认定事实等,还包括督促行政相对人遵守法律、履行义务等。

---

① 《行政法与行政诉讼法学》编写组编:《行政法与行政诉讼法学》(第 2 版),高等教育出版社 2018 年版,第 202 页。

二、行政检查的基本制度

2020年广东省制定的地方政府规章《广东省行政检查办法》是全国首个出台的统一行政检查的规范。此外，如《江苏省行政程序条例》等地方性法规、地方政府规章也对行政检查进行了相关规定。以下就行政检查的主要制度进行介绍：

第一，行政检查的分类。行政检查包括日常检查和专项检查。日常检查是指行政执法主体依照法定职权对不特定对象或者不特定事项进行检查。专项检查是指行政执法主体根据投诉举报、上级交办、其他机关移送等案件线索或者重点领域治理部署对特定对象或者特定事项进行检查。

第二，行政检查的基本原则。行政检查应当遵循依法实施、权利保障、高效便民、廉洁透明的原则。行政检查应当依照法定的权限和程序进行，防止随意检查、检查扰企、执法扰民。[1]

第三，行政检查的信息化建设。如《广东省行政检查办法》第9条规定："除涉及国家秘密、商业秘密、个人隐私的外，行政执法主体实施行政检查的有关情况，应当与其他有关行政执法主体共享。各级人民政府应当充分运用互联网、大数据等技术手段，依托国家建立的在线监管系统、广东省行政执法信息平台和行政执法监督网络平台，推动行政检查全过程网上流转，加强检查信息归集共享和关联整合，实现违法线索互联、检查结果互认等信息互通互联、资源共享。"

第四，行政检查清单管理制度。如《江苏省行政程序条例》第103条规定了行政检查清单管理制度："行政检查实行清单管理制度。行政机关的行政检查事项清单，应当符合国家关于加快推进全国一体化在线政务服务平台建设和'互联网＋监管'建设有关要求。法律、行政法规和国务院的决定、命令规定不实行清单管理制度的除外。"第104条规定了行政检查工作计划要求："行政机关应当制定和公布年度行政检查工作计划。行政机关应当根据实际情况开展日常行政检查工作，确保必要的检查覆盖面和工作力度。对投诉举报较多、列入异常名录或者有严重违法记录等情况的，可以增加行政检查频次。行政机关应当推进联合检查，实现违法线索互联、执法信息共享和处理结果互认，避免重复检查。"

第五，行政检查的程序要求。现场检查应当遵守下列规定：（1）实施前经本单位负责人批准；（2）由两名以上行政执法人员实施；（3）出示行政执法证件；（4）告知检查对象有关权利义务；（5）听取检查对象的意见；（6）记录询问、检查情况；（7）法律、法规、规章规定的其他程序。日常检查的批准程序可以按本单位的管理制度执行。[2] 此外，行政检查还需要遵守回避、正当程序等行政程序的一般性要求。"双随机、一公开"原则也是行政检查制度的发展趋势，除直接涉及公共安全和人民群众生命健康等特殊行业、重点领域外，市场监管领域的行政检查应当通过随机抽取检查对象、随机选派执法检查人员、抽查事项及查处结果及时向社会公开的方式进行。这一方面有助于提高行政检查行为的透明度，另一方面有助于提高

---

[1]《广东省行政检查办法》第5条。
[2]《广东省行政检查办法》第21条。

检查行为的可接受性。

需要重点指出的是，上述行政检查监管方式的创新也是《优化营商环境条例》完善新型监管机制、提高市场监管效能的产物。市场监管机关应当将"双随机、一公开"监管与企业信用风险分类结果有机结合，科学分配监管资源，完善工作制度和业务流程，实现市场监管领域相关部门"双随机、一公开"监管全覆盖，地方各级人民政府相关部门在市场监管领域联合"双随机、一公开"监管常态化，推动"进一次门、查多项事"，建立监管效果评价机制。推进"智慧市场监管"，利用互联网、大数据提升监管精准化、智能化水平。①

第六，行政检查的具体方式。行政机关实施行政检查可以采取下列方法：(1) 听取检查对象情况说明；(2) 查阅、调取、复制相关资料；(3) 审查检查对象自查报告；(4) 组织实地调查、勘查；(5) 遥感监控、在线监测、卫星定位；(6) 抽取样品进行检验、检疫、检测、技术鉴定；(7) 询问有关人员；(8) 法律、法规、规章规定的其他方式。②

行政检查的频次也会根据被检查对象的情况进行调整。如重点领域需要增加行政检查的频次。《广东省行政检查办法》第13条规定："行政执法主体应当重点对下列执法事项或者检查对象依法依规实行全覆盖重点检查：(一) 直接关系食品安全、药品安全、公共卫生、安全生产、自然资源保护、生态环境保护等重点领域治理的；(二) 被多次投诉举报的；(三) 被列入经营异常名录或者有严重违法违规记录等情况的；(四) 其他在日常监管中发现需要重点检查的。"对于在信用评价中信用优良的检查对象，也应当相应降低检查频次。该办法第14条同时规定："对全国信用信息共享平台核查信用优良的检查对象，行政执法主体可以减少行政检查频次。"

三、行政检查的可诉性

行政检查行为，在一定情况下属于《行政诉讼法》所调整的"行政行为"，相对人可以就此申请行政复议或提起行政诉讼。

在王阿兰诉温州市公安局交通警察支队案③中，浙江省高级人民法院依法提起再审并认为，温州交警支队四大队在道路上设卡检查违法车辆，系履行道路交通安全管理职责的行政检查行为。该交通行政检查行为是否合法，是否给公民、法人或者其他组织造成损害，属于人民法院司法审查的范围。公民、法人或者其他组织认为该交通行政检查行为侵犯其合法权益，可以向人民法院提起行政诉讼。原二审法院认为该行为系与履行职务相关的事实行

---

① 《市场监管总局关于贯彻落实〈优化营商环境条例〉的意见》（国市监注〔2019〕249号）。
② 《江苏省行政程序条例》第106条。
③ 2012年5月13日下午，李学根无证驾驶未关车门的无牌证三轮摩托车搭载王阿兰途经温瑞大道仙岩街道穗丰村路段时，遇前方温州市公安局交通警察支队四大队民警设卡检查。李学根为逃避检查调头逆向行驶，交警四大队协警张增文手持木棒上前拦截。李学根减速后又加速行驶并左右打方向逃避拦截，致使王阿兰从车上掉下受伤，车辆前挡风玻璃与木棒发生碰撞破碎。李学根驾车逃离现场后，于同月29日向公安机关投案。同年6月，温州市公安局交通警察支队就该事故作出交通事故认定复核结论，认定李学根负主要责任，张增文负次要责任。王阿兰伤势经鉴定为重度颅脑损伤，因脑外伤致精神障碍及中度智力损害（缺损），构成四级伤残和十级伤残。一审裁判文书：温州市鹿城区人民法院(2013)温鹿行初字第21号行政判决书(2013年4月23日作出)；二审裁判文书：温州市中级人民法院(2013)浙温行终字第88号行政裁决书(2013年7月2日作出)；再审审查裁判文书：浙江省高级人民法院(2013)浙行申字第183号行政裁定书(2003年12月26日作出)；再审裁判文书：浙江省高级人民法院(2014)浙行再字第2号再审行政裁定书(2014年4月3日作出)。

为,而非发生法律效力的行政行为,原审上诉人王阿兰就该行为提起行政诉讼,不属于人民法院行政诉讼受案范围的认定不当,应予纠正。

值得注意的是,并非所有的行政检查行为都属于行政诉讼的受案范围。如果行政检查后行政机关认为行政相对人存在违法行为而作出行政处罚,行政检查行为就转化为行政处罚的程序性行为,对当事人产生最终影响的自然是行政处罚行为,即行政检查行为被行政处罚行为吸收。最高人民法院《关于适用〈中华人民共和国行政诉讼法〉的解释》第1条第6款将准备、论证、研究、层报、咨询等过程性行为排除出行政诉讼的受案范围。此时当事人可以就最终的行政行为起诉。如果行政检查后没有后续的行政处罚等行为,行政检查行为只要对行政相对人的权利、义务产生了实际影响,仍然是可诉的独立的行政行为。换言之,行政检查行为是否可诉,还应根据"对权利义务是否产生实际影响"的标准进行判断。

第六节 行政调查

一、行政调查的概念

行政调查是行政主体依法了解信息、收集证据,以确定行政行为事实依据的活动。行政调查是行政主体为实现行政目的而收集、整理、分析、认定证据材料的活动。[①]

行政调查具有以下三个法律特征:

第一,依职权性。行政调查属于依职权行为,不以当事人的申请为前提。

第二,附属性。行政调查是为行政处罚、行政强制等行政行为所服务的,而非独立存在的行政行为,是其他行政行为的一个准备阶段。在此意义上,又可以将行政调查理解为"中间行政行为"或"过程行政行为"。

第三,限权性。尽管行政调查本身不具有处分性,不会直接剥夺行政相对人权利,但是行政调查具有限权性,在行政主体实施行政调查时,会直接限制行政相对人的行为自由或者财产权的行使,如进入公民住宅检查会影响公民的私人住宅权等。

关于行政调查和行政检查之间的关系,目前有两种学说,包括"并列说"与"包含说"。"并列说"认为,行政检查与行政调查是两种并列而互不包含的关系。《行政处罚法》第54条规定:"除本法第五十一条规定的可以当场作出的行政处罚外,行政机关发现公民、法人或者其他组织有依法应当给予行政处罚的行为的,必须全面、客观、公正地调查,收集有关证据;必要时,依照法律、法规的规定,可以进行检查。"因此,该条通过是否必要区分行政调查和行政检查,只有在必要时,行政主体才能依照法律、法规的规定进行检查。"包含说"认为,行政调查和行政检查之间是包含关系,但是对于二者的上下位关系也存在着不同的认识。本书认为行政调查与行政检查之间是包含关系,行政调查是行政主体为获取信息与证据而依法实施的行为,行政检查只是行政调查的一种方法和手段,而且以直接针对人体、物体、场所为主要特征。[②]

[①] 《行政法与行政诉讼法学》编写组编:《行政法与行政诉讼法学》(第2版),高等教育出版社2018年版,第198页。
[②] 胡建淼:《行政法学》(第5版),法律出版社2023年版,第642页。

二、行政调查的基本制度

行政调查应当遵守法定程序和正当程序的要求：其一，在行政调查过程中应恪守程序公正，依法对行政调查组织加以合理架构。当法律规定了行政调查的组织形态时，行政主体开展行政调查时则必须恪守法定要求。其二，原则上，在行政调查前，调查人员应事先告知被调查人并表明其身份，通过陈述和申辩程序、听证程序的架构来听取当事人意见。出于行政执法的特定需要，行政调查机关可以在未事先告知当事人的情况下，开展行政调查。行政调查不事先告知的特定情形可包括：一是当有投诉举报或其他来源的线索表明可能存在违法行为；二是行政机关在其他执法活动中发现违法行为线索；三是行政机关对当事人提交资料的真实性有疑问；四是当事人此前有违法记录。其三，行政调查应秉承职权调查主义的立场，当存在开展事实调查的必要性且存在可调查的事实时，启动事实调查程序并保证证据调查程序的公正性，制作调查记录。行政机关应遵循"职权调查"原则，自行决定调查的种类和范围，决定是否调查，采集何种证据。职权调查的主要依据是依法行政原则，是在个案中发现实现具体行政法的方法，探寻个案正义，确保公共利益。其四，行政机关有选择不同行政调查方式的裁量权，但应优先选择成本较低、对当事人侵害程度较低的调查方式。①

三、行政调查的可诉性

行政调查行为属于过程性行为，通常情况下，行政相对人应当就最终对外生效的行政行为提起诉讼。一般认为，申请行政机关履行的法定职责是指行政机关对外作出产生法律效力的行政行为，行政机关在作出行政行为前进行的调查取证等活动仅是过程性行为，不是最终对外生效的行政行为，因此不能成为履行法定职责诉讼所请求的对象。行政机关在作出行政行为过程中是否履行法定程序或者所依据的证据是否真实合法，应该在针对该行政行为提起的诉讼中予以审查，而非针对过程性行为提起诉讼。

在魏小林诉陕西省西安市公安局高新分局唐延路派出所不履行法定职责案②中，魏小林以被路洋殴打为由向唐延路派出所报案，该所于 2014 年 5 月 12 日作出行政处罚决定，对路洋给予行政罚款 200 元。魏小林对该行政处罚决定不服，先后申请复议、提起诉讼及上诉，结果分别为维持行政处罚决定、驳回诉讼请求及维持原判。之后，魏小林向唐延路派出所提出前述申请。法院认为，魏小林在该申请中所要求的出具人身伤害程序诊断证明、给予其重新鉴定的权利，实质是对治安行政处罚案件办理过程中相关伤情鉴定活动合法性的质疑，属于行政处罚决定的证据问题，该问题属于对行政处罚决定进行合法性审查的内容之一，不能单独对该鉴定活动或者在鉴定中未履行相关程序而提起诉讼，也不能以此为由要求行政机关承担赔偿责任。魏小林在上述申请中还要求"依法严惩凶手路洋等犯罪嫌疑人"，该要求不属于行政诉讼受案范围。第一、二审裁定驳回魏小林的起诉和上诉，并无不当。

行政机关经行政调查后出具的调查报告，如事故调查报告等，通常认为也不能寻求行政救济。在张利民诉中国民用航空局案③中，第二审法院指出，张利民申请复议的对象为《事故

---

① 参见宋华琳：《行政调查程序的法治建构》，载《吉林大学社会科学学报》2019 年第 3 期。
② 最高人民法院(2019)最高法行申 14727 号行政裁定书。
③ 北京市高级人民法院(2019)京行终 1022 号行政裁定书。

调查报告》。根据《生产安全事故报告和调查处理条例》第 30 条的规定,事故调查报告应当包括事故发生单位概况、事故发生经过和事故救援情况、事故造成的人员伤亡和直接经济损失、事故发生的原因和事故性质、事故责任的认定以及对事故责任者的处理建议、事故防范和整改措施方面的内容。该条例第 32 条规定,有权单位应当在收到事故调查报告后作出批复。有关机关应当按照对事故调查报告的批复,依照法律、行政法规规定的权限和程序,对事故发生单位和有关人员进行行政处罚。事故调查报告的主要目的在于查明事故原因,提出事故责任认定及对事故责任者的处理建议,防范事故发生,并不直接对当事人设定权利义务,对当事人产生直接影响。因此,事故调查报告明显不属于行政复议的复议范围,亦不属于行政诉讼的受案范围。

在例外的情况下,调查报告批复具备可诉性。在最高人民法院审理的安徽国汉建设监理咨询有限公司与湖北省松滋市人民政府案中,法院持此种观点。[①] 通常而言,上级行政机关基于下级行政机关的请示所作批复在性质上属于上下级行政机关之间的内部行为,并不直接对外产生法律效果,不属于可诉的行政行为范畴。但判断上级行政机关所作批复是否可诉,根本上取决于其是否直接对公民、法人或其他组织权利义务产生实际影响。按照《生产安全事故报告和调查处理条例》第 19 条第 2 款、第 25 条、第 30 条第 1 款的规定,一般事故的调查由县级人民政府负责,其可以直接组织事故调查组进行调查,也可以授权或委托有关部门组织事故调查组进行调查。事故调查组履行的职责包括认定事故性质和事故责任。事故责任的认定是事故调查组提交的事故调查报告应当包括的内容。《生产安全事故报告和调查处理条例》第 32 条第 1 款、第 2 款规定,一般事故处理的基本程序为,先由负责事故调查的人民政府对事故调查报告作出批复,然后由有关机关按照人民政府的批复,依照法律、行政法规规定的权限和程序,对事故发生单位和有关人员进行行政处罚,对负有事故责任的国家工作人员进行处分。从上述规定看,县级人民政府对一般事故调查报告的批复,虽从形式上看是上级行政机关对下级行政机关所作,但其认定了事故责任,且这种认定具有公定力和约束力,对公民、法人或其他组织的合法权益可能产生不利影响,故根据上述规定所作批复具有可诉性。

---

① 最高人民法院(2018)最高法行再 127 号行政裁定书。

第十二章 行政司法

行政司法是指行政机关作为争议之外的第三者，按照法律、法规或规章的规定，在其职权范围内依照司法化程序，对特定的行政争议或民事争议作出裁决的行为。在我国，行政司法解决的争议既包括行政争议，也包括民事争议。解决行政争议的行政司法行为主要是行政复议，鉴于行政复议作为行政救济的特殊性，本书单独作为一章。本章的行政司法主要是行政机关解决民事争议的机制，包括行政调解、行政仲裁和行政裁决；其将行政权的高效、专业和权威性适用于民事纠纷的解决，具有其他纠纷解决机制不可替代的优势及作用，为矛盾纠纷当事人及时获得权利救济提供了更为广泛的渠道。

第一节 行政调解

一、行政调解的概念

自古以来，中国民众深受传统"无讼""以和为贵"思想影响，出现矛盾纠纷时，通常选择私下解决，不愿对簿公堂，这些文化传统使得"调解"作为解决民事矛盾的一种有效方式而获得人们的推崇。

行政调解是行政机关主持的，以争议双方自愿为原则，通过行政机关的调停、斡旋等活动，促成民事争议双方当事人互让以达成协议，从而解决争议的行政活动。行政调解有广义与狭义之分，广义的行政调解包括行政机关解决行政争议和民事争议的调解；狭义的行政调解指的是行政机关针对民事争议的调解。行政调解一般是行政主体在行使管理职能时附带对民事纠纷进行的调解，如公安机关进行的治安调解，也可能是因当事人申请而对民事纠纷进行调解，如市场监管机关在某些情况下的调解。此外，在行政仲裁或行政裁决时一般也会进行行政调解。

二、行政调解的特征

（一）行政调解的主体是行政主体

目前我国的调解制度主要包含着人民调解、行政调解、司法调解三种类型。行政调解主体不仅包括依法享有行政调解职权的国家行政机关，还包括法律、法规授权的组织。伴随着传统管制行政向服务行政的转变，国家治理呈现出由一元主体向多元协同发展的趋势，大量具有公共管理职能的社会组织享有调解权也是历史发展的必然。

（二）行政调解的对象是民事争议

与诉讼相比，调解更注重情、理、法相结合，当事人通常会自愿接受调解结果并履行调解协议。行政调解一般针对的是与行政职能相关的民事争议，如《治安管理处罚法》第9条规定，对于因民间纠纷引起的打架斗殴或者损毁他人财物等违反治安管理行为，情节较轻的，公安机关可以调解处理;《土地管理法》第14条规定,土地所有权和使用权争议,由当事人协商解决;协商不成的,由人民政府处理。此外,属于民事纠纷可以调解的还有交通事故损害赔偿纠纷、合同纠纷、医疗事故赔偿纠纷、消费者权益保护纠纷、产品质量纠纷、土地承包经营纠纷、侵犯商标专用权、专利权等知识产权的赔偿纠纷、环境污染赔偿纠纷、电力纠纷、水事纠纷等。

(三) 行政调解遵循自愿原则

在行政调解中,最为重要的原则是自愿原则,行政调解要建立在当事人自愿的基础上,行政机关应当尊重当事人对调解方式、方法的选择。自愿原则也是判断行政调解是否有效的重要标准,如果行政调解违背了自愿原则,发生强制调解的情形,则调解协议无效,任何一方当事人均可以向人民法院请求确认行政调解协议无效。如果当事人不愿经过调解,或者经过调解达不成协议,或者达成协议后又反悔的,一方或双方当事人都有权向人民法院起诉,这是法律赋予每个公民的诉讼权利。应当明确行政调解是一种以法治、自治为基础的纠纷解决机制,而不应该作为维稳的一种工具,行政机关不能强制调解、胁迫调解。

(四) 行政调解不具有法律效力

行政调解是行政相对人在行政机关的主持下,就民事争议自愿达成的协议,以消除纷争。其不是行政机关作出的具有法律效果的行政行为,当事人对行政调解不服,不可提起行政复议或行政诉讼。

三、行政调解的程序

尽管行政调解不具有行政行为的法律效力,但是行政调解也并非可以随意进行,要遵守一定的程序。行政调解程序是避免行政调解随意性,实现行政调解目的的重要制度,其是否完备直接关系调解结果的公正性。没有公正的程序规定,会导致行政调解具有较大的随意性,容易使当事人丧失对行政调解的信任,从而无法实现行政调解的目的。

实践中,有关行政调解的程序尚缺少统一、明确的规定。应当建立并完善的行政调解程序包括以下几个方面:(1)启动程序。启动程序分为当事人主动申请与行政机关依职权提出调解建议,经当事人同意而启动。(2)受理并告知权利。(3)调查取证与听取意见。(4)签订行政调解协议书并明确履行期限。此外,还应当明确回避、委托、管辖、期限与送达等制度。

四、行政调解协议

行政调解协议是行政相对人在行政机关主持下,双方就民事争议自愿签署解决纷争的协议。行政调解协议是行政调解的最后一个步骤,只有达成协议,才能达到行政调解的目的。

行政调解协议达成之后,当事人应自觉遵守履行。由于没有关于行政调解的统一立法,现有关于行政调解的法律法规中对行政调解的效力也缺乏直接、明确的规定。如《道路交通安全法》第74条规定:"对交通事故损害赔偿的争议,当事人可以请求公安机关交通管理部门调解,也可以直接向人民法院提起民事诉讼。经公安机关交通管理部门调解,当事人未达成协议或者调解书生效后不履行的,当事人可以向人民法院提起民事诉讼。"因为法律上并没有明确行政调解协议的效力,主要通过当事人的自觉履行,行政机关不能强制执行;一方不履行协议时,另一方也只能再次提起诉讼。这样的制度设计不仅没有体现调解制度的初衷,反而浪费了行政成本,也不利于纠纷的及时解决。

在明确行政调解协议效力方面,各地积极探索经验,主要形成了"司法确认""仲裁置换"等模式。其中,"司法确认"模式是指行政调解协议达成之后,当事人共同向人民法院提出确认行政调解协议效力的申请,由法院进行确认,人民法院依法作出确认裁定后,一方当事人拒绝履行或者未全部履行的,对方当事人可以向法院申请强制执行。这种模式的依据是最高人民法院《关于建立健全诉讼与非诉讼相衔接的矛盾纠纷解决机制的若干意见》(法发〔2009〕45号)的规定,"经行政机关、人民调解组织、商事调解组织、行业调解组织或者其他具有调解职能的组织调解达成的具有民事合同性质的协议,经调解组织和调解员签字盖章后,当事人可以申请有管辖权的人民法院确认其效力。"很多地方规范性文件也规定了类似的内容。如《苏州市行政调解办法》规定,经行政调解达成具有民事合同性质的协议,由主持调解的行政机关和调解员盖章后,双方当事人可以共同向有管辖权的人民法院提出确认申请;除人民法院外,有的地方政府规章还规定可以向公证机关申请,如《北京市行政调解办法》第23条规定,对调解协议书,当事人可以依法申请公证机关公证,或者申请人民法院确认效力。在各地的实践中,很多行政机关还与法院建立了"诉调对接"机制。有的地方设立矛盾纠纷调处中心,中心有行政调解、人民调解、司法调解进驻,实行"一站式接待、一条龙办理、一揽子解决"的工作模式,进一步提高了化解社会矛盾纠纷的效率。

第二节 行 政 仲 裁

一、行政仲裁的概念与演变

行政仲裁是指纠纷双方当事人按事先或事后达成的协议,自愿将有关争议提交行政仲裁机构,由行政仲裁机构以第三者的身份对争议的事实和权利义务作出裁决的制度。本章中所指的行政仲裁仅指针对民事争议作出的仲裁。

我国在1994年前曾经出现很多行政仲裁,如经济合同仲裁、技术合同仲裁、消费纠纷仲裁、城镇房地产纠纷仲裁等,1994年出台了《中华人民共和国仲裁法》(以下简称《仲裁法》)之后,建立了统一的民间仲裁制度。目前,我国对于民事纠纷的仲裁主要有三种制度:普通民商事仲裁、劳动争议仲裁与农村土地承包经营仲裁。第一种属于民间仲裁,后两种属于行政仲裁。我国行政仲裁制度的发展主要经历了两个阶段:

(一)《仲裁法》出台之前的多头仲裁

1994年《仲裁法》颁布之前,我国实行涉外仲裁和国内仲裁的双轨制。涉外仲裁制度与国际通行的仲裁惯例比较接近。国内仲裁制度学习仿照苏联行政仲裁模式,主要包括经济合同仲裁、技术合同仲裁、劳动争议仲裁、房地产仲裁、消费争议仲裁、产品质量纠纷仲裁、城镇房地产纠纷仲裁、著作权纠纷仲裁、新闻纠纷仲裁等。以经济合同仲裁为例,1979年8月,原国家经济委员会、工商行政管理总局、中国人民银行发布《关于管理经济合同若干问题的联合通知》,规定当事人对经济合同争议协商不成时,均可按照合同管理的分工,向对方所在地的县(市)和大中城市的区级经委(或相应机关)、工商行政管理局申请调解仲裁。如一方对仲裁裁决不服,在规定期限内可以向上一级管理合同机关申请复议。如对复议仍然不服,可以向人民法院起诉。1983 年颁布的《中华人民共和国经济合同仲裁条例》,规定经济合同仲裁机关是国家工商行政管理局和地方各级工商行政管理局设立的经济合同仲裁委员会。据统计,1994 年 6 月月底之前,我国共有 14 部法律、82 部行政法规和 190 个地方性法规对仲裁问题(主要是行政仲裁)作了规定。[①] 这些仲裁机构都设立在相应行政机关,仲裁事项一般属于行政机关职责范围之内。可以说,在这个阶段,国内仲裁制度不统一,立法比较零散,实行强制管辖;仲裁机构数量多,队伍庞大,隶属于行政机关,行政色彩较浓;机构组成人员及仲裁员绝大多数是有关行政部门的领导及工作人员,仲裁权和行政执法权交叉。

(二)《仲裁法》出台之后行政仲裁的萎缩

为解决上述弊端,1994 年《仲裁法》明确规定,"仲裁委员会独立于行政机关,与行政机关没有隶属关系""仲裁委员会的组成人员中,法律、经济贸易专家不得少于三分之二",原行政性仲裁机构"自《仲裁法》施行之日起届满一年时终止"。《仲裁法》确认了仲裁的民间性,将仲裁机构定位为独立于政府系统之外民间性社会组织。此后大部分行政仲裁向民间仲裁转轨,许多行政性仲裁机构被撤销,逐渐建立了统一的民间仲裁制度。不适用《仲裁法》的、属于行政仲裁的只剩下劳动争议仲裁、人事仲裁以及农业承包合同纠纷的仲裁,行政仲裁极度萎缩。

二、行政仲裁的类型

(一)劳动争议仲裁

劳动争议是指"劳动关系双方当事人之间因劳动权利和劳动义务发生的纠纷和争议"[②]。由于劳动者与用人单位之间在社会经济地位上处于不平等的地位,劳动关系不同于普通的民事关系,国家对劳动者的保护倾斜,劳动者与用人单位发生的劳动争议不依照普通民事争议解决。根据我国调整劳动关系的三部主要法律《中华人民共和国劳动合同法》《中华人民共和国劳动争议调解仲裁法》以及《促进就业法》,解决劳动争议的方式有协商、调解、仲裁和诉讼,即采取"仲裁前置""一调一裁两审"机制。

劳动争议仲裁是依据劳动争议当事人的请求,按照相关劳动法律规范的规定,由劳动争议仲裁机构对劳动争议做出判断和裁决的制度,它是劳动争议中一个独立的程序,体现了国家对劳动争议进行的强制干预。

按照相关法律规定,当发生劳动争议后,当事人先向劳动争议仲裁机构申请仲裁,不服仲裁决定可以向人民法院提起诉讼。劳动争议仲裁是法律规定的进行司法救济的强制性前置程序。劳动争议仲裁不实行协议仲裁,而实行强制仲裁,目的是快速、高效地解决劳动争议,同时也能够节约司法资源,分流案件。因此,与诉讼程序相比,法律规定劳动仲裁实行免费制度,仲裁审理结案最长时限为 60 日;对于生效的裁决书,当事人可以直接申请人民法院

---

① 何兵主编:《和谐社会与纠纷解决机制》,北京大学出版社 2007 年版,第 214 页。
② 郑尚元:《劳动争议处理程序法的现代化——中国劳动争议处理制度的反思与前瞻》,中国方正出版社 2004 年版,第 2 页。

强制执行。

(二) 农村土地承包仲裁

农村土地承包经营权是农户的基本权利,农村土地承包的纠纷问题具有理论复杂、政策性强、涉及面广、敏感度高、处理难度大等特点。随着农村改革的不断深化,农村土地承包纠纷呈现上升趋势。农村土地承包经营纠纷仲裁是指农村土地承包仲裁委员会依法对围绕农村土地承包经营所产生的民事纠纷进行裁决的制度。2002 年 8 月颁布的《中华人民共和国农村土地承包法》(以下简称《农村土地法》)第 51、52 条首次规定当发生土地承包经营纠纷时可以向农村土地承包仲裁机构申请仲裁,现行的在《农村土地承包法》中,第 51 条改为第 55 条,第 52 条已被删去,但该法却没有对仲裁机构、仲裁程序等关键问题予以进一步明确。2010 年 1 月 1 日正式实施的《中华人民共和国农村土地承包经营纠纷调解仲裁法》(以下简称《农村土地承包经营纠纷调解仲裁法》)对仲裁机构的设置、仲裁程序、仲裁裁决的效力等作出了明确的规定,基本确立了我国的农村土地经营纠纷仲裁制度。《农村土地承包经营纠纷调解仲裁法》第 4 条规定:"当事人和解、调解不成或者不愿和解、调解的,可以向农村土地承包仲裁委员会申请仲裁,也可以直接向人民法院起诉。"和劳动争议仲裁与诉讼之间的关系不同,农村土地承包争议仲裁具有选择性和司法终局性,实行"或裁或审,一裁两审"的纠纷解决制度。农村土地承包仲裁委员会的设立由人民政府指导,日常工作由当地农村土地承包管理部门承担,仲裁委员会的主要组成人员有当地人民政府及有关部门的代表。

三、行政仲裁的特征

与其他民事争议解决办法相比,行政仲裁的优势在于其行政性、相对独立性、专业性与高效性,能够兼顾效率与公正。

第一,行政仲裁与民间仲裁和诉讼的性质不同,具有行政性,行政仲裁解决的是与行政机关职权密切相关的民事争议,因此行政仲裁机构由行政机关设立并指导。

第二,行政仲裁的机构虽然由行政机关设立,但是具有一定的独立性,即行政仲裁机构、人员与经费应该具有独立性,保障行政仲裁的中立性与公正性。

第三,仲裁机构具有专业性,具有相关领域专业知识,熟知法律及政策,拥有该领域的技术设备,仲裁员是所涉领域的专业人员,能够迅速解决纠纷。

第四,行政仲裁程序简便灵活,注重调解,有利于案件及时解决,兼顾了公正和效率,从而减少纠纷解决的成本和当事人的负担。

四、目前我国行政仲裁存在的问题

目前我国行政仲裁存在着一些问题,也是行政仲裁完善的方向,具体包括:

(一) 仲裁机构缺少独立性

行政仲裁之所以与民事仲裁不同,原因之一就是行政仲裁借助其行政性与专业性解决纠纷,有其存在的优势。但是行政性并不代表行政仲裁机关受制于行政机关的领导,作为解决争议的仲裁机关,应该具有相对的独立性,与行政部门实行职能分离,避免受到干涉。然而我国行政仲裁机构缺乏独立性。如我国劳动争议的仲裁机构是劳动争议仲裁委员会,从机构设立上来看,劳动仲裁机构的设立没有行政级别,在同一个行政区域内有多个劳动仲裁机构,相互之间不具有隶属关系,但是它由人力资源和社会保障部门设立,实际上是其下属的一个内设机构,并没有独立的经费和人员。虽然有一些地方对劳动争议仲裁委员会进行实体化建设,但仍然没有改变其依附性,其运作模式基本还是按照行政机关的运作来进行的。

（二）仲裁程序繁琐，流于形式

与诉讼解决争议相比,仲裁的优势应该在于快速、便捷,目前我国两种行政仲裁均有诉讼化的倾向。劳动争议仲裁的具体程序包括申请、受理、庭前准备、庭审、裁判前调解等环节,虽然仲裁期限要求最长不得超过60日,但是总体模仿民事诉讼程序,尤其是庭审程序,几乎是民事诉讼庭审程序的翻版,其庭前准备、庭审调查、庭审辩论、征询双方最后意见、核对和签署笔录、评议裁判等进程和民事诉讼基本上没有差别。与劳动争议仲裁程序类似,土地承包纠纷仲裁制度的构建也模仿民事诉讼,此外,《农村土地承包经营纠纷调解仲裁法》第48条规定:"当事人不服仲裁裁决的,可以自收到裁决书之日起三十日内向人民法院起诉。逾期不起诉,裁决书即发生法律效力。"农村土地承包仲裁虽然与劳动争议仲裁不同,不是诉讼前置程序,但仲裁决定是否生效取决于当事人是否在法定期限内诉诸法院。一旦当事人不服仲裁裁决起诉,根据2020年最高人民法院《关于审理涉及农村土地承包经营纠纷调解仲裁案件适用法律若干问题的解释》第3条的规定①,当事人要就原纠纷提起诉讼,农村土地承包经营纠纷仲裁程序流于形式,这导致仲裁功能弱化。

（三）仲裁与诉讼衔接弱

无论是劳动争议仲裁还是农村土地承包仲裁,都存在仲裁与诉讼衔接的问题。在劳动争议仲裁与民事诉讼的关系上,存在争议受理范围不够一致、法律适用标准不统一、程序衔接不规范等问题,尤其是在仲裁委员会所认定的事实与法律问题是否能够得到法院的认可方面,存在很大问题。劳动争议仲裁有两种情况,部分争议一裁终局,其他是一裁两审。在第二种情况下,仲裁是强制性程序,当事人不服仲裁决定提起诉讼的,人民法院以劳动争议为对象进行审理,不对仲裁裁决作出判断,也就是说,人民法院要针对劳动争议案件从头查明事实,适用法律,作出判决,之前劳动争议仲裁委员会所做的事实认定与法律适用对于法院没有任何意义。正因为如此,2015年中共中央、国务院《关于构建和谐劳动关系的意见》提出,要加强裁审衔接与工作协调,积极探索建立诉讼与仲裁程序有效衔接、裁审标准统一的新规则、新制度。2017年3月21日,人力资源和社会保障部等中央八部门联合颁布的《关于进一步加强劳动人事争议调解仲裁完善多元处理机制的意见》（人社部发〔2017〕26号）进一步提出要"建立仲裁与诉讼有效衔接的新规则、新制度,实现裁审衔接机制长效化、受理范围一致化、审理标准统一化。各级仲裁机构和同级人民法院要加强沟通联系,建立定期联席会议、案件信息交流、联合业务培训等制度。"与劳动争议仲裁一样,土地承包纠纷仲裁与诉

---

① 最高人民法院《关于审理涉及农村土地承包经营纠纷调解仲裁案件适用法律若干问题的解释》第3条规定:"当事人在收到农村土地承包仲裁委员会作出的裁决书之日起三十日内,向人民法院提起诉讼,请求撤销仲裁裁决的,人民法院应当告知当事人就原纠纷提起诉讼。"

讼之间的衔接也存在问题,表现在受理范围不一致、适用法律不统一、仲裁部门获取的证据在诉讼中因证据规则限制不能作为定案依据、生效的仲裁裁决在实践中得不到法院的落实和有效执行等问题。①

第三节 行政裁决

一、行政裁决的概念

行政裁决有广义与狭义之分:广义的行政裁决包括行政机关处理民事纠纷的裁决行为和行政机关解决行政争议的行政复议行为;狭义的行政裁决仅指行政机关依照法定职权居中裁决当事人之间特定民事纠纷的行政行为。

在我国,常见的行政裁决包括确认权属纠纷的裁决、损害赔偿或补偿性纠纷的裁决、对侵权纠纷的裁决等。如《土地管理法》规定的人民政府土地所有权和使用权争议的处理,《中华人民共和国森林法》(以下简称《森林法》)规定的县级人民政府对于林木林地所有权和使用权争议的处理,《中华人民共和国草原法》(以下简称《草原法》)规定的人民政府对草原权属争议的处理,《中药品种保护条例》规定的国务院卫生行政部门对中药处方转让使用费争议的处理,《商标法》规定的商标评审委员会对商标争议的处理,以及《中华人民共和国专利法》规定的国务院专利行政部门对专利实施强制许可使用费争议的裁决等,都是典型的行政裁决行为。目前我国关于行政裁决的规定散见于法律、法规和部门规章当中,并没有形成完整统一的制度体系。

二、行政裁决的特征

第一,行政裁决的主体是行政机关。行政裁决是行政机关依据职权对民事争议进行裁决的行为。从相关法律规定及实践运作来看,我国的行政裁决机构主要有三种类型:一是各级人民政府,如对自然资源权属争议的裁决;二是由行政机关的法制部门兼管行政裁决;三是行政机关设立的专门裁决机关,如对专利、商标权纠纷的裁决。行政裁决机构一般是行政机关内部的执法机构或法制机构。

第二,行政裁决的对象是民事争议。行政裁决的争议是与行政管理活动密切相关的民事争议,主要类型有权属纠纷裁决、损害赔偿纠纷裁决和侵权纠纷裁决。如《森林法》第22条规定:"单位之间发生的林木、林地所有权和使用权争议,由县级以上人民政府依法处理。个人之间、个人与单位之间发生的林木所有权和林地使用权争议,由乡镇人民政府或者县级以上人民政府依法处理。"

第三,行政裁决不具有终局性。行政裁决行政机关针对特定民事纠纷作出的行政行为,针对行政裁决不服,行政相对人仍可提起诉讼,行政裁决不具有终局性。

---

① 张金明、陈利根:《农村土地承包纠纷解决机制的多元化构建——基于土地诉讼、仲裁和调解的定位与协调》,载《河北法学》2011年第6期。

三、行政裁决的程序

目前,大多数涉及行政裁决的法律规范只对行政裁决作出规定,并未涉及裁决程序,或者只对程序作出原则性规定。如在草原权属争议方面,《草原法》第 16 条仅规定,"草原所有权、使用权的争议,由当事人协商解决;协商不成,由有关人民政府处理。……当事人对有关人民政府的处理决定不服的,可以依法向人民法院起诉",对人民政府如何"处理"并没有规定。

行政裁决是一种行政司法行为,行政机关处于较为中立的地位,在进行裁决时,一般应经过以下程序:(1) 申请。从现行法律规定来看,解决民事争议的行政裁决一般分为两种情况:第一种情形可以称为选择性行政裁决,即对于民事争议,当事人可以选择行政裁决,也可以选择民事诉讼。如《中华人民共和国老年人权益保障法》第 73 条规定:"老年人合法权益受到侵害的,被侵害人或者其代理人有权要求有关部门处理,或者依法向人民法院提起诉讼。"第二种情形可以称为强制性行政裁决,这类行政裁决是解决特定民事纠纷的必经程序,只有在行政裁决之后,才可以向人民法院起诉。无论哪种情形,都需要当事人向有关行政机关提出申请,行政机关才能进行裁决。(2) 受理。受理是行政机关接受申请之后,对于符合受理条件的,在法定期限内作出受理决定。(3) 调查。调查是行政机关针对民事纠纷,查清案件事实的过程,一般在调查过程中,行政机关会进行调解,调解需在自愿基础上进行,当事人不愿意调解,行政机关需及时作出裁决。(4) 决定。行政机关应在法定期限内及时作出裁决决定,并送达相对人。

四、行政裁决与司法救济的关系

行政相对人选择行政裁决后,对行政裁决的结果不满意,是否可以再就原民事纠纷直接提起民事诉讼,法律对此没有明确的规定。实践中经常出现类似情形,导致行政裁决的效力无法得到确定,一方当事人重新提起民事诉讼,另一方当事人提起行政诉讼,导致循环诉讼,民事纠纷久拖不决。《行政诉讼法》第 61 条及 2018 年最高人民法院《关于适用〈中华人民共和国行政诉讼法〉的解释》第 140 条都明确规定针对行政裁决提起行政诉讼,可以一并解决民事争议,而且该司法解释第 141—144 条规定了一并解决民事争议的审理规则。

第十三章 行政程序

第一节 行政程序的界定与功能

一、行政程序的概念

行政程序是行政机关实施行政行为时所应遵循的方式、步骤、时限和顺序的总和。传统行政法主要是从行政实体法的角度对行政行为的结果是否合法进行规范,但如何使行政机关合法地作出行政行为、如何防止违法行政行为的发生、如何避免损害结果的出现,也是行政法治不可忽视的一面。行政程序是实现行政法治的重要保障,而行政程序发达与否,是衡量一国行政法治程度的主要标志。在现代行政法中,行政程序是核心内容之一。

行政程序首先具有行政性。这里的行政性,不仅体现为行政程序的实施主体是行政机关、法律法规授权的组织,还体现在行政程序的目的在于提高行政效率,保障行政目的的合法实现。其次,行政程序具有多样性。行政活动种类繁多,行政活动作用方式多样,各自遵循的行政程序不同,这就使行政程序呈现出多种多样的样态和制度,分散在各个不同的行政法律规范群之中。当然,多样的行政程序也存在一定的共性,存在各种行政行为之间共通的基本程序,这也使行政程序法成为可能。

二、行政程序的分类

(一) 内部程序与外部程序

行政程序以其规范行政行为所涉及的对象和范围为标准,可以分为内部程序和外部程序。内部程序是指行政机关对内部事务实施行政行为时所应当遵循的程序。如行政机关在作出行政决定之前的法制审核程序、集体审议程序以及事后的行政监督程序,都是一种内部程序。内部程序是适用于行政机关系统内的一种程序。外部程序是行政机关对外部事务实施行政行为时所应当遵守的程序。如行政机关在作出行政处罚决定之前告知事实理由和依据的程序、听取意见程序、送达程序等,都是外部程序。外部程序是法律规范的重点内容,直接影响行政行为的合法性,但内部程序对于保障行政行为的合法性也具有重要意义。

(二) 主要程序与次要程序

行政程序以对相对人合法权益所产生的影响性质和影响程度为标准,可以分为主要程序和次要程序。主要程序是指若行政机关不遵守将可能对私人合法权益产生实质影响的行政程序。如行政处罚中的调查程序、告知程序和听取意见程序等。次要程序是指行政机关不遵守并不会对私人合法权益产生实质影响的行政程序。主要程序的欠缺,将直接影响行政行为的合法性。因此,对违反主要程序的行政行为,有权机关应当予以撤销。对于次要程序的欠缺,有时只需相对人向行政机关指出或由监督机关责令其予以补正即可,而不必一定撤销相应行为。如行政执法文书遗漏签名,是次要程序的问题。但如果换一种情形,已经被明确变更的合议组成员又在被诉行政决定书上署名,最高人民法院认为,这实质上等于"审理者未裁决、裁决者未审理",背离依法行政的宗旨,减损社会公众对行政执法主体的信任;此种情形已经构成对法定程序的严重违反,不受行政相对人主观认知的影响,也不因行政相对人不持异议而改变,不属于"行政行为程序轻微违法,无需撤销行政行为"之情形。[①]

(三)强制性程序与任意性程序

行政程序以行政机关遵守行政程序是否具有一定的选择权为标准,可以分为强制性程序和任意性程序。强制性程序是行政机关在实施行政行为时没有自主选择的余地,必须严格遵守,不得增加或者减少行政行为的步骤、方法、时限,也不得颠倒顺序。无选择性是强制性程序的最大特征,如《行政处罚法》第45条第1款中规定,"行政机关必须充分听取当事人的意见,对当事人提出的事实、理由和证据,应当进行复核;当事人提出的事实、理由或者证据成立的,行政机关应当采纳"。此处,法律使用了"必须""应当"的表述,行政机关对此并无裁量空间。任意性程序是行政机关在实施行政行为时法律规定了可供选择的余地,由行政机关根据具体情况酌情决定适用何种程序。如《行政处罚法》第56条规定,"行政机关在收集证据时,可以采取抽样取证的方法……"此处,法律使用了"可以"的表述,行政机关是否采用抽样取证的方法,由其根据经验具体确定,不采用抽样取证的方法也不产生违法的问题。

三、行政程序的价值

(一)保护私人的合法权益

法治化的行政程序对私人的权利保护更为细致和具体化。行政程序将宪法、法律中所规定的公民的各项人身、财产权等转化为含有具体应用内容且可以即时实际操作的权利。如对于行政状况的知情权、对于行政活动的参与权、对于行政侵权违法的抗辩权等。这些主要由行政程序法进行规定的,具有实体性与程序性合一性质的权利,是私人在受制于行政管理之际维护自身权益的有力武器。同时,在行政程序法律关系中,私人一般由实体法中所规定的义务承担者转化为程序方面权利的主体。如义务人按行政实体法规定有特定义务,同时也意味着依照行政程序法享有对该特定义务履行不服提出抗辩申诉的程序性权利。而行政机关在行使职权过程中的各项程序性义务,如告知原因、说明理由、举行听证、陈述申辩、公正裁判等,在原则上也可以被推定为是私人的程序性权利,即要求了解知情、要求陈述申辩、要求公开裁决等。因此,通过程序权利的行使,私人可维护其实体权利不受行政行为侵害,同时防止其实体义务的非法增加。

(二)提高行政效率,提升行政决定的合理性

法治化的行政程序可以有效地提高行政效率。一方面,法治化的行政程序,是立法者为行政机关选择的尽可能科学合理的程序,去除了不必要的繁文缛节,减少了不必要的人力、物力和时间的耗费,使行政机关的行政行为在行为方式的适当选择、环节的合理安排、过程的科学组合等方面都趋向于合理安排。另一方面,行政程序法治化通过引导私人依法行事、

---

① 西峡龙成特种材料有限公司与榆林市知识产权局、陕西煤业化工集团神木天元化工有限公司专利侵权纠纷行政处理案,载《最高人民法院公报》2018年第5期。

鼓励他们自觉地参与和配合行政管理行为,可以消除私人因不理解而产生的怨气,减少行政行为的阻力和障碍,促进对行政行为的认同和自觉履行,从而有效地提高行政效率。

行政机关借由行政程序,可以广泛听取意见,使自身的行政决定建立在信息充分的基础上。在行政程序中,行政机关应当正确而周全地认识所存在的利害关系,对各种利害关系作出合理的权衡和调整,进而提升行政决定的合理性和可接受性。

(三)扩大参与途径,监督依法行政

《宪法》第2条规定:"人民依照法律规定,通过各种途径和形式,管理国家事务,管理经济和文化事业,管理社会事务"。人民的参政权需要得到切实的保障。然而,传统的参与权主要限于选举领域,人民的参与管理实际上很大程度上蜕变为由人民的代表代为行使参与权,由立法机关监督行政权的运行,防止行政权非法干预、侵害人民的合法权益。这种参与方式应该说是无法满足人民的自治需求的。因此必须要拓展人民的参与渠道,落实宪法的民主理念。行政程序为这种民主参与思想的落实提供了可行的现实条件。行政程序可以让公民越过自己的代表直接介入行政权的行使过程。在这个过程中,公民权可以成为约束行政权合法、正当行使的一种外在规范力量,并随时可以对行政权的行使是否合法、正当,在法律范围内提出抗辩,为行政机关行使职权提供一个反思的机制。如果行政机关发现其行政行为有不合法或欠缺正当性的情况,即可以自行纠正。

四、行政程序法

自1925年奥地利制定《行政程序法》以来,行政程序的法典化逐渐展开。制定一部行政程序法,也是我国行政法治的一项重要内容。它一方面将节约立法成本,不必在各种行政法律规范中逐一讨论如何规定行政程序,也将为行政活动提供一般性行政程序要求,为行政法治提供基本的程序保障。我国在省级人民政府规章层面,已经有湖南省、山东省、浙江省、宁夏回族自治区等制定了行政程序规定或办法,在省级地方性法规层面,江苏省已经制定了行政程序条例。

当然,行政程序法主要是提供共通的行政程序规定,对于某一行政活动的程序规范还需要结合专门的行政程序规定。《行政许可法》《行政强制法》《行政处罚法》等法律已经规定了行政许可、行政强制、行政处罚的基本程序,此外还有《治安管理处罚法》《土地管理法》等诸多法律规定了一些专门的行政程序。

第二节 行政程序的基本原则

一、公平公正公开原则

(一)公平公正公开原则的内涵

公平公正公开原则是指行政机关实施行政程序,应当向私人公开,公平公正地对待行政相对人及利害关系人。

现代社会繁杂多变的行政事务,要求行政程序法对每一个行政行为的每一个程序作出详细的规定已不可能。为此,行政程序法对行政行为的某些程序只能作原则性的规定,为行政机关行使行政权保留一定的范围和幅度,让行政机关根据实际情况决定行政裁量权的行使。行政裁量权本质上是一种合目的的判断权和选择权。然而,权力本身的扩张性和操纵权力的人自身不可克服的弱点容易导致行政裁量权被不正当地滥用。在这里,行政合法性原则在防止行政裁量权滥用上已经无能为力,且行政实体法也不能发挥多大的作用。因此,必须借助于行政程序法的功能,并以程序公平公正原则作为行政合法性原则的补充,确保行政机关正当地行使行政裁量权。

从行政公开的社会功能来看,第一,有利于保证行政官员在比较透明的环境中办事,就可以最大限度地消除黑箱操作、防止滥用权力和腐败;第二,保障知情权,可以使得公民等私人,对掌握在政府手中的与自己生存、发展有关的信息予以了解,是行政管理民主化的基础;第三,加强私人与政府的合作。在行政程序法中确立程序公开原则,是现代民主政治发展的基本要求。这一原则的法治意义是将行政权运作的基本过程公之于社会,接受社会的监督,防止行政权被滥用。

(二) 公开原则的要求

1. 行政信息公开

私人了解、掌握行政信息,是其参与行政程序,维护自身合法权益的重要前提。因此,行政机关根据私人的申请,应当及时、迅速地提供其所需要的行政信息,除非法律有不得公开的禁止性规定。

2. 行使行政权的依据公开

行政权的依据通常是法律、法规、规章,有时还包括行政规范性文件、上级行政机关的命令等。这些依据必须事先以法定形式向社会公布,才能对私人执行。

3. 行政决定过程公开

行政机关应该为行政相对人及其他利害关系人提供必要的信息,听取他们的意见,甚至举行听证。

4. 行政决定结果公开

行政机关对私人的合法权益作出有影响的决定,必须向私人公开,从而使私人不服决定时及时行使行政救济权。应当向私人公开的行政决定不公开,该行政决定不能产生法律效力,不具有行政执行力。

(三) 公平公正原则的要求

1. 平等对待

平等对待源自宪法上的平等原则。平等是一项重要价值,是一个衡量公平与正义的标准,是人民内心最易感受的概念。我国《宪法》第33条第2款规定了公民的平等权,即"中华人民共和国公民在法律面前一律平等"。作为基本权利,它能拘束立法、行政与司法。行政机关在执法时亦应做到平等对待,即同种情况同种对待,不同情况不同对待。平等对待要求行政行为的一致性,控制行政行为的随意性。

2. 合乎比例原则

比例原则具有宪法位阶,能对立法、行政和司法进行直接约束。它包括适当性原则、必要性原则和均衡性原则三个层次。它对于控制国家权力行使目的的正当合理、手段与目的之间的适当链接、收益与成本之间的比例均衡等都具有重要作用。

二、参与原则

(一) 参与原则的内涵

参与原则是指行政机关在作出行政行为过程中,除法律有特别规定外应当尽可能为私人提供参与行政行为的各种条件和机会,从而确保私人实现行政程序权益,同时也可以使行政行为更加符合社会公共利益。这一原则的法律价值是使行政相对一方在行政程序中成为具有独立人格的主体,而不致成为被行政权随意支配的、附属性的客体。行政法的目的在于保护私人的合法权益,保证行政权的公正行使,参与原则的确立和贯彻实施,是这一目的得以实现的保障条件之一。

(二) 参与原则的要求

1. 行政程序启动时的参与

当行为涉及当事人的利益时,而且能够得知当事人的身份资料时,行政机关应当及时将程序的启动及有关的情况告知该当事人,以便其及时陈述申辩或举证。表现形式是行政机关的通知形式,告知当事人参与。当事人为了维护自身合法权益,根据法律规定,可以以书面或口头方式向行政机关提出申请,具体表现为请求阅览卷宗和相关资料,进行陈述申辩和举证等;行政机关同意当事人参与的,应当告知其举证和陈述申辩等各项权利;如不同意的则应当说明理由,但对当事人申请举证或陈述申辩,行政机关不得无故拒绝。

2. 程序进行中的参与

当事人有陈述意见的权利和参与听证并发表意见的权利,这也是对参与原则落实的核心部分。行政听证是指以听证会这种正式听证的方式进行的活动。陈述意见,是指除听证途径以外,相对人向行政机关就其作出的行政行为提出自己的意见、要求等行为。

3. 行政行为作出后的参与

这主要表现为,对行政机关作出的具有瑕疵且违反行政程序的行为,相对人请求补正、更正、请求救济等情形。

三、效率原则

(一) 效率原则的内涵

效率原则是指行政程序中的各种行为方式、步骤、时限、顺序的设置都必须有助于确保基本的行政效率,并在不损害私人合法权益的前提下适当提高行政效率。现代社会政府的行政管理不仅要遵守法律,而且要尊重科学,按科学办事。行政机关的任何决策,实施任何行政行为,都必须考虑客观规律,做必要的可行性研究和成本效益分析,使得行政决策和行为具有最大可能的合理性,尽可能给国家、社会、私人带来益处和尽可能避免或减少对国家、社会、私人利益的损害。追求行政效率是行政的生命,没有基本的行政效率,就不可能实现行政权维护社会所需要的基本秩序的功能。但过分地强调行政效率,又会损及私人的合法权益。因此,行政程序法的效率原则必须体现如下界限:其一,提高行政效率不得损害私人的合法权益;其二,提高行政效率不得违反公开公平公正原则。

(二) 效率原则的要求

1. 成本固定时,追求行政收益最大化

在没有办法节约行政成本或者行政成本固定时,应该追求行政收益的最大化。行政收益的最大化体现在：一方面，有效地利用社会资源；另一方面，在具体行政程序中节省特定私人的成本支出，因为对于介入其中的私人而言，冗长的、拖沓的行政程序也会增加其资源耗费。从广义上说，增加私人对行政机关的信任度，促进私人与行政机关之间的合作，也是行政收益最大化的一个体现。

2. 收益固定时，追求行政投入最小化

行政机关在行使裁量权以实现立法者所希望的行政管理目标时，可能有多种方案可供选择。于是，行政机关对社会、经济事务作出重大决策时，需要认真考虑目标实现和各种方案可能产生的成本之间的关系。选择其中最小成本投入的方案以达到同样的行政管理目标，是行政效率原则的必然要求。每一种手段的运用，或者甚至同一种手段的运用，都需采取不同的行政程序，并无固定的模式。其中，特别是简易程序或紧急程序，也反映了行政效率原则的要求。

第三节　行政回避制度

一、行政回避制度概述

行政回避是指行政机关工作人员在行使职权过程中，因其与所处理的事务有利害关系，为保证公正性，根据当事人的申请或行政机关工作人员的请求，有权机关依法终止其职务的履行并由他人代理的一种法律制度。

回避制度重要的理论依据就在于公正，这种公正不仅是程序上的公正，也包括实体上的公正；不仅是行政程序法上的公正，也包括行政组织法上的公正。普通法上自然公正原则中有一条规则，即任何人都不得做自己案件的法官。这意味着案件涉及与争议方有利害关系的裁判者应当回避，裁判者不得有明显支持或反对某一方的偏见，以保持不偏不倚的立场。大陆法系行政法上的回避制度源于诉讼法。近现代大陆法系各国行政程序法的发展，通过借用诉讼法上的回避制度，建立了行政法上的回避制度。虽然行政法上的回避制度有别于诉讼法，但基本内容是相通的。

二、行政回避的事由与范围

回避事由是指行政机关工作人员与案件之间存在某种关联，导致其不能公正处理行政事务的事由。回避事由既有主观上的认识，也有客观上的事实。不过，在我国法律上并没有规定诸如偏见、歧视等主观上的认识，规定的更多是客观上的事实。在我国法律上，回避的事由一般用"利害关系"来表述，具体包括直接利害关系以及其他可能影响公正执法的关系。《行政处罚法》第43条第1款规定："执法人员与案件有直接利害关系或者有其他关系可能影响公正执法的，应当回避。"在专门领域的法律上，如《治安管理处罚法》第81条、《道路交通安全法》第83条、《海关法》第81条等，将利害关系等再进一步具体化为以下三种情形：第一，是本案的当事人或者是当事人的近亲属；第二，本人或者其近亲属与本案有利害关系；第三，与本案当事人有其他关系，可能影响案件公正处理。

回避范围是指行政机关工作人员具有回避事由的范围，亦即存在回避事由的行政机关工作人员有哪些。一般认为,回避范围包括:第一,本人是案件的当事人。根据公正原则的要求,自己当然不能处理自己的案件。第二,本人是当事人的亲属或近亲属。按照《民法典》第 1045 条的规定,亲属包括配偶、血亲和姻亲。配偶、父母、子女、兄弟姐妹、祖父母、外祖父母、孙子女、外孙子女为近亲属。如果本人与当事人的代理人有亲属关系,鉴于当事人与代理人的等同关系,亦应纳入回避范围。第三,在与本案有关的程序中担任过证人、鉴定人的。行政案件在调查程序中,行政机关工作人员作为证人向调查人员提供了证言,或者以专家身份就案件的专门问题作出鉴定结论,他们提供的证据成为行政机关处理本案的证据之一。当案件进入听证程序时,他们又成为该案件的听证主持人,则应当回避担任本案的听证主持人,否则"先入为主"足以使当事人的听证权流于形式,也会使当事人感到他们作为听证主持人不可能公正行事。第四,本人与案件的当事人有经济上的关联。如果本人与案件当事人之间存在债权债务关系,或者本人是案件当事人的股东等,该行政公务人员应当回避。第五,其他有充分证据可以证明不能公正处理案件的行政机关工作人员。除上述情形外,如一方当事人有充分证据证明行政机关工作人员可能有偏私的情况,如与当事人之间有监护关系、与当事人有公开敌意或者亲密情谊,行政机关工作人员将丧失处理案件的资格。

三、行政回避的程序

(一) 提出请求或申请

行政回避有两种启动方式:一是自行回避,二是申请回避。自行回避是行政机关工作人员认为自己有法律规定的回避事由时,向本机关的负责人主动提出要求回避处理本案的请求,本机关负责人对行政机关工作人员的申请依法进行审查并作出是否准许的决定。申请回避是当事人认为处理案件的行政机关工作人员有法律规定的回避情形时,在行政程序结束之前依法向有权限的行政机关提出要求该行政机关工作人员回避处理本案的请求,有权限的行政机关依法对此申请进行审查后作出是否准许的决定。回避请求或申请一般应当以书面形式提出,并附有证明回避情形存在的证据材料,送至有权限处理的行政机关。

(二) 审查

行政机关负责人在收到行政机关工作人员回避请求或当事人的回避申请时,应当予以审查。回避审查以书面形式为主,必要时也可以当面听取行政机关工作人员和当事人的陈述。

(三) 决定

对于行政机关工作人员的回避请求,行政机关负责人经审查后认为回避情形成立的,应当立即终止该行政机关工作人员处理本案的职权,并任命其他行政机关工作人员接替此案的处理。应回避的行政机关工作人员在接到此决定后,应当尽快将案件材料移交给接替其职权的行政机关工作人员。如果行政机关负责人认为回避情形不存在的,则应命令该行政机关工作人员继续处理本案,直至行政程序结束。对于当事人的回避申请,《行政处罚法》第 43 条第 3 款规定,当事人提出回避申请的,行政机关应当依法审查,由行政机关负责人决定。决定作出之前,不停止调查。经审查后,回避申请理由不成立的,行政机关负责人应当决定驳回申请。对于驳回申请的决定,当事人有权申请复核一次。回避申请理由成立的,行政机关负责人应当决定被申请回避的行政机关工作人员停止案件的处理,并及时移交至接替其职权的行政机关工作人员。

四、行政回避的限制

(一) 回避不能瓦解行政机关的管辖权

行政机关及其公务人员的回避并非回避越多,就越能体现出行政的公正形象。回避应以必要为原则,如果影响了正常的行政效能的发挥,而且对争议的处理没有任何帮助,也不能得到更好的结果,那么所谓的回避也就变得没有必要。这也是实行回避制度的界限之一。在实践中,明明有一些情形应该予以回避,如仅仅有一个机关有权裁决争议事项,而这一机关却是争议事项中的当事人之一,按照回避制度的要求应该回避,但是,一旦该机关实行了回避,则争议事项无法裁断,所存在的矛盾依然存在。这就说明在这种情况下没有回避的必要。这也迫使人们不得不接受这一有某种偏见的公务人员进行处理。需要说明的是,行政系统与司法系统在机构设置、人员构成、价值追求、功能定位等方面是有差别的。行政回避制度不同于司法回避制度,其追求的目标除了公正性之外,还有效率这一重要的价值。行政回避制度所能达到的公正程度也会因此而不及于司法回避制度。我们不能完全以司法回避制度的标准来取代行政回避制度的评价标准。司法系统内可以找到另一个法官甚至另一个法院来审理某个案件,但在行政系统中可能就未必如此。那种凡与程序结果有利害关系的人都不得主持程序或参与裁决在行政中是无法完全做到的,这也是与行政的职能分工和日益专业化的发展趋势不相吻合的。

(二) 行政程序结束后当事人不得提出回避申请

当事人要求行政机关工作人员回避是一项程序权利,这项程序权利的行使有严格的时间限制。事后当事人提出回避申请的情况可能是:其一,事先知道回避情形存在,事后因不满结果而提出回避申请。这种情况应视为其放弃回避申请权。为了确保程序有效进行,当事人有义务随时行使自己的权利,抵制无效程序的开始;知道回避情形的存在而不提出异议,只能说明当事人可能存在不良动机,法律不能使个人出于不良动机而获利。其二,事后才知道回避情形,当事人因此而提出回避申请。对于这种情况,如果行政机关工作人员没有告知回避申请权,可以作为程序违法的理由而在行政救济程序中提出来。如果行政机关工作人员已经告知回避申请权的,则可视为当事人放弃回避申请权。

第四节 行政听证制度

一、行政听证制度概述

行政听证制度是指行政机关在作出影响私人合法权益的决定前,由听取相对人意见的正式程序所构成的一种法律制度。听证有正式听证与非正式听证两种,但在我国,行政听证制度最早是由 1996 年颁布的《行政处罚法》以法律形式规定下来的,从一开始就采用了正式听证或审判式听证;因此,我国的听证一般是指正式听证。

听证制度的理论根植于英美普通法古老的"自然公正原则",而自然公正原则是在不同时代广泛流行的自然法思想的一种表现。它要求任何权力必须公正行使,对当事人不利的决定必须听取他的意见。"听取对方的意见"正是听证的本质所在。从实质内容上看,自然公正原则包括两个方面的内容:一是任何人或团体在行使权利可能使别人受到不利影响时必须听取对方意见,每一个人都有为自己辩护和防卫的权利。二是任何人或团体不能作为自己案件的法官。[①] 而这两点正是行政听证制度的核心问题和价值所在。

二、行政听证的类型与适用

从我国听证的法律实践来看,听证包括两种类型,一种是公众参与型听证,一种是权利保障型听证。前者参加者是一般公众和专家代表,参加目的在于促进行政活动的结果合乎理性、具有合理性,听证所获取的意见是最终决定的参考;后者参加者是合法权益可能受到侵害的人,参加的目的在于维护自身合法权益,听证所获取的意见对最终决定具有拘束作用。

公众参与型听证主要适用于立法、城乡规划的编制、价格确定等带有一般性的领域。如《立法法》第74条第1款规定,"行政法规在起草过程中,应当广泛听取有关机关、组织、人民代表大会代表和社会公众的意见。听取意见可以采取座谈会、论证会、听证会等多种形式"。《城乡规划法》第26条规定,"城乡规划报送审批前,组织编制机关应当依法将城乡规划草案予以公告,并采取论证会、听证会或者其他方式征求专家和公众的意见。公告的时间不得少于三十日。组织编制机关应当充分考虑专家和公众的意见,并在报送审批的材料中附具意见采纳情况及理由"。《中华人民共和国价格法》(以下简称《价格法》)第23条规定,"制定关系群众切身利益的公用事业价格、公益性服务价格、自然垄断经营的商品价格等政府指导价、政府定价,应当建立听证会制度,由政府价格主管部门主持,征求消费者、经营者和有关方面的意见,论证其必要性、可行性"。

权利保障型听证主要适用于涉及个人合法权益的个别性行政决定领域。如对于城乡规划的修改,《城乡规划法》第50条第2款规定,"经依法审定的修建性详细规划、建设工程设计方案的总平面图不得随意修改;确需修改的,城乡规划主管部门应当采取听证会等形式,听取利害关系人的意见;因修改给利害关系人合法权益造成损失的,应当依法给予补偿"。在这里,虽然涉及的是城乡规划,但却是已经生效实施的修建性详细规划,据此会产生具体的权利义务关系,因此对修建性详细规划会产生具体的信赖利益;在修改时,应当听取利害关系人的意见,而不是一般公众的意见。其他诸如行政处罚、行政许可等领域也专门规定了听证的适用情形。

三、行政听证的程序

目前,我国对公众参与型听证的程序没有具体规定,对权利保障型听证程序在《行政处罚法》《行政许可法》等法律中有明确规定。

(一)听证程序的启动

在听证程序的启动方式上,权利保障型听证是由当事人提出听证的要求,而公众参与型

[①] 参见王名扬:《英国行政法》,中国政法大学出版社1987年版,第151—152页。

听证则是由行政机关依职权决定。前者如《行政许可法》第47条第1款规定,"行政许可直接涉及申请人与他人之间重大利益关系的,行政机关在作出行政许可决定前,应当告知申请人、利害关系人享有要求听证的权利;申请人、利害关系人在被告知听证权利之日起五日内提出听证申请的,行政机关应当在二十日内组织听证"。后者如《行政许可法》第46条规定,"法律、法规、规章规定实施行政许可应当听证的事项,或者行政机关认为需要听证的其他涉及公共利益的重大行政许可事项,行政机关应当向社会公告,并举行听证"。

（二）听证的开始

按照《行政许可法》《行政处罚法》的规定,当事人要求听证的,应当在行政机关告知后5日内提出。行政机关应当在举行听证的7日前,通知当事人听证的时间、地点。《行政许可法》还特别规定,行政机关应当"通知申请人、利害关系人,必要时予以公告",不仅将被通知者扩大到利害关系人,还规定了公告方式的可能性。

除涉及国家秘密、商业秘密或者个人隐私依法予以保密外,听证公开举行。坚持公开原则,有利于加强对行政行为的监督,避免暗箱操作可能带来的腐败,也使行政决定更加容易获得当事人和社会公众的理解和执行。

（三）确定听证主持人

按照《行政许可法》《行政处罚法》的规定,听证由行政机关指定的非本案调查人员主持;当事人认为主持人与本案有直接利害关系的,有权申请回避。这里只对两种情况提出了主持人资格限制:一是非本案调查人员;二是当事人认为与本案有直接利害关系的,可以申请回避。听证会的主持人一般是由作出行政决定的行政机关委派本机关人员担任,因而,其公正性、客观性和可信度都有可能受到质疑。应该赋予听证主持人以中立、客观的地位,以保证听证活动的公平、公开与公正。当然,在公众参与型听证中,一般不存在这种问题。

（四）当事人参加听证

当事人可以亲自参加听证,也可以委托一至二人代理。当事人及其代理人无正当理由拒不出席听证或者未经许可中途退出听证的,视为放弃听证权利,行政机关终止听证。在当事人、亦即听证申请人之外,《行政许可法》《行政处罚法》都没有规定和案件有关的第三人是否可以申请参加听证(《行政许可法》仅规定了行政机关依职权通知第三人)。但是,按照《行政复议法》《行政诉讼法》的规定,利害关系人或第三人是可以申请行政复议、提起行政诉讼的。实际上,无论是第三人申请参加听证,还是提起行政复议、行政诉讼,其内在机理都是一致的,即通过扩大对行政程序的参与,保护私人的合法权益,促使行政机关依法行政。所以,从制度设计上,应当允许和拟作出的行政行为有利害关系的第三人申请参加听证。

（五）申辩质证

举行听证时,在主持人的主持下,调查人员提出当事人违法的事实、证据和行政处罚建议,当事人进行申辩和质证。

（六）制作听证笔录

听证应当制作笔录。笔录应当交当事人或者其代理人核对无误后签字或者盖章。当事人或者其代理人拒绝签字或者盖章的,由听证主持人在笔录中注明。

《行政处罚法》第65条规定,听证结束后,行政机关应当根据听证笔录,由行政机关负责人作出决定。《行政许可法》第48条第2款规定,"行政机关应当根据听证笔录,作出行政许可决定"。在权利保障型听证中,听证笔录是作出行政决定的根据。要让听证有意义,参与者就必须能够知道会利用什么证据来反对自己,并能够利用反诘问和反驳证据进行争辩。一旦行政机关可自由考虑听证笔录之外的事实而得不到通知或作出反应的机会,听证权就得不到切实保障,听证程序也形同虚设。总之,听证笔录并不仅仅是整个听证过程的单纯的机械记载,重要的价值在于它对行政机关作出行政决定具有约束力,是行政机关进行裁决的唯一依据。而在公众参与型听证中,对于听证笔录的效力,尚未有法律作出规定,一般认为,该听证笔录是行政机关作出决定的重要参考。

第五节 行政信息公开制度

一、行政信息公开制度概述

行政信息,又被称作政府信息,是指行政机关在履行行政管理职能过程中制作或者获取的,以一定形式记录、保存的信息。行政信息公开是行政机关根据职权或者私人请求,将行政信息向私人或者社会公开展示,允许查阅、摘抄和复制。

国务院在 2007 年制定了《政府信息公开条例》,2019 年进行了修改。该条例的目的在于,保障公民、法人和其他组织依法获取政府信息,提高政府工作的透明度,建设法治政府,充分发挥政府信息对人民群众生产、生活和经济社会活动的服务作用。也就是说,信息公开旨在实现公民的知情权,落实民主原则,促进依法行政。

二、行政信息公开的范围与限制

《政府信息公开条例》第 5 条规定,"行政机关公开政府信息,应当坚持以公开为常态、不公开为例外"。在这一原则的指导下,该条例以列举的方式确定政府信息不公开的范围,而其他政府信息则属于可以公开的范围。故而,确定了政府信息不公开的范围,就可以知悉政府信息公开的范围。

(1) 国家秘密。国家秘密是关系国家安全和利益,依照法定程序确定,在一定时间内只限一定范围的人员知悉的事项。根据《中华人民共和国保守国家秘密法》规定,下列涉及国家安全和利益的事项,泄露后可能损害国家在政治、经济、国防、外交等领域的安全和利益的,应当确定为国家秘密:国家事务重大决策中的秘密事项;国防建设和武装力量活动中的秘密事项;外交和外事活动中的秘密事项以及对外承担保密义务的秘密事项;国民经济和社会发展中的秘密事项;科学技术中的秘密事项;维护国家安全活动和追查刑事犯罪中的秘密事项;经国家保密行政管理部门确定的其他秘密事项。政党的秘密事项中符合上述规定的,属于国家秘密。

(2) 法律、行政法规禁止公开的政府信息。如果法律、行政法规规定禁止公开,行政机关自然不得予以公开。其限制是法律、行政法规规定,其他规范性文件无权作出这种规定。

(3) 可能危及国家安全、公共安全、经济安全和社会稳定的政府信息。这一类信息,行政机关也不得公开。

(4) 商业秘密、个人隐私。按照《中华人民共和国反不正当竞争法》第 9 条第 4 款规定,商业秘密是指不为公众所知悉、具有商业价值并经权利人采取相应保密措施的信息技术信息、经营信息等商业信息。按照《民法典》第1032条第2款规定,隐私是自然人的私人生活安宁和不愿为他人知晓的私密空间、私密活动、私密信息。涉及商业秘密、个人隐私等公开会对第三方合法权益造成损害的政府信息,行政机关不得公开。但第三方同意公开或者行政机关认为不公开会对公共利益造成重大影响的,可以予以公开。

(5) 内部事务信息。行政机关的内部事务信息,包括人事管理、后勤管理、内部工作流程等方面的信息,可以不予公开。

(6) 过程性信息以及行政执法案卷信息。行政机关在履行行政管理职能过程中形成的讨论记录、过程稿、磋商信函、请示报告等过程性信息以及行政执法案卷信息,可以不予公开。法律、法规、规章规定上述信息应当公开的,从其规定。

三、行政信息公开的方式

(一) 主动公开

对涉及公众利益调整、需要公众广泛知晓或者需要公众参与决策的政府信息,行政机关应当主动公开。在主动公开的具体方式上,行政机关应当建立健全政府信息发布机制,将主动公开的政府信息通过政府公报、政府网站或者其他互联网政务媒体、新闻发布会以及报刊、广播、电视等途径予以公开。各级人民政府应当加强依托政府门户网站公开政府信息的工作,利用统一的政府信息公开平台集中发布主动公开的政府信息。政府信息公开平台应当具备信息检索、查阅、下载等功能。各级人民政府应当在国家档案馆、公共图书馆、政务服务场所设置政府信息查阅场所,并配备相应的设施、设备,为公民、法人和其他组织获取政府信息提供便利。行政机关可以根据需要设立公共查阅室、资料索取点、信息公告栏、电子信息屏等场所、设施,公开政府信息。

(二) 依申请公开

除行政机关主动公开的政府信息外,私人可以向地方各级人民政府、对外以自己名义履行行政管理职能的县级以上人民政府部门等申请获取相关政府信息。依申请公开的程序如下:

1. 提出公开的申请

申请获取政府信息的,应当向行政机关的政府信息公开工作机构提出,并采用包括信件、数据电文在内的书面形式;采用书面形式确有困难的,申请人可以口头提出。

政府信息公开申请内容应当明确具体。[①] 不明确的,行政机关应当给予指导和释明,并自收到申请之日起7个工作日内一次性告知申请人作出补正,说明需要补正的事项和合理的补正期限。答复期限自行政机关收到补正的申请之日起计算。申请人无正当理由逾期不补正的,视为放弃申请,行政机关不再处理该政府信息公开申请。

关于"申请之日"的确定,存在几种方式:(1) 申请人当面提交政府信息公开申请的,以提交之日为收到申请之日;(2) 申请人以邮寄方式提交政府信息公开申请的,以行政机关签收之日为收到申请之日;以平常信函等无需签收的邮寄方式提交政府信息公开申请的,政府

---

① 中华环保联合会诉贵州省贵阳市修文县环境保护局环境信息公开案,《最高人民法院公报》2013年第1期。

信息公开工作机构应当于收到申请的当日与申请人确认,确认之日为收到申请之日;(3)申请人通过互联网渠道或者政府信息公开工作机构的传真提交政府信息公开申请的,以双方确认之日为收到申请之日。①

2. 对公开请求的初步处置

行政机关收到政府信息公开申请,能够当场答复的,应当当场予以答复。行政机关不能当场答复的,应当自收到申请之日起20个工作日内予以答复;需要延长答复期限的,应当经政府信息公开工作机构负责人同意并告知申请人,延长的期限最长不得超过20个工作日。行政机关征求第三方和其他机关意见所需时间不计算在内。

3. 赋予第三人提出意见的机会

按照《政府信息公开条例》第32条的规定,依申请公开的政府信息公开会损害第三方合法权益的,行政机关应当书面征求第三方的意见。第三方应自收到征求意见书之日起15个工作日内提出意见。第三方逾期未提出意见的,由行政机关依照本条例的规定决定是否公开。第三方不同意公开且有合理理由的,行政机关不予公开。② 行政机关认为不公开可能对公共利益造成重大影响的,可以决定予以公开,并将决定公开的政府信息内容和理由书面告知第三方。这一种公开也被称作公益公开。

4. 决定公开

按照《政府信息公开条例》第10条的规定,行政机关制作的政府信息,由制作该政府信息的行政机关负责公开。行政机关从私人获取的政府信息,由保存该政府信息的行政机关负责公开;行政机关获取的其他行政机关的政府信息,由制作或者最初获取该政府信息的行政机关负责公开。法律、法规对政府信息公开的权限另有规定的,从其规定。行政机关设立的派出机构、内设机构依照法律、法规对外以自己名义履行行政管理职能的,可以由该派出机构、内设机构负责履行与行政管理职能有关的政府信息公开工作。

两个以上行政机关共同制作的政府信息,由牵头制作的行政机关负责公开。牵头制作的行政机关收到政府信息公开申请后可以征求相关行政机关的意见,被征求意见机关应当自收到征求意见书之日起15个工作日内提出意见,逾期未提出意见的视为同意公开。

按照《政府信息公开条例》第36条的规定,对政府信息公开申请,行政机关根据下列情况分别作出答复:(1)所申请公开信息已经主动公开的,告知申请人获取该政府信息的方式、途径;(2)所申请公开信息可以公开的,向申请人提供该政府信息,或者告知申请人获取该政府信息的方式、途径和时间;(3)行政机关依据本条例的规定决定不予公开的,告知申请人不予公开并说明理由;(4)经检索没有所申请公开信息的,告知申请人该政府信息不存

---

① 关于通过政府网站申请信息公开的申请到达时间计算,参见李健雄诉广东省交通运输厅政府信息公开案(最高人民法院指导案例26号)。

② 在王宗利诉天津市和平区房地产管理局案中,天津市和平区人民法院认为:和平区房管局只给金融街公司发了一份第三方意见征询书,没有对王宗利申请公开的政府信息是否涉及商业秘密进行调查核实。在诉讼中,和平区房管局也未提供王宗利所申请政府信息涉及商业秘密的任何证据,使法院无法判断王宗利申请公开的政府信息是否涉及第三人的商业秘密。因此,和平区房管局作出的《涉及第三方权益告知书》证据不足,属明显不当。参见《最高法首次集中发布涉政府信息公开十大典型案例》,北晚新视觉,2014年9月12日,http://www.takefoto.cn/viewnews-164204.html,访问日期:2023年7月10日。

在;(5)所申请公开信息不属于本行政机关负责公开的,告知申请人并说明理由;能够确定负责公开该政府信息的行政机关的,告知申请人该行政机关的名称、联系方式;(6)行政机关已就申请人提出的政府信息公开申请作出答复,申请人重复申请公开相同政府信息的,告知申请人不予重复处理;(7)所申请公开信息属于工商、不动产登记资料等信息,有关法律、行政法规对信息的获取有特别规定的,告知申请人依照有关法律、行政法规的规定办理。其中,对于信息不存在,最高人民法院认为,"政府信息不存在,既是政府信息公开法通常规定的拒绝公开的一个法定理由,也是行政机关非常乐于使用的一个借口。又由于政府信息实际为行政机关掌握,这种信息的不对称导致对政府信息事实上存在或不存在的判断成为一个世界性难题。以国际通行做法来看,当行政机关主张政府信息不存在时,必须证明其已经尽到勤勉的检索义务"。①

按照《政府信息公开条例》第37条的规定,申请公开的信息中含有不应当公开或者不属于政府信息的内容,能够作区分处理的,行政机关应当向申请人提供可以公开的政府信息内容,并对不予公开的内容说明理由。这被称作分离原则。

行政机关向申请人提供的信息,应当是已制作或者获取的政府信息。除按照分离原则能够作区分处理的外,需要行政机关对现有政府信息进行加工、分析的,行政机关可以不予提供。

5. 收费

按照《政府信息公开条例》第42条的规定,行政机关依申请提供政府信息,不收取费用。但是,申请人申请公开政府信息的数量、频次明显超过合理范围的,行政机关可以收取信息处理费。

第六节 说明理由制度

一、说明理由制度概述

说明理由制度是指行政机关在作出对私人合法权益产生不利影响的行政行为时,除法律有特别规定外,应当向私人说明其作出该行政行为的理由的制度。

国务院《全面推进依法行政实施纲要》规定,行政机关行使裁量权的,应当在行政决定中说明理由。最高人民法院认为,行政复议决定和复议卷宗也应当依法说明理由,以此表明复议机关已经全面客观地查清了事实,综合衡量了与案情相关的全部因素,而非轻率或者武断地作出决定。因为只有借助书面决定和卷宗记载的理由说明,法院才能知晓决定考虑了哪些相关因素以及是否考虑了不相关因素,才能有效地审查和评价决定的合法性。不说明裁量过程和没有充分说明理由的决定,既不能说服行政相对人,也难以有效控制行政裁量权,

---

① 王福珍诉天津滨海新区政府信息公开答复案,最高人民法院(2016)最高法行申1842号行政裁定书。类似的,最高人民法院指导案例101号(罗元昌诉重庆市彭水苗族土家族自治县地方海事处政府信息公开案)认为,被告"没有提供印证证据证明其尽到了查询、翻阅和搜索的义务",因此构成违法。

还会给嗣后司法审查带来障碍。① 也就是说,说明理由制度大致具有以下四个方面的功能:(1)抑制恣意的功能,因为要将理由对外说明,就不能恣意妄为;(2)说服相对人的功能,行政机关所说明的理由有助于相对人充分知情,接受行政决定;(3)公开决定过程的功能,说明理由将行政机关的内在考虑公开出来,有利于接受监督;(4)方便救济的功能,行政复议机关、法院可以针对行政机关所说明的理由展开审查。

二、说明理由的要求

（一）说明理由的适用情形

综合《行政许可法》《行政处罚法》《行政强制法》的规定来看,法律上要求说明理由的情形主要是作出对行政相对人构成不利影响的决定时,诸如不予行政许可、作出行政处罚决定、决定行政强制执行等。行政机关作出对行政相对人有利的行政决定时,通常不需要说明理由。

（二）说明理由的内容构成

我国《行政处罚法》第44条规定,"行政机关在作出行政处罚决定之前,应当告知当事人拟作出的行政处罚内容及事实、理由、依据"。《行政强制法》第37条第2款规定,行政强制执行决定书应当载明"强制执行的理由和依据"。从这些规定来看,立法上将"理由"区别于"事实"和(法律)"依据"来理解。一方面,有时候法律仅仅明确要求说明"理由",如《行政许可法》第38条第2款规定,"行政机关依法作出不予行政许可的书面决定的,应当说明理由"。另一方面,将理由区别于事实和法律,有助于突出理由的独立价值,并且明确显示出说明理由的应有内容;如果仅仅陈述所存在的事实或引用所依据的法条,均不可被认为已说明理由。因为孤零零地列举事实和法律,常常无法让人知晓为什么能得出某一案件的结论。在我国地方政府规章中,《湖南省行政程序规定》第78条第1款、《山东省行政程序规定》第86条均将说明理由的内容作三分构成,即(事实)证据采信理由、(法律)依据选择理由和行政决定裁量理由。

（三）说明理由的方式

从发挥说明理由制度功能的角度而言,在应当说明理由时,应当将作出书面形式作为原则性的义务,至少在书面决定时应当书面说明。《行政许可法》第55条第3款规定,"行政机关根据检验、检测、检疫结果,作出不予行政许可决定的,应当书面说明不予行政许可所依据的技术标准、技术规范"。《行政强制法》第37条第2款要求强制执行决定应当以书面形式作出,并载明强制执行的理由和依据。不少专门领域的法律②,均要求作出拒绝决定时应当书面说明理由。

通常而言,在说明理由与行政决定的形式关系上,一方面应当要求说明理由与行政决定具有同时性,亦即应在作出行政决定的同时说明理由。不同时作出,则无法发挥说明理由的应有功能。另一方面,还应当要求说明理由与行政决定具有一体性,亦即行政决定与说明理

---

① 饭垄堆公司诉国土资源部国土资源行政复议决定案,最高人民法院(2018)最高法行再6号行政判决书,2018年3月7日。

② 如《中华人民共和国护照法》第6条第2款。

由应当记载在同一文书之上。《行政许可法》第 38 条第 2 款要求,行政机关依法作出不予行政许可的书面决定的,应当说明理由。从说明理由与行政决定的应有关系上,这一规定似应解释为两者应当同时作出,而且应当在书面决定中同时记载相应的理由。当然,《行政处罚法》并没有要求在行政处罚决定书中载明处罚的理由,但现实中,除简易程序之外,多数行政处罚决定书都载明了理由。

第七节 其他行政程序制度

一、告知制度

告知制度是指行政机关在作出行政行为的过程中将相关事实、理由、依据,以及权利及其救济途径等告知行政相对人,方便其知情并及时有效地行使权利,消除行政机关与行政相对人之间的信息不对称。告知既有书面的方式,也有口头的方式。告知的事项较为广泛。《行政处罚法》第 44 条规定,"行政机关在作出行政处罚决定之前,应当告知当事人拟作出的行政处罚内容及事实、理由、依据,并告知当事人依法享有的陈述、申辩、要求听证等权利"。《行政许可法》第 32 条第 1 项、第 2 项规定,"申请事项依法不需要取得行政许可的,应当即时告知申请人不受理;申请事项依法不属于本行政机关职权范围的,应当即时作出不予受理的决定,并告知申请人向有关行政机关申请"。告知申请行政复议、提起行政诉讼的途径和期限,一般在行政决定中以书面告知,这被称作教示制度。

告知制度的主要目的在于促进参与,使行政相对人知悉相关情况,可以在事前告知、事中告知、事后告知,而说明理由制度的主要目的在于权利救济,一般要求在作出行政决定的同时说明理由。

二、听取意见制度

听取意见制度是指行政机关在作出行政行为时,听取行政相对人及利害关系人的陈述和申辩。《行政处罚法》第 45 条规定,"当事人有权进行陈述和申辩。行政机关必须充分听取当事人的意见,对当事人提出的事实、理由和证据,应当进行复核;当事人提出的事实、理由或者证据成立的,行政机关应当采纳。行政机关不得因当事人陈述、申辩而给予更重的处罚"。《行政许可法》第 36 条规定,"行政机关对行政许可申请进行审查时,发现行政许可事项直接关系他人重大利益的,应当告知该利害关系人。申请人、利害关系人有权进行陈述和申辩。行政机关应当听取申请人、利害关系人的意见"。

三、案卷制度

案卷是指行政机关的行政行为所依据的证据、记录和法律文书等,根据一定的顺序组成的书面材料。案卷是证明行政行为合法性的重要支撑。正式的行政程序必须有案卷,这是依法行政的基本要求之一。

《行政处罚法》第 47 条规定,"行政机关应当依法以文字、音像等形式,对行政处罚的启动、调查取证、审核、决定、送达、执行等进行全过程记录,归档保存"。国务院办公厅《关于全面推行行政执法公示制度执法全过程记录制度重大执法决定法制审核制度的指导意见》(国办发〔2018〕118号)要求,行政执法全过程记录是行政执法活动合法有效的重要保证。行政执法机关要通过文字、音像等记录形式,对行政执法的启动、调查取证、审核决定、送达执行等全部过程进行记录,并全面系统归档保存,做到执法全过程留痕和可回溯管理。

案卷必须具备如下条件:其一,关联性。案卷的材料必须与案件有关。其二,合法性。凡是与案件有关的材料必须是通过合法手段获得的,对私人不利的证据必须已在行政程序中被质证。其三,全面性。凡是与案件有关的材料,必须全部保留在案卷中。其四,终局性。案卷形成于行政程序结束之时;行政机关凡是在行政程序结束之后调取的证据或者其他书面材料,不得成为案卷的一部分。

第十四章 行政法治监督

第一节 行政法治监督概述

一、行政法治监督的概念

广义上的行政法治监督是指国家权力机关、国家行政机关、国家司法机关、国家监察机关、政治组织及社会组织或个人依法对行政主体及其公务员、经过法律法规及规章授权的组织、行政委托组织及其执法人员行使行政职权行为和遵纪守法行为的监督。狭义上的行政法治监督是指行政机关实施的监督，包括法规、规章和规范性文件备案审查、行政执法监督、行政复议等一般监督以及审计监督等专门监督。本书在广义上使用行政法治监督这一概念。[①]

行政法治监督的主体是国家权力机关、国家行政机关、国家司法机关、国家监察机关、政治组织及社会组织或个人。国家权力机关、国家行政机关、国家司法机关、国家监察机关、专门行政监督机关作为行政法治监督主体，能对监督对象采取直接产生法律效力的监督措施，如撤销行政行为、处罚违法违纪的公务员等。国家机关系统外部的个人、组织作为行政法治监督主体，不能对监督对象作出直接产生法律效力的监督行为，而只能通过批评、建议或申诉、控告、检举等方式向有权国家机关反映，或通过媒体揭露、曝光，引起有权国家机关的注意，使之采取能产生法律效力的措施，以实现对监督对象的监督。

行政法治监督的对象是行政主体及其公务员、其他行使有关公权力的组织及其执法人员。在行政法治监督法律关系中，一方是监督主体，一方是监督对象。监督对象首先是行政主体，即行政机关、法律法规及规章授权的组织和其他社会公权力组织；其次是公务员；最后是其他行使有关公权力的组织的执法人员。"其他行使有关公权力的组织的执法人员"是指法律法规及规章授权的组织、行政机关委托的组织和其他社会公权力组织中行使被授予、被委托的一定公权力的人员。

行政法治监督的内容是行政机关、法律法规及规章授权的组织、行政委托组织行使行政职权的行为和公务员、行使有关公权力组织中的执法人员遵纪守法的行为。对行政机关、法律法规及规章授权的组织、行政委托组织依法行使行政职权行为的监督主要是对行政行为合法性的监督，行政法治监督内容并不包含对行政行为的合理性监督与效率监督。对公务员与执法人员的监督内容主要包括其行使公权力的行为、工作作风、行政纪律等。

[①] 在过去四十多年中，行政法学界有时区分"行政监督"与"监督行政"，并单设章节进行研究。参见罗豪才主编：《行政法论》，光明日报出版社1988年版，第246—300页。但使用"行政法制监督"这一概念并作专门研究的主要有姜明安教授（参见姜明安：《行政法学》，山西人民出版社1985年版，第318—364页；姜明安：《行政法概论》，北京大学出版社1986年版，第283—317页；姜明安主编：《行政法与行政诉讼法》（第7版），北京大学出版社、高等教育出版社2019年版，第139—146页。）

二、行政法治监督的特征

(一) 行政法治监督的多元性

广义行政法治监督的主体是广泛的,既可以是国家机关,也可以是政治组织、社会组织,还可以是公民个人以及不特定的社会公众,包括权力机关、行政机关、监察机关、司法机关等国家机关,执政党、民主党派和人民政协等政治组织,以及公民和各类社会组织等。狭义行政法治监督的主体也是多元的,包括行政机关、行政机关所属工作部门、行政审计机关等。

(二) 行政法治监督的特定性

行政法治监督的对象是特定的,主要是指担负国家行政职能的组织和人员。行政法治监督的重点对象是行政机关及其公务员,可以延伸至法律法规及规章授权组织、行政委托组织、其他社会公权力组织中行使被授予、被委托的一定公权力的人员。《中华人民共和国公职人员政务处分法》(以下简称《公职人员政务处分法》)是行政法治监督体系的重要内容。其第2条第1款规定,本法适用于监察机关对违法的公职人员给予政务处分的活动。《公职人员政务处分法》明确公职人员是指《监察法》第15条规定的人员。即中国共产党机关、人民代表大会及其常务委员会机关、人民政府、监察委员会、人民法院、人民检察院、中国人民政治协商会议各级委员会机关、民主党派机关和工商业联合会机关的公务员,以及参照《公务员法》管理的人员;法律、法规授权或者受国家机关依法委托管理公共事务的组织中从事公务的人员;国有企业管理人员;公办的教育、科研、文化、医疗卫生、体育等单位中从事管理的人员;基层群众性自治组织中从事管理的人员;其他依法履行公职的人员。政务处分适用范围为所有行使公权力的公职人员,意味着除了党政机关的公务员外,对法官、检察官、国企管理人员、村干部、公办的教科文卫体单位的管理人员等都可适用。

行政法治监督的内容是行政机关、法律法规及规章授权组织和行政委托组织的行政行为,包括行政立法行为、行政执法行为、行政司法行为等。对权力机关、司法机关、群众自治组织以及社会组织的监督等,均不属于行政法治监督。对行政机关的民事行为的监督也不属于行政法治监督的范畴。

(三) 行政法治监督的独立性

无论是行政系统外的监督,还是行政系统内的监督,无论是行政机关的一般监督,还是专门监督,都应当依法独立进行。《监察法》第4条规定,监察委员会依照法律规定独立行使监察权,不受行政机关、社会团体和个人的干涉。"《中华人民共和国人民法院组织法》(以下简称《人民检察院组织法》)第4条规定:"人民法院依照法律规定独立行使审判权,不受行政机关、社会团体和个人的干涉。"《人民检察院组织法》第4条规定:"人民检察院依照法律规定独立行使检察权,不受行政机关、社会团体和个人的干涉。"尤其是审计等专门监督,必须保证其独立行使监督权。《中华人民共和国审计法》(以下简称《审计法》)第5条规定:"审计机关依照法律规定独立行使审计监督权,不受其他行政机关、社会团体和个人的干涉。"

(四) 行政法治监督的规范性

行政法治监督应当规范化、制度化、程序化。无论是国家机关的监督,还是执政党、民主党派等政治组织、社会各方面的监督,都必须依据法律规定的权限、程序等实施。监督职权、监督权利必须在法治轨道上运行,必须规范化、制度化、程序化。一方面,应当保证法律监督权的依法独立行使,行使监督职权不受干预,行使监督权利不受打击报复;另一方面,应当将监督职权、监督权利的行使纳入法治轨道,防止监督职权和监督权利的滥用,形成对行政活动的干预和干扰。

(五)行政法治监督的多样性

行政法治监督的方式是多样的,不同的行政法治监督主体实现监督的方式不同。如国家权力机关可以通过审议工作报告、检查法律实施情况、询问和质询等方式监督政府工作;国家检察机关可以通过行政公益诉讼实施对行政执法行为的监督;政府法制工作机构的监督方式包括规范性文件审查、行政执法监督、行政复议案件处理等;公民个人可以通过提出批评和建议、申诉、控告或者检举等多种方式实现监督。

第二节 行政法治监督的种类及监督内容

一、国家权力机关的监督

国家权力机关的监督是指国家权力机关及其组成人员对行政机关及其公务员等实施的监督。国家权力机关对行政的监督即人大对行政的监督,包括全国和地方各级人大、县级以上人大常委会、县级以上地方各级人大常委会组成人员、各级人大代表等对行政机关及其公务员等依法行政活动进行的监督。各级国家权力机关,特别是全国人民代表大会和全国人民代表大会常务委员会,是行政法治监督最重要的主体。

根据宪法赋予的监督职能和立法法、相关组织法与监督法的规定,各级人大及其常委会对行政立法、执法、司法等活动实施监督。国家权力机关对行政的监督主要涵盖以下范围,并采取如下方式:

(一)全国人民代表大会常务委员会对行政立法的监督

全国人民代表大会常务委员会通过多种方式和途径对行政立法进行监督:(1)备案。行政法规发布后,应在30日内向全国人民代表大会常务委员会备案。[①](2)裁决。地方性法规与部门规章之间对同一事项规定不一致,执法或司法机关不能确定如何适用时,由国务院提出意见,国务院认为应当适用地方性法规的,即在该地方适用地方性法规;国务院认为应适用部门规章的,应提请全国人民代表大会常务委员会裁决。[②](3)审查和撤销。国务院、中央军事委员会、国家监察委员会、最高人民法院、最高人民检察院和各省、自治区、直辖市的人大常委会认为行政法规、决定和命令、地方性法规、自治条例和单行条例同宪法或者法律相抵触,或者存在合宪性、合法性问题的,可以要求全国人民代表大会常务委员会进行审查;其他国家机关、社会团体、企业事业组织以及公民认为行政法规同宪法或者法律相抵触,可以向全国人民代表大会常务委员会书面提出审查建议。全国人民代表大会常务委员会经审查,如认为行政法规同宪法和法律确实相抵触,有权予以撤销。[③]

---

① 参见《立法法》第109条。
② 参见《立法法》第106条。
③ 参见《宪法》第67条和《立法法》第110、112条。

（二）省、自治区、直辖市人民代表大会常务委员会对地方政府规章的监督

根据《宪法》《立法法》《中华人民共和国地方各级人民代表大会和地方各级人民政府组织法》（以下简称《地方组织法》）的规定，省、自治区、直辖市人民代表大会常务委员会可以通过备案、审查和撤销其认为不适当的规章的方式对地方政府规章进行监督。①

（三）其他地方国家权力机关对相应地方人民政府规范性文件的监督

其他地方国家权力机关对相应地方人民政府规范性文件的监督既可以通过备案制度进行，也可以应其他监督主体的请求进行。地方国家权力机关通过审查监督，如认为相应地方人民政府规范性文件同有关法律、法规相抵触，可以撤销相应地方人民政府的规范性文件。②

（四）国家权力机关对各级人民政府组成人员的监督

国家权力机关如发现政府组成人员有渎职、失职行为，可以通过法定程序罢免相应渎职、失职人员。③

（五）国家权力机关行使监督职能的其他方式

根据《中华人民共和国各级人民代表大会常务委员会监督法》的规定，各级人民代表大会常务委员会通过下列方式对行政进行监督：听取和审议人民政府的专项工作报告；审查和批准决算，听取和审议国民经济和社会发展计划、预算的执行情况报告，听取和审议审计工作报告；法律法规实施情况的检查；规范性文件的备案审查；询问和质询；特定问题调查；撤职案的审议和决定。

（六）国家权力机关组成人员的监督

根据《中华人民共和国全国人民代表大会和地方各级人民代表大会代表法》（以下简称《全国人民代表大会和地方各级人民代表大会代表法》）的规定，人大代表享有下列监督权利：参加审议各项议案、报告和其他议题，发表意见；依法联名提出议案、质询案、罢免案等；提出对各方面工作的建议、批评和意见；等。各级人大常委会组成人员、人大代表行使监督政府的职权或权利，是人民政府的题中之义，也是民主政治的重要体现和保障。④

二、国家监察机关的监督

随着各级监察机关的成立，国家监察机关将成为独立的国家机关，对行政法治监督发挥重要作用。国家监察机关的监督是指国家监察机关对所有行使公权力的人员的职务违法与职务犯罪行为和依法履职、秉公用权、廉洁从政从业以及道德操守情况进行监督检查。⑤

（一）国家监察对象

根据《监察法》的规定，国家监察机关对所有行使公权力的公职人员进行监督，即国家监察实行全覆盖。因此，国家监察的对象不仅包括行政机关的公职人员，而且包括其他国家机关和非国家机关的公职人员。整个监察对象包括下述六类：其一，中国共产党机关、人民代表大会及其常务委员会机关、人民政府、监察委员会、人民法院、人民检察院、中国人民政治

---

① 参见《宪法》第104条、《立法法》第107条。
② 参见《宪法》第67条，《立法法》第107条。
③ 参见《宪法》第63、101条和《地方组织法》第13条。
④ 参见《全国人民代表大会和地方各级人民代表大会代表法》第3条。
⑤ 参见《监察法》第3、11条。

协商会议各级委员会机关、民主党派机关和工商业联合会机关的公务员,以及参照《公务员法》管理的人员;其二,法律、法规授权或者受国家机关依法委托管理公共事务的组织中从事公务的人员;其三,国有企业管理人员;其四,公办的教育、科研、文化、医疗卫生、体育等单位中从事管理的人员;其五,基层群众性自治组织中从事管理的人员;其六,其他依法履行公职的人员。[1]

(二)国家监察机关的职责

根据《监察法》的规定,国家监察机关的职责包括如下三类:一是对公职人员开展廉政教育,对其依法履职、秉公用权、廉洁从政从业以及道德操守情况进行监督检查。二是对涉嫌贪污贿赂、滥用职权、玩忽职守、权力寻租、利益输送、徇私舞弊以及浪费国家资财等职务违法和职务犯罪进行调查。三是对违法的公职人员依法作出政务处分决定;对履行职责不力、失职失责的领导人员进行问责;对涉嫌职务犯罪的,将调查结果移送人民检察院依法审查、提起公诉;向监察对象所在单位提出监察建议。[2]

(三)国家监察机关的权限

根据《监察法》的规定,国家监察机关的权限包括以下十五种[3]:

(1)谈话。对可能发生职务违法的监察对象,监察机关按照管理权限,可以直接或者委托有关机关、人员进行谈话或者要求说明情况。

(2)讯问。对涉嫌贪污贿赂、失职渎职等职务犯罪的被调查人,监察机关可以进行讯问,要求其如实供述涉嫌犯罪的情况。

(3)询问。调查过程中,监察机关可询问证人等人员。

(4)留置。被调查人涉嫌贪污贿赂、失职渎职等严重职务违法或者职务犯罪,监察机关已经掌握其部分违法犯罪事实及证据,仍有重要问题需要进一步调查,并有下列情形之一的,经监察机关依法审批,可以将其留置在特定场所:涉及案情重大、复杂的;可能逃跑、自杀的;可能串供或者伪造、隐匿、毁灭证据的;可能有其他妨碍调查行为的。另外,对涉嫌行贿犯罪或者共同职务犯罪的涉案人员,监察机关也可以依法采取留置措施。留置须经监察机关依法审批,留置场所的设置、管理和监督依照国家有关规定执行。

(5)查询。监察机关调查涉嫌贪污贿赂、失职渎职等严重职务违法或者职务犯罪,根据工作需要,可以依照规定查询涉案单位和个人的存款、汇款、债券、股票、基金份额等财产。有关单位和个人应当配合。

(6)冻结。监察机关调查涉嫌贪污贿赂、失职渎职等严重职务违法或者职务犯罪,根据工作需要,可以依照规定冻结涉案单位和个人的存款、汇款、债券、股票、基金份额等财产。有关单位和个人应当配合。冻结的财产经查明与案件无关的,应当在查明后3日内解除冻结,予以退还。

(7)搜查。监察机关可以对涉嫌职务犯罪的被调查人以及可能隐藏被调查人或者犯罪证据的人的身体、物品、住处和其他有关地方进行搜查。在搜查时,应当出示搜查证,并有被搜查人或者其家属等见证人在场。搜查女性身体,应当由女性工作人员进行。监察机关进

---

[1] 参见《监察法》第15条。
[2] 参见《监察法》第11条。
[3] 参见《监察法》第18—30条。

行搜查时,可以根据工作需要提请公安机关配合。公安机关应当依法予以协助。

(8)—(10) 调取、查封、扣押。监察机关在调查过程中,可以调取、查封、扣押用以证明被调查人涉嫌违法犯罪的财物、文件和电子数据等信息。采取调取、查封、扣押措施,应当收集原物原件,会同持有人或者保管人、见证人,当面逐一拍照、登记、编号,开列清单,由在场人员当场核对、签名,并将清单副本交财物、文件的持有人或者保管人。对调取、查封、扣押的财物、文件,监察机关应当设立专用账户、专门场所,确定专门人员妥善保管,严格履行交接、调取手续,定期对账核实,不得毁损或者用于其他目的。对价值不明物品应当及时鉴定,专门封存保管。查封、扣押的财物、文件经查明与案件无关的,应当在查明后3日内解除查封、扣押,予以退还。

(11) 勘验检查。监察机关在调查过程中,可以直接或者指派、聘请具有专门知识、资格的人员在调查人员主持下进行勘验检查。勘验检查情况应当制作笔录,由参加勘验检查的人员和见证人签名或者盖章。

(12) 鉴定。监察机关在调查过程中,对于案件中的专门性问题,可以指派、聘请有专门知识的人进行鉴定。鉴定人进行鉴定后,应当出具鉴定意见,并且签名。

(13) 技术调查。监察机关调查涉嫌重大贪污贿赂等职务犯罪,根据需要,经过严格的批准手续,可以采取技术调查措施,按照规定交有关机关执行。批准决定自签发之日起3个月以内有效(经批准可延长,每次不得超过3个月)。对于不需要继续采取技术调查措施的,应当及时解除。

(14) 通缉。依法应当留置的被调查人如果在逃,监察机关可以决定在本行政区域内通缉,由公安机关发布通缉令,追捕归案。通缉范围超出本行政区域的,应当报请有权决定的上级监察机关决定。

(15) 限制出境。监察机关为防止被调查人及相关人员逃匿境外,经省级以上监察机关批准,可以对被调查人及相关人员采取限制出境措施,由公安机关依法执行。对于不需要继续采取限制出境措施的,应当及时解除。

三、国家司法机关的监督

国家司法机关对行政的监督是指人民法院、人民检察院行使国家行政审判权、检察权,对行政机关及其公务员的行政行为等实施的监督。

(一) 人民法院的监督

人民法院作为行政法治监督的主体,主要是通过依法行使行政审判权对行政机关及其行政行为产生制约作用。一般认为,人民法院对行政进行监督的法律依据来自《行政诉讼法》第1条规定:"为保证人民法院公正、及时审理行政案件,解决行政争议,保护公民、法人和其他组织的合法权益,监督行政机关依法行使职权,根据宪法,制定本法。"人民法院的主要监督方式是通过行政诉讼对行政主体行政行为合法性进行审查。撤销违法或明显不当的行政行为,在不宜撤销时,确认其行为违法;变更明显不当的行政处罚或确有错误的涉及款额确定的其他行政行为;确认具有重大明显违法的行政行为无效;判决不履行法定职责的行政主体限期履行法定职责等以实现其监督职能。① 除此以外,人民法院还可以通过司法建议的方式,建议行政机关纠正不属于人民法院撤销范围的违法行政行为和建议处分在违法行政行为中有过错的国家公务员。

(二)人民检察院的监督

人民检察院作为行政法治监督的主体,主要是通过依法独立行使检察权对行政机关及其行政活动产生制约作用。人民检察院特别通过对犯有渎职罪、贪污罪、贿赂罪的公务员进行侦查和提起公诉,实现其行政法治监督职能。此外,人民检察院还具体对监狱、看守所、拘留所及其管教人员实施日常监督,通过处理这些场所中的违法行为,保障这一特定行政管理领域的行政法治。②

另外,人民检察院还可以通过提起行政公益诉讼对行政机关违法行政行为和不作为进行监督。《行政诉讼法》第25条第4款规定,人民检察院在履行职责中发现生态环境和资源保护、食品药品安全、国有财产保护、国有土地使用权出让等领域负有监督管理职责的行政机关违法行使职权或者不作为,致使国家利益或者社会公共利益受到侵害的,应当向行政机关提出检察建议,督促其依法履行职责。行政机关不依法履行职责的,人民检察院依法向人民法院提起诉讼。随着国家法律监督制度的不断完善,人民检察院在行政法治监督方面将发挥越来越重要的作用。

四、国家行政机关的监督

(一)国家行政机关的一般监督

国家行政机关对行政的一般监督是指行政机关基于领导与被领导关系对其所属部门和下级行政机关进行的监督。根据《宪法》第89条、第108条、第110条第2款规定,国务院统一领导各部和各委员会的工作,并且领导不属于各部和各委员会的全国行政工作;国务院统一领导全国地方各级国家行政机关的工作;县级以上的地方各级人民政府领导所属各工作部门和下级人民政府的工作,有权改变或者撤销所属各工作部门和下级人民政府的不适当决定;地方各级人民政府对上一级国家行政机关负责并报告工作。全国地方各级人民政府都是国务院统一领导下的国家行政机关,都服从国务院。一般行政监督所形成的监督与被监督关系,是宪法确立的行政机关之间领导与被领导关系的充分体现。一般行政监督主要包括行政机关对其所属部门的监督、上级行政机关对下级行政机关的监督、行政机关的职能部门对其所属机构的监督以及上级行政机关职能部门对下级行政机关相应职能部门的监督。

1. 一般行政监督的形式

(1)备案和审查。规章和规范性文件备案和审查是一般行政监督的重要形式,有利于改变和撤销不合法或者不适当的规章和规范性文件,维护法治统一和行政秩序。除国务院《规章制定程序条例》《法规规章备案条例》对规章备案审查作出规定外,一些地方政府也通过行政程序立法等对规范性文件备案和审查作出了规定。如《福建省行政规范性文件备案

---

① 参见《行政诉讼法》第66、70、72—78条。
② 参见《人民检察院组织法》第20条。

审查办法》第 8 条规定，地方各级人民政府制定的以及经县级以上人民政府批准以政府办公厅（室）名义制定的规范性文件，应当自公布之日起 30 日内报送上一级人民政府备案。《甘肃省规章行政规范性文件备案审查办法》第 16 条规定："公民、法人或者其他组织认为规章、规范性文件有违法违规情形的，可以向制定机关提出异议，也可以向该文件的备案审查机关提出审查建议。"

（2）行政复议。依据《行政复议法》的规定，行政复议机关根据行政相对人的申请对行政行为进行审查，以防止和纠正违法的或者不当的具体行政行为，保护公民、法人和其他组织的合法权益。行政复议具有监督和救济的双重效能，属于行政机关内部一般行政监督的范畴。

（3）行政执法监督。行政机关内部针对行政执法活动开展的监督，主要包括：审查行政执法主体的合法性，监督行政机关依法履行法定职责；审查抽象行政行为的合法性和适当性，监督具体行政行为的合法性和适当性；组织实施行政执法责任制、行政执法评议考核制、行政执法过错责任追究制等行政执法监督制度等。为了遏制随意执法、以权谋私等诸多执法乱象，最大限度地保护行政执法相对人的合法权益，中共中央《关于全面推进依法治国若干重大问题的决定》和《法治政府建设实施纲要（2015—2020 年）》提出推行行政执法公示制度、执法全过程记录制度和重大执法决定法制审核制度，对不断健全执法制度、完善执法程序、创新执法方式、加强执法监督起到关键作用。2019 年 1 月 3 日，国务院办公厅印发《关于全面推行行政执法公示制度执法全过程记录制度重大执法决定法制审核制度的指导意见》（国办发〔2018〕118 号）（以下简称《指导意见》），为行政执法三项制度建设提出明确具体兼有规范性和操作性的要求。行政执法公示制度通过事前公开、事中公示和事后公开的三种机制设计，将行政执法的全过程置于公众的监督之下；行政执法全过程记录制度重在规范执法程序，通过文字、音像等记录形式，对行政执法各个环节进行记录，全面系统归档保存，做到执法全过程留痕和可回溯管理；重大执法决定法制审核制度重在保证合法行政，要求行政执法机关作出重大执法决定前，要严格进行法制审核，未经法制审核或者审核未通过的，不得作出决定。《指导意见》所确立的行政执法三项制度提高了对行政活动的程序要求，规范了行政执法权的运作，保障了行政执法的公信力。目前一些地方政府也出台了有关行政执法监督的规范性文件，将行政执法三项制度的落实情况作为行政执法监督的重要内容。如《上海市行政执法监督办法》第 11 条规定："对行政执法重要制度落实情况的监督主要包括下列内容：（一）行政执法公示制度、行政执法全过程记录制度和重大行政执法决定法制审核制度的执行情况……"；《江苏省行政执法监督办法》第 3 条规定："行政执法监督的内容主要包括下列事项：……（四）行政执法公示、全过程记录、重大执法决定法制审核等制度落实情况……"

（4）督查。政府督查是指县级以上人民政府在法定职权范围内根据工作需要对本级人民政府所属部门、下级人民政府及其所属部门、法律法规及规章授权的组织与行政委托组织开展的监督检查。《政府督查工作条例》第 4 条规定："政府督查内容包括党中央、国务院重大决策部署落实情况；上级和本级人民政府重要工作部署落实情况；督查对象法定职责履行情况；本级人民政府所属部门和下级人民政府的行政效能。"

2. 一般行政监督的主体

在规范性文件备案审查、行政复议、行政执法监督等一般行政监督中，各级人民政府及其职能部门拥有主体地位和相关权限。作为一般监督主体的各级人民政府，负责监督其所属部门和下级人民政府。政府所属职能部门负责监督其所属机构和下级政府相应职能部门。在行政复议领域，行政复议机关是指拥有行政复议权的各级人民政府及其职能部门。在行政执法监督领域，根据目前有关行政执法监督地方性法规的规定，行政执法监督机关是指拥有行政执法监督权的各级政府及其职能部门。如《广东省行政执法监督条例》第 4 条第一款规定："县级以上人民政府对其所属行政执法部门、法律法规授权的组织以及下级人民政府，上级行政执法部门对下级行政执法部门的行政执法实施监督。"

3. 一般行政监督的实施机构

一般行政监督的具体工作主要由行政机关设立的政府法制工作机构负责实施。县级以上人民政府及其职能部门设有政府或部门法制工作机构，负责立法或规范性文件的制定、起草、备案审查、行政复议应诉和执法监督等工作，其中通过备案审查、行政监督检查、行政复议等方式监督行政是其主要工作。规范性文件备案审查、行政复议、行政执法监督等监督行政的具体工作由政府或部门法制工作机构负责。在行政复议中，行政复议机关负责法制工作的机构具体办理行政复议事项，履行受理行政复议申请、调查取证和查阅文件资料、审查具体行政行为是否合法与适当、拟订行政复议决定、办理行政诉讼应诉事项等职责。如《广东省行政执法监督条例》第 5 条第 2 款规定："县级以上人民政府法制机构在本级人民政府的领导下，承担本级人民政府行政执法监督的具体工作。"

（二）国家行政机关的专门监督

专门行政监督主要是指国家审计机关的监督。审计监督是指行政机关的审计部门为了维护国家财政经济秩序，提高财政资金使用效益，促进廉政建设，依法对有关行政机关、国家财政金融机构、企事业单位的财政财务收支活动、经济效益和财政法纪的遵守情况进行的监督活动。审计监督的主体是拥有审计权的行政审计部门，审计对象包括行政机关、国家财政金融机构、企事业单位以及有关机关、组织主要负责人等，审计的内容涉及财政财务活动、财政资金使用效益、财政法纪、财政经济责任等。审计监督是行政机关的专门监督之一。

《审计法》自 1995 年 1 月 1 日起施行，于 2006 年 2 月 28 日由十届全国人大常委会二十次会议第一次修正。2021 年 10 月 23 日，十三届全国人大常委会三十一次会议通过《关于修改〈中华人民共和国审计法〉的决定》第二次修正，自 2022 年 1 月 1 日起施行。《审计法》是中国特色社会主义法治体系中的一部重要法律，是审计领域的基本法律制度。对于审计机关依法独立履行审计监督职责，进一步加强审计监督，促进权力规范运行，促进反腐倡廉，推进国家治理体系和治理能力现代化；对于审计机关进一步规范审计行为，强化审计质量控制，提高审计质量，推动新时代审计工作高质量发展，都具有十分重要的意义。

1. 审计监督的原则

（1）依法审计原则。依法全面履行审计监督职责，始终做到法定职责必须为、法无授权不可为。依照法定职责、权限和程序行使审计监督权。审计机关依据有关财政收支、财务收支的法律、法规和国家其他有关规定进行审计评价，在法定职权范围内客观公正地作出审计决定^①。

(2) 审计报告原则。国务院和县级以上地方人民政府应当每年向本级人民代表大会常务委员会提出审计工作报告。审计工作报告应当报告审计机关对预算执行、决算草案以及其他财政收支的审计情况,重点报告对预算执行及其绩效的审计情况,按照有关法律、行政法规的规定报告对国有资源、国有资产的审计情况。必要时,人民代表大会常务委员会可以对审计工作报告作出决议。[2]

(3) 审计独立原则。审计机关依照法律规定独立行使审计监督权,不受其他行政机关、社会团体和个人的干涉。[3]

(4) 客观公正原则。审计机关和审计人员办理审计事项,应当客观公正,实事求是,廉洁奉公,保守秘密。[4]

2. 审计监督的内容[5]

(1) 本级各部门(含直属单位)和下级政府预算的执行情况和决算以及其他财政收支情况。

(2) 本级预算执行情况、决算草案以及其他财政收支情况。

(3) 国家的事业组织和使用财政资金的其他事业组织的财务收支情况。

(4) 国有企业、国有金融机构和国有资本占控股地位或者主导地位的企业、金融机构的资产、负债、损益以及其他财务收支情况。

(5) 政府投资和以政府投资为主的建设项目的预算执行情况和决算。

(6) 国有资源、国有资产。

(7) 政府部门管理的和其他单位受政府委托管理的社会保险基金、全国社会保障基金、社会捐赠资金以及其他公共资金的财务收支情况。

(8) 国际组织和外国政府援助、贷款项目的财务收支情况。

(9) 国家行政机关或法律法规及规章授权组织、行政委托组织的主要负责人在任职期间对本地区、本部门或者本单位的财政收支、财务收支以及有关经济活动应负经济责任的履行情况。

3. 审计机关的权限[6]

(1) 调查权、检查权、查询权。审计机关有权就审计事项的有关问题向有关单位和个人进行调查,并取得有关证明材料;有权检查被审计单位的会计凭证、会计账簿、财务会计报告,运用电子计算机管理财政收支、财务收支电子数据的系统,以及其他与财政收支、财务收支有关的资料和资产;经县级以上人民政府审计机关负责人批准,有权查询被审计单位在金融机构的账户;经县级以上人民政府审计机关主要负责人批准,有权查询有证据证被审计单位违反国家规定转入金融机构的存款等。

---

① 参见《审计法》第5条。
② 参见《审计法》第4条。
③ 参见《审计法》第5条。
④ 参见《审计法》第6条。
⑤ 参见《审计法》第18、19、21—25条。
⑥ 参见《审计法》第34—41条。

(2) 措施权。必要时经县级以上人民政府审计机关负责人批准,审计机关有权封存有关资料和违反国家规定取得的资产。审计机关对被审计单位正在进行的违反国家规定的财政收支、财务收支行为,有权予以制止;制止无效的,经县级以上人民政府审计机关负责人批准,通知财政部门和有关主管机关、单位暂停拨付与违反国家规定的财政收支、财务收支行为直接有关的款项,已经拨付的,暂停使用。

(3) 处理权。审计机关认为被审计单位所执行的上级主管机关、单位有关财政收支、财务收支的规定与法律、行政法规相抵触的,应当建议有关主管机关、单位纠正;有关主管机关、单位不予纠正的,审计机关应当提请有权处理的机关、单位依法处理。

(4) 公布权。审计机关可以向政府有关部门通报或者向社会公布审计结果。

(5) 请求协助权。审计机关履行审计监督职责,可以提请公安、财政、自然资源、生态环境、海关、税务、市场监督管理等机关予以协助。有关机关应当依法予以配合。

4. 审计监督的程序[①]

(1) 准备阶段。审计机关根据经批准的审计项目计划确定的审计事项组成审计组,并应当在实施审计3日前,向被审计单位送达审计通知书;遇有特殊情况,经县级以上人民政府审计机关负责人批准,可以直接持审计通知书实施审计。

(2) 实施阶段。审计人员通过审查财务、会计资料,查阅与审计事项有关的文件、资料,检查现金、实物、有价证券和信息系统,向有关单位和个人调查等方式进行审计,并取得证明材料。向有关单位和个人进行调查时,审计人员应当不少于2人,并出示其工作证件和审计通知书副本。

(3) 处理阶段。审计组对审计事项实施审计后,应当向审计机关提出审计组的审计报告。审计组的审计报告报送审计机关前,应当征求被审计单位的意见。被审计单位应当自接到审计组的审计报告之日起10日内,将其书面意见送交审计组。审计组应当将被审计单位的书面意见一并报送审计机关。审计机关按照审计署规定的程序对审计组的审计报告进行审议,并对被审计单位对审计组的审计报告提出的意见一并研究后,出具审计机关的审计报告。对违反国家规定的财政收支、财务收支行为,依法应当给予处理、处罚的,审计机关在法定职权范围内作出审计决定;需要移送有关主管机关、单位处理、处罚的,审计机关应当依法移送。审计机关应当将审计机关的审计报告和审计决定送达被审计单位和有关主管机关、单位,并报上一级审计机关。审计决定自送达之日起生效。

五、国家机关系统外部的其他监督

广义上的行政法治监督类同于政治学意义上的对行政的监督,包括政治监督、国家监督和社会监督。国家机关系统外部的监督,是其他法治监督启动的动力,也是行政法治监督的基础。

(一) 政治监督

政治监督即政治组织基于民主原理和政治体制实施的行政监督,是政党组织、人民团

---

① 参见《审计法》第42—46条。

体、人民政协等政治组织对行政机关及其公务员的行政行为进行的监督。在我国,执政党的权力具有国家权力的属性,这是由中国共产党领导国家政权建设的实践逻辑和中国特色党政关系决定的,国家权力与执政党权力相互联系,执政党是我国政治权力体系的核心,其执政、参政地位决定了它们实施的监督不同于一般社会组织实施的监督。工会、共青团、妇联等人民团体也不同于一般社会组织,它们在国家政治生活中发挥着不可替代的作用,其中最主要的政治职能是政治参与和政治监督。由各政党、人民团体等组成的人民政协组织是人民民主的重要政治组织,也是各政党、人民团体等政治组织监督的主要组织形式,其对行政机关和公务员实施的民主监督属于政治监督的范畴。政治监督中突出的两种形式是政党监督与政协监督。

  1. 政党监督

  政党是主要的政治组织,政党对行政的监督包括执政党的监督和民主党派的监督。执政党基于政治领导地位、执政地位,民主党派基于政治职能、参政地位,实施对国家政权的监督。中国特色社会主义最本质的特征是中国共产党领导,社会主义制度的本质和执政党的地位决定执政党对国家事务实施领导,包括政治领导、组织领导、思想领导,其中对国家政权的政治领导就包含对国家政权的监督。各民主党派履行政治协商、参政议政、民主监督的政治职能。各民主党派对政府工作提出批评意见和建议等民主监督方式属于政治监督的范畴。执政党、民主党派对行政的监督主要表现为政治监督而非法律监督。

  2. 政协监督

  人民政协是以政党、人民团体等为主体的政治组织,在国家政治生活中具有举足轻重的地位和作用,是各政党、人民团体等履行监督职能的组织形式。人民政协民主监督是在坚持中国共产党的领导、坚持中国特色社会主义基础上,参加人民政协的各党派团体和各族各界人士在政协组织的各种活动中,依据政协章程,以提出意见、批评、建议的方式进行的协商式监督。《中国人民政治协商会议章程》第3条规定:"中国人民政治协商会议全国委员会和地方委员会的主要职能是政治协商、民主监督、参政议政。"根据该章程规定,人民政协实现监督的形式主要有:政协全体会议、常委会会议、主席会议向党委和政府提出建议案;各专门委员会提出建议或有关报告;委员视察、委员提案、委员举报、大会发言、反映社情民意或以其他形式提出批评和建议;参加党委和政府有关部门组织的调查和检查活动;政协委员应邀担任司法机关和政府部门特约监督人员等。发挥好人民政协监督的独特优势和重要作用,对于推进政府科学决策、民主决策、依法决策,推动党和国家大政方针、重大改革举措和重要决策部署贯彻落实,促进国家行政机关及其工作人员转变作风、改进工作、反腐倡廉,推动人民群众关心的重点难点问题的解决,加快建设法治政府都具有重要意义。

  (二)社会监督

  除政治组织监督外,其他组织或个人对行政的监督可以归于社会监督范畴。社会监督包括公民监督、公众监督、社会团体监督、群众自治组织监督、企事业单位监督等。公民、社会组织和社会公众等拥有知情权、参与权、表达权、监督权,这是社会主义民主政治的基本条件,是公民、社会组织和社会公众等监督国家公权的基本需要。公民和社会公众的上述权利受到宪法和法律的保护。如我国《宪法》第41条规定了公民享有对于任何国家机关和国家工作人员提出批评和建议的权利,享有对于任何国家机关和国家工作人员的违法失职行为提出申诉、控告或者检举的权利。

当然,个人、组织作为行政法治监督主体,不能直接对监督对象采取有法律效力的监督措施或监督行为,个人、组织的监督是通过向有权国家机关提出批评、建议、申诉、控告、检举、起诉或通过报刊、电台、网络、电视等舆论工具对违法行政行为予以揭露、曝光,为有权国家机关的监督提供信息、线索,使之采取有法律效力的监督措施、监督行为,实现行政法治监督的目的。我国不断强化社会监督对于行政的参与,如在行政执法领域探索建立了行政执法社会监督员制度;健全信访监督、舆论监督等机制,以强有力的社会监督推动法治政府建设。

1. 行政执法社会监督员制度

为建立行政执法公众监督机制,保障公众对行政执法工作的知情权、参与权与监督权,强化对行政执法工作的社会监督,全国各地探索建立了行政执法社会监督员机制。行政执法社会监督员是指行政机关根据工作需要,按相关程序聘任,对行政执法主体及其行政执法人员的行政执法活动进行监督的人员。行政执法社会监督员制度是一种行之有效的社会监督制度,社会监督员主要发挥强化对行政执法工作的社会监督,促进行政机关严格规范公正文明执法的作用。目前,一些地方政府已出台规范性文件,对社会监督员的职责与权利加以系统规定。如《深圳市特邀行政执法监督员管理办法》第13条规定:"特邀行政执法监督员在市司法行政部门统一组织下,对本市各行政执法单位及其行政执法人员实施的行政执法活动依法进行监督,其职责包括:(1)参加行政执法现场观摩、行政执法监督检查、行政执法案卷评查、行政执法争议协调以及行政执法监督调研等活动;(2)受市司法行政部门委托就行政执法中的有关问题进行专题调研;(3)反映群众对行政执法工作的意见建议,针对关系群众切身利益的重点行政执法领域向市司法行政部门提出监督动议;(4)参加行政执法监督理论和业务知识培训;(5)承担市司法行政部门委托的其他行政执法监督任务。"第14条规定:"特邀行政执法监督员在履行职责过程中享有以下权利:(1)就加强和改进行政执法工作向市司法行政部门提出意见建议;(2)对本市各级行政执法单位及其行政执法人员进行询问,查阅有关文件和资料;(3)法律、法规、规章规定的其他监督权利。"

2. 信访监督

信访监督是社会监督的一种特殊形态。信访是指公民、法人或者其他组织采用信息网络、书信、传真、电话、走访等形式,向各级人民政府、县级以上人民政府工作部门反映情况,提出建议、意见或者投诉请求,由有关行政机关作出处理。信访具有监督功能,其在监督行政机关及其公务员方面发挥着重要作用。《信访工作条例》第6条规定:"各级机关、单位应当畅通信访渠道,做好信访工作,认真处理信访事项,倾听人民群众建议、意见和要求,接受人民群众监督,为人民群众服务。"

3. 舆论监督

舆论监督是社会监督的重要形式。舆论监督是指新闻媒体、公众采用新闻调查、披露事实、发表批评意见和建议等方式对行政机关及其工作人员进行监督。随着新兴媒体形态的出现,舆论监督的主要载体从大众传媒转向了互联网,以互联网为代表的新媒体因其信息传播的快速性、广泛性、匿名性,为公众直接参与舆论监督进程提供公平、公开、透明的渠道。舆论监督使得新闻媒体、公众可以更真实、充分地表达,对于曝光和揭露行政机关及其工作人员不作为、滥作为现象,促进行政机关工作人员遵纪守法、廉洁高效等具有重要作用。舆论监督应当保持一定独立性和真实性,既要防止对新闻媒体、公众监督活动的不当干预,又要避免新闻媒体、公众滥用监督权利,保证舆论监督的有效性、客观性、公正性。

第十五章 行政复议

行政复议是行政法基本制度,是行政机关运用行政权自我纠错的重要机制,是化解行政争议的主渠道,也是公民、法人或者其他组织获得权利救济的重要渠道。2023年9月1日,第十四届全国人民代表大会常务委员会第五次会议通过相关法案对《行政复议法》进行了全面的修订,标志着我国行政复议制度的发展进入了一个新阶段。未来,社会各界将会越来越重视行政复议在化解行政纠纷方面的作用,行政复议制度在化解行政纠纷中的作用会越来越突出。

第一节 行政复议概述

一、行政复议的概念

所谓行政复议,是指公民、法人或者其他组织认为行政主体的行政行为侵犯其合法权益,依法向行政复议机关提出行政复议申请,行政复议机关依法进行审理并作出决定的法律制度。

理解行政复议的概念,应该把握以下几个原理:

第一,行政复议的首要目的是监督行政权的行使。《行政复议法》第1条规定:"为了防止和纠正违法的或者不当的行政行为……根据宪法,制定本法",将制约行政权放在首位,这是理解行政复议制度的价值基础。

第二,行政复议是基于行政权的行政机关自我纠错机制,是上级行政机关对下级行政机关行政监督。正是因为行政复议属于行政机关的自我纠错机制,行政复议应当更迅速、更灵活、更果断、更主动。理解行政复议作为行政机关自我纠错机制的性质,是理解行政复议制度的关键。

第三,行政复议是化解行政争议的主渠道,也是公民、法人或者其他组织获得行政机关权利救济的重要渠道。公民、法人或者其他组织提出复议申请,恰恰表明其对行政机关依法行政的信任。因此,行政复议能否真正成为化解行政争议纠纷的主渠道,某种程度上体现了行政机关推进依法行政和法治政府建设的水平。

二、行政复议的特征

行政复议作为一项行政法律制度,除了具有行政性、法定性等行政法律制度均有的特征外,相较于行政诉讼等其他行政争议解决方式,还有以下四个特征:

第一,高效性。因为行政复议是行政机关上级对下级的自我纠错机制,因此更要贯彻"有错必纠""有错快纠"原则,更要强调纠错的效率。比如,适用普通程序审理的行政复议期限一般为六十天,而适用普通程序审理的行政诉讼一审的期限一般为六个月,这些制度设计凸显了行政复议对效率的追求。

第二，非终局性。除了法律规定的行政复议决定为最终决定外，大部分行政复议决定都不是终局性的。公民、法人或者其他组织对行政复议机关复议决定不服，有权提起行政诉讼，推翻行政复议决定。行政复议的非终局性是现代法治国家司法审查终局性决定的。在现代法治社会，司法是社会公正的最后一道防线。因此，行政复议机关的活动本身也要经受司法审查。

第三，自愿性。除了法律规定的复议前置情形外，公民、法人或者其他组织认为行政主体的行政行为侵犯其合法权益时，有权选择先提起行政复议，或者直接向人民法院提起行政诉讼，全凭自愿。因此，行政复议也是行政机关主动提供的便民服务。行政机关应当不断提升行政复议的公信力和便民性，努力争取越来越多的行政相对人将行政复议作为权利救济和纠纷解决的主渠道。

第四，准司法性。虽然行政复议是行政机关的自我纠错程序，行政复议制度不是司法制度，但是由于行政复议也是纠纷解决机制，因此要不断提高公信力。而在当前各类纠纷解决机制中，司法审判制度相对比较科学、规范、透明、公正。因此，行政复议制度也在不断吸收司法审判制度的长处，也在努力向司法审判制度学习，呈现出明显的准司法性。

第二节 行政复议的范围和管辖

行政复议的范围是指什么事项能够提起行政复议，行政复议的管辖是指向哪个机关提起行政复议，这两个问题都是行政复议制度的基本内容。

一、行政复议的范围

行政复议的范围是指什么事项能够提起行政复议。理解行政复议的范围，应当从以下四方面入手：

（一）行政复议的肯定范围

行政复议的肯定范围是指法律法规明确属于行政复议范围的情形。《行政复议法》第11条列举了以下十四项作为行政复议的范围：(1) 对行政机关作出的行政处罚决定不服；(2) 对行政机关作出的行政强制措施、行政强制执行决定不服；(3) 申请行政许可，行政机关拒绝或者在法定期限内不予答复，或者对行政机关作出的有关行政许可的其他决定不服；(4) 对行政机关作出的确认自然资源的所有权或者使用权的决定不服；(5) 对行政机关作出的征收征用决定及其补偿决定不服；(6) 对行政机关作出的赔偿决定或者不予赔偿决定不服；(7) 对行政机关作出的不予受理工伤认定申请的决定或者工伤认定结论不服；(8) 认为行政机关侵犯其经营自主权或者农村土地承包经营权、农村土地经营权；(9) 认为行政机关滥用行政权力排除或者限制竞争；(10) 认为行政机关违法集资、摊派费用或者违法要求履行其他义务；(11) 申请行政机关履行保护人身权利、财产权利、受教育权利等合法权益的法定职责，行政机关拒绝履行、未依法履行或者不予答复；(12) 申请行政机关依法给付抚恤金、社会保险待遇或者最低生活保障等社会保障，行政机关没有依法给付；(13) 认为行政机关不依法订立、不依法履行、未按照约定履行或者违法变更、解除政府特许经营协议、土地房屋征收补偿协议等行政协议;(14)认为行政机关在政府信息公开工作中侵犯其合法权益;(15)认为行政机关的其他行政行为侵犯其合法权益。这十四项内容,都是明确属于行政复议范围的,是行政复议的肯定范围。

(二)行政复议的排除范围

行政复议的排除范围,是指法律明确规定不属于行政复议范围的事项。《行政复议法》第12条规定以下四类事项不属于行政复议的范围:(1)国防、外交等国家行为,具体是指国务院、中央军事委员会、国防部、外交部等根据宪法和法律的授权,以国家的名义实施的有关国防和外交事务的行为,以及经宪法和法律授权的国家机关宣布紧急状态等行为。(2)行政法规、规章或者行政机关制定、发布的具有普遍约束力的决定、命令等规范性文件,其中"具有普遍约束力的决定、命令",是指行政机关针对不特定对象发布的能反复适用的规范性文件。(3)行政机关对行政机关工作人员的奖惩、任免等决定,具体是指行政机关作出的涉及行政机关工作人员公务员权利义务的决定。(4)行政机关对民事纠纷作出的调解,一般认为调解之后形成的调解协议是相关各方在行政机关主持下自愿达成的协议,不是行政机关行的行政行为,因此不属于行政复议范围。

(三)行政复议的附带范围

行政复议的附带范围是指附带提起行政复议的范围。《行政复议法》第13条规定,公民、法人或者其他组织认为行政机关的行政行为所依据的国务院部门的规范性文件、县级以上地方各级人民政府及其工作部门的规范性文件、乡和镇人民政府的规范性文件以及法律、法规、规章授权的组织的规范性文件不合法,在对行政行为申请行政复议时,可以一并向行政复议机关提出对该规范性文件的附带审查申请。可见,公民、法人或者其他组织在针对行政行为提起行政复议时,也能附带性地将行政行为所依据的规范性文件提起行政复议。因此,规范性文件也属于行政复议范围,只不过不属于直接提起行政复议的范围,而是附带性提起行政复议的范围。值得注意的是,这里的规范性文件是指法律、法规、规章以下的其他规范性文件,不包括法律、法规和规章。

(四)行政复议的兜底范围

面对鲜活复杂的社会生活,总有一些事项难以进行肯定性列举,也无法做否定性排除。如果一些事项既不属于行政复议的肯定范围,也不属于行政复议的否定范围,该如何处理?这就需要一条兜底条款。《行政复议法》第11条第15项规定:"认为行政机关的其他行政行为侵犯其合法权益的"也可以申请行政复议,这是行政复议范围的兜底条款。从这一兜底条款看,只要是被认为侵犯公民、法人或其他组织合法权益的行政行为,都可以行政复议。这一兜底条款坚持了"有错必纠""开门复议"的原则,有利于尽可能地扩大行政复议的受案范围,有利于尽可能地减少公民、法人或者其他组织"复议无门"的困境。

二、行政复议的管辖

行政复议的管辖是指向哪个机关提起行政复议。由于行政复议是行政机关上级对下级机关的纠错,因此行政复议机关一般为涉案行政主体(被申请人)的上级机关。根据2023年最新修订的《行政复议法》,行政复议机关以县级以上地方各级人民政府为主。具体来说,根据涉案行政主体(被申请人)情况的不同,根据如下规则确定行政复议机关:

第一，对县级以上地方各级人民政府工作部门的行政行为不服的，向同级人民政府申请行政复议。如对北京市海淀区教育委员会的行政行为不服的，可以向海淀区人民政府申请行政复议。

第二，对海关、金融、外汇管理等实行垂直领导的行政机关、税务和国家安全机关的行政行为不服的，向上一级主管部门申请行政复议。如对厦门海关等实行垂直领导的行政机关行政行为不服的，要向厦门海关的垂直领导机关海关总署申请复议。

第三，对地方各级人民政府的行政行为不服的，向上一级地方人民政府申请行政复议。如对浙江省杭州市人民政府行政行为不服的，向浙江省人民政府申请行政复议。

第四，对省、自治区人民政府依法设立的派出机关所属的县级地方人民政府的行政行为不服的，向该派出机关申请行政复议。这种情形主要是因为我国还存在一些省级人民政府依法设立的派出机关，如新疆维吾尔自治区人民政府依法设立的喀什地区行政公署。喀什地区行政公署下设有叶城县人民政府，对叶城县人民政府行政行为不服的，向喀什地区行政公署提起行政复议。

第五，被申请人是省级人民政府的，向作出该行政行为的省、自治区、直辖市人民政府申请行政复议。对行政复议决定不服的，可以向人民法院提起行政诉讼；也可以向国务院申请裁决，国务院的裁决是最终裁决。

第六，对县级以上地方人民政府依法设立的派出机关的行政行为不服的，向设立该派出机关的人民政府申请行政复议。如对新疆维吾尔自治区人民政府设立的喀什地区行政公署的行政行为不服的，向新疆维吾尔自治区人民政府申请行政复议。

第七，对县级以上地方各级人民政府工作部门依法设立的派出机构依照法律、法规、规章规定，以派出机构的名义作出的行政行为不服的行政复议案件，由本级人民政府管辖；其中，对直辖市、设区的市人民政府工作部门按照行政区划设立的派出机构作出的行政行为不服的，也可以由其所在地的人民政府管辖。如对北京市公安局海淀分局万寿寺派出所相关行政行为不服的，可以向北京市海淀区人民政府申请复议。

第八，对县级以上人民政府或者其工作部门管理的法律、法规、规章授权的组织作出的行政行为不服的，向同级人民政府申请行政复议。

第九，对履行行政复议机构职责的地方人民政府司法行政部门的行政行为不服的，可以向本级人民政府申请行政复议，也可以向上一级司法行政部门申请行政复议。如对上海市浦东新区司法局的行政行为不服的，可以向上海市司法局申请行政复议，也可以向上海市浦东新区人民政府申请行政复议。这一规则属于针对司法行政部门的例外规则。

特别需要注意的是，以下案件由国务院部门直接管辖：(1) 对本部门作出的行政行为不服的；(2) 对本部门依法设立的派出机构依照法律、行政法规、部门规章规定，以派出机构的名义作出的行政行为不服的；(3) 对本部门管理的法律、行政法规、部门规章授权的组织作出的行政行为不服的。对国务院部门的行政复议决定不服的，可以向人民法院提起行政诉讼；也可以向国务院申请裁决，国务院依照本法的规定作出最终裁决。

第三节 行政复议参加人

行政复议的参加人是指行政复议当事人以及依法视为行政复议当事人的各类主体。一般被认定为行政复议参加人，就享有相关权利、要履行法定义务，因此如何正确确定行政复议参加人非常重要。

一、行政复议的申请人

行政复议的申请人是指认为行政行为侵犯其合法权益，依法提起行政复议的公民、法人或者其他组织。《行政复议法》第20条规定，公民、法人或者其他组织认为行政行为侵犯其合法权益的，一般可以自知道或者应当知道该行政行为之日起60日内提出行政复议申请。可见，认为行政行为侵犯其合法权益的公民、法人或者其他组织均可以成为行政复议申请人。值得注意的是，只要主观上认为行政行为侵犯其合法权益就有权提出申请，客观上具体行政行为是否真的侵犯其合法权益，这是行政复议审理后才能确定的，不影响申请人资格的认定。

有权申请行政复议的公民死亡的，其近亲属可以申请行政复议。有权申请行政复议的公民为无民事行为能力人或者限制民事行为能力人的，其法定代理人可以代为申请行政复议。有权申请行政复议的法人或者其他组织终止的，承受其权利的法人或者其他组织可以申请行政复议。

二、行政复议的被申请人

行政复议的被申请人就是作出行政行为的行政主体。确定行政复议被申请人的方法，就是确定行政行为的行政主体的方法。一般来说，遵循以下规则：

第一，针对县级以上人民政府及其工作部门作出行政行为提起行政复议的，被申请人就是县级以上人民政府及其工作部门。

第二，对两个以上行政机关以共同名义作出同一行政行为提起行政复议的，联合做出行政行为的行政机关是共同被申请人。如某市市场监管局和教育局共同作出对某课外培训机构的行政处罚决定，对这个决定申请行政复议的，市场监管局和教育局是共同被申请人。

第三，对被委托作出的行政行为提起行政复议的，被申请人不是接受委托的组织，而是委托其作出行政行为的行政主体。如市城管局委托停车管理公司对路边停车收费，对收费行为提起行政复议，被申请人是市城管局，不是停车管理公司。

第四，对被撤销机关作出行政行为提起行政复议的，承接被撤销机关职责的行政主体是被申请人。

第五，对依据法律、法规、规章授权作出行政行为提起行政复议的，作出该行为的被授权组织是被申请人。

三、行政复议的第三人

所谓行政复议的第三人，是指不是行政复议的申请人和被申请人，但同申请行政复议的行政行为有利害关系的其他公民、法人或者其他组织。因为第三人和被复议的具体行政行为有利害关系,所以在行政复议中也要考虑其利益、保障其合法权益。因此,在行政复议的过程中,申请人以外的与被申请行政复议的行政行为或者行政复议案件处理结果有利害关系的公民、法人或者其他组织,可以作为第三人申请参加行政复议,或者由行政复议机构通知其作为第三人参加行政复议。第三人不参加行政复议,不影响行政复议案件的审理。值得注意的是,第三人在行政复议中的地位是独立的,既不是共同申请人,也不是共同被申请人。

第四节 行政复议的申请与受理

行政复议程序的启动需要公民、法人或者其他组织申请,否则"无申请则无复议"。对于行政复议申请,行政复议机关应当依法审查,符合条件的依法受理,做到"应受理,尽受理",切实保障公民、法人或者其他组织获得行政复议救济的权利。

一、行政复议的申请

申请人申请行政复议,可以书面申请;书面申请有困难的,也可以口头申请。书面申请的,可以通过邮寄或者行政复议机关指定的互联网渠道等方式提交行政复议申请书,也可以当面提交行政复议申请书。口头申请的,行政复议机关应当当场记录申请人的基本情况、行政复议请求、申请行政复议的主要事实、理由和时间。

行政机关通过互联网渠道送达行政行为决定书的,应当同时提供提交行政复议申请书的互联网渠道。对当场作出或者依据电子技术监控设备记录的违法事实作出的行政处罚决定不服申请行政复议的,可以通过作出行政处罚决定的行政机关提交行政复议申请。申请人对两个以上行政行为不服的,应当分别申请行政复议。

有下列情形之一的,申请人应当先向行政复议机关申请行政复议,对行政复议决定不服的,才可以依法向人民法院提起行政诉讼:(1) 对当场作出的行政处罚决定不服;(2) 对行政机关作出的侵犯其已经依法取得的自然资源的所有权或者使用权的决定不服;(3) 认为行政机关未履行法定职责情形;(4) 申请政府信息公开,行政机关不予公开;(5) 法律、行政法规规定应当先向行政复议机关申请行政复议的其他情形。对于复议前置的情形,行政机关在作出行政行为时应当明确告知。

二、行政复议的受理

行政复议是行政机关自我纠错机制,也是公民、法人或者其他组织重要维权机制。因此,行政复议机关对符合条件的行政复议申请,应当坚持"应受理,尽受理"原则,积极受理行政复议申请,不能以各种法律规定外的理由拒不受理复议申请,或者给申请复议附加其他条件。

行政复议机关收到行政复议申请后,应当在5日内进行审查,对符合下列规定的,行政复议机关应当予以受理:

第一,有明确的申请人和符合本法规定的被申请人。申请人必须是具有行为能力的公民,或者依法设立的法人或者其他组织。如果申请人是未成年人或者不具有行为能力的精神病人,则不能申请行政复议。申请人可以是法人或者其他组织,但也必须是依法设立的法人或者其他组织。以法人身份申请行政复议的,也应有相应的法人资格证书。值得注意的是,申请人主观上认为行政行为直接侵犯其合法权益即可,实际上行政行为是否侵犯其合法权益不影响申请人资格。

第二,申请人与被申请行政复议的行政行为有利害关系。申请人不能基于公心针对与自己没有利害关系的行政行为提出行政复议申请。比如张某不能看到邻居刘某交通违章被严厉处罚就基于"兄弟义气"针对该处罚申请行政复议。张某只能针对和自己有实际利害关系的行政行为提起行政复议。

第三,有具体的行政复议请求和理由。行政复议申请人在申请时,应当写明具体的复议请求和事实根据。比如要求撤销违法的行政行为。值得注意的是,行政复议申请人只要写明自己认为正确的复议请求和事实根据即可,至于这些请求是否合法、这些事实依据是否符合事实,在所不论。

第四,在法定申请期限内提出。"法律不保护躺在权利上睡觉的人"。公民、法人或者其他组织认为行政行为侵犯其合法权益的,应当及时提出复议申请。《行政复议法》第 20 条规定:"公民、法人或者其他组织认为行政行为侵犯其合法权益的,可以自知道或者应当知道该行政行为之日起六十日内提出行政复议申请;但是法律规定的申请期限超过六十日的除外"。可见,我国申请行政复议的期限时效一般为 60 日,从知道或应当知道涉案行政行为起算。对此有两个例外规则,一个是因不可抗力或者其他正当理由耽误法定申请期限的,申请期限自障碍消除之日起继续计算。比如由于疫情原因,申请人被防疫隔离,则复议时效自防疫隔离开始后中断计算,自防疫隔离结束申请人恢复人身自由重新计算。另一个是行政机关作出行政行为时,未告知公民、法人或者其他组织申请行政复议的权利、行政复议机关和申请期限的,申请期限自公民、法人或者其他组织知道或者应当知道申请行政复议的权利、行政复议机关和申请期限之日起计算,但是自知道或者应当知道行政行为内容之日起最长不得超过 1 年。

第五,属于《行政复议法》规定的行政复议范围,如果申请事项不属于行政复议范围,则不能提起行政复议。比如,认为某个地方性法规的规定不合法,不能申请行政复议。

第六,属于行政复议机关的管辖范围,不属于管辖范围的不能受理。

第七,行政复议机关未受理过该申请人就同一行政行为提出的行政复议申请,并且人民法院未受理过该申请人就同一行政行为提起的行政诉讼。

对不符合上述受理条件的行政复议申请,应当在审查期限内决定不予受理并说明理由;不属于本机关管辖的,还应当在不予受理决定中告知申请人有管辖权的行政复议机关。如果行政复议申请的审查期限届满,行政复议机关未作出不予受理决定的,审查期限届满之日起视为受理。行政复议申请材料不齐全或者表述不清楚,无法判断行政复议申请是否符合受理条件的,行政复议机关应当自收到申请之日起 5 日内书面通知申请人补正。补正通知应当一次性载明需要补正的事项。申请人应当自收到补正通知之日起 10 日内提交补正材料。有正当理由不能按期补正的,行政复议机关可以延长合理的补正期限。无正当理由逾期不补正的,视为申请人放弃行政复议申请,并记录在案。

法律、行政法规规定应当先向行政复议机关申请行政复议,对行政复议决定不服再向人民法院提起行政诉讼的,行政复议机关决定不予受理、驳回申请或者受理后超过行政复议期限不作答复的,公民、法人或者其他组织可以自收到决定书之日起或者行政复议期限届满之日起 15 日内,依法向人民法院提起行政诉讼。公民、法人或者其他组织依法提出行政复议申请,行政复议机关无正当理由不予受理、驳回申请或者受理后超过行政复议期限不作答复的,申请人有权向上级行政机关反映,上级行政机关应当责令其纠正;必要时,上级行政复议机关可以直接受理。

第五节 行政复议的审理与决定

行政复议的审理程序与决定种类和行政诉讼类似,相当于行政诉讼审理程序和判决种类的简化版。毕竟行政复议属于行政机关自我纠错机制,更讲求审理的效率。行政复议的审理程序与决定种类就是在提高公信力与维持自我纠错的高效率之间保持平衡,理解这一点是理解行政复议审理程序与决定种类的关键。

一、行政复议审理的原则

与行政诉讼程序相比,行政复议审理程序更强调解决问题的效率。因此,行政复议审理程序有以下几个原则:

(一)当面审理为主原则

所谓当面审理,是指通过面对面听取当事人意见作出决定的审理方式。与当面审理相对的是书面审理,是指通过审查书面材料作出决定的审理方式。传统上基于行政效率的考量,行政复议以书面审理为主。但为了提升行政复议的公正性,充分发挥行政复议在化解行政纠纷中的作用,2023 年《行政复议法》修订后,适用普通程序的行政复议从书面审理为主升级为当面审理为主。《行政复议法》第 49 条规定,适用普通程序审理的行政复议案件,行政复议机构应当当面或者通过互联网、电话等方式听取当事人的意见,并将听取的意见记录在案。因当事人原因不能听取意见的,可以书面审理。适用简易程序审理的行政复议案件,可以书面审理。总之,适用普通程序审理的行政复议,应当优先选择当面审理的方式。

(二)一次审理原则

所谓一次审理原则,是指行政复议只对被申请复议的行政行为进行一次复议审查。行政复议参加人对这次复议审查决定不服的,不得再次提起行政复议。除了法律规定复议为最终决定的外,行政复议参加人有权在行政复议之后继续通过行政诉讼方式维权。

(三)审理期间不中止行政行为执行原则

行政复议期间行政行为不停止执行;但是,有下列情形之一的,应当停止执行:(1)被申请人认为需要停止执行的;(2)行政复议机关认为需要停止执行的;(3)申请人、第三人申请停止执行,行政复议机关认为其要求合理,决定停止执行的;(4)法律、法规、规章规定停止执行的其他情形。值得注意的是,随着社会各界人权保障意识的增强,审理期间不中止行政行为执行原则也在发生变化。比如,公安机关对行政相对人作出行政拘留决定,此时行政相对人对行政拘留决定的合法性提出强烈质疑。如果该行政相对人没有现实社会危险性,应当在其提起行政复议时暂缓执行行政拘留。毕竟,如果行政拘留确属错误,给相对人带来的人身自由损害无法完全挽回。行政拘留实施机关完全可以在行政复议决定做出后,根据行政复议决定的结果实施行政拘留。

二、行政复议审理的普通程序

除了行政复议审理的原则外,行政复议审理普通程序还有以下具体规则:

(一)行政复议审理的送达程序

行政复议机构应当自行政复议申请受理之日起 7 日内,将行政复议申请书副本或者行政复议申请笔录复印件发送被申请人。被申请人应当自收到行政复议申请书副本或者行政复议申请笔录复印件之日起 10 日内,提出书面答复,并提交作出行政行为的证据、依据和其他有关材料。此外,行政复议期间,申请人、第三人及其委托代理人可以按照规定查阅、复制被申请人提出的书面答复、作出行政行为的证据、依据和其他有关材料,除涉及国家秘密、商业秘密、个人隐私或者可能危及国家安全、公共安全、社会稳定的情形外,行政复议机构应当同意。

(二)行政复议中的听证程序

审理重大、疑难、复杂的行政复议案件,行政复议机构应当组织听证。行政复议机构认为有必要听证,或者申请人请求听证的,行政复议机构可以组织听证。听证由一名行政复议人员任主持人,两名以上行政复议人员任听证员,一名记录员制作听证笔录。

行政复议机构组织听证的,应当于举行听证的五日前将听证的时间、地点和拟听证事项书面通知当事人。申请人无正当理由拒不参加听证的,视为放弃听证权利。被申请人的负责人应当参加听证。不能参加的,应当说明理由并委托相应的工作人员参加听证。

经过听证的行政复议案件,行政复议机关应当根据听证笔录、审查认定的事实和证据,依照本法作出行政复议决定。

(三)行政复议委员会咨询程序

县级以上各级人民政府应当建立相关政府部门、专家、学者等参与的行政复议委员会,为办理行政复议案件提供咨询意见,并就行政复议工作中的重大事项和共性问题研究提出意见。行政复议委员会的组成和开展工作的具体办法,由国务院行政复议机构制定。

审理行政复议案件涉及下列情形之一的,行政复议机构应当提请行政复议委员会提出咨询意见:(1)案情重大、疑难、复杂;(2)专业性、技术性较强;(3)省、自治区、直辖市人民政府管辖的对本机关作出的行政行为不服的行政复议案件;(4)行政复议机构认为有必要。行政复议机构应当记录行政复议委员会的咨询意见。

提请行政复议委员会提出咨询意见的行政复议案件,行政复议机关应当将咨询意见作为作出行政复议决定的重要参考依据。

(四)行政复议审理的证据规则

第一,被申请人不得自行取证规则。行政复议期间,被申请人不得自行向申请人和其他有关单位或者个人收集证据;自行收集的证据不作为认定行政行为合法性、适当性的依据。

第二,举证责任倒置规则。一般的举证规则是"谁主张,谁举证"。但在行政复议中,应当由被申请人证明自己作出的行政行为合法合理。如果被申请人不能提交当初作出行政行为的证据、依据和其他有关材料,视为该行政行为没有证据、依据。

第三,不得事后取证规则。被申请人在行政行为做出之后取得的证据不作为认定行政行为合法性、适当性的依据。但行政复议期间,申请人或者第三人提出被申请行政复议的行政行为作出时没有提出理由或者证据的,经行政复议机构同意,被申请人可以补充证据。

(五)行政复议审理的中止

行政复议审理的中止,意味着行政复议审理程序的暂停。行政复议审理中止后,相关中止事由消除后,行政复议审理程序还可以恢复。《行政复议法》规定的行政复议审理中止情形如下:(1)作为申请人的公民死亡,其近亲属尚未确定是否参加行政复议;(2)作为申请人的公民丧失参加行政复议的行为能力,尚未确定法定代理人参加行政复议;(3)作为申请人的公民下落不明;(4)作为申请人的法人或者其他组织终止,尚未确定权利义务承受人;(5)申请人、被申请人因不可抗力或者其他正当理由,不能参加行政复议;(6)依照本法规定进行调解、和解,申请人和被申请人同意中止;(7)行政复议案件涉及的法律适用问题需要有权机关作出解释或者确认;(8)行政复议案件审理需要以其他案件的审理结果为依据,而其他案件尚未审结;(9)有《行政复议法》第 56 条或者第 57 条规定的情形;(10)需要中止行政复议的其他情形。行政复议中止的原因消除后,应当及时恢复行政复议案件的审理。行政复议机关中止、恢复行政复议案件的审理,应当书面告知当事人。

(六)行政复议审理的终止

行政复议审理的终止,意味着行政复议审理程序的彻底结束,不能恢复。

行政复议期间有下列情形之一的,行政复议机关决定终止行政复议:(1)申请人撤回行政复议申请,行政复议机构准予撤回;(2)作为申请人的公民死亡,没有近亲属或者其近亲属放弃行政复议权利;(3)作为申请人的法人或者其他组织终止,没有权利义务承受人或者其权利义务承受人放弃行政复议权利;(4)申请人对行政拘留或者限制人身自由的行政强制措施不服申请行政复议后,因同一违法行为涉嫌犯罪,被采取刑事强制措施;(5)依照《行政复议法》规定中止行政复议满 60 日,行政复议中止的原因仍未消除。

(七)行政复议普通程序审理的期限

适用普通程序审理的行政复议案件,行政复议机关应当自受理行政复议申请之日起 60 日内作出行政复议决定;但是法律规定的行政复议期限少于 60 日的除外。情况复杂,不能在规定期限内作出行政复议决定的,经行政复议机构的负责人批准,可以适当延长,并书面告知当事人;但是延长期限最多不得超过 30 日。

三、行政复议审理的简易程序

(一)适用简易程序审理的条件

行政复议机关审理下列行政复议案件,认为事实清楚、权利义务关系明确、争议不大的,可以适用简易程序:(1)被申请行政复议的行政行为是当场作出;(2)被申请行政复议的行政行为是警告或者通报批评;(3)案件涉及款额 3000 元以下;(4)属于政府信息公开案件。

除上述四种情形以外的行政复议案件,当事人各方同意适用简易程序的,可以适用简易程序。

(二)简易程序审理的基本流程

适用简易程序审理的行政复议案件,行政复议机构应当自受理行政复议申请之日起 3 日内,将行政复议申请书副本或者行政复议申请笔录复印件发送被申请人。被申请人应当自收到行政复议申请书副本或者行政复议申请笔录复印件之日起五日内,提出书面答复,并提交作出行政行为的证据、依据和其他有关材料。

(三)简易程序与普通程序的转化

适用简易程序审理的行政复议案件,行政复议机构认为不宜适用简易程序的,经行政复议机构的负责人批准,可以转为普通程序审理。

(四)简易程序的期限

适用简易程序审理的行政复议案件,行政复议机关应当自受理行政复议申请之日起三十日内作出行政复议决定。

四、行政复议的决定

行政复议机关依照本法审理行政复议案件,由行政复议机构对行政行为进行审查,提出意见,经行政复议机关的负责人同意或者集体讨论通过后,可以以行政复议机关的名义作出如下行政复议决定:

(一)维持决定

行政行为认定事实清楚,证据确凿,适用依据正确,程序合法,内容适当的,行政复议机关应当作出维持该行政行为的决定。

(二)履行决定

行政复议申请人认为被申请人不履行或拖延履行法定职责的,提出行政复议申请要求被申请人履行法定职责。行政复议机关经审理认为被申请人不履行法定职责或拖延履行法定职责成立的,应当作出责令履行决定,决定其在一定期限内履行法定职责。

(三)撤销决定决定

被审查的行政行为有下列情形之一,行政复议机关可以作出撤销决定:(1)主要事实不清、证据不足;(2)违反法定程序;(3)适用的依据不合法;(4)超越职权或者滥用职权。

(四)重作决定

行政复议机关决定撤销或者部分撤销该行政行为,并可以责令被申请人在一定期限内重新作出行政行为。行政复议机关责令被申请人重新作出行政行为的,被申请人不得以同一事实和理由作出与被申请行政复议的行政行为相同或者基本相同的行政行为,但是行政复议机关以违反法定程序为由决定撤销或者部分撤销的除外。

(五)变更决定

行政行为有下列情形之一的,行政复议机关决定变更该行政行为:(1)事实清楚,证据确凿,适用依据正确,程序合法,但是内容不适当;(2)事实清楚,证据确凿,程序合法,但是未正确适用依据;(3)事实不清、证据不足,经行政复议机关查清事实和证据。行政复议机关不得作出对申请人更为不利的变更决定,但是第三人提出相反请求的除外。

(六)确认违法决定

如果被审查的行政行为依法应予撤销,但是撤销会给国家利益、社会公共利益造成重大损害,或者属于程序轻微违法,但是对申请人的权利不产生实际影响的,不宜作出撤销或变更决定的,行政复议机关可以做出确认违法决定。比如给房地产商发放的商品房建设许可证违法,但根据这份违法的建设许可证已经建成大量商品房,大量群众已经入住,在这种情况下撤销建设许可证,不利于入住群众后续相关权益的保护。在这种情形下,可以确认先前发放建设许可证的行政行为违法,要求行政机关采取补救措施,但不撤销建设许可证。

(七)确认无效决定

行政行为有实施主体不具有行政主体资格或者没有依据等重大且明显的违法情形,申请人申请确认行政行为无效的,行政复议机关确认该行政行为无效。

(八)驳回决定

行政复议机关受理申请人认为被申请人不履行法定职责的行政复议申请后,发现被申请人没有相应法定职责或者在受理前已经履行法定职责的,决定驳回申请人的行政复议请求。

申请人在申请行政复议时一并提出行政赔偿请求,行政复议机关对依照《中华人民共和国国家赔偿法》的有关规定应当不予赔偿的,在作出行政复议决定时,应当同时决定驳回行政赔偿请求的决定。

(九)赔偿决定

申请人在申请行政复议时一并提出行政赔偿请求,对符合《国家赔偿法》的有关规定应当给予赔偿的,行政复议机关在决定撤销或者部分撤销、变更行政行为或者确认行政行为违法、无效时,应当同时决定被申请人依法给予赔偿。

(十)补救补偿决定

行政复议的补救补偿决定主要适用于以下情形:

第一,行政复议机关决定确认行政行为违法的,可以同时责令被申请人采取补救措施。

第二,申请人在申请行政复议时没有提出行政赔偿请求的,行政复议机关在依法决定撤销或者部分撤销、变更罚款,撤销或者部分撤销违法集资、没收财物、征收征用、摊派费用以及对财产的查封、扣押、冻结等行政行为时,应当同时责令被申请人返还财产,解除对财产的查封、扣押、冻结措施,或者赔偿相应的价款。

第三,被申请人不依法订立、不依法履行、未按照约定履行或者违法变更、解除行政协议的,行政复议机关决定被申请人承担采取补救措施责任的决定。

第十六章 行政赔偿

有损害必有赔偿,国家赔偿制度在近现代国家中经历了一个从否定到肯定的过程,我国1989年的《行政诉讼法》确立了行政赔偿制度,1994年颁布了《国家赔偿法》,并经过2010年与2012年两次修正。理论上而言,国家赔偿包括立法赔偿、行政赔偿、司法赔偿(冤狱赔偿、检察赔偿、审判赔偿)、军事赔偿,目前我国的《国家赔偿法》规定的国家赔偿范围仅包括行政赔偿与司法赔偿。《国家赔偿法》《行政诉讼法》和最高人民法院《关于审理国家赔偿案件确定精神损害赔偿责任适用法律若干问题的解释》(法释〔2021〕3号)等对行政赔偿主体、范围、程序及赔偿标准与方式都作出了规定。

第一节 行政赔偿概述

一、行政赔偿的概念与特征

行政赔偿是指行政机关及其工作人员违法行使职权侵犯公民、法人或其他组织的合法权益并造成损害,法律规定由国家承担赔偿责任的制度。行政赔偿具有以下特征:

第一,行政赔偿的责任主体是国家。行政赔偿是因为行政机关及其工作人员违法行使职权侵犯了公民、法人和其他组织的合法权益所引起,但是赔偿责任的主体并非行政机关及其工作人员,国家是行政赔偿的责任主体,行政赔偿费用由国库承担,这是行政赔偿区别于民事赔偿的主要特征。

第二,行政赔偿的侵权主体是行政机关及其工作人员,是其在行政管理活动中侵犯了公民、法人和其他组织的合法权益引起的赔偿,这一点使行政赔偿区别于司法赔偿。这里需要注意的是,行政机关不仅指狭义上的国家行政机关,还包括法律、法规、规章授权的组织。

第三,行政赔偿是对行政机关及其工作人员违法行使职权造成的损害所给予的赔偿,这使行政赔偿区别于行政补偿。如果行政机关及其工作人员的合法行为造成的损害,由国家进行补偿。如果行政机关工作人员故意或重大过失致使公民、法人或其他组织的合法权益造成损害,国家承担赔偿责任后,责令有故意或者重大过失的工作人员承担部分或者全部赔偿费用。

二、行政赔偿的归责原则

行政赔偿的归责原则是指国家承担赔偿责任的依据和标准,即以何种标准判断国家应承担的赔偿责任。赔偿归责原则为从法律价值上判断国家应否承担侵权责任提供最为根本的标准和依据。因此,在国家赔偿理论上,归责原则有着举足轻重的地位,对确定国家赔偿责任的构成、范围和举证责任的承担有重大意义。

从其他国家来看,国家赔偿的归责原则主要有三种:第一,过错归责原则。近代国家赔偿理论从民事侵权责任理论演绎而来,而民事侵权责任的基本归责原则是过错原则,因此许多国家的国家赔偿制度采用了该项归责原则。第二,无过错归责原则。19世纪工业化进程的加快产生了无过错责任原则,政府权力的不断扩张使得公务活动造成的危险状态剧增。无过错责任原则也被称为危险理论,是指在法律有特别规定的情况下,以已经发生的损害结果为价值判断标准,由与该损害有因果关系的行为人,不问其有无过错都要承担侵权赔偿责任的归责原则。其思想理论基础为社会连带主义法学思想和公共负担平等说。第三,违法归责原则。包括奥地利、瑞士等国家的国家赔偿法则明确采取"违法"要件,立法中没有明确写入"过错"要件。违法归责原则是指以职务违法为归责的根本标准,而不论其有无过错。单纯地以职务违法行为作为归责标准,能够更加客观地认定国家赔偿责任,为当事人和法院带来便利。当然,各个国家的国家赔偿制度内容繁杂,很少采取单一的归责原则。

我国立法者制定《国家赔偿法》时,最初选择了违法归责原则,1994年《国家赔偿法》第2条规定:"国家机关和国家机关工作人员违法行使职权侵犯公民、法人和其他组织的合法权益造成损害的,受害人有依照本法取得国家赔偿的权利。"后在2010年《国家赔偿法》修正时,将第2条中的"违法"字眼删除,第2条成为:"国家机关和国家机关工作人员行使职权,有本法规定的侵犯公民、法人和其他组织合法权益的情形,造成损害的,受害人有依照本法取得国家赔偿的权利……因此,我国《国家赔偿法》确定的是违法归责和有条件的结果归责相结合的多元归责原则。

对于行政赔偿而言,从《国家赔偿法》第3条和第4条列举的九种情形上看,其中八种都明确使用了限定词"违法"或"非法",以"是否违法"认定赔偿责任。第3条第3项虽然没有使用限制词"违法",但"以殴打、虐待等行为或者唆使、放纵他人以殴打、虐待等行为造成公民身体伤害或者死亡的"情形本身就是法律所禁止的,因此不存在合法使用的问题。因此,行政赔偿以违法为归责原则,即行政机关及其工作人员在执行职务中,违反法律造成他人权益损害的,国家就要承担赔偿责任,即以行为违法为归责标准,而不论行为人有无过错,这也有利于受害人行使国家赔偿请求权,只要证明行政机关及其工作人员行使职权的行为违法以及合法权益遭受损害即可依法请求行政赔偿。

第二节 行政赔偿责任的构成要件

行政赔偿责任的构成要件是指国家承担赔偿责任所应具备的条件,是国家赔偿责任是否成立的具体判断标准,也是归责原则的具体体现。只有在符合一定条件的情况下,国家才承担赔偿责任。一般认为,我国行政赔偿的构成要件包括以下四项要件,这四项要件是相互联系的统一整体,缺一不可,只有四个要件同时具备,国家才承担赔偿责任。

一、侵权主体要件

行政赔偿责任构成要件与一般侵权责任构成要件的最大不同之处在于国家只对行使公权力主体的侵权行为承担赔偿责任。《国家赔偿法》总则部分第2条规定的侵权主体是"国家机关和国家机关工作人员",对于行政赔偿而言,《国家赔偿法》第7条规定了三类侵权主体。一是国家行政机关,包括中央行政机关和地方行政机关。二是被授权组织。《国家赔偿法》第 7 条第 3 款规定:"法律、法规授权的组织在行使授予的行政权力时侵犯公民、法人和其他组织的合法权益造成损害的,被授权的组织为赔偿义务机关"。如《中华人民共和国注册会计师法》所授权负责资格考试和注册的注册会计师协会;《中华人民共和国教育法》所授权的颁发毕业证或者学位证书的高等学校;《中华人民共和国村民委员会组织法》等授权管理农村土地的群众性自治组织等。《国家赔偿法》虽然采用的是"法律、法规授权的组织",但 2014 年《行政诉讼法》修正时已经将行政行为的作出主体扩展为"法律、法规、规章授权的组织",因此被授权组织也应包括规章授权的组织。三是受委托的组织或个人。《国家赔偿法》第 7 条第 4 款规定:"受行政机关委托的组织或者个人在行使受委托的行政权力时侵犯公民、法人和其他组织的合法权益造成损害的,委托的行政机关为赔偿义务机关。"

二、侵权行为要件

国家赔偿责任的侵权行为要件指的是国家侵权行为主体作出的哪些行为可以引起国家赔偿责任。这一构成要件包含两项内容:一是致害行为是执行职务的行为。由于国家机关工作人员"一身兼二任",同时具有自然人和公务人员的双重身份,导致其行为也具有双重性,即个人行为和职务行为,侵权行为必须是职务行为,才由国家承担赔偿责任,至于国家机关工作人员作出的个人行为所造成的损害,国家不承担赔偿责任,判断职务行为应当综合考虑目的、时间、地点、行为方式等其他要素。二是执行职务的行为是违法行为。这里的"法"有最狭义、狭义及广义的观点。最狭义说认为违法是违反法律条文,狭义说将其扩展到法律原则、判例等不成文法源,广义说则认为这里的"违'法'"是指没有履行合理注意义务。这里对违法作广义的理解。2018 年最高人民法院《关于适用〈中华人民共和国行政诉讼法〉的解释》(法释〔2018〕1 号)第 98 条规定:"因行政机关不履行、拖延履行法定职责,致使公民、法人或者其他组织的合法权益遭受损害的,人民法院应当判决行政机关承担行政赔偿责任。"行政机关不履行、拖延履行法定职责也是一种违法行为,造成的损害也需由国家承担赔偿责任。

三、损害结果要件

确定国家赔偿责任的目的在于对受害人进行赔偿,因此损害事实的发生是国家承担侵权赔偿责任的重要条件,有损害即有赔偿,没有损害即无赔偿。考虑到国家财政承受能力和国家活动范围的广泛性,并不是所有形态的损害都属于可以赔偿的范围,而仅仅是国家法律明确规定的损害才由国家承担赔偿责任。因此作为国家赔偿责任构成要件的"损害事实"实质上是"法定损害事实"。[①] 分为两个层次:首先,侵犯了法律规范特定保护的权益,只有公民、法人和其他组织的合法权益受到损害才引起赔偿,违法的利益不受法律保护,不引起国家赔偿责任。其次,损害必须具有现实性和确定性,也就是损害事实必须是已经发生的、确实存在的事实。我国《国家赔偿法》原则只赔偿所受损害,即现有利益的丧失,而仅在法律另有明确规定的情况下,才赔偿所失利益,即可以得到而没有得到的利益。

[①] 江必新、梁凤云、梁清:《国家赔偿法理论与实务》(上卷),中国社会科学出版社 2010 年版,第 367 页。

四、因果关系要件

行政赔偿责任的成立还要求国家侵权行为和损害事实的发生之间存在因果关系,即可引起行政赔偿的损害结果必须为侵权行为主体的违法执行职务行为所造成,因果关系的存在以及宽严程度直接影响受害人合法权益的救济程度,只有侵权行为和损害事实之间存在必然的、内在的、本质的联系,国家才对其承担赔偿责任。

第三节 行政赔偿请求人与行政赔偿主体

一、行政赔偿请求人

行政赔偿请求人是指因行政机关及其工作人员违法行使职权使其合法权益受到损害,依法请求国家予以赔偿的公民、法人或其他组织。根据我国《国家赔偿法》的规定,有权请求行政赔偿的人包括:

(1) 公民。公民是具有中华人民共和国国籍的自然人。受害的公民死亡,其继承人和其他有扶养关系的亲属有权要求行政赔偿。

(2) 法人。法人是具有民事权利能力和民事行为能力,依法独立享有民事权利和承担民事义务的组织。受害的法人终止的,其权利承受人有权要求行政赔偿,权利承受人可能是法人,也可能是其他组织或者个人。

(3) 其他组织。其他组织指合法成立但不具备法人条件、没有取得法人资格的社会组织。其他组织终止的,其权利承受人有权要求行政赔偿。

二、行政赔偿主体

行政赔偿主体包括行政赔偿的责任主体与行政赔偿义务机关。

(一) 行政赔偿的责任主体

行政赔偿责任主体是赔偿责任的最终归属者,即国家,国家机关及其工作人员是代表国家行使职权,因此,行使职权的最终后果都由国家来承担,所有的行政赔偿费用都由国库支出。中央财政负责国务院及其所属部门的赔偿费用;地方财政负责相应地方各级人民政府及其所属工作部门的赔偿费用。

(二) 行政赔偿义务机关

赔偿义务机关是指代替国家履行具体赔偿义务的行政机关或者法律、法规、规章授权的组织。在我国,赔偿义务机关是实施侵权行为的行政主体,也被称为行政赔偿义务人,由其具体履行赔偿义务,如解决行政赔偿争议、法庭应诉、向受害人支付赔偿金等。《国家赔偿法》对赔偿义务机关作出了明确规定,主要有以下情形:

(1) 实施侵权行为的机关为赔偿义务机关。《国家赔偿法》第7条第1款规定,行政机关及其工作人员行使行政职权侵犯公民、法人和其他组织的合法权益造成损害的,该行政机关为赔偿义务机关。

(2) 共同侵权机关为赔偿义务机关。《国家赔偿法》第7条第2款规定,两个以上行政机关共同行使行政职权时侵犯公民、法人和其他组织的合法权益造成损害的,共同行使行政职权的行政机关为共同赔偿义务机关。

（3）被授权的组织为赔偿义务机关。法律、法规授权的组织在行使授予的行政权力时侵犯公民、法人和其他组织的合法权益造成损害的,被授权的组织为赔偿义务机关。如前所述,鉴于2014年《行政诉讼法》修正时已经将行政行为的作出主体扩展为"法律、法规、规章授权的组织",被授权组织也应包括规章授权的组织。被授权的组织作为赔偿义务机关的前提是有法律、法规及规章的明确授权,否则只能视为委托。

（4）委托的组织为赔偿义务机关。行政委托是指行政机关将自己的行政职权委托其他组织或个人行使,受委托的组织以委托组织的名义行使职权,行使职权的所有法律后果由委托的组织来承担。因此,当受行政委托的组织或者个人在行使受委托的行政权力时侵犯了公民、法人和其他组织的合法权益,并造成损害,由作出委托的行政机关为赔偿义务机关。

（5）继续行使职权的行政机关为赔偿义务机关。由于实践中会发生行政机关撤销合并的情形,在行政机关被撤销的情况下,由继续行使其职权的行政机关为赔偿义务机关。但是如果没有继续行使其职权的行政机关,则由撤销该赔偿义务机关的行政机关为行政赔偿义务机关。

（6）复议机关为赔偿义务机关。在行政复议的情况下,复议机关通过对原行政机关行政行为的审查,作出维持、变更或撤销原行政行为的决定,经复议的案件,原行为机关与复议机关都有可能成为赔偿义务机关。根据《国家赔偿法》的规定,经过行政复议的赔偿义务机关有以下两种情况:第一,经过行政复议,复议机关减轻损害或者维持原状的,受害人请求赔偿,由最初作出侵权损害行为的行政机关为赔偿义务机关;第二,经过行政复议,复议机关的复议决定加重损害的,复议机关对加重部分履行赔偿义务。这里需要注意的是,此时实际上原行为机关与复议机关作为共同赔偿义务机关,复议机关只对加重的损害部分承担赔偿义务。

（三）行政追偿

行政追偿是指国家承担赔偿责任之后,要求有故意或重大过失的工作人员或受委托的组织或个人承担部分或全部赔偿费用。追偿权产生的基础是国家与其工作人员之间的职务委托关系,行政机关的工作人员执行职务行为的后果由国家承担责任,国家在承担完赔偿责任后,对于故意或有重大过失的工作人员,具有追偿的权利。

追偿权的行使需具备两个条件:第一,赔偿义务机关已经向赔偿请求人赔偿了损失。第二,行政机关的工作人员对加害行为有故意或重大过失。故意指的是致害人实施行为时,明知自己的行为违法并将造成公民、法人或者其他组织合法权益的损害,仍希望或放任这种损害结果的发生。重大过失指的是没有注意到其身份或职务上的特别要求,未能预见和避免普通公民均能预见或避免的事情,即未达到法律对一个公民的起码要求,就构成了重大过失。

第四节 行政赔偿程序

行政赔偿程序是赔偿请求人对行政侵权损害向有关国家行政机关请求赔偿,由有关国家机关解决行政赔偿纠纷的程序。《国家赔偿法》对行政赔偿规定了两种情形,一是行政程序,由赔偿义务机关对受害人就损害赔偿提出的请求先行处理;二是行政赔偿诉讼程序,即在行政赔偿请求人因行政赔偿义务机关逾期不予赔偿或赔偿请求人对赔偿数额有争议,提起行政诉讼时一并要求赔偿的情况下,由人民法院予以处理的程序。

一、先行处理程序

行政赔偿的先行处理程序是行政赔偿请求人申请行政赔偿时,先向有关的赔偿义务机关提出赔偿请求,双方就赔偿事项进行自愿协商或由赔偿义务机关决定,从而解决赔偿争议的程序。先行处理程序适用于单独提起赔偿请求时,是提起行政赔偿诉讼程序的前提与基础。先行处理程序一般经过申请、受理、决定三个阶段。

(一)申请

因行政机关及其工作人员违法行使职权行为而直接遭受损害的公民、法人和其他组织,应自其知道或者应当知道国家机关及其工作人员行使职权时的行为侵犯其人身权、财产权之日起两年内向赔偿义务机关提出赔偿请求,但被羁押等限制人身自由期间不计算在内。请求应向赔偿义务机关递交申请书,申请书应当载明下列事项:第一,受害人的姓名、性别、年龄、工作单位和住所,法人或者其他组织的名称、住所和法定代表人或者主要负责人的姓名、职务;第二,具体的要求、事实根据和理由;第三,申请的年、月、日。请求人书写申请书确有困难的,可以委托他人代书,也可以口头申请,由赔偿义务机关记入笔录。若赔偿请求人不是受害人本人的,应当说明与受害人的关系,并提供相应证明。

(二)受理

赔偿请求人当面递交申请书的,赔偿义务机关应当当场出具加盖本行政机关专用印章并注明收讫日期的书面凭证。申请材料不齐全的,赔偿义务机关应当当场或者在五日内一次性告知赔偿请求人需要补正的全部内容。

(三)作出决定

赔偿义务机关应当自收到申请之日起两个月内,作出是否赔偿的决定。赔偿义务机关作出赔偿决定,应当充分听取赔偿请求人的意见,并可以与赔偿请求人就赔偿方式、赔偿项目和赔偿数额进行协商。赔偿义务机关决定赔偿的,应当制作赔偿决定书,并自作出决定之日起10日内送达赔偿请求人。赔偿义务机关认为赔偿请求人的申请不符合法律规定的赔偿条件的,应予以拒绝,不予赔偿。赔偿义务机关决定不予赔偿的,应当自作出决定之日起10日内书面通知赔偿请求人,并说明不予赔偿的理由。

赔偿义务机关在规定期限内未作出是否赔偿的决定,赔偿请求人可以自期限届满之日起3个月内,向人民法院提起诉讼。赔偿请求人对赔偿的方式、项目、数额有异议的,或者赔偿义务机关作出不予赔偿决定的,赔偿请求人可以自赔偿义务机关作出赔偿或者不予赔偿决定之日起3个月内,向人民法院提起诉讼。

赔偿请求人在行政复议、行政诉讼程序中一并提出赔偿请求的程序,应遵守《行政复议法》《行政诉讼法》的规定。

二、行政赔偿诉讼程序

行政赔偿诉讼程序是指公民、法人和其他组织认为其合法权益受到行政机关及其工作人员违法行使职权的侵害,受害人向人民法院提起的要求赔偿义务机关给予行政赔偿的程序。

(一)提起行政赔偿诉讼的前提条件

一般情况下,行政赔偿请求人可以在提起行政诉讼时,一并提起行政赔偿的请求。单独提起行政赔偿诉讼,需要先向赔偿义务机关提出赔偿请求,即经过先行处理程序,当赔偿义务机关在规定期限内未作出是否赔偿的决定,赔偿请求人可以自期限届满之日起3个月内,向人民法院提起诉讼。赔偿请求人对赔偿的方式、项目、数额有异议的,或者赔偿义务机关作出不予赔偿决定的,赔偿请求人可以自赔偿义务机关作出赔偿或者不予赔偿决定之日起3个月内,向人民法院提起诉讼。

(二)提起行政赔偿诉讼的具体程序

赔偿诉讼程序完全适用行政诉讼程序,但需要注意的是,行政赔偿诉讼具有自身的一些特征:第一,行政赔偿诉讼可以适用调解。《行政诉讼法》第60条第1款规定:"人民法院审理行政案件,不适用调解。但是,行政赔偿、补偿以及行政机关行使法律、法规规定的自由裁量权的案件可以调解。"行政赔偿诉讼所要解决的是公民的人身权、财产权的损害赔偿问题,而权利是可以自由处分的,因而围绕着赔偿问题则适用调解。人民法院在坚持合法自愿的前提下,可以就赔偿范围、赔偿方式和赔偿数额进行调解。人民法院主持调解,达成协议的应当制作调解书,调解书应当写明赔偿请求、案件事实和调解结果。调解书经双方当事人签收后即具有法律效力,并可作为执行根据。第二,行政赔偿诉讼中举证责任与一般行政诉讼不同,原告负初步证明责任。行政诉讼中证据规则的突出特征是由被告行政机关承担举证责任,然而在行政赔偿案件中,原告和被告双方均需承担举证责任。《国家赔偿法》第15条规定:"人民法院审理行政赔偿案件,赔偿请求人和赔偿义务机关对自己提出的主张,应当提供证据。赔偿义务机关采取行政拘留或者限制人身自由的强制措施期间,被限制人身自由的人死亡或者丧失行为能力的,赔偿义务机关的行为与被限制人身自由的人的死亡或者丧失行为能力是否存在因果关系,赔偿义务机关应当提供证据。"在特殊情况下,举证责任倒置。根据《行政诉讼法》第38条第2款规定,原告应当对行政行为造成的损害提供证据。因被告的原因导致原告无法举证的,由被告承担举证责任。2018年最高人民法院《关于适用〈中华人民共和国行政诉讼法〉的解释》第47条再次规定,在行政赔偿、补偿案件中,因被告的原因导致原告无法就损害情况举证的,应当由被告就该损害情况承担举证责任。

第五节 行政赔偿的范围、方式和计算标准

一、行政赔偿的范围

行政赔偿的范围是指国家对行政机关及其工作人员在行使行政职权时侵犯公民、法人或其他组织合法权益造成损害所承担赔偿责任的范围。并非所有合法权益都会得到国家赔

偿,《国家赔偿法》第二章通过"概括+列举"的方式框定了行政赔偿的范围,第3条和第4条规定的行政赔偿范围仅限于行政机关及其工作人员在行使行政职权时侵犯人身权和财产权的情形,目前侵犯其他权利,如受教育权、人格尊严等权利等还无法纳入赔偿范围。

(一) 给予行政赔偿的情形

1. 侵犯人身权的赔偿范围

人身权是指民事主体依法享有的与其人身不可分离的、没有直接财产内容的民事权利,分为人格权和身份权两大类。人格权是民事主体享有的生命权、身体权、健康权、姓名权、名称权、肖像权、名誉权、荣誉权、隐私权等权利,身份权是指民事主体享有的亲权、配偶权、亲属权、荣誉权等权利。行政机关及其工作人员在行使行政职权时,有下列侵犯人身权情形之一的,受害人有取得赔偿的权利:(1) 违法拘留或违法采取限制公民人身自由的行政强制措施的。行政拘留是公安机关依法对违反行政管理秩序的公民采取限制其人身自由的惩罚措施。行政强制措施是指行政机关在行政管理过程中,为制止违法行为、防止证据损毁、避免危害发生、控制危险扩大等情形,依法对公民的人身自由实施暂时性限制,或者对公民、法人或者其他组织的财物实施暂时性控制的行为。无论是行政拘留,还是限制人身自由的行政强制措施,法律对实施的机关、对象、条件、程序都有严格的规定,如在实施时,违法对公民人身权造成侵害,应给予赔偿。(2) 非法拘禁或者以其他方法非法剥夺公民人身自由的。行政机关及其工作人员在没有法律规定的情况下,对公民进行拘禁或剥夺或限制公民人身自由,对公民人身权造成损害,应给予赔偿。(3) 以殴打、虐待等行为或者唆使、放纵他人以殴打、虐待等行为造成公民身体伤害或者死亡的。行政机关及其工作人员在行使职权过程中,对公民殴打、虐待或放纵他人殴打、虐待,对公民的生命健康造成损害,应给予赔偿。(4) 违法使用武器、警械造成公民身体伤害或者死亡的。为履职需要,一些行政机关工作人员配备有枪支、警棍、催泪弹武器、警械,如违法使用,对公民人身权造成伤害,国家应承担赔偿责任。(5) 造成公民身体伤害或者死亡的其他违法行为。这是一个概括性的兜底条款,只要行政机关及其工作人员违法行使职权,侵犯公民人身权造成身体伤害或死亡的,都应给予赔偿。

2. 侵犯财产权的赔偿范围

财产权是指以财产利益为内容,直接体现财产利益的民事权利,包括物权、债权、继承权以及知识产权中的财产权利。行政机关及其工作人员行使行政职权时,有下列侵犯财产权情形之一的,受害人有取得赔偿的权利:(1) 违法实施罚款、吊销许可证和执照、责令停产停业、没收财物等行政处罚的。我国《行政处罚法》及单行法对行政机关实施行政处罚的主体、程序等都作出明确的规定,行政机关及其工作人员如果违法实施对公民、法人和其他组织的行政处罚,造成其财产权的损害,应承担赔偿责任。(2) 违法对财产采取查封、扣押、冻结等行政强制措施的。行政强制措施中有很多涉及对行政相对人财产的限制或处置,如查封、扣押、冻结等,如果没有遵守法律规定的条件和程序,违法采取行政强制措施,造成对行政相对人财产损害的,受害人有权依法获得国家行政赔偿。(3) 违法征收、征用财产的。行政征收,是指行政主体根据国家和社会公共利益的需要,依法向行政相对人强制地、无偿地征集一定数额金钱或实物的行政行为。行政征用,是指行政主体出于公共利益的需要,依法强制性取得行政相对人财产所有权、使用权或劳务并给予合理经济补偿的一种行政行为。无行政征收还是行政征用都是对公民财产权的限制或剥夺,区别在于行政征收一般是指对公民财产所有权的限制或剥夺,而行政征用仅是指对公民财产使用权的暂时剥夺。行政征收与行政征用均需依法进行,如果违法进行征收、征用,造成行政相对人财产损害的,国家应负赔偿责任。(4)造成财产损害的其他违法行为。这是一个概括性的兜底规定,除了上述列举,只要符合国家赔偿责任的构成要件,受害人均可请求对其财产权损害的行政赔偿。

(二)国家不予赔偿的情形

《国家赔偿法》规定了在某些特殊情形下,国家不予赔偿。

1. 行政机关工作人员与行使职权无关的个人行为

国家机关工作人员具有双重身份,其行为也相应地界定为个人行为和职务行为,个人行为与行使的职权无关,其法律后果由其个人承担,国家不承担赔偿责任。

2. 因公民、法人和其他组织自己的行为致使损害发生的

公民、法人和其他组织自己的行为导致造成其人身权、财产权的损害被称为自己行为。如行政相对人在行政机关进行检查的过程中将其财产紧急转移导致损害,这种损害由受害人自己承担责任。当然,如果损害的发生是受害人自己的行为与行政机关及其工作人员的职权行为共同造成的,应按照行政机关工作人员行使职权行为与自己行为的过错比例分担赔偿责任。

3. 法律规定的其他情形

除了《国家赔偿法》,如果法律规定了其他不承担赔偿责任的情形,则国家不承担赔偿责任。

二、行政赔偿的方式

国家赔偿方式是指国家承担或履行赔偿责任的具体方法或形式。《国家赔偿法》第32条规定:"国家赔偿以支付赔偿金为主要方式。能够返还财产或者恢复原状的,予以返还财产或者恢复原状。"据此,我国国家赔偿的方式主要包括支付赔偿金、返还财产和恢复原状三种方式,并形成以"金钱赔偿为主,以返还财产、恢复原状为辅"的赔偿方式。

《国家赔偿法》除确立了金钱赔偿、返还财产和恢复原状作为主要的赔偿方式以外,同时第35条规定,行政机关及其工作人员在行使行政职权时有侵犯人身权致人精神损害的,应当在侵权行为影响的范围内,为受害人消除影响,恢复名誉,赔礼道歉;造成严重后果的,应当支付相应的精神损害抚慰金。根据《国家赔偿法》的规定,侵犯人身权致人精神损害的侵权责任形式适用于下列侵权行为:(1)违法拘留或者违法采取限制公民人身自由的行政强制措施的;(2)非法拘禁或者以其他方法非法剥夺公民人身自由的;(3)以殴打、虐待等行为或者唆使、放纵他人以殴打、虐待等行为造成公民身体伤害或者死亡的;(4)违法使用武器、警械造成公民身体伤害或者死亡的;(5)造成公民身体伤害或者死亡的其他违法行为。

三、行政赔偿的计算标准

行政赔偿的计算标准是指国家对受到损害的公民、法人和其他组织进行赔偿时据以计算赔偿金数额大小的尺度。综合考量受害人的损害赔偿请求权和国家财政能力,我国《国家赔偿法》规定了对财产损害赔偿以直接损失赔偿为主,对人身损害赔偿以国家上一年度年/

日平均工资为计算标准且设置了最高限额。2010年修改《国家赔偿法》时，引入了"精神损害抚慰金"制度。

（一）侵犯人身权的赔偿标准

1. 侵犯人身自由的赔偿标准

《国家赔偿法》第33条规定："侵犯公民人身自由的，每日赔偿金按照国家上年度职工日平均工资计算。"适用此标准需要注意以下问题：第一，该项标准所指的是侵犯公民的人身自由，如违法行政拘留等；第二，侵犯公民人身自由的赔偿金标准为国家上年度职工日平均工资，即限制人身自由的时间乘以日平均工资；第三，日平均工资以国家统计局公布的数字为准。①

2. 侵犯公民身体健康权的赔偿标准

（1）造成身体伤害的，应当支付医疗费、护理费，以及赔偿因误工减少的收入。减少的收入每日的赔偿金按照国家上年度职工日平均工资计算，最高额为国家上年度职工年平均工资的5倍。医疗费一般包括因直接治疗伤情而支出的全部必要的医疗费，包括诊查费、医药费、治疗费、住院费、手术费等以及必要的交通费和住宿费、必要的伙食补助费和营养费。护理费是指受害人生活无法自理时须专人护理所需的费用。误工费是指受害人因受到伤害不能参加工作或劳动因而损失的收入。误工收入的计算不是受害人实际收入情况计算，仍以国家上年度职工日平均工资计算，且最高额为上年度职工年平均工资的5倍。（2）造成部分或者全部丧失劳动能力的，应当支付医疗费、护理费、残疾生活辅助具费、康复费等因残疾而增加的必要支出和继续治疗所必需的费用以及残疾赔偿金。残疾赔偿金根据丧失劳动能力的程度，按照国家规定的伤残等级确定，最高不超过国家上年度职工年平均工资的20倍。造成全部丧失劳动能力的，对其扶养的无劳动能力的人，还应当支付生活费。受害人抚养的无劳动能力的人一般是指依照《民法典》的规定，其有法定义务扶养而不具有劳动能力的对象，包括未成年子女、无劳动能力的父母、父母已经死亡的未成年的孙子女和外孙子女、子女已经死亡的无劳动能力的祖父母和外祖父母以及无劳动能力的配偶。凡被扶养的人是未成年人的，生活费给付至18周岁止；其他无劳动能力的人，生活费给付至死亡时止。生活费的发放标准参照当地最低生活保障标准执行。

3. 侵犯生命权的赔偿标准

造成死亡的，应当支付死亡赔偿金、丧葬费，总额为国家上年度职工年平均工资的20倍。对死者生前扶养的无劳动能力的人，还应当支付生活费。适用此标准应注意以下问题：第一，国家对死亡公民的家属支付死亡赔偿金及丧葬费，两者的总额不得超过国家上年度职工年平均工资的20倍。这里的"总额"即意味着不论受害人的家属在丧葬上花费多少，丧葬费与死亡赔偿金之和不得超过国家上年度职工年平均工资的20倍。第二，国家除支付死亡赔偿金、丧葬费以外，还应对死者生前扶养的无劳动能力的人支付生活费，提供以保证死者生前有法定义务扶养的亲属的生活费和生存所必需的基本物质条件。

---

① 根据国家统计局2022年5月20日发布的2021年全国城镇非私营单位就业人员年平均工资数额，2021年全国城镇非私营单位就业人员年平均工资为106837元。按照人力资源和社会保障部提供的日平均工资的计算公式，日平均工资标106837（元）÷12（月）÷21.75（月计薪天数）＝409.34元。参见最高人民法院《关于作出国家赔偿决定时适用2021年度全国职工日平均工资标准的通知》（法〔2022〕144号文）。

(二)侵犯财产权的赔偿标准

《国家赔偿法》针对不同的损害方式所造成的不同的损害状态,规定采取不同的赔偿方式和不同的标准。

(1)罚款、罚金、追缴、没收财产或者违反国家规定征收、征用财物的赔偿。此种损害相应的赔偿方式是返还财产,包括对金钱和其他财产的返还。返还执行的罚款或者罚金、追缴或者没收的金钱,应当支付银行同期存款利息。

(2)查封、扣押、冻结财产造成损失的赔偿。这三种侵权行为赔偿的计算标准有所不同:第一,如未造成财产损坏、灭失的,解除对财产的查封、扣押、冻结。此时只解除查封、扣押、冻结等强制措施,恢复受害人对该财产的控制,不赔偿因采取查封、扣押、冻结措施对受害人造成的其他损害。第二,查封、扣押、冻结的财产遭受损坏的,能够恢复原状的恢复原状,不能恢复原状的,按照损害程度给付相应的赔偿金;财产遭灭失的,给付相应的赔偿金。赔偿金的给付一般按市场价格结合被损物品新旧程度进行估价予以赔偿。第三,应当返还的财产灭失的,给付相应的赔偿金。第四,解除冻结的存款或者汇款的,应当支付银行同期存款利息。

(3)财产已经拍卖的赔偿。行政机关如果对财产已经进行了拍卖,原物已经不存在或已为他人所有,对已拍卖财产的赔偿是给付拍卖所得价款,但是变卖的价款明显低于财产价值的,应当支付相应的赔偿金。

(4)吊销许可证和执照、责令停产停业的损害赔偿。吊销许可证和执照、责令停产停业的,赔偿停产期间必要的经常性费用开支。所谓"必要的经常性费用开支"是指企业、商店等停产停业期间用于维持其生存的基本开支,如房租、水电费、职工基本工资、仓储费用等,而不赔偿可能取得的收益或者营业利润等。职工基本工资是按国家统一规定的劳保工资的平均数来计算的。

(5)财产权其他损害赔偿。对财产权造成其他损害的,按照直接损失进行赔偿。"直接损失"是指因遭受不法侵害而使现有财产直接减少或消灭。其中并不包括间接损失,即不考虑受害人的可得利益或可期待性利益。

(三)精神损害赔偿标准

《国家赔偿法》第35条规定:"有本法第三条或者第十七条规定情形之一,致人精神损害的,应当在侵权行为影响的范围内,为受害人消除影响,恢复名誉,赔礼道歉;造成严重后果的,应当支付相应的精神损害抚慰金。"法律并没有对精神损害的赔偿标准作出统一规定。2014年最高人民法院《关于人民法院赔偿委员会审理国家赔偿案件适用精神损害赔偿若干问题的意见》中指出,人民法院应当综合考虑以下因素确定精神损害抚慰金的具体数额:精神损害事实和严重后果的具体情况;侵权机关及其工作人员的违法、过错程度;侵权的手段、方式等具体情节;罪名、刑罚的轻重;纠错的环节及过程;赔偿请求人住所地或者经常居住地平均生活水平;赔偿义务机关所在地平均生活水平;其他应当考虑的因素。在确定精神损害抚慰金的具体数额时,还应当注意体现法律规定的"抚慰"性质,原则上不超过依照《国家赔偿法》所确定的人身自由赔偿金、生命健康赔偿金总额的35%,最低不少于1000元。但是,如果受害人对精神损害事实和严重后果的产生或者扩大有过错的,可以根据其过错程度减少或者不予支付精神损害抚慰金。

第十七章　行政补偿

行政补偿是在宪法中予以确认的重要行政法律制度。行政补偿制度是否发达，是衡量一个国家私有财产权保护水平的重要指标，也是衡量法治文明的重要指标。

第一节　行政补偿的概念和特征

一、行政补偿的概念

行政补偿是指因行政主体合法行政行为损害了行政相对人的合法权益，行政主体依法给予受损行政相对人相应弥补的行政法律制度。

在我国日常行政管理活动中，常见的行政补偿主要是行政征收补偿和行政征用补偿，但行政补偿的范围远远不止于此。随着全社会私有财产权保护意识的增强，规制征收补偿、信赖利益补偿、生态补偿等也逐渐纳入行政补偿制度中，行政补偿的范围正在逐渐扩大、行政补偿的种类正在日益丰富。

二、行政补偿的特征

（一）行政补偿基于合法行政行为产生

行政补偿必须基于合法的行政行为产生，这是行政补偿的重要特征。行政补偿和行政赔偿不同。行政赔偿是因为行政主体的违法行政行为损害了行政相对人的合法权益，行政主体依法给予受损行政相对人相应弥补的行政法律制度。行政补偿与行政赔偿相比，一个是基于合法行政，一个是基于违法行政，两者有本质不同，不能混淆。由此可见，行政补偿中没有过错方。在行政补偿关系中，无论是提供行政补偿的行政主体，还是接受行政补偿的行政相对人，双方均无过错。

（二）行政补偿具有主动性

对依法应当获得补偿的公民、法人或其他组织提供行政补偿，是行政主体的法定职责。行政相对人是否申请行政补偿，不是其获得行政补偿的前提要件。行政主体应当主动摸排应当获得补偿的行政相对人的信息，依法主动全面提供行政补偿，尽量做到"应补尽补"。依法应当获得行政补偿的行政相对人因为客观原因未能及时获得补偿的，在客观原因消除后，行政补偿主体要积极帮助被补偿人获得应得的行政补偿。

（三）行政补偿具有经济性

行政补偿仅指经济补偿，不包括精神补偿。行政补偿中的经济补偿形式不限于现金补偿，也包括实物补偿、置换补偿以及其他经济性弥补措施，但必须体现为经济利益。如在房屋征收补偿中，既可以给被征收人提供现金补偿，也可以给被征收人提供房屋补偿和有价证券补偿，但给被补偿人落实社会保障待遇，一般不视为是征收补偿，而被视为房屋征收的配套措施。

（四）行政补偿具有法定性

行政补偿的标准是法定的，不是行政主体和行政相对人约定的，也不是完全按照相关损失的市场价格确定，而是依据法定标准确定的。尽管在一些补偿情形中，法律规定补偿标准即市场价格，但这不意味着所有行政补偿的标准都是市场价格。在行政补偿过程中，高度推荐通过补偿协议方式确定最终补偿金额和方式，但如果无法达成协议，行政补偿主体将依法作出补偿决定。不能因为无法达成补偿协议，就将行政补偿程序中止甚至终结。

三、我国行政补偿制度的历史

新中国成立后，很早就有了行政补偿制度。1950年6月28日中央人民政府委员会第八次会议通过的《中华人民共和国土地改革法》第8条规定，所有应加没收和征收的土地，在当地解放以后，如以出卖、出典、赠送或其他方式转移分散者，一律无效。此项土地，应计入分配土地的数目之内。但农民如因买地典地而蒙受较大损失时，应设法给以适当补偿。1955年11月9日全国人大常委会二十四次会议通过的《农业生产合作社示范章程》第22条规定："农业生产互助组所开垦的荒地，在组员集体地加入合作社的时候归合作社使用；对于个别没有入社的组员，可以由合作社给以适当的补偿。"1958年1月6日全国人大常委会九十次会议批准的《国家建设征用土地办法》第7条规定："征用土地，应该尽量用国有、公有土地调剂，无法调剂的或者调剂后对被征用土地者的生产、生活有影响的，应该发给补偿费或者补助费。"这些规定表明，行政补偿制度在中华人民共和国成立之初就初步确立起来了。

改革开放后，随着我国经济社会的逐渐法治化，行政补偿制度获得较大的发展。尤其是2004年3月14日十届全国人大二次会议通过《宪法修正案》，将之前《宪法》规定的"国家为了公共利益的需要，可以依照法律规定对土地实行征用"修改为"国家为了公共利益的需要，可以依照法律规定对土地实行征收或者征用并给予补偿"，将"并给予补偿"写入宪法，同时将"国家为了公共利益的需要可以依照法律规定对公民的私有财产实行征收或者征用并给予补偿"写入宪法，使得行政补偿制度成为宪法确立的行政法律制度，极大地提升了行政补偿制度的重要性，使得我国行政补偿制度获得重大进步。

第二节 行政补偿的理论依据

行政补偿制度不是自古就有的，而是现代社会政治文明和法治文明发展到一定程度的产物。在古代，"溥天之下，莫非王土；率土之滨，莫非王臣"。由于缺乏私有财产权的概念，官府朝廷要求百姓贡献什么，百姓就要贡献什么，谈不上补偿。到了近现代社会，平等、公平、正义等的理念深入人心，政治统治的合法性从"受命于天"变成了"授命于民"，行政管理的目的从"服务于宫廷"变成"服务于公益"，行政补偿才有存在的基础。总体上看，行政补偿的直接理论依据是特别牺牲理论，而特别牺牲理论又可以溯源到平等理论、公平正义理论等。

一、特别牺牲理论

所谓特别牺牲，是指当公民、法人或其他组织因为公共利益的需要，承受超出其应当承受的损失。所谓特别牺牲理论，就是要求政府对特别牺牲予以补偿的理论，即当公民、法人或其他组织因为公共利益的需要，承受了超出其应当承受的损失时，政府应当对这种特别牺牲进行补偿，使得公民、法人或其他组织免于承受特别牺牲。如政府为了公共利益的需要，欲建公立学校，提高地区的公立教育服务水平。对于这一善政，该地区的公民、法人或其他组织应当予以支持。但是兴建公立学校需要土地，这时候政府决定要将某些公民的房屋拆掉，将这些房屋所占土地征收用来建设公立学校。尽管该地区公民都有义务支持政府兴建这所公立学校，但不能仅仅让极少数公民以损失自己住房的代价支持建设公立学校。毕竟，其他大多数公民并没有为建设这所公立学校付出如此巨大的牺牲。是故，少数公民尽管应该配合政府拆掉自己的房屋，但其遭受的如此巨大的损失，必须由该地区全体纳税人予以补偿。

二、平等理论

特别牺牲理论的背后首先是平等理论。近代以来平等理论认为公民在法律面前人人平等。除了法定的极少数的情形下，没有哪个公民应当比其他公民享有更多的权利，或者承担更多的义务。既然公民在法律面前人人平等，那么政府为了公共利益作出的合法行政行为，如果损害了少数公民的巨大切身利益，那么这些损失就应当由全体公民平等地承担。如政府兴建公立学校，其中的代价应当由大家平等地承担，不能让居住在适合兴建公立学校的土地上的极少数公民承担。如果政府为了兴建公立学校征收极少数公民土地和房屋，这些被征收人无法获得行政补偿，就等于极少数公民为大多数公民承担了巨大的特别牺牲，这是将极少数人置于和多数人不平等的法律地位上。因此，基于平等理论，对极少数人的特别牺牲必须予以补偿，以恢复全体公民平等地承担公共利益项目建设成本的状态。

三、公平正义理论

特别牺牲理论的背后还有公平正义理论的支持。关于公平正义的标准，不同文化、不同理论都有不同的阐述。但总的来说，"己所不欲，勿施于人"是普遍接受的公平正义判断标准。没有什么人愿意自己承担特别牺牲。基于最朴素的公平正义认知，也没有什么人认为政府为了建设公立学校而拆掉极少数人的房子可以不予补偿，这些房主只能"认倒霉"。因此，一个坚持基本公平正义的政府，就必须补偿个别公民承担的特别牺牲。

第三节 行政补偿的范围与方式

行政补偿的范围是指哪些情形应予行政补偿。行政补偿方式是指用什么形式予以行政补偿。行政补偿的范围和方式是随着时代的进步而发展的。由于人们对私有财产权的保护、平等、公平正义等越来越重视，行政补偿的范围在逐渐扩大，行政补偿的方式也越来越多。这种发展趋势，体现了人权保护和法治的进步。

一、行政补偿的范围

行政补偿的肯定范围是指应当给予行政补偿的情形,具体体现为以下几个方面:

(一) 行政征收补偿

行政征收是指行政主体为了公共利益需要,依法剥夺被征收人财产权的行政行为。我国《宪法》第 10 条第 3 款规定:"国家为了公共利益的需要,可以依照法律规定对土地实行征收或者征用并给予补偿";第 13 条第 3 款规定:"国家为了公共利益的需要,可以依照法律规定对公民的私有财产实行征收或者征用并给予补偿"。可见,如果行政主体为了公共利益的需要,对行政相对人的私有财产进行征收,使得私有财产权灭失,应当给予被征收人补偿。在我国,常见的行政征收补偿是对土地、房屋的征收①,对此《土地管理法》《国有土地上房屋征收与补偿条例》有较为详细的规定。

(二) 行政征用补偿

行政征用是指行政主体为了公共利益需要,依法强制使用被征用人财产的行政行为。行政征用和行政征收不同,行政征收是合法地剥夺财产权,行政征用只是合法地剥夺财产使用权,如警察在追逐犯罪嫌疑人时,紧急情况下使用居民小汽车追逐犯罪嫌疑人,这就是对居民小汽车的临时征用。如果在使用过程中,用征用的小汽车撞击犯罪嫌疑人车辆,导致被征用车辆受损,则应当给予补偿。对此,《中华人民共和国反恐怖主义法》第 78 条规定:"公安机关、国家安全机关、中国人民解放军、中国人民武装警察部队因履行反恐怖主义职责的紧急需要,根据国家有关规定,可以征用单位和个人的财产。任务完成后应当及时归还或者恢复原状,并依照规定支付相应费用;造成损失的,应当补偿。因开展反恐怖主义工作对有关单位和个人的合法权益造成损害的,应当依法给予赔偿、补偿。有关单位和个人有权依法请求赔偿、补偿。"

(三) 规制征收补偿

规制征收,又称管制征收,是指行政主体合法行政行为导致行政相对人财产价值受到较大贬损,以至于基于公平需要应当对承受特别牺牲的财产权人给予补偿的情形。"规制性征收"这个概念是法官和学者对征收条款进行解释形成的法律概念。这个概念无论在中国还是在美国都是一个相对较新的法律概念,但规制性征收所体现的权利诉求是真实存在的。随着世界各国对私有财产权保护的重视,人们越来越形成一个共识:即使合法合理的政府规制对私有财产权的限制也不能超过一定的限度,否则对私有财产权的权利人就是不公平的,政府应当给予补偿。② 可见,规制征收补偿制度的出现,是私有财产权保护水平提升的产物,也是现代法治进步的标志。如今,我国有很多法律法规都有规制征收补偿制度,对因合法行政行为导致的财产价值较大贬损,也予以行政补偿。如《中华人民共和国防沙治沙法》第 35 条规定:"因保护生态的特殊要求,将治理后的土地批准划为自然保护区或者沙化土地封禁

---

① 《宪法》第 10 条第 1 款规定:"城市的土地属于国家所有",因此城市土地上房屋所有权人只享有"国有土地使用权",对城市国有土地上房屋的"征收",其实是对"国有土地使用权"的征用,严格说不算征收。但在长期的实践中,人们已经习惯将对国有土地使用权征收和国有土地上房屋征收视为一体,因此本书将对国有土地使用权的"征用",也视为行政征收,而非行政征用。

② 张效羽:《规制性征收补偿研究》,国家行政管理出版社 2020 年版,第 1 页。

保护区的,批准机关应当给予治理者合理的经济补偿。"再如《森林法》第48条规定,公益林划定涉及非国有林地的,应当与权利人签订书面协议,并给予合理补偿。这些规定表明在我国当前法律体系中,规制征收制度已经不是理论,而是已经成为了现实。

(四)生态补偿

生态补偿也是行政补偿,但不是基于一个合法行政行为导致的经济损失补偿,而是基于一系列合法的行政行为导致的经济损失补偿。如国家为了保护长江流域水源涵养地的生态环境,对水源涵养地公民、法人或其他组织在土地利用等方面施加诸多限制,导致水源涵养地公民、法人或其他组织承受显著的经济损失。在这种情况下,国家通过中央财政转移支付方式给予水源涵养地行政补偿。《中华人民共和国长江保护法》第76条规定:"国家加大财政转移支付力度,对长江干流及重要支流源头和上游的水源涵养地等生态功能重要区域予以补偿。具体办法由国务院财政部门会同国务院有关部门制定",就是这种生态补偿制度的法律依据。此外,在黄河流域保护以及蓄洪区保护等方面,我国也建立了生态补偿制度。

(五)信赖利益补偿

所谓信赖利益是指公民、法人或其他组织基于对行政行为合法合理信赖产生的正当预期利益。如果政府合法行政行为严重损害了行政相对人的信赖利益,行政机关也应当对此予以补偿。《行政许可法》第8条规定:"公民、法人或者其他组织依法取得的行政许可受法律保护,行政机关不得擅自改变已经生效的行政许可。行政许可所依据的法律、法规、规章修改或者废止,或者准予行政许可所依据的客观情况发生重大变化的,为了公共利益的需要,行政机关可以依法变更或者撤回已经生效的行政许可。由此给公民、法人或者其他组织造成财产损失的,行政机关应当依法给予补偿"。《优化营商环境条例》第31条规定:"因国家利益、社会公共利益需要改变政策承诺、合同约定的,应当依照法定权限和程序进行,并依法对市场主体因此受到的损失予以补偿"。这两个法律法规条款是我国信赖利益补偿的重要依据。信赖利益补偿制度是否发达,是一个国家法治化营商环境水平高低的主要标志。

二、行政补偿的方式

行政补偿的方式限于经济补偿。但经济补偿的方式也多种多样,具体有以下种类:

第一,现金补偿。现金补偿是行政补偿的主要方式。现金补偿具有补偿金额明确、支付方式便捷、容易接受监督检查等优点。但考虑到房产等不动产还具有一定的金融属性,而现金往往在保值增值方面和房产等有较大不同,因此在房地产等实物财产价值迅速变动的时代,一些人可能不愿意接受现金补偿。

第二,实物补偿。实物补偿就是通过给付房屋、土地、汽车等实物的方式进行行政补偿。如果合法行政行为导致的特别牺牲主要是实物方面的损失,而该实物本身价格变动幅度较大,实物补偿可能更为合理。

第三,有价证券补偿。在特定情形下,给付有价证券也可以成为行政补偿的方式。如因为兴建化工厂导致相关村民土地和房屋被征收,给付给村民该化工厂的股票,也可以视为一种补偿方式。

第四,其他形式的经济补偿。除了现金补偿、实物补偿、有价证券补偿外,还有其他形式的经济补偿。如政府征用了村民集体土地建设公共工程,为了保障村民的长期生活,政府对失地农民新设行政补偿项目,每年给失地农民发放失地津补贴。这种专门为被补偿对象设置的津补贴项目,尽管看上去是一种社会保障制度,但实际上仍旧是行政补偿的一种方式。

对于不同的补偿方式,应当符合法定要求。法律法规规定必须采用现金补偿的,就不能以实物补偿代替。如《土地管理法》第48条规定:"征收土地应当依法及时足额支付土地补偿费、安置补助费以及农村村民住宅、其他地上附着物和青苗等的补偿费用,并安排被征地农民的社会保障费用",这里的土地补偿费、安置补助费等专指现金补偿方式,不能以实物补偿代替土地补偿费、安置补助费。如果法律法规没有规定补偿方式,也要以有利于行政补偿被补偿人的原则确定补偿方式,同时还要提供多种方式供被补偿人选择。

第四节 行政补偿的程序和标准

行政补偿的程序是指行政补偿所应当遵循的步骤、手续、形式等要件。行政补偿的标准是指确定具体补偿内容的依据。行政补偿的程序和标准在不同的行政补偿类型中有所不同,但有些共同的原则和规则适用于所有行政补偿的类型。本节主要阐述这些共同的行政补偿程序和标准。

一、行政补偿的一般程序

(一)明确补偿主体、开展调查统计

行政补偿首先要明确行政补偿的主体。由于行政补偿是一种行政行为,因此行政补偿的主体只能是行政主体,不能是商业机构、临时机构、议事协调机构、内设机构等非行政主体。《国有土地上房屋征收与补偿条例》第4条规定,市、县级人民政府确定的房屋征收部门组织实施本行政区域的房屋征收与补偿工作,这条规定中的房屋征收部门,就是房屋征收补偿的行政补偿主体。在具体实践中,房屋征收部门可以委托房屋征收实施单位,承担房屋征收与补偿的具体工作,但房屋征收部门对房屋征收实施单位在委托范围内实施的房屋征收与补偿行为负责监督,并对其行为后果承担法律责任。

行政补偿主体明确后,行政补偿主体开展补偿调查统计,大致确定被补偿人的范围和行政补偿涉及的相关财产状况,摸清潜在应予补偿的相关损失的情况,为制定补偿方案做准备。《国有土地上房屋征收与补偿条例》第15条规定:"房屋征收部门应当对房屋征收范围内房屋的权属、区位、用途、建筑面积等情况组织调查登记,被征收人应当予以配合。调查结果应当在房屋征收范围内向被征收人公布",此类调查登记就是大致确定被补偿人范围的必要措施。对于调查统计结论有异议的,相关人员有权向行政补偿主体提出复核申请。如《杭州市国有土地上房屋征收与补偿条例》第14条规定:"被征收人对调查结果有异议的,应当自调查结果公布之日起15日内向房屋征收部门提出。房屋征收部门应当自收到被征收人异议之日起15日内予以核实,并书面答复被征收人。"

(二)征求各方意见、制定补偿方案

行政补偿应当先制定补偿方案,要根据已经制定的补偿方案实施行政补偿,不能"见人下菜",更不能"欺软怕硬"。补偿方案应当将行政补偿的范围、行政补偿的方式、评估机构的选择、相关损失的计算方法、行政补偿的具体标准等事先确定下来,然后根据方案具体实施行政补偿,依据补偿方案各方面条件差不多的被补偿人,获得的补偿也是差不多的。

制定补偿方案的过程不应当是"一言堂"的过程,而要充分征求各方意见。《国有土地上房屋征收与补偿条例》第 10 条规定,房屋征收部门拟定征收补偿方案,报市、县级人民政府。市、县级人民政府应当组织有关部门对征收补偿方案进行论证并予以公布,征求公众意见。征求意见期限不得少于 30 日。《深圳市房屋征收与补偿实施办法》第 16 条还具体规定,需要征收房屋的,房屋征收范围内占房屋总建筑面积 1/2 以上、且占房屋总所有权人数 1/2 以上的房屋所有权人认为征收补偿方案不符合《国有土地上房屋征收与补偿条例》《深圳市房屋征收与补偿实施办法》规定的,辖区政府应当组织房屋所有权人和公众代表,按照本市行政听证有关规定组织召开听证会,并根据听证会情况修改方案。

(三)选择评估机构、独立客观公正开展评估

行政补偿程序中,对财产价值的评估起到至关重要的作用。如何依据行政补偿标准确定具体的行政补偿金额或实物补偿的内容,需要专业的评估机构进行测量、分析、计算,评估机构在其中有较大的裁量权。因此,基于公平起见,行政补偿中的评估机构,不能单方指定,要依法通过协商、抽签或投票产生。对此,《国有土地上房屋征收与补偿条例》第 20 条规定:"房地产价格评估机构由被征收人协商选定;协商不成的,通过多数决定、随机选定等方式确定,具体办法由省、自治区、直辖市制定";《上海市国有土地上房屋征收与补偿实施细则》第 24 条规定:"房地产价格评估机构由被征收人、公有房屋承租人协商选定;协商不成的,由房屋征收部门通过组织被征收人、公有房屋承租人按照少数服从多数的原则投票决定,也可以由房屋征收部门或者被征收人、公有房屋承租人采取摇号、抽签等随机方式确定。"可见,在房屋征收补偿中,评估机构不能由任何人单独指定,评估机构应当协商、抽签或投票产生。

评估机构依法确定后,评估机构要应当独立、客观、公正地开展评估工作,要选派有相应专业资质和专业能力的评估人员,依据相关程序开展评估工作,任何单位和个人不得干预。被补偿人对评估机构相关意见和结论有异议的,有权提出复核申请。行政补偿主体或其他有权政府部门,应当组织专业委员会,对相关复核结果进行专业审核。如《南京市集体土地房屋征收补偿评估管理办法》第 17 条规定:"市规划和自然资源局负责组织建立评估专家委员会。评估专家委员会由房地产估价师、土地估价师以及价格、房地产、土地、城市规划、法律等方面的专家组成。评估专家委员会应当选派成员组成专家组,对复核结果进行鉴定……经鉴定,评估报告不存在技术问题的,应当维持评估报告;评估报告存在技术问题的,出具评估报告的估价机构应当改正错误,重新出具评估报告。"如果评估机构在评估过程中,违反了独立、客观、公正原则,违法实施评估,相关人员有权提出投诉举报,直至要求撤换评估机构,重新选择评估机构。

(四)签订补偿协议或作出补偿决定

在行政补偿程序中,行政补偿主体与行政补偿的被补偿人要争取签订补偿协议,通过协议方式确定补偿的方式、补偿的内容以及相关权利义务。行政补偿协议一旦签订,行政补偿主体与行政补偿的被补偿人都要按照协议履行。只有当双方无法达成补偿协议时,才由行政补偿主体依法作出行政补偿决定,单方依法确定补偿的方式、补偿的内容以及相关权利义务。坚持"能协议补偿优选协议补偿",是为了最大限度地确保行政补偿内容得到被补偿人的认可,最大限度减少后续矛盾纠纷的产生,最大限度保护被补偿人的合法权益。

如果行政补偿主体与被补偿人实在无法达成补偿协议,行政补偿主体有权依法作出行政补偿决定。被补偿人对行政补偿决定不服的,有权提起行政复议或行政诉讼。行政补偿决定作为重要行政决定,也应当履行集体讨论、法制审核、全程留痕等一般行政程序。

(五)给付补偿款物、公开补偿结果

签订补偿协议或作出行政补偿决定后,行政补偿主体应当及时给付补偿款物。补偿费用应当足额到位、专户存储、专款专用。如果行政补偿主体与被补偿人无法就补偿款物达成协议,行政补偿主体应当根据行政补偿决定,将补偿款项足额打入补偿专用账户、将补偿实物准备好。

因为行政补偿要坚持公平补偿原则,因此行政补偿不是补得越多越好,也不是补得越少越好,关键是要公平。为了实现这个目标,行政补偿的结果要公开,公开接受监督。如《国有土地上房屋征收与补偿条例》第 29 条规定:"房屋征收部门应当依法建立房屋征收补偿档案,并将分户补偿情况在房屋征收范围内向被征收人公布",其明确了补偿结果公开原则。

二、行政补偿的标准

行政补偿的标准是行政补偿中最重要的内容,往往也是争议最大的内容。不同种类的行政补偿标准不同,但大致要遵循如下原则:

(一)损失补偿原则

所谓损失补偿规则,是指行政补偿只针对特别牺牲的受损范围进行补偿,补偿的范围不能超过受损的范围。被补偿人不能因为补偿而获得比损失更多的利益。如政府征收公民房屋修建国防工程,政府对房主的补偿上限就是房屋的公允价值。房主不能因为房屋被征收而获得房屋的公允价值外的额外补偿。

(二)公平补偿原则

所谓公平补偿原则,是指行政补偿未必补偿行政相对人的全部损失,只要补偿是公平的,就完成了行政补偿任务。在很多情况下,行政补偿仅仅补偿行政相对人的部分损失。行政补偿针对的是特别牺牲,那也就意味着行政相对人也需要承担"一般牺牲"。因此,只要行政补偿实现了公平补偿,使得行政相对人承受的牺牲是公平的,那么行政补偿就完成了任务。如政府征收公民房屋修建国防工程,政府对房主的补偿未必及于全部损失,房主对祖传房屋的情感损失就难以获得补偿。考虑到征收房屋修建国防工程是为了全体公民利益所必须的,有些公民甚至会为国防事业献出生命,则房主也要忍受这种一般牺牲,这种一般牺牲是公平的。但如果为了国防工程征收公民房屋而不补偿,则房主承受的牺牲就太大的,这种不公平的特别牺牲必须得到充分补偿。

(三)直接损失补偿原则

行政补偿一般只补偿直接损失,不补偿间接损失。直接损失是指因为合法行政行为直接遭受的物质损失,这种损失往往与合法行政行为有直接的、明确的、不可否认的因果关系。间接损失一般是指因为合法行政行为间接遭受的物质损失,这种损失一般是基于合理预期的损失,存在一定的不确定性。

值得注意的是，行政补偿只补偿直接损失只是一个基本原则，也有例外。毕竟行政补偿要坚持公平补偿原则，如果一些间接损失是非常确定的，也会纳入补偿。如对于因土地征收导致的失地农民，政府提供的补偿不仅涵盖土地本身的价值和土地附着物价值，也会考虑到土地未来长期农产品的产值，毕竟农民主要依靠土地生活。剥夺了农民的土地，往往也剥夺了农民未来长期的谋生手段。因此，对失地农民的行政补偿也涵盖了土地未来的长期平均产出，以确保失地农民的生活水平不降低。

第十八章 行政诉讼

行政诉讼制度俗称"民告官"的制度,在一个国家民主与法治化建设中具有非常重要的地位,尤其是在我国这样一个行政权力较为强大的国家,行政诉讼制度的发展更具有重大意义。我国在1989年颁布了《行政诉讼法》,该法自实施以来对保护公民、法人和其他组织的合法权益、监督行政机关依法行政,起到了重要作用。随后该法于2014年、2017年两次修正。2022年年底启动的该法第三次修正工作,随着2023年8月21日全国人大常委会终止审议行政诉讼法草案而结束。本章对行政诉讼的基本制度进行论述。

第一节 行政诉讼概述

一、行政诉讼的概念与特征

人民法院根据公民、法人或其他组织的申请,运用国家审判权并依照司法程序审查行政行为的合法性,以解决一定范围内行政争议的活动。在我国,行政诉讼具有以下特征:

第一,行政诉讼的原、被告具有恒定性。我国的行政诉讼中,原告只能是行政相对人,即认为自己的合法权益受到行政行为侵犯的公民、法人或其他组织,被告只能是行政主体,即行政机关及法律、法规、规章授权的组织。也就是说,在我国不允许行政主体起诉行政相对人,也不允许行政主体反诉。

第二,行政诉讼只能解决一定范围内的行政争议。行政诉讼不能解决所有的行政争议,只能解决一定范围内的行政争议,我国《行政诉讼法》规定了行政诉讼的受案范围,有些行政行为不可提起行政诉讼。

第三,行政诉讼的核心是审查行政行为的合法性。对行政行为合法性审查是行政诉讼特有的、区别于刑事诉讼和民事诉讼的重要特征。行政诉讼在人民法院的主持下进行,本质上是司法权对行政权的审查,体现了司法权对行政权的监督,但该监督是有限制的,司法权也不能代替行政权,人民法院通过对行政案件的审理,仅对合法性进行审查。

二、行政诉讼法的立法目的

《行政诉讼法》的立法目的是我国行政诉讼法承担的根本任务。根据我国《行政诉讼法》第1条规定,《行政诉讼法》的立法目的有四项内容:

(1) 保证人民法院公正、及时审理行政案件。行政诉讼法主要确定人民法院审理行政案件的基本程序性制度,所以制定《行政诉讼法》首先要保证人民法院公正、及时审理行政案件。

(2) 解决行政争议。这是2014年修正的《行政诉讼法》新增的内容。有效地解决行政争议,关系到人民群众的切身利益,也关系到社会的和谐稳定。在立法目的中新增这一项,旨在进一步强化行政诉讼化解行政纠纷的作用，以法治的方式解决行政争议，有利于行政机关树立依法行政的法治意识。

（3）保护公民、法人和其他组织的合法权益。这是行政诉讼法最主要的立法目的，行政诉讼从根本上就是为了通过司法裁判维护行政相对人的合法权益，这也是行政诉讼立法的根本目的。

（4）监督行政机关依法行使职权。行政诉讼是人民法院对行政行为的合法性进行审查，具有监督依法行政的重要作用。

三、行政诉讼的基本原则与基本制度

（一）行政诉讼的基本原则

行政诉讼的基本原则是贯穿于行政诉讼的整个过程，对行政诉讼活动起主导、支配作用的行为规则。行政诉讼法的基本原则可分为与民事诉讼法、刑事诉讼法共有的一般原则和行政诉讼所特有的特殊原则。

与民事诉讼法、刑事诉讼法共有的一般原则包括人民法院依法独立行使审判权原则；以事实为根据，以法律为准绳原则；当事人的法律地位平等原则；民族语言文字原则；人民检察院实行法律监督原则；辩论原则。

行政诉讼的特有原则主要是对行政行为合法性审查的原则。具体而言，该原则的含义可概括为：第一，合法性审查的对象是行政行为。根据《行政诉讼法》的规定，公民、法人或其他组织只有在认为自己的合法权益受到行政行为侵害时，才能提起行政诉讼，针对行政调解、仲裁等行为，不属于人民法院的受案范围。第二，合法性审查的深度限于行政行为的合法性，对行政机关裁量权的运用是否恰当等行政行为的合理性问题，人民法院原则上不能审查。当然，值得注意的是，合法性审查中的"法"应从实质意义上理解，人民法院对于明显不当的行政行为可以判决撤销，对于明显不当的行政处罚可以判决变更，因为明显不当的行为已经不再是一个不合理的行政行为，而是一个不合法的行政行为，也就是说，是否"明显不当"是一个合法性，而不是合理性的判断问题。

（二）行政诉讼的基本制度

行政诉讼中的基本制度有合议制度、回避制度、公开审判制度和两审终审制度。这些制度与民事诉讼和刑事诉讼共有，合议制度在行政诉讼中具有特殊性。

在行政诉讼中，只有在适用简易程序审理的特殊情况下，可以由审判员一人独任审理。在大多数情况下，人民法院审理行政案件，由审判员组成合议庭，或者由审判员、陪审员组成合议庭。这主要是因为行政案件具有较强的技术性、知识性和专业性，独任制难以胜任，因此，大多数行政案件都是通过合议庭进行审判。

第二节 行政诉讼的受案范围

一、行政诉讼受案范围的概念

行政诉讼受案范围，也称法院的主管范围，是人民法院解决行政争议的范围和权限。受

案范围的确定在行政诉讼中具有重要的意义,它对诉讼的三方主体意义重大。对于原告而言,受案范围意味着其寻求司法保护的范围;对于被告而言,受案范围意味着其受司法权监督的广度;对于人民法院而言,受案范围意味着其审判权的范围,也就是人民法院对哪些行政行为有权力进行合法性审查。

二、受案范围的确立方式

各个国家确立行政诉讼受案范围的方式不尽相同,我国《行政诉讼法》中明确规定了行政诉讼的受案范围,采取的是概括式加列举式的混合方式。所谓概括式是对受案范围确立一个统一的、原则性的标准,列举式是指法律逐一列举属于受案范围的行政案件或不属于受案范围的行政案件。

我国《行政诉讼法》首先以概括的方式确立了行政诉讼受案范围的基本界限。《行政诉讼法》第2条第1款规定:"公民、法人或其他组织认为行政机关和行政机关工作人员的行政行为侵犯其合法权益,有权依照本法向人民法院提起诉讼。"其后以列举方式列出了属于行政诉讼受案范围的行政案件,如《行政诉讼法》第12条第1款所列举的十二类行政案件;同时对一些目前难以列举全面、今后将逐步纳入受案范围的行政案件,又运用概括的方式作为补充,即《行政诉讼法》第12条第1款第12项以及第2款所规定的:"……认为行政机关侵犯其他人身权、财产权等合法权益的。""除前款规定外,人民法院受理法律、法规规定可以提起诉讼的其他行政案件。"最后,《行政诉讼法》第13条又以列举的方式列出了不属于人民法院受案范围的几类行政案件。

三、受理案件的范围

受理案件的范围是行政诉讼法明确肯定的属于人民法院的受案范围案件。《行政诉讼法》第12条规定的受案范围有:

(1) 行政处罚案件。对行政拘留、暂扣或者吊销许可证和执照、责令停产停业、没收违法所得、没收非法财物、罚款、警告等行政处罚不服的,可以提起行政诉讼。

(2) 行政强制案件。行政强制包括行政强制措施和行政强制执行,对限制人身自由或者对财产的查封、扣押、冻结等行政强制措施和行政强制执行不服的,可以提起行政诉讼。

(3) 行政许可案件。公民、法人或其他组织申请行政许可,行政机关拒绝或者在法定期限内不予答复,或者对行政机关作出的有关行政许可的其他决定不服的,可以向法院提起行政诉讼。

(4) 自然资源确权案件。根据《土地管理法》《矿产资源法》等法律的规定,县级以上各级政府对土地矿藏、水流、海域等自然资源的所有权或者使用权予以确认和核发相关证书。对行政机关作出的关于确认土地、矿藏等自然资源的所有权或者使用权的决定不服的,可以向人民法院起诉。

(5) 行政征收、征收征用案件。行政征收和征收征用必须出于公共利益的目的、遵循法定程序、履行补偿要求等。公民、法人或者其他组织认为征收征用决定及其补偿决定侵犯其合法权益的,可以提起行政诉讼。

(6) 人身权、财产权等合法权益保护案件。保护公民、法人或其他组织的人身权、财产权等合法权益是许多行政机关的法定职责，这种法定职责是行政机关在享有法律赋予的行政职权的同时所负有的义务，公民、法人或其他组织申请行政机关履行保护人身权、财产权等合法权益的法定职责，行政机关拒绝履行或者不予答复的，可以提起行政诉讼。

(7) 侵犯经营自主权、农村土地承包权、农村土地经营权案件。如果认为行政机关侵犯其经营自主权或者农村土地承包经营权、农村土地经营权的，可以提起行政诉讼。

(8) 滥用行政权力排除或者限制竞争的案件。行政机关滥用行政权力排除或限制竞争的行为一般包括指定交易、限制商品流通、限制招标投标、制定相关排除、限制竞争的规定等，认为行政机关滥用行政权力排除或者限制竞争的，可以提起行政诉讼。

(9) 违法要求履行义务案件。行政相对人认为行政机关违法集资、摊派费用或者违法要求履行其他义务的，有权提起行政诉讼。

(10) 社会保障案件。社会保障案件包括由抚恤金、最低生活保障待遇或者社会保险待遇引发的案件。如果行政相对人认为行政机关没有依法支付抚恤金、最低生活保障待遇或者社会保险待遇的，可以提起行政诉讼。

(11) 行政协议案件。行政相对人认为行政机关不依法履行、未按照约定履行或者违法变更、解除政府特许经营协议、土地房屋征收补偿协议和其他行政协议的，属于行政诉讼的受案范围。

(12) 侵犯其他人身权、财产权等合法权益的案件。除了上述列举的情形外，只要涉及公民、法人或者其他组织的人身权、财产权等合法权益的案件，都可以提起行政诉讼。

此外，人民法院还受理法律、法规规定可以提起诉讼的其他行政案件。

四、不予受理的案件范围

不予受理的案件是指明确被排除在人民法院受案范围之外的案件。《行政诉讼法》第13条明确列举了四类法院不受理的案件，2018年最高人民法院《关于适用〈中华人民共和国行政诉讼法〉的解释》还明确了十类不属于行政诉讼受案范围的情形。

(1) 国家行为。国家行为是特定行政机关以国家的名义，对外运用国家主权，对内行使统治权所为的行为，这种行为因涉及国家的主权或统治权而具有高度的政治性，涉及国家整体利益、人民根本利益，法院难以判断，故而排除在外。

(2) 抽象行政行为。所谓抽象行政行为，是指行政机关制定行政法规、规章以及制定、发布针对不特定对象、具有反复适用性和普遍约束力的决定、命令的行政行为。行政相对人虽然对抽象行政行为不享有直接起诉的权利，但却享有附带的要求审查权，即要求法院对规章及其以下的规范性文件进行审查。

(3) 内部人事管理行为。行政机关对行政机关工作人员的奖惩、任免等决定可称为内部人事管理行为。此类行为不可诉是因为行政行为是行政主体对外行使行政职权、实施行政管理的行为，内部人事管理行为不具有外部性，且《公务员法》等法律法规已经规定了公务员的申诉等内部救济机制。

(4) 法律规定行政终局裁决行为。行政终局裁决行为是指法律规定的由行政机关作出最终决定的行为。这里的"法律"是狭义的法律，现行法律规定的行政机关终局裁决包括选择兼终局和绝对终局两种情形,主要规定在《行政复议法》第14条和第30条第2款、《出境入境管理法》第64条和第81条。

(5) 刑事司法行为。刑事司法行为是指公安机关等部门依据《刑事诉讼法》的明确授权实施的行为,如拘传、取保候审、搜查等,均是为保障刑事诉讼活动的顺利进行,不是行政行为。

(6) 行政调解、仲裁行为。行政调解与行政仲裁是行政机关作为中立第三者对民事争议进行的调解与仲裁,不是行政行为。

(7) 行政指导行为。行政指导是国家行政机关对特定的公民、法人或其他组织,运用教育、劝告、建议等非强制性手段促使其自愿作出或不作出某种行为,以实现一定行政目的的行为。行政指导行为的特征在于非强制性,行政相对人是否服从行政指导取决于其自由意志。

(8) 重复处理行为。重复处理行为通常是行政机关在作出处理决定后,应当事人提出的不服申诉请求,作出的与原行政处理决定相同的行为。因其与前一行政处理决定相同,故称之为"重复处理行为"。无论前行政行为的起诉期间是否届满,重复处理行为都没有改变既存的法律关系,没有对当事人的权利、义务产生新的影响。

(9) 不产生外部法律效力的行为。行政机关作出的不产生外部法律效力的行为,又称内部行为。内部行为不可诉的原因是它并不直接处分行政相对人的权利义务,行政相对人可以针对最终的后续行政行为提起诉讼,从而获得救济。但如果内部行为基于某种原因完成了一个所谓的"外部化"过程,如最高人民法院22号指导案例"魏永高、陈守志诉来安县人民政府收回土地使用权批复案"确定的规则,此时我们可以例外地承认它的可诉性。

(10) 过程性行为。行政机关作出最终行政决定之前,进行的准备、论证、研究、咨询等行为,一般称其为过程性行为。过程性行为并不是一个最终决定,并不会对当事人的权利义务产生实际影响,当事人可以通过对最终行政行为的起诉获得救济。

(11) 协助执行行为。行政机关的协助执行行为,是指行政机关根据人民法院的协助执行通知书作出的执行行为,并非行政机关自身依职权主动做出的行为,属于人民法院司法行为的延伸,具有一定的"司法性",不可以提起行政诉讼。

(12) 层级监督行为。层级监督行为,是指上级行政机关基于内部层级监督关系对下级行政机关作出的听取报告、执法检查、督促履责等行为。上级行政机关对下级行政机关的监督一般并不直接设定当事人新的权利义务关系。当事人可以通过直接起诉下级机关作出的行政行为来维护自己的合法权益。

(13) 信访办理行为。行政机关针对信访事项作出的登记、受理、交办、转送、复查、复核意见等行为不属于行政诉讼的受案范围。

(14) 不产生实际影响的行为。如果行政机关的行政行为对行政相对人的实质权利和义务没有影响,则不属于行政诉讼受案范围。当然,如何认定是否产生影响,要根据具体案情综合判断。

此外,还需注意,最高人民法院《关于审理行政协议案件若干问题的规定》第3条规定了行政协议案件不受理的范围,"因行政机关订立的下列协议提起诉讼的,不属于人民法院行政诉讼的受案范围:(一)行政机关之间因公务协助等事由而订立的协议;(二)行政机关与其工作人员订立的劳动人事协议"。

第三节 行政诉讼的管辖

一、行政诉讼管辖的含义与功能

行政诉讼的管辖是人民法院之间受理第一审行政案件的权限分工,其功能在于明确第一审行政案件应当由何级、何地人民法院受理的问题,对于行政诉讼三方主体都具有重要意义。考虑到行政诉讼的立法目的,确定行政诉讼管辖不仅要考虑是否有利于法院审理,还应该考虑方便诉讼当事人起诉和应诉,确保人民法院公平正义地审判。

二、级别管辖

级别管辖是不同审级的人民法院之间审理第一审行政案件的权限划分。我国人民法院的设置分为四个审级,根据行政案件的性质、简繁程度、影响大小等因素,《行政诉讼法》分别确定了各不同审级的人民法院审理第一审行政案件的权限范围。

(一)基层人民法院的管辖

《行政诉讼法》第 14 条规定:"基层人民法院管辖第一审行政案件。"行政争议的发生地大多是在基层人民法院的辖区内,基层法院审理第一审行政案件,既有利于法院调查取证,也方便当事人进行诉讼。一般案件除中级、高级以及最高人民法院管辖的特殊第一审行政案件外,均由基层人民法院管辖。

基层人民法院审理行政案件,也很容易使行政案件的审判受到行政干预。因此在 2014 年修改《行政诉讼法》时,将以县级以上地方人民政府为被告的案件确定为中级人民法院管辖。

(二)中级人民法院的管辖

中级人民法院对下列特殊的行政案件拥有一审管辖权:

(1)对国务院部门或县级以上地方人民政府所作的行政行为提起诉讼的案件。

(2)海关处理的案件。海关处理的案件主要是指由海关处理的纳税案件和因违反《海关法》被海关处罚的相关行政案件。

(3)本辖区内的重大、复杂案件。以下行政案件是"本辖区内的重大、复杂案件":第一,社会影响重大的共同诉讼案件。第二,涉外或者涉及香港特别行政区、澳门特别行政区、台湾地区的案件。涉外行政案件是指原告、第三人是外国人、无国籍人或者外国组织的行政案件。第三,其他重大、复杂案件。

(4)其他法律规定由中级人民法院管辖的案件。这是一项兜底性规定,为以后法律规定中级人民法院审理第一审案件预留空间。

(三)高级人民法院、最高人民法院的管辖

高级人民法院和最高人民法院管辖的都是本辖区内重大、复杂的第一审行政案件,是否"重大、复杂"的判断则由高级人民法院和最高人民法院自行把握。

三、地域管辖

地域管辖是指同一审级的不同人民法院之间受理第一审行政案件的权限分工。地域管辖以级别管辖为基础，一般是根据法院的辖区和当事人所在地、诉讼标的所在地等关系来确定行政案件管辖。行政诉讼的地域管辖可以分为一般地域管辖和特殊地域管辖。

（一）一般地域管辖

一般地域管辖是指按照一般标准适用于一般行政案件的管辖。地域管辖的一般标准是：行政案件原则上应该由最初作出行政行为的行政机关所在地人民法院管辖，也就是遵循"原告就被告"的原则。经复议的案件，也可以由复议机关所在地人民法院管辖。

（二）特殊地域管辖

行政诉讼中的特殊地域管辖具体包括以下三种：

（1）经复议的案件选择管辖。经复议的行政案件，既可以由最初作出行政行为的行政机关所在地人民法院管辖，也可以由复议机关所在地人民法院管辖，当事人对此有选择管辖的诉讼权利。

（2）因不动产提起诉讼的，由不动产所在地人民法院专属管辖。根据最高人民法院《关于适用〈中华人民共和国行政诉讼法〉的解释》第9条规定，"因不动产提起的行政诉讼"是指因行政行为导致不动产物权变动而提起的诉讼。"不动产所在地"是指不动产登记簿记载的所在地，如果不动产未登记的，以其实际所在地为准。

（3）对限制人身自由的行政强制措施不服而提起诉讼的，由被告所在地或原告所在地人民法院管辖。行政诉讼中的原告所在地包括原告的户籍所在地、经常居住地和被限制人身自由所在地。其中的经常居住地是指公民离开其户籍所在地起至诉讼时已连续居住满1年以上的地方。

（三）行政协议案件的管辖

行政协议案件具有特殊性，根据最高人民法院《关于审理行政协议案件若干问题的规定》第7条的规定，"当事人书面协议约定选择被告所在地、原告所在地、协议履行地、协议订立地、标的物所在地等与争议有实际联系地点的人民法院管辖的，人民法院从其约定，但违反级别管辖和专属管辖的除外"。

四、跨区域管辖

跨区域管辖，是指经最高人民法院批准，高级人民法院可以根据审判工作的实际情况，确定若干人民法院跨行政区域管辖行政案件，是司法管辖区与行政区划适度分离的制度。跨区域管辖也是为了确保行政审判不受干预，保证司法公正的一种改革。在《行政诉讼法》规定跨区域管辖之前，最高人民法院已经在交叉管辖、指定管辖、集中管辖方面进行了多年试点。

除了跨区域管辖之外，我国还设立了跨行政区划的法院及最高人民法院设立巡回法庭，也涉及管辖问题。北京铁路运输中级法院、上海铁路运输中级法院已经改造为跨行政区划法院，即北京市第四中级人民法院、上海市第三中级人民法院。巡回法庭是最高人民法院派出的常设审判机构，主要审理跨行政区域重大行政和民商事案件，目前已经设立六个巡回法庭,巡回法庭的设立更加方便当事人诉讼,减轻最高法院办案压力,同时也有利于避免案件审理中可能存在的地方保护主义。

五、裁定管辖

裁定管辖是指根据人民法院作出的裁定或决定来确定行政案件的管辖,裁定管辖主要有以下三种:

(一)移送管辖

移送管辖是指某一个人民法院受理起诉后,发现自己对该行政案件没有管辖权,将该案件主动移送到自己认为有管辖权的法院,受移送人民法院在认为自己也没有管辖权时,不能再自行移送。"发现"可以是主动发现,也可以是因为当事人提出管辖权异议而发现。

(二)指定管辖

指定管辖是指上级人民法院在一定情形下指定由某一个下级人民法院管辖。"一定情形"是指:由于法律或事实等特殊原因,如遇到自然灾害,使得有管辖权的人民法院不能行使管辖权时,上级人民法院可以指定其他人民法院管辖;如果两个法院就谁拥有管辖权发生争议,双方又无法协商一致的,应当报请他们的共同上级人民法院指定管辖。这里的争议既包括积极权限争议,即对同一个行政案件两个法院均主张管辖权,也包括消极权限争议,即两个法院都认为自己没有管辖权。

(三)管辖权的转移

管辖权的转移是指经上级人民法院决定或同意,将行政案件由下级人民法院转移给上级人民法院。管辖权的转移有以下两种情形:第一,上级人民法院如果认为下级人民法院管辖的第一审行政案件适宜由自己管辖,可以决定该案件的管辖权移至自身。第二,下级人民法院如果认为自己管辖的第一审行政案件需要由上级人民法院审判的,可以报请上级人民法院转移管辖权,是否转移,由上级人民法院决定。

六、管辖权异议

行政诉讼的管辖权异议,是指行政诉讼的当事人,对已经受理案件的法院提出异议,认为受理法院无管辖权,或者认为虽然受理法院有管辖权,但由于特殊原因不适宜管辖而应依法转移管辖权的制度。

对当事人提出的管辖异议,人民法院应当进行审查,经审查后,认为异议成立的,裁定将案件移送到有管辖权的法院;认为异议不成立的,裁定驳回。对驳回管辖异议的裁定,若当事人不服,可以上诉。

第四节 行政诉讼参加人

一、行政诉讼参加人与行政诉讼当事人

(一)行政诉讼参加人的概述

行政诉讼参加人,是指与行政争议有一定关系,作为行政诉讼主体而参加到行政诉讼中

来的人,包括原告、被告、第三人和诉讼代理人。在行政诉讼中,除了行政诉讼参加人之外,还有证人、鉴定人、勘验人和翻译人员等,与行政诉讼参加人一起被称为行政诉讼参与人。

(二)行政诉讼当事人的概述

行政诉讼当事人,是指因行政行为发生争议,以自己的名义进行诉讼,并受人民法院裁判拘束的主体,包括原告、被告和第三人。行政诉讼的当事人与行政案件有利害关系。当事人以自己的名义参加诉讼,受人民法院裁判的拘束,自行承担诉讼后果。在行政诉讼中,当事人享有广泛的诉讼权利,应当履行一定的诉讼义务。

二、行政诉讼的原告

(一)行政诉讼原告的概念

行政诉讼的原告是指认为自己的合法权益受到行政行为的侵害,依法以自己的名义向人民法院提起诉讼的公民、法人或者其他组织。行政诉讼原告有以下特征:

第一,行政诉讼的原告行政相对人,即认为受到行政行为侵害的公民、法人或者其他组织。行政诉讼的原告具有恒定性,行政机关不能作为原告,也不能反诉。

第二,原告与被诉行政行为有利害关系。与行政行为有利害关系是行政诉讼原告的重要特征,行政行为不仅对行政相对人,还可能对行政相对人之外的他人的权益产生影响,即行政行为的相关人。对于利害关系的解释,司法实践中,近几年引入了保护规范理论来确认,最高人民法院在"刘广明诉张家港市人民政府行政复议案"[(2017)最高法行申169号]中引入保护规范理论以来,引起极大关注。根据保护规范理论,行政行为利害关系判断标准为:"利害关系"应当是法律上的利害关系,作为行政行为依据的法律规范应当具备保护特定利害关系人的意图,即行政相对人具有主观公权利。2018年最高人民法院《关于适用〈中华人民共和国行政诉讼法〉的解释》规定,与被诉的行政行为有利害关系的包括:被诉的行政行为涉及其相邻权或者公平竞争权的;在行政复议等行政程序中被追加为第三人的;要求行政机关依法追究加害人法律责任的;撤销或者变更行政行为涉及其合法权益的;为维护自身合法权益向行政机关投诉,具有处理投诉职责的行政机关作出或者未作出处理的。

第三,原告应该认为自己的合法权益受到行政行为侵害的公民、法人或者其他组织,行政公益诉讼除外。原告必须为其自己的合法权益提起司法救济,不能是他人权益。原告"认为"是为其合法权益受到侵犯即可,是否受到侵害需审理才能确认。行政公益诉讼中的原告为检察机关,维护的是国家利益或者社会公共利益。

(二)原告资格认定的具体情形

2018年最高人民法院《关于适用〈中华人民共和国行政诉讼法〉的解释》以及2019年最高人民法院《关于审理行政协议案件若干问题的规定》对行政诉讼原告资格不同情形问题进行了规定:

(1)合伙企业向人民法院提起诉讼的,应当以核准登记的字号为原告。未依法登记领取营业执照的个人合伙的全体合伙人为共同原告;全体合伙人可以推选代表人,被推选的代表人,应当由全体合伙人出具推选书。

(2)个体工商户向人民法院提起诉讼的,以营业执照上登记的经营者为原告。有字号的,以营业执照上登记的字号为原告,并应当注明该字号经营者的基本信息。

（3）股份制企业的股东大会、股东会、董事会等认为行政机关作出的行政行为侵犯企业经营自主权的，可以以企业的名义提起诉讼。联营企业、中外合资或者合作企业的联营、合资、合作各方，认为联营、合资、合作企业权益或者自己一方合法权益受行政行为侵害的，可以自己的名义提起诉讼。非国有企业被行政机关注销、撤销、合并、强令兼并、出售、分立或者改变企业隶属关系的，该企业或者其法定代表人可以提起诉讼。

（4）事业单位、社会团体、基金会、社会服务机构等非营利法人的出资人、设立人认为行政行为损害法人合法权益的，可以以自己的名义提起诉讼。

（5）业主委员会对于行政机关作出的涉及业主共有利益的行政行为，可以以自己的名义提起诉讼。业主委员会不起诉的，专有部分占建筑物总面积过半数或者占总户数过半数的业主可以提起诉讼。

另外，需要注意的是，2019年最高人民法院《关于审理行政协议案件若干问题的规定》规定了行政协议案件中的原告资格：下列与行政协议有利害关系的公民、法人或者其他组织提起行政诉讼的，人民法院应当依法受理：（1）参与招标、拍卖、挂牌等竞争性活动，认为行政机关应当依法与其订立行政协议但行政机关拒绝订立，或者认为行政机关与他人订立行政协议损害其合法权益的公民、法人或者其他组织；（2）认为征收征用补偿协议损害其合法权益的被征收征用土地、房屋等不动产的用益物权人、公房承租人；（3）其他认为行政协议的订立、履行、变更、终止等行为损害其合法权益的公民、法人或者其他组织。

（三）原告资格的转移

原告资格转移是指依照法律规定，行使起诉权的主体在特定的情况下发生变更的一种制度。原告资格转移后，由接替原告的人或者组织继续行使诉讼权利，履行诉讼义务。《行政诉讼法》第25条第2款、第3款规定："有权提起诉讼的公民死亡，其近亲属可以提起诉讼。有权提起诉讼的法人或者其他组织终止，承受其权利的法人或者其他组织可以提起诉讼"。这里，近亲属包括配偶、父母、子女、兄弟姐妹、祖父母、外祖父母、孙子女、外孙子女和其他具有扶养、赡养关系的亲属。

三、行政诉讼的被告

（一）行政诉讼被告的概念和特征

行政诉讼的被告是指其行政行为被原告以侵犯其合法权益为由起诉到法院，并经法院通知应诉的行政主体。行政诉讼的被告具有以下主要特征：

第一，被告是行政主体。行政诉讼的被告只能是依法能够以自己的名义对外独立行使职权的行政机关，或者法律、法规、规章授权的组织。

第二，被告作出被诉行政行为或未依法履行法定职责的行政主体。

第三，被告是被原告指控并由法院通知其应诉的主体。只有经过法院审查确定并通知其应诉时，被告才能得以确定。

（二）对被告的具体认定情形

《行政诉讼法》、最高人民法院《关于适用〈中华人民共和国行政诉讼法〉的解释》以及最高人民法院《关于审理行政协议案件若干问题的规定》等规定对被告不同情形的认定作出了具体规定，主要有以下几种情形：

（1）一般情形下的被告。一般情形下，原告没有经过复议程序直接向人民法院起诉的，作出行政行为的行政机关是被告。

（2）经复议案件中的被告。经复议的案件，将出现几种不同情形：第一，复议机关维持原行政行为的，复议机关与作出原行政行为的行政机关是共同被告；复议机关改变原行政行为的，复议机关是被告；"复议机关决定维持原行政行为"，包括复议机关驳回复议申请或者复议请求的情形，但以复议申请不符合受理条件为由驳回的除外。"复议机关改变原行政行为"是指复议机关改变原行政行为的处理结果。复议机关改变原行政行为所认定的主要事实和证据、改变原行政行为所适用的规范依据，但未改变原行政行为处理结果的，视为复议机关维持原行政行为。复议机关确认原行政行为无效，属于改变原行政行为。复议机关确认原行政行为违法，属于改变原行政行为，但复议机关以违反法定程序为由确认原行政行为违法的除外。第二，复议机关在法定期限内未作出复议决定，公民、法人或者其他组织起诉原行政行为的，作出原行政行为的行政机关是被告；起诉复议机关不作为的，复议机关是被告。第三，行政复议决定既有维持原行政行为内容，又有改变原行政行为内容或者不予受理申请内容的，作出原行政行为的行政机关和复议机关为共同被告。

（3）共同行政行为中的被告。两个以上行政机关作出同一行政行为的，共同作出行政行为的行政机关是共同被告。一般共同行为是指两个以上行政机关以共同名义签署对外作出行政行为的，共同签署加盖公章的行政机关是共同被告；如果行政机关与不具备行政主体资格的非行政机关共同署名作出行政决定，以行政机关作为被告，人民法院可以通知非行政机关作为第三人参加诉讼。

（4）授权关系中的被告。如果法律、法规或者规章将行政职权授予某一组织，该组织可以以自己的名义独立行使职权，因此可以作为行政诉讼的被告。

（5）委托关系中的被告。行政机关委托的组织所作的行政行为，委托的行政机关是被告。需要注意的是，没有法律、法规或者规章规定，行政机关授权其内设机构、派出机构或者其他组织行使行政职权的，属于委托，当事人不服提起诉讼的，应当以该行政机关为被告。

（6）行政机关被撤销或者职权变更的被告。行政机关被撤销或者职权变更的，继续行使其职权的行政机关是被告。行政机关被撤销或者职权变更，没有继续行使其职权的行政机关的，以其所属的人民政府为被告；实行垂直领导，以垂直领导的上一级行政机关为被告。

（7）行政审批关系中的被告。当事人不服经上级行政机关批准的行政行为，向人民法院提起诉讼的，以在对外发生法律效力的文书上署名的行政机关为被告。

（8）行政协议诉讼中的被告。公民认为行政机关作出的行政协议订立、履行、变更、终止等行为损害其合法权益，进而提起行政诉讼的，作出行政协议行为的行政机关是被告。

（9）其他情形被告的确定。除了上述情况下，在最高人民法院《关于适用〈中华人民共和国行政诉讼法〉的解释》中还规定了司法实践中常见的确认被告的其他情形，如开发区管委会为被告的案件、村委会或居委会为被告的案件、事业单位、协会为被告的案件、房屋征收案件的被告。

四、行政诉讼的第三人

(一) 行政诉讼第三人的概念与特征

行政诉讼的第三人指同原告、被告争议的行政行为有利害关系,或者同案件处理结果有利害关系,自己主动申请或者经人民法院通知参加到他人业已开始的诉讼中来的主体。第三人具有以下特征:

第一,第三人参加诉讼的理由是与诉讼争议的行政行为之间存在利害关系或者与案件的处理结果有利害关系。

第二,第三人参加诉讼的目的是维护自己的合法权益,避免法院作出的对他人的行政诉讼裁判出现剥夺自己已享有的权利或增加义务的不利后果。

第三,第三人参加诉讼的时间,是别人提起的诉讼已经开始,尚未裁判。

第四,第三人参加诉讼的程序是法定的,根据《行政诉讼法》第 29 条的规定,第三人参加诉讼的法定方式有两种:(1) 申请参加诉讼。对于当事人的申请,法院应当进行审查,确认其与本案有利害关系并符合其他参诉条件的,准予其以第三人身份参加该行政诉讼。(2) 由法院通知参诉。一旦法院通知其参诉,第三人即负有参诉的义务。第三人不参诉的,不影响法院对案件的判决,法院可以缺席判决。第三人不服判决的,有权提起上诉。

(二) 第三人的诉讼地位

第三人享有当事人的诉讼地位,法院应当通知第三人参加诉讼而不通知的,构成诉讼主体的遗漏。最高人民法院《关于适用〈中华人民共和国行政诉讼法〉的解释》第 109 条第三款规定:"原审判决遗漏了必须参加诉讼的当事人或者诉讼请求的,第二审人民法院应当裁定撤销原审判决,发回重审",如果在第一审程序中法院应当通知第三人参加诉讼而未通知的,第二审法院应当以裁定撤销原审判决,发回原审法院重审。

如果第三人不参加诉讼,根据最高人民法院《关于适用〈中华人民共和国行政诉讼法〉的解释》第 79 条第 2 款规定:"第三人经传票传唤无正当理由拒不到庭,或者未经法庭许可中途退庭的,不发生阻止案件审理的效果。"人民法院可以仅就原告和被告的举证、质证、辩论基础上查清的案件事实作出判决并可以对第三人作出实体上承担权利、义务的裁判,即人民法院在第三人未到庭的情况下该怎样审理就怎样审理,该怎样判决就怎样判决。人民法院判决第三人承担义务或者减损第三人权益的,第三人有权依法提起上诉或者申请再审。

第五节 行政诉讼证据

一、行政诉讼证据的概念与种类

行政诉讼的证据是指一切用来证明案件事实的材料,是人民法院在案件审理中据以认定案件事实的基础和根据。行政诉讼的证据具有与其他诉讼的证据相同的特征:即客观性、关联性、合法性。行政诉讼的证据又有自己的特征,行政诉讼的证据主要的证明主体是行政主体,主要的证明对象是行政行为的合法性,行政诉讼的证据主要形成于行政程序之中。

《行政诉讼法》第 33 条将行政诉讼的证据分为以下八类:书证、物证、视听资料、电子数据、证人证言、当事人的陈述、鉴定意见及勘验笔录、现场笔录。所有证据经法庭审查属实，才能作为认定案件事实的根据。

二、行政诉讼的举证

（一）举证责任的概念

行政诉讼的举证责任，是指由法律预先规定，在行政案件的真实情况难以确定的情况下，由一方当事人提供证据予以证明，如果其提供不出证明相应事实情况的证据，则承担败诉风险及不利后果的制度。

（二）行政诉讼举证责任的分配

行政诉讼举证责任的分配是指需要加以证明的争议事实应当由谁承担举证责任的问题，行政诉讼中举证责任的分配规则如下：

1. 举证责任主要由被告承担

在行政诉讼中，举证责任主要由作为被告方的行政主体承担。《行政诉讼法》第34条第1款规定："被告对作出的行政行为负有举证责任，应当提供作出该行政行为的证据和所依据的规范性文件。"最高人民法院《关于审理行政协议案件若干问题的规定》第10条第1款规定："被告对于自己具有法定职权、履行法定程序、履行相应法定职责以及订立、履行、变更、解除行政协议等行为的合法性承担举证责任。"在诉讼过程中，被告及其诉讼代理人不得自行向原告、第三人和证人收集证据。

之所以由被告对行政行为负举证责任，原因在于：（1）由被告方承担举证责任，有利于保护原告一方的诉权。（2）由被告方承担举证责任，有利于促进行政主体依法行政。行政机关在作出行政行为时应当证据确凿充分，正确认定事实，准确适用法律，遵循法定程序，因此，在诉讼中行政主体有义务提供其作出的行政行为合法的证据。（3）相比于原告，被告有举证优势。如果将举证责任分配给举证能力明显偏弱的一方当事人，不符合公平原则。

2. 原告承担有限的证明责任

在行政诉讼中，原告也要承担一定的证明责任。根据《行政诉讼法》的规定，原告就下列事项承担提供证据的责任：（1）提供其起诉符合条件的相应证据材料。但是如果被告认为原告起诉超过法定期限的，由被告承担举证责任。（2）在起诉被告不履行法定职责的案件中，原告应当提供其向被告提出申请的证据。但有下列情形之一的除外：被告应当依职权主动履行法定职责的；原告因正当理由不能提供证据的。原告因被告受理申请的登记制度不完备等正当事由不能提供相关证据材料并能够作出合理说明的，无需举证。（3）在行政赔偿诉讼中，对被诉行政行为造成损害的事实提供证据。但是因被告的原因导致原告无法举证的，由被告承担举证责任。（4）对新主张事实的证明责任。如果原告在诉讼程序中，提出了被告在行政程序中并未作为行政行为的依据、但与被诉行政行为密切相关的事实，也应当由自己提供证据。此外，在行政协议案件中，原告主张撤销行政协议的，对撤销事由的存在承担举证责任。原告主张解除行政协议的，对解除事由的存在承担举证责任。

（三）举证时限

根据法律和最高人民法院的司法解释规定，当事人的举证时限有严格的规定：（1）原告或第三人的举证时限。原告或者第三人应当在开庭审理前或者人民法院指定的交换证据清单之日提供证据。因正当事由申请延期提供证据的,经人民法院准许,可以在法庭调查中提供。(2) 被告的举证时限。被告应当在收到起诉状副本之日起 15 日内向人民法院提交作出行政行为的证据和所依据的规范性文件。被告不提供,或者无正当理由逾期提供上述证据的,视为被诉行政行为没有相应的证据。被告申请延期提供证据的,应当在收到起诉状副本之日起 15 日内以书面方式向人民法院提出。

三、行政诉讼证据的调取

行政诉讼的取证是指人民法院依照职权或者依据原告或第三人的申请调取其因客观原因难以提供的证据。人民法院调取证据,有助于其全面、客观地了解案件事实,从而准确地适用法律作出裁判。

(一) 依职权调取证据

有下列情形之一的,人民法院有权向有关行政机关以及其他组织、公民调取证据:(1) 涉及国家利益、公共利益或者他人合法权益的事实认定的;(2) 涉及依职权追加当事人、中止诉讼、终结诉讼、回避等程序性事项的。此外,人民法院还具有对专门问题指定鉴定部门鉴定的法定职权。

人民法院也可以责令要求当事人提供证据。原告或者第三人确有证据证明被告持有的证据对原告或者第三人有利的,可以在开庭审理前书面申请人民法院责令行政机关提交。

(二) 依申请调取证据

原告和第三人由于自身条件的限制,有些证据无法收集,可以依法向人民法院申请法院调取。《行政诉讼法》第 41 条规定,与本案有关的证据,原告或者第三人不能自行收集时,可以申请人民法院调取:(1) 由国家有关部门保存而须由人民法院调取的证据材料;(2) 涉及国家秘密、商业秘密、个人隐私的证据材料;(3) 确因客观原因不能自行收集的其他证据。

一般情形下,不允许人民法院依被告申请调取证据,人民法院也不得为证明被诉行政行为或行政协议行为的合法性而调取被告在作出行政行为没有收集到的证据。

四、行政诉讼证据的质证

(一) 行政诉讼证据的质证的含义

行政诉讼证据的质证,指的是当事人在法官的主持下,围绕证据的真实性、关联性、合法性与证明力的有无、证明力的大小等问题展开的对质活动,是对行政诉讼证据加以全面审查的关键环节。

(二) 行政诉讼证据质证的对象

(1) 一般情况下的质证对象。原则上,所有证据都应当在法庭上出示并经庭审质证。未经庭审质证的证据,不能作为定案的依据,但当事人在庭前证据交换过程中没有争议并记录在卷的证据,经审判人员在庭审中说明后,可以直接作为定案的依据,无须再行质证。对经过庭审质证的证据,除确有必要外,一般不再进行质证。

(2) 二审中的质证对象。在二审程序中,法庭对当事人提供的新证据应当进行质证,当事人对一审认定的证据仍有争议的,法庭也应当进行质证。

(3) 再审中的质证对象。在再审程序中,法庭对当事人提供的新证据应当进行质证,因原生效裁判认定事实的证据不足而提起再审所涉及的主要证据,法庭也应当进行质证。

对于缺席证据、涉密证据、人民法院调取的证据适用特殊的质证规则。法律还规定了行政执法人员出庭说明义务的具体情形。

五、行政诉讼证据的认证

(一)行政诉讼证据的认证的含义

行政诉讼证据的认证就是法官对证据证明力进行判断的活动,判断的内容包括证据证明力的有无以及证明力的大小两个主要方面。《行政诉讼法》规定,人民法院应当按照法定程序,全面、客观地审查核实证据,对未采纳的证据应当在裁判文书中说明理由。

(二)对证据有无证明力的认定

证明力是指证据对案件事实有无证明效力以及证明效力的程度。判断证据证明力的有无,主要是掌握无效证据的种类。行政诉讼的无效证据严格来讲包括三种类型:一是完全无效的证据,这样的证据不得用于证明任何当事人的诉讼主张,既不能证明被诉行政行为的合法性,也不能证明它的违法性;二是部分无效的证据,可以证明被诉行政行为的违法性,但不能证明其合法性;三是没有独立证明力的证据,这些证据不能被用于单独定案,但可以与其他证据结合用于证明事实。

(三)对证据证明力大小的认定

对于证明同一事实的数个证据,其证明力的大小强弱也有所不同,法院应当按照法定规则认定其证明力的大小。

第六节 行政诉讼程序

一、一审程序

(一)起诉

行政诉讼的起诉是指原告请求法院审判其与行政主体之间的行政争议的诉讼行为。起诉可以书面或口头的方式进行。《行政诉讼法》规定了起诉的条件:

1. 起诉的一般条件

《行政诉讼法》第 49 条规定,提起诉讼应当符合下列条件:(1)原告是符合《行政诉讼法》第 25 条规定的公民、法人或者其他组织;(2)有明确的被告;(3)有具体的诉讼请求和事实根据;(4)属于人民法院受案范围和受诉人民法院管辖。

人民检察院在履行职责中发现生态环境和资源保护、食品药品安全、国有财产保护、国有土地使用权出让等领域负有监督管理职责的行政机关违法行使职权或者不作为,致使国家利益或者社会公共利益受到侵害的,应当向行政机关提出检察建议,督促其依法履行职责,行政机关不依法履行职责的,人民检察院依法向人民法院提起诉讼。

2. 起诉的时间条件

起诉的时间条件指起诉期限,起诉必须在法律规定的期限内提出,超过法定期限,当事人将因起诉时效届满而丧失诉权。起诉期限的计算一般分为三种情况:

一般情况下,公民、法人或者其他组织直接向人民法院提起诉讼的,应当自知道或者应当知道作出行政行为之日起6个月内提出。法律另有规定的除外。为了保护当事人诉权,《行政诉讼法》规定了特殊情形下的最长保护期限。《行政诉讼法》第46条第2款规定:"因不动产提起诉讼的案件自行政行为作出之日起超过二十年,其他案件自行政行为作出之日起超过五年提起诉讼的,人民法院不予受理。"

行政机关不履行法定职责时,起诉期限的起算包括三种具体情况:如果法律、法规规定了行政机关履行职责的期限,当事人应该从该期限届满之日起6个月内起诉;如果法律、法规没有规定行政机关履行职责的期限,行政机关在接到申请之日起2个月内仍不履行职责的,当事人可以起诉;当事人在紧急情况下请求行政机关履行职责,行政机关不履行的,当事人可以立即起诉。

当事人对于行政争议,经行政复议之后仍然不服复议决定的,其提起行政诉讼的期限,分为以下两种情况计算:复议机关作出复议决定的,当事人可以在收到复议决定书之日起15日内起诉;复议机关逾期不作出决定的,当事人可以在复议期满之日起15日内起诉。如果另有其他法律对15日的起诉期限作出不同规定的,则从其例外。

如果因不可抗力或者其他不属于起诉人自身的原因而超过起诉期限的,被耽误的时间不计算在起诉期间之内;公民、法人或者其他组织因其他特殊情况耽误法定期限的,在障碍消除后的10日内,可以申请延长期限,是否准许,由人民法院决定。

(二)登记立案

人民法院在接到起诉状时,对符合本法规定的起诉条件的,应当登记立案。人民法院接收起诉状后,应出具注明收到日期的书面凭证,能够判断符合起诉条件的,应当当场登记立案;当场不能判断是否符合起诉条件的,应在接收起诉状后7日内决定是否立案;7日内仍不能作出判断的,应当先予立案。不符合起诉条件的,作出不予立案的裁定。裁定书应当载明不予立案的理由。原告对裁定不服的,可以提起上诉。

在起诉立案阶段,原告起诉状内容欠缺或者有其他错误的,人民法院应当给予指导和释明,并一次性告知当事人需要补正的内容。人民法院既不立案,又不作出不予立案裁定的,当事人可以向上一级人民法院起诉。

立案具有重要意义,标志着行政诉讼案件的成立,原告、被告取得相应的诉讼地位,其他与案件相关的证人、勘验人、鉴定人等也取得或可能取得相应的诉讼参与人的诉讼地位。原告不得再向其他法院提起诉讼或向行政机关申请复议,法院不得拒绝审理和作出裁判。立案后,审理期限开始计算。

(三)审理前的准备

在正式开庭之前,人民法院的准备程序主要有以下方面:(1)确定审判组织;(2)通知被告应诉和发送诉讼文书;(3)调查收集证据;(4)确认、更换和追加当事人。

(四)开庭审理

开庭审理,是指在法院合议庭主持下,依法定程序对当事人之间的行政争议进行审理,查明案件事实,适用相应的法律、法规,并最终作出裁判的活动。庭审前,书记员应查明当事人和其他诉讼参与人是否到庭,然后宣布法庭纪律。接着审判长核对原、被告和第三人的身份,宣布案由,告知当事人有关的诉讼权利和义务,询问回避申请,审查诉讼代理人资格和代理权限。庭审活动分为法庭调查、法庭辩论、休庭合议和宣判四个阶段。

二、简易程序

(一)简易程序的概念

行政诉讼简易程序是人民法院审理简单的行政案件时所适用的较普通程序简便易行的审判程序。简易程序具有办案手续简便、审理方式灵活等特点。行政诉讼案件的简易程序只适用于第一审行政案件,不包括发回重审、按照审判监督程序再审的案件。

(二)简易程序的适用条件

简易程序的适用条件有三项,即事实清楚、权利义务关系明确、争议不大。"事实清楚",是指当事人对争议的事实陈述基本一致,并能提供相应的证据,无须人民法院调查收集证据即可查明事实;"权利义务关系明确",是指行政法律关系中权利和义务能够明确区分;"争议不大",是指当事人对行政行为的合法性、责任承担等没有实质分歧。主要有以下情形:(1)被诉行政行为是依法当场作出的;(2)案件涉及款额为2000元以下的;(3)属于政府信息公开案件的。除前款规定以外的第一审行政案件,当事人各方同意适用简易程序的,可以适用简易程序。

(三)简易程序特点

行政诉讼简易程序,具有以下特点:

第一,适用简易程序的案件,由审判员一人独任审判。

第二,适用简易程序的案件应当在立案之日起45日内审结。

第三,简易程序的庭审阶段简化,庭审可以省略普通程序审理的某些诉讼环节,以迅速、准确审结案件。

第四,简易程序可以变更为普通程序。人民法院发现案情复杂,需要转为普通程序审理的,应当在审理期限届满前作出裁定并将合议庭组成人员及相关事项书面通知双方当事人。案件转为普通程序审理的,审理期限自人民法院立案之日起计算。

三、二审程序

(一)二审程序的概念

行政诉讼第二审程序,是指上一级人民法院依照法律规定,根据当事人对第一审人民法院作出的裁判或判决不服,而在法定期限内向第一审人民法院的上一级人民法院提起的上诉,对第一审的人民法院作出的尚未生效的判决或裁定重新进行审理,并作出裁判的程序。

(二)上诉的提起与受理

(1)上诉人及上诉期限。上诉人是一审当事人,包括原告、被告与人民法院判决承担义务或者减损权益的第三人,对法院的一审判决不服的,有权在判决书送达之日起15日内向上一级法院提起上诉;不服人民法院作出的不予立案、驳回起诉、管辖异议三种裁定的,有权在裁定书送达之日起10日内向上一级法院提起上诉。

(2)上诉方式。提起上诉的当事人应当采用书面的上诉状形式,可以直接向一审法院的上一级人民法院提起,也可以通过一审法院提起,实践中多采用后者方式。

(3)上诉的受理。原审人民法院收到上诉状后,经审查认为诉讼主体合格,未超过法定的上诉期限,应当予以受理,并在 5 日内将上诉状副本送达被上诉人,被上诉人应在收到上诉状副本后 15 日内提出答辩状。

(4)上诉的撤回。二审法院自受理上诉案件至作出二审裁判之前,上诉人可以向二审法院申请撤回上诉。撤回上诉应提交撤诉状,撤回上诉是否准许,应由二审法院决定。

(三)二审的审理

二审法院审理上诉案件,首先应当组成合议庭。合议庭应当对原审人民法院的判决或裁定和被诉行政行为进行全面审查。

(1)审理方式。行政诉讼的二审审理方式可以分为两种:书面审理和开庭审理。经过阅卷、调查和询问当事人,对没有提出新的事实、证据或者理由,合议庭认为不需要开庭审理的,也可以不开庭审理。

(2)全面审查原则。二审法院审理行政案件,既要对原审法院的裁判是否合法进行审查,又要对被诉行政行为的合法性进行全面审查,不受上诉范围的限制。

(3)审结期限。二审审限原则上为自收到上诉状之日起 3 个月,有特殊情况需要延长的,报高级人民法院批准,高级人民法院审理上诉案件需要延长的报最高人民法院批准。

(四)二审的裁判

二审裁判分为以下几种:原判决、裁定认定事实清楚,适用法律、法规正确的,判决或者裁定驳回上诉,维持原判决、裁定;原判决、裁定认定事实错误或者适用法律、法规错误的,依法改判、撤销或者变更;原判决认定基本事实不清、证据不足的,发回原审人民法院重审,或者查清事实后改判;原判决遗漏当事人或者违法缺席判决等严重违反法定程序的,裁定撤销原判决,发回原审人民法院重审。

四、审判监督程序

(一)行政诉讼审判监督程序的概念

行政诉讼审判监督程序,又称再审程序,是指人民法院对已经发生法律效力的判决裁定或者行政赔偿调解书因有错误,依法对案件进行再次审理的程序。

(二)再审程序的启动

再审程序可以因当事人申请而引起,但主要还是法院和检察机关启动。

(1)当事人的申请。当事人认为法院生效的判决与裁定确有错误,或者认为生效的行政赔偿调解书违反自愿调解原则或者调解协议的内容违反法律规定的,可以在该判决、裁定、调解书发生法律效力后六个月内向上一级人民法院申请再审。是否再审,由法院决定;在决定之前不停止原生效裁判文书的执行。在《行政诉讼法》修正草案中,对于再审管辖规定作出修改,明确当事人不服高级人民法院生效裁判,原则上应当向原审高级人民法院申请再审。

(2)原审人民法院或其上级人民法院提起再审。各级人民法院院长对本院已经发生法律效力的判决、裁定,最高人民法院对地方各级人民法院已经发生法律效力的判决、裁定,上级人民法院对下级人民法院已经发生法律效力的判决、裁定,可依法启动再审程序。

(3)检察院的抗诉。检察院发现法院已经生效的判决、裁定违法需要再审的,有权按照审判监督程序提出抗诉。

（三）再审案件的审查

（1）审查期限。人民法院应当自再审申请案件立案之日起6个月内审查,有特殊情况需要延长的,由本院院长批准。

（2）再审申请撤回。审查再审申请期间,再审申请人撤回再审申请的,是否准许,由人民法院裁定。再审申请人经传票传唤,无正当理由拒不接受询问的,按撤回再审申请处理。

（3）审查再审申请期间,再审申请人申请人民法院委托鉴定、勘验的,人民法院不予准许。

（4）人民法院根据审查再审申请案件的需要决定是否询问当事人;新的证据可能推翻原判决、裁定的,人民法院应当询问当事人。

（四）再审案件的审理

（1）裁定中止原裁判的执行。依照审判监督程序再审的案件,应当裁定中止原判决的执行。但支付抚恤金、最低生活保障费或者社会保险待遇的案件,可以不中止执行。

（2）分别适用一审、二审程序。人民法院按照审判监督程序再审的案件,按照发生法律效力的判决、裁定是由一审人民法院还是二审人民法院作出的,分别适用一审、二审程序。

原审人民法院再审的行政案件,无论是自行再审还是指令再审,均应另行组成合议庭,原合议庭人员不能参加新的合议庭审理案件。

人民法院审理再审案件,认为原生效判决、裁定确有错误,在撤销原生效判决或者裁定的同时,可以对生效判决、裁定的内容作出相应裁判,也可以裁定撤销生效判决或者裁定,发回作出生效判决、裁定的人民法院重新审判。

第七节 行政诉讼的法律适用

一、行政诉讼法律适用的含义

行政诉讼法律适用,是指法院在审理行政案件,依据法律规范对行政行为的合法性进行审查的活动。行政诉讼的法律适用有区别于其他诉讼活动中法律适用的特征:(1)行政诉讼中法律适用的主体具有特定性。行政诉讼中法律适用的主体是人民法院。(2)行政诉讼中法律适用的性质具有监督性。(3)行政诉讼中法律适用的范围具有广泛性。(4)行政诉讼中法律适用的形式多样。(5)行政诉讼中法律适用的效力具有终局性。

二、行政诉讼法律适用的依据

行政诉讼的法律适用依据,是指法院在解决行政争议时确认被诉行政行为合法性的标准和尺度。《行政诉讼法》第63条规定:"人民法院审理行政案件,以法律和行政法规、地方性法规为依据。地方性法规适用于本行政区域内发生的行政案件。人民法院审理民族自治地方的行政案件,以该民族自治地方的自治条例和单行条例为依据……"

三、行政诉讼法律适用中的参照规章

《行政诉讼法》第63条第3款规定:"人民法院审理行政案件,参照规章。""参照"是指人

民法院审理行政案件,对规章进行参酌和鉴定后,对符合法律、行政法规规定的规章予以适用,参照规章进行审理,并将规章作为审查行政行为合法要件的根据;对不符合或不完全符合法律、法规原则精神的规章,人民法院有灵活处理的余地,可以不予以适用。因此,人民法院在参照规章时,应当对规章的规定是否合法有效进行判断,对于合法有效的规章应当适用。

四、行政审判中的规章以下规范性文件

在行政执法实践中,行政机关常常把这些决定、命令,亦即规章以下规范性文件作为行政行为的依据。根据《行政诉讼法》第 13 条规定,行政机关制定、发布的具有普遍约束力的决定、命令不是人民法院直接审查的对象。当公民、法人或其他组织对行政机关的行政行为不服提起行政诉讼时,人民法院应该对规范性文件进行审查,如果认为合法有效,可以在裁判文书中援引。

当然,公民、法人或者其他组织认为行政行为所依据的国务院部门和地方人民政府及其部门制定的规范性文件不合法,在对行政行为提起诉讼时,可以一并请求对该规范性文件进行审查。

第八节　行政诉讼的判决、裁定与决定

一、行政诉讼的判决

(一) 行政诉讼判决的概念

行政诉讼判决,是指人民法院在审理行政案件终结时,根据法庭审理所查清的事实,正确适用法律,代表国家对行政争议案件实体问题作出的具有法律约束力的结论性处理决定。行政诉讼判决是国家司法意志的反映,是司法权对行政权制约与平衡的具体表现,是人民法院审理行政案件的实体结果的表现形式,对各方具有法律效力。

(二) 行政诉讼一审判决

行政诉讼一审判决是指人民法院对第一审行政案件按照一审程序审理终结时所作出的判决,根据《行政诉讼法》的规定,行政诉讼判决有驳回诉讼请求判决、撤销判决、履行判决、给付判决、确认判决、变更判决、赔偿判决,以及行政协议案件判决。

1. 驳回诉讼请求判决

驳回诉讼请求判决是指人民法院经审查,认为原告的诉讼请求依法不能成立,直接作出否定原告诉讼请求的判决。根据《行政诉讼法》的规定,行政行为证据确凿,适用法律、法规正确,符合法定程序的,或者原告申请被告履行法定职责或者给付义务理由不成立的,人民法院判决驳回原告的诉讼请求。此外,最高人民法院《关于适用〈中华人民共和国行政诉讼法〉的解释》规定了一些作出驳回诉讼请求判决的特殊情形:当事人之间恶意串通,企图通过诉讼等方式侵害国家利益、社会公共利益或者他人合法权益的,人民法院可判决驳回其请求;公民、法人或者其他组织起诉请求确认行政行为无效,人民法院审查认为行政行为不属于无效情形,经释明后,原告拒绝变更诉讼请求的,判决驳回其诉讼请求;对于经过行政复议

的案件,若人民法院审查认为原行政行为合法、复议决定违法,可以在判决撤销复议决定或者确认复议决定违法的同时,判决驳回原告针对原行政行为的诉讼请求。

2. 撤销判决

撤销判决是指人民法院对行政案件进行审查后,认为行政行为部分或全部违法,从而予以部分或全部撤销的判决形式。撤销判决有全部撤销判决、部分撤销判决和撤销并责令重作判决三种类型。

根据《行政诉讼法》第70条规定,人民法院在下列情形下可以作出撤销判决:(1) 主要证据不足;(2) 适用法律、法规错误;(3) 违反法定程序;(4) 超越职权;(5) 滥用职权;(6) 明显不当。撤销判决作出后,被撤销的行政行为自其作出时起即不发生法律效力,应该恢复到该行为作出之前的法律关系状态。

撤销并重作判决是人民法院在作出撤销判决的同时,要求被告重新作出行政行为的判决,它依附于撤销判决而存在,人民法院判决被告重新作出行政行为的,被告不得以同一的事实和理由作出与原行政行为基本相同的行政行为。但是,必须注意以下两种情况:一是如果人民法院判决被告重新作出行政行为,而被告重新作出的行政行为与原行政行为的结果相同,但主要事实或者主要理由有改变的,不属于上述的相同情形。二是人民法院以违反法定程序为由,判决撤销被诉行政行为的,行政机关重新作出行政行为也不受上述限制。如果行政机关以同一事实和理由重新作出与原行政行为基本相同的行政行为的,人民法院应当根据《行政诉讼法》第70、71条的规定直接判决撤销或者部分撤销行政机关重新作出的行政行为,并根据《行政诉讼法》第96条的规定作出司法建议、罚款和追究刑事责任等处理。

3. 履行判决

履行判决是指人民法院经过审理后,认定被告存在不履行或拖延履行法定职责的情形,责令被告在一定期限内履行法定职责的判决。

人民法院对行政主体承担法定职责却不履行的行为作出履行判决,应该具备如下条件:(1) 被告负有法定职责,应当履行一定的义务;(2) 原告申请后,行政机关不履行或拖延履行法定职责;(3) 被告有履行能力且履行对原告仍有意义。

经审查后,原告请求被告履行法定职责的理由成立,且被告违法拒绝履行或者无正当理由逾期不予答复的,根据行政机关是否仍有裁量余地,人民法院可以作出两种不同的履行判决:如果没有裁量余地,人民法院可以根据《行政诉讼法》第72条的规定,判决被告在一定期限内依法履行原告请求的法定职责;如果有裁量余地,尚需被告调查或者裁量的,应当判决被告针对原告的请求重新作出处理。

4. 给付判决

给付判决是指人民法院对行政机关不履行给付义务的,判令行政机关依法承担给付义务的判决。与履行判决的区别在于,给付义务包括行政机关先行行为引发的义务、承诺引起的义务、合同义务等。

目前,《行政诉讼法》规定的给付判决只有一种情形,即原告申请被告依法履行支付抚恤金、最低生活保障待遇或者社会保险待遇等给付义务的理由成立,被告依法负有给付义务而拒绝或者拖延履行义务的,人民法院可以根据《行政诉讼法》第73条的规定,判决被告在一定期限内履行相应的给付义务。

5. 确认判决

确认判决指人民法院经审理后,认为被诉行政行为合法或违法、无效,并依法对此予以确认的判决。它是对被诉行为是否合法的判定,通常是其他判决的先决条件。确认判决有确认违法与确认无效两种判决类型。

根据《行政诉讼法》的规定,确认违法判决包括以下三类:

第一,确认行政行为违法,但不撤销该行政行为。具体的情形为:(1) 行政行为依法应当予以撤销,但撤销会给国家利益、社会公共利益造成重大损害的,人民法院应当作出确认被诉行政行为违法的判决,并责令被诉行政机关采取相应的补救措施;造成损害的,依法判决承担赔偿责任。这种判决也称为情况判决。(2) 行政行为程序轻微违法,但对原告权利不产生实际影响的。最高人民法院《关于适用〈中华人民共和国行政诉讼法〉的解释》第96条规定,有下列情形之一,且对原告依法享有的听证、陈述、申辩等重要程序性权利不产生实质损害的,属于行政诉讼法所规定的"程序轻微违法":① 处理期限轻微违法;② 通知、送达等程序轻微违法;③ 其他程序轻微违法的情形。

第二,行政行为不需要撤销或判决履行无意义,人民法院判决确认违法。具体情形为:(1) 行政行为违法,但不具有可撤销内容的。如公务员在执行职务中暴力殴打相对人的行为。(2) 被告改变原违法行政行为,原告仍要求确认原行政行为违法的。(3) 被告不履行或拖延履行法定职责,判决履行没有意义的。

第三,原行政行为合法、复议决定违法的,人民法院可以判决确认复议决定违法。

确认无效判决是指人民法院认定行政行为存在重大且明显的违法情形,确认行政行为无效的判决。按照《行政诉讼法》第75条的规定,行政行为有实施主体不具有行政主体资格或者没有依据等重大且明显违法情形,原告申请确认行政行为无效的,人民法院判决确认无效。最高人民法院《关于适用〈中华人民共和国行政诉讼法〉的解释》规定,下列情形属于"重大且明显违法":行政行为实施主体不具有行政主体资格;减损权利或者增加义务的行政行为没有法律规范依据;行政行为的内容在客观上不可能实施;其他重大且明显违法的情形。

最高人民法院《关于适用〈中华人民共和国行政诉讼法〉的解释》还规定了判决转换,公民、法人或者其他组织起诉请求撤销行政行为,人民法院经审查认为行政行为无效的,应当作出确认无效的判决。公民、法人或者其他组织起诉请求确认行政行为无效,人民法院审查认为行政行为不属于无效情形,经释明,原告请求撤销行政行为的,应当继续审理并依法作出相应判决;原告请求撤销行政行为,但超过法定起诉期限的,裁定驳回起诉;原告拒绝变更诉讼请求的,判决驳回其诉讼请求。

人民法院判决确认违法或者无效的,可以同时判决责令被告采取补救措施;给原告造成损失的,依法判决被告承担赔偿责任。

6. 变更判决

变更判决是指人民法院经审理后,认为行政主体作出的行政处罚行为明显不当,或者其他行政行为涉及对款额的确认、认定确有错误的,而对其直接予以改变的判决。

变更判决是司法审判权对行政权直接干涉的体现,对于变更判决的适用情形,根据《行政诉讼法》第77条第1款规定,仅限于两种:(1) 对于明显不当的行政处罚,人民法院可以判决变更。行政处罚的明显不当主要表现为:同等情况不同等对待或不同情况同等对待;行政处罚畸轻畸重,过罚严重不相当等。(2)行政处罚以外的其他行政行为涉及对款额的确定或者认定确有错误的,人民法院可以作出变更判决。

行政诉讼作为一项救济制度,遵循诉讼禁止不利变更原则,人民法院判决变更,不得加重原告的义务或者减损原告的权益。但利害关系人同为原告,且诉讼请求相反的除外。

7. 赔偿判决

赔偿判决指因行政行为违法或无效给公民、法人或其他组织造成损失,人民法院经审理责令被告予以赔偿的判决。前面已经提及,此处对其判决不予详述。

8. 行政协议案件判决

根据《行政诉讼法》与《行政协议司法解释》,行政协议案件判决方式包括确认判决、撤销判决、驳回判决、履行判决、解除判决、赔偿判决、补偿判决等。

二、行政诉讼的裁定

（一）行政诉讼裁定的概念

行政诉讼裁定,是指人民法院在审理行政案件过程中或者在裁判的执行过程中,就所发生的程序问题所作出的处理。当事人对一审行政诉讼裁定不服的,只有针对不予立案、驳回起诉、部分裁定可以提起上诉,上诉期是10日。

（二）行政诉讼裁定的种类

按照不同的标准,行政诉讼裁定有不同种类,如根据审级的不同,可分为:一审裁定、二审裁定、再审裁定。一般根据所适用事项的不同,行政裁定有以下种类:(1)不予立案裁定;(2)驳回起诉裁定;(3)管辖异议裁定;(4)中止诉讼裁定;(5)终结诉讼裁定;(6)移送或指定管辖裁定;(7)诉讼期间停止行政行为执行或者驳回停止执行申请裁定;(8)保全裁定;(9)先予执行裁定;(10)准许或不准许撤诉裁定;(11)补正裁判文书中笔误裁定;(12)中止或终结执行裁定;(13)提审、指令再审或者发回重审裁定;(14)准许或者不准予执行行政机关行政行为裁定。

三、行政诉讼的决定

（一）行政诉讼的决定的概念

行政诉讼的决定,是指人民法院为了保证行政诉讼的顺利进行,对诉讼中发生的某些特殊事项依法所作出的处理。需要人民法院作出决定的事项往往具有紧迫性,通常为了保证行政诉讼的顺利进行,需要及时解决,如果当事人对决定不服的话,不能提起上诉,只能申请复议。

（二）行政诉讼决定的种类

行政诉讼的决定主要可以分为以下几类:(1)有关回避问题的决定;(2)有关妨害行政诉讼的强制措施的决定;(3)有关诉讼期限问题的决定;(4)有关人民法院审判组织内部工作的决定。

后　　记

　　经全国高等教育自学考试指导委员会同意,由法学类专业委员会负责高等教育自学考试《行政法学》教材的审稿工作。

　　《行政法学》自学考试教材由北京大学湛中乐教授担任主编,中南大学徐靖教授担任副主编。

　　参加本教材审稿讨论会并提出修改意见的有北京大学姜明安教授、清华大学大学于安教授、中共中央党校(国家行政学院)胡建淼教授。全书由湛中乐教授修改定稿。

　　编审人员付出了大量努力,在此一并表示感谢!

全国高等教育自学考试指导委员会
法学类专业委员会
2023 年 5 月